Alexander Aksakow
Animismus und Spiritismus
Band 2

SEVERUS Verlag

ISBN: 978-3-95801-819-8
Druck: SEVERUS Verlag, 2017
Nachdruck der Originalausgabe von 1898

Der SEVERUS Verlag ist ein Imprint der Diplomica Verlag GmbH.
Bibliografische Information der Deutschen Nationalbibliothek:
Die Deutsche Nationalbibliothek verzeichnet diese Publikation in der Deutschen National-
bibliografie; detaillierte bibliografische Daten sind im Internet über http://dnb.d-nb.de
abrufbar.

© SEVERUS Verlag, 2017
http://www.severus-verlag.de
Printed in Germany
Alle Rechte vorbehalten.
Der SEVERUS Verlag übernimmt keine juristische Verantwortung oder irgendeine Haftung
für evtl. fehlerhafte Angaben und deren Folgen.

Alexander Aksakow

# Animismus und Spiritismus
Versuch einer kritischen Prüfung der mediumistischen Phänomene. Störungen nicht organischen Ursprungs begleitet von akustischen und visuellen Halluzinationen.
Band 2

# Inhalts-Verzeichniss.

## Inhalt des zweiten Bandes.

Seite

Berichtigungen von Hinweisungen im Text auf Seitenzahlen der 1. Auflage und Umwandlung derselben (nach Note S. 351) in Seitenzahlen dieser 2. Aufl. des II. Bandes vorliegenden Werkes. . . .

### III. Der Vorstellungsinhalt der Kundgebungen.

Prüfung der Grundfrage des Spiritismus: Bietet er solche Phänomene dar, welche zur Einräumung einer Ursache ausserhalb des Mediums zwingen? . . . . . . . . . . . . 339

Meine Uebereinstimmung mit Herrn v. *Hartmann*, dass ein grosser Theil der mediumistischen Phänomene sich durch intra-mediumistische Ursachen erklären lässt. . . . . . . . 340
Anerkennung dieser Thatsache durch *Davis* (342) und *Tuttle*. . 344
Bleibt doch ein Theil von Phänomenen, welche auf extra-mediumistische Ursachen hindeuten; solche sind: —

1) **Manifestationen, welche dem Willen des Mediums entgegengesetzt sind.** . . 348
   Verschiedene Beispiele. — Merkwürdige Erfahrung des Dr. *Dexter*. . . . . . . . . . . . . . . . . . . . 356
   Frappanter Fall des Anfanges der spiritualistischen Bewegung im Jahre 1848. . . . . . . . . . . . . . . . 363
   Verfolgungen durch mediumistische Phänomene: Fall des Ehrw. *Phelps* u. A. . . . . . . . . . . . . . . 368

2) **Manifestationen, welche den Ueberzeugungen des Mediums entgegengesetzt sind.** . . . . . . . . . . . . . . . . . 374
   Lehrreicher Fall des bekannten *M. A. (Oxon)*. . . . . . 375
   Beispiele aus Prof. *Wagner*'s und *Hare*'s Erfahrung. . . . 379

3) **Manifestationen, welche dem Charakter und den Gefühlen des Mediums entgegengesetzt sind** . . . . . . . . . . . . . 380

4) **Kundgebungen, deren Inhalt über dem geistigen Niveau des Mediums ist.** . . . 384
Werke von *Tuttle* und *A. J. Davis*. . . . . . . . . 386
Der unvollendete Roman *Dickens'*: „*Edwin Drood*" auf spiritistische Weise vollendet . . . . . . . . . . . . . 386
Mr. *Barkas'* Erfahrung: Stegreif-Antworten auf wissenschaftliche Fragen . . . . . . . . . . . . . . . . . . 393
General *Drayson's* Fälle: Astronomische Nachrichten . . . . 402

5) **Mediumismus von Säuglingen und kleinen Kindern.** . . . . . . . . . . . . 406
Die kleinen *Cooper*, *Attwood* S. 407; Schreiben des 5½ Monate alten *Jencken*. S. 410. — Schreiben des 9 Tage alten *Kirkup*. S. 416. — Schiefertafelschreiben durch die 2jährige *Essie Mott*. S. 418. — Séancen der 2jährigen *Markee*. S. 419.

6) **Das Reden in dem Medium unbekannten Sprachen.** . . . . . . . . . . . . . . . . 420
v. *Hartmann's* unzureichende Definition des Zungenredens. 420
Niemals hat ein Somnambuler in einer Sprache geredet, die er nicht versteht. Die Gründe dafür nach *Ennemoser* und *Eschenmayer* . . . . . . . . . . . . . . . . . 420—421
Erfahrungen des Richters *Edmonds* selbst an der Person seiner Tochter und an Anderen . . . . . . . . . . . 421
Seine Abhandlung über diesen Gegenstand: — Das Sprechen in Griechisch, Polnisch, Französisch, Spanisch, Indianisch, Chinesisch, Italienisch, Deutsch, Schwedisch durch Medien, denen diese Sprachen vollständig unbekannt waren. . 423—442
Mittheilungen durch dem Medium unbekanntes telegraphisches Klopfen oder Schreiben nach *Wolfe* u. *Crookes*. . . 441—444
Musikalische Leistungen durch das Kind des Gouverneurs *Tallmadge*, das niemals Musik gelernt hatte. . . . . . 444

7) **Verschiedene Phänomene von einer gemischten zusammengesetzten Art**, für deren Erklärung das somnambule Bewusstsein nicht ausreicht; ein dritter Factor scheint vorhanden zu sein . . . . . . 447
Fall *Young* S. 449. *Home* S. 450. Rev. *Adie Ballou* S. 452. Miss *Banning* S. 453. . . . . . . . . . . . . . . .
Ein curioser Fall aus des Verfassers Erfahrung . . . . . . 454

8) Communikationen von dem Medium und den Beisitzenden unbekannten Thatsachen: — . . . . . . . . . . . . . . . . . 461
   a) Das Lesen ohne Vermittelung der Augen (in Finsterniss und geschlossenen Räumen). . . . . . . 463
      Ein Experiment des Verfassers im intimen Cirkel. . 467—473
      Ein Experiment des Mr. *Crookes*. . . . . . . . . . . 474
      Ein Experiment des *M. A.* (*Oxon.*) vom Lesen in geschlossenen Büchern. . . . . . . . . . . . . . . 475
   b) Das Wissen von Thatsachen ohne Vermittelung der gewöhnlichen Sinneswerkzeuge der Erkenntniss. . . . . . . . . . . . . . . . . . . 478
      Ein Experiment des Verfassers: — ein hebräisches Motto von *Cardoso*. . . . . . . . . . . . . . . . . 479
      Anmerkung zu diesem Fall: theilweise Lösung des Räthsels. 484
   c) Kundgebungen, welche das Geschehen gewisser, den Theilnehmern an der Séance unbekannter Ereignisse enthalten. . . . . . . . . . . . 493
      Nachricht vom Tode *Duvanel's* in der Schweiz, denselben Tag in Wilna (Russland) bei einer Séance erhalten. . . 493
      Thatsachen, bei denen gar kein Rapport zwischen dem Medium und dem Abgeschiedenen existirt: — Kostbare Zeugnisse des Richters *Edmonds* S. 497 und Mr. *Young*. 500
      Widerlegung der *Marie Jane*-Theorie durch General-Major *Drayson's* erhaltene Nachricht vom Tode eines Freundes. . . . . . . . . . . . . . . . . . 502
      Dr. *James Davey* erfährt durch mediumistische Mittheilung, sein Sohn sei an Gift gestorben. . . . . . . . . . 504
      Capitän *Drisko's* Schiff wird gerettet durch die Erscheinung und Befehle seines verstorbenen Freundes. . . . . . 510
      Die Freundin von Fräulein *Pribitkow* wird durch die Planchette verrathen. . . . . . . . . . . . . . . 512
      Fälle von *Edmonds* S. 514, *John Cowie* S. 515 und Mr. *J. H. M.* . . . . . . . . . . . . . . . . . . . 515

9) Kundgebungen von Persönlichkeiten, welche ebensowohl dem Medium, als den Theilnehmern der Sitzung vollständig unbekannt sind. . . . . . . . . . . . . . . 516
   Mittheilung des Geistes *John Chamberlain*, von 12 Zeugen protokollirt. . . . . . . . . . . . . . . . . . 517
   Das „Message Departement" des „Banner of Light" zu Boston. 521
   Die Mittheilung des Geistes *Abraham Florentine* in London wird in New-York als wahr bestätigt. (Vgl. S. 669.) . . 524

10) **Uebertragung von Botschaften auf grosse Entfernungen.** . . . . . . . . . . . . 534
   Eine Anfrage von Prof. *Hare* aus Cape May durch das Spiritoskop nach Philadelphia und Empfang der Rückantwort in 2½ Stunden. . . . . . . . . . . . . . . . . . . . . 535
   Eine Botschaft von Mr. *West* aus New-York durch das Medium *Gordon* nach Philadelphia gesendet und binnen 17 Minuten Rückantwort erhalten. . . . . . . . . 537
   Eine Botschaft aus einem Cirkel zu Lowell, Mass., nach Atalanta, Geo., 1000 engl. Meilen weit, sofort übertragen und umgehend beantwortet. . . . . . . . . . . . . . . 538
   Eine ohne Ansagung der Person richtig übermittelte Botschaft. . . . . . . . . . . . . . . . . . . . . . . . 540

11) **Uebertragung von Gegenständen auf grosse Entfernungen.** . . . . . . . . . . . . 540
   Uebertragung einer Photographie von London nach Lowestoft (175 Kilometer). . . . . . . . . . . . . . . . 542
   Desgleichen von hölzernen Nadeln auf 20 engl. Meilen Entfernung. . . . . . . . . . . . . . . . . . . . . . . 544
   Eine Haarlocke von Portsmouth nach London (60 engl. Meilen) übergeführt. . . . . . . . . . . . . . . . . . . 546
   Experimente von *Zöllner*, *Crookes* S. 549, *Olcott* S. 551, *Cooper* S. 551—554. . . . . . . . . . . . . . 549—554

12) **Materialisationen, als anschauliche Träger der wirkenden Kräfte.** . . . . . 554
   Dr. *Janisch* von Dr. *Hartmann* aus Versehen für seine Ansicht citirt. . . . . . . . . . . . . . . . . . . . . 558
   Schlussfolgerung aus diesem Kapitel: Die drei möglichen Hypothesen. . . . . . . . . . . . . . . . . 560—561

## IV. Die Geister-Hypothese.

A. **Der Animismus (das ausserkörperliche Wirken des lebenden Menschen) als Uebergangsstufe zum Spiritismus.** . . . . . . . . . . . . . . . 562

   I. **Das ausserkörperliche Wirken des lebenden Menschen, welches sich durch psychische Wirkungen verräth, (telepathische Phänomene — Eindrucksempfänglichkeit auf Entfernungen).** . . . 568
   Eine von Fräulein *Pribitkow* gewollte und durch Tischrücken erzielte Mittheilung. . . . . . . . . . . . . . . 568

Mittheilung einer entfernt Schlafenden durch mediumistisches
   Schreiben bei einer Séance des Schriftstellers *Solowiew*. . 569
Medianimische schriftliche Mittheilungen vom Geiste der
   schlafenden *Sophie Swoboda*. . . . . . . . . . . . . 571
Baronin *Adelma v. Vay* erhält eine Mittheilung ihres noch
   lebenden Cousins vom Schlachtfelde. . . . . . . . . 577
Fälle des Mr. *Th. Everitt* und der Schriftstellerin *Florence
   Marryat*. . . . . . . . . . . . . . . . . . . . . 578
Medianimisches Sprechen im Trance unter Einfluss von
   Lebenden. . . . . . . . . . . . . . . . . . 580—582
Directe Experimente von Gedankenübertragung zwischen
   Lebenden durch Richter *Edmonds* (sein Geist-Telegraph)
   und den Verfasser. . . . . . . . . . . . . . . . 583

II. **Das ausserkörperliche Wirken des
lebenden Menschen, welches sich durch
physikalische Wirkungen kundgiebt,
(telekinetische Phänomene — Bewegungen in der Ferne).** . . . . . . . . . . 584
   Experiment des Mr. *W. Harrison* mit einem mesmerisirten
   Subject. . . . . . . . . . . . . . . . . . . . . 585
   Aehnliches Experiment von Mrs. *De Morgan*. , . . . . . 587
   Klopflaute durch abwesende Lebende erzeugt nach *Perty,
   Spicer*. . . . . . . . . . . . . . . . . . 588—589
   Klopflaute von Sterbenden nach *Perty, Daumer* S. 589, Spukgeschichten nach *Glanvil* S. 590, *Harrison* S. 591, *Hornung* 592

III. **Das ausserkörperliche Wirken des
lebenden Menschen, welches sich durch
die Erscheinung seines Ebenbildes
verräth (telephanische Phänomene —
Erscheinungen in der Ferne).** . . . . . 592
   Erscheinungen von Doppelgängern — „Phantasmen der
   Lebenden." . . . . . . . . . . . . . . . . . . 592
   Erscheinungen der Doppelgängerin der Mademoiselle *Emilie
   Sagée*. . . . . . . . . . . . . . . . . . . . . 593
   Photographien von Doppelgängern nach Mr. *Glendinning* und
   *Pierart*. . . . . . . . . . . . . . . . . 602—603
   Mittheilungen durch Doppelgänger nach Mr. *Baldwin* S. 603
   und Miss *Taylor*. . . . . . . . . . . . . . 603—604
   Absichtlich angestellte telephanische Experimente nach Mr.
   *Coleman*, den „Phantasms of Living" und *du Prel's*
   „Monistischer Seelenlehre". . . . . . . . . . 604—605

IV. Das ausserkörperliche Wirken des
lebenden Menschen, welches sich durch
die Erscheinung seines Ebenbildes mit
gewissen Attributen der Körperlichkeit verräth, (telesomatische Phänomene — Verkörperungen [Körper-
werden] in der Ferne). . . . . . . . . . . 605
  Materialisirte Doppelgänger der Media: die *Davenports* (S. 606),
    — Miss *Fay* (S. 607). — Miss *Florence Cook* nach *Cox*. 607—608
  Constatirung der Verdoppelung durch rauchgeschwärzte Ab-
    drücke und Gypsabgüsse von Händen und Füssen. . 608—609
  Schattige, halbdurchsichtige, materialisirte Phantom-Gestalten
    beim Medium *Home* in der Wohnung des Mr. *Crookes*. 609—610
  Der Doppelgänger eines vom Neger *Lewis* des Lord *Bulwer*
    mesmerisirten Subjectes erscheint und berührt eine Person
    in einer entfernten Küche nach Ingenieur *Fitzgerald*'s
    Bericht. . . . . . . . . . . . . . . . . . . . 610
  Der Doppelgänger der Autosomnambulen *Susette B.* löscht
    eine Kerze aus nach Prof. *Daumer*'s Bericht. . . . . . 612
  Das Phantom eines Lebenden klopft an die Thür nach Mr.
    *H. Wedgwood*'s Bericht. . . . . . . . . . . 612
  Der Doppelgänger des Mr. *T.* spielt 2 Oktaven Piano. . . 613
  Die Doppelgängerin der Miss *J.* erscheint eine halbe Stunde
    vor deren wirklicher Heimkehr in grünen Handschuhen
    nach Dr. *Wyld*'s Bericht . . . . . . . . . . . . 614
  Der Doppelgänger von Sr. Ehrw. *Thomas Benning* klopft an
    die Hausthüre, erscheint vor 17 Personen, spricht, stösst
    bei Berührung seine Begleiter zur Seite und verschwindet
    durch die verschlossene Hausthür, die sich ihm allein
    öffnet, nach Mrs. *Emma Hardinge Britten*. . . . . . 616
  Der schlafende *Wilson* erscheint in einer 40 engl. Meilen
    entfernten Stadt zum Besuch und handelt nach seinem
    Traume, nach Dr. *Brittan*'s Bericht. . . . . . . . . 619
  Eine junge Deutsche in England klopft im Fieber 15 Nächte
    hindurch an die Wohnung ihrer Eltern in der Heimath
    und erscheint den Ihrigen, nach dem „Spiritual Magazine". 621
  Ein schlafender Schiffbrüchiger erscheint auf einem eng-
    lischen Handelsschiffe in der Cajüte des Capitäns, schreibt
    einen Befehl für den Steuermann und rettet dadurch seine
    mit ihrem Schiff in einem Eisberg eingeschlossenen Ge-
    fährten, aus *Owen*'s „Footfalls". . . . . . . . . . . 623
  Schluszsätze aus diesen Rubriken: — Die psychische
    und physische Wirkungskraft des Menschen ist nicht an der
    Peripherie seines Körpers begrenzt. . . . . . . . . . 625
  Diese Phänomene erheischen die Anerkennung der Thätig-

keit eines von dem äusseren verschiedenen inneren Bewusstseins; nur ist die Unabhängigkeit dieses inneren Bewusstseins von dem äusseren noch nicht bewiesen. . 625—628

B. **Der Spiritismus (die medianimische Wirkung eines abgeschiedenen Menschen) als weitere Stufe des Animismus.** . . . . . . . . . . . . . . . 629

Der Beweis dieser Unabhängigkeit kann nur durch den intellektuellen Inhalt der mediumistischen Phänomene geliefert werden, welche dann „spiritistische" genannt werden müssen. . . . . . . . . . . . . . . . . . 631

Betrachtung einiger Fälle im III. Kapitel vom animistischen und vom spiritistischen Standpunkte aus. 632—635

Schwierigkeit der Unterscheidung zwischen animistischer und spiritistischer Ursache. . . . . . . . . . . . . 636—638

Der Schwerpunkt liegt in der Anerkennung der Persönlichkeit. . . . . . . . . . . . . . . . . . . . . . 638

Der Unterschied zwischen Persönlichkeit und Individualität als Schlüssel für das Verständniss der spiritistischen Phänomene. 641

**Das Kriterium der Persönlichkeit:** — . . . . . . . . . . 642

1) **Die Identität der Persönlichkeit eines Verstorbenen, festgestellt durch Kundgebungen in seiner nationalen Sprache, welche dem Medium unbekannt ist.** . . 645

Erhöhter Werth solcher Fälle in Abwesenheit der die Sprache verstehenden Personen nach Fällen aus Richter *Edmonds*' Schriften S. 645, Miss *Scongall* S. 646, Mrs. *Eliza Turner* S. 647. . . . . . . . . . . . . 645—648

Mr. *Storer*'s durch das Taubstummen-Alphabet erhaltene Mittheilung. . . . . . . . . . . . . . . . . 648—649

2) **Die Identität der Persönlichkeit eines Verstorbenen, festgestellt durch Kundgebungen im charakteristischen Stile des Verstorbenen, oder durch besondere Sprachausdrücke, welche ihm eigen waren, — erhalten in Abwesenheit der den Verstorbenen kennenden Personen.** . . . . . . . . . . . . . . . 650

*Dickens*' unvollendet hinterlassener Roman wird ergänzt (vgl. S. 386); Madlle. *Barbara Pribitkow*'s vom verstorbenen Fürsten *Sch.* erhaltene Manifestation von doppeltem Werth. . . . . . . . . . . . . . . . . . 650

*D. Homes*' Botschaft von einer verstorbenen kleinen Tochter *Robert Chambers*' und des Richters *Edmonds*' Zeitungsjunge. . . . . . . . . . . . . . . . . 652

— XIV —

Seite

3) **Die Identität der Persönlichkeit eines dem Medium unbekannten Verstorbenen, constatirt durch Communikationen in einer mit der zu seinen Lebzeiten genau übereinstimmenden Schrift.** . . . 653
Graphologie S. 654; — der klassische Fall schriftlicher Mittheilungen von *Estella*, der Gattin des Mr. *Livermore*. 655
J. D. *Stiles'* Werk über „12 Botschaften vom Geiste J. Q. *Adams*" mit Facsimiles desselben. — Dr. *Nichols'* Fall. . 657
Das Verfahren der directen Schrift zwischen Schiefertafeln — die Psychographie — in den Fällen von J. J. *Owen* (S. 668) und der Mrs. *Mary Burchett*. . 659—662
Mr. *Smart* erhält durch das Medium *Spriggs* eine charakteristische Communikation von seiner Mutter. . . 663—665
Der absolute Beweis: Erhaltung solcher Schrift in Abwesenheit der die Schrift des Verstorbenen kennenden Personen. — Des Verfassers Fall einer vom Priester *Nikolaus* erhaltenen Communikation in dessen ihm eigenthümlichen Buchstaben. . . . . . . . . . . 665—669

4) **Die Identität der Persönlichkeit eines Verstorbenen, constatirt durch eine, eine Menge Details enthaltende und in Abwesenheit einer jeden den Verstorbenen kennenden Person erhaltene Communikation.** . . . . . . . . . . . . . . . 669
Hinweisung auf die Fälle von *Chamberlain* und *Florentine*. 669
Das „Message Department" des „Banner of Light." . . . 670
R. D. *Owen's* „Beweis der Identität", erhalten in einer Mittheilung seiner Freundin *Violetta*. . . . . . . 671—673

5) **Die Identität der Persönlichkeit eines Verstorbenen, constatirt durch Kundgebungen von Thatsachen, welche nur allein von dem Verstorbenen selbst gekannt sein oder mitgetheilt werden konnten.** . . . . . . . . . . . . . . . . . 673
Testamentsfall der Dial. Ges. (S. 674), des Dr. *Davey* (S. 674), des Baron v. *Korf* (vgl. Seite 509 Note), dem Verfasser bekannt. . . . . . . . . . . . . . . . 674—675
Ein Geist ordnet seine weltlichen Angelegenheiten nach R. D. *Owen*). . . . . . . . . . . . . . . . 675
Vom Verfasser mitgetheilter Fall: — *Schura's* Geist sucht ihren Freund vor nihilistischen Umtrieben zu warnen. 679
Kritische Erläuterung dieses Falles. . . . . . . . . 685

Seite

6) **Konstatirung der Identität der Persönlichkeit durch nicht von selbst erfolgende Communikationen, wie die vorhergehenden, sondern hervorgerufen durch direkte Anrufung des Verstorbenen, erhalten in Abwesenheit der den Verstorbenen kennenden Personen.** 692
Beobachtungen des Dr. *Wolfe* über das Lesen und Beantworten verschlossener Briefe durch *Mansfield*. . . . 693
Unzureichende Erklärung des Gedankenlesens und Hellsehens nach Dr. *v. Hartmann's* Hypothesen. . . . . . 696
Antworten in direkter Schrift, selbst wenn das Medium nicht einmal die Papierröllchen anrührt. . . . . . . 702
Antwort auf einen Brief, dessen Inhalt allen Anwesenden unbekannt war. . . . . . . . . . . . . . 704
Vergleichung mit den Herbeirufungen Verstorbener vermittelst Somnambuler. . . . . . . . . . . . . 706

7) **Konstatirung der Identität der Persönlichkeit durch in Abwesenheit von den Verstorbenen kennenden Personen erhaltene Communikationen, welche psychische Zustände verrathen, oder physische, dem Verstorbenen eigenthümliche Sinnes-Eindrücke hervorrufen.** 707
Mittheilungen von im Zustande psychischer Zerrüttung gestorbenen Personen, welche noch Spuren ihrer Geistesstörung verrathen. S. 707, Fall *Emma Rice* S. 708, *Marie v. S.* . . . . . . . . . . . . . . . . 709
Die körperlichen Empfindungen der letzten Krankheit der Verstorbenen werden bei deren Mittheilungen auf das Medium übertragen. Fall *Edm. W. Wade* S. 710, *Eli Pond* S. 711, *L. A. Clement*. . . . . . . . . . . . 713
Vermuthliches Gesetz für die zeitlich auf dem irdischen Plane sich wieder manifestirende, transscendentale Individualität. . . . . . . . . . . . . . . . 714

8) **Die Identität der Persönlichkeit eines Verstorbenen, bestätigt durch die Erscheinung der irdischen Gestalt.** . . . 715
a) Die Erscheinung eines Verstorbenen, bestätigt durch die geistige Vision des Mediums, in Abwesenheit von den Verstorbenen kennenden Personen. . . . . . . . . . . . 716

|   | Seite |
|---|---|
| Des Verfassers Fall, in welchem seine Gattin eine Mittheilung durch Schreiben erhält und zur selben Zeit die Gestalt der Mittheilenden sieht. | 717 |
| b) **Die Erscheinung eines Verstorbenen, bestätigt durch die geistige Vision des Mediums und durch die gleichzeitige Transscendental-Photographie, oder auch durch die Photographie allein, in Abwesenheit der den Verstorbenen kennenden Personen.** | 718 |
| Fälle von *M. A. (Oxon)*, Mrs. *Conant*, *Moses Dow*, Mr. *Bland* (von *A. R. Wallace* mitgetheilt), Mr. *Johnstone* (*Nellie Power*). | 718—722 |
| Fälle derselben Kategorie bei Dr. *Thomson*, Mr. *Moses Dow* und Mr. *Fred. Evans*. | 723—727 |
| c) **Erscheinung der irdischen Gestalt eines Verstorbenen, vermittelst der Materialisation und durch intellectuelle Beweise bestätigt.** | 728 |
| Fall des Professors Dr. *Wagner*. | 728 |
| Die Aehnlichkeit ist noch kein Beweis der Identität. | 729 |
| Noch grössere Schwierigkeiten vom spiritistischen Gesichtspunkte aus. | 730 |
| Nur der intellectuelle Inhalt kann den Beweis für die Identität einer materialisirten Gestalt liefern. | 731 |
| Dergleichen Beweise in den Fällen des Mr. *J. Shermann* (731) und des Mr. *Livermore* (vgl. S. 655). | 733 |
| Gesetz des Aufhörens der Erscheinungen bei materialisirten Gestalten. S. 735. Transscendentalphotographien *Mumler*'s. | 736 |
| Das Element der Mystification im Spiritismus. Grenzenlose Möglichkeit der Substituirung der Persönlichkeit auf dem irdischen wie auf dem überirdischen Plane. | 737—738 |

## Schlussbetrachtungen.

|   |   |
|---|---|
| Der absolute Beweis der Geistes-Identität vom objectiven Standpunkte aus eine Unmöglichkeit. | 739 |
| Der subjective Gesichtspunkt gewinnt jetzt Rechte für Tausende von höchst conclusiven Fällen. | 739 |
| Bestätigung der spiritistischen Phänomene auch durch spontane Phantome ausserhalb des Spiritismus, d. h. durch Erscheinungen Verstorbener. | 740 |
| Verwirrung im Spiritismus durch die gewöhnlichen Begriffe: Geist, Zeit, Raum. | 743 |
| Summarische Ueberschau des *v. Hartmann*'schen Kapitels über die „Geisterhypothese". | 744 |
| Seine Darstellung der Theorien im Spiritismus die beste Lobrede zu Gunsten der ehrlichen Forschung der Spiritualisten. | 745 |

— XVII —

| | Seite |
|---|---|
| Die Schwierigkeiten der „Inspirations-Hypothese" vom Standpunkte des Herrn *v. Hartmann* aus beseitigt. | 747 |
| Die Ansprüche der spiritistischen Hypothese sind nicht im Widerspruche mit dem philosophischen Systeme *v. Hartmann's*, nach seiner eigenen Aussage. | 750 |
| Die Probleme des **Spiritismus** sind ebenso **natürliche** wie diejenigen des **Animismus**, und beides sind Zweige der Experimentellen Psychologie. | 751 |
| Der Schlüssel zum Verständniss beider liegt in der Monistischen Philosophie. | 752 |

# Berichtigungen

von Hinweisungen im Text auf Seitenzahlen der 1. Auflage und Umwandlung derselben (nach Note Seite 351) in Seitenzahlen dieser 2. Auflage des 2. Bandes vorliegenden Werkes.

S. 93 Zeile 15 v. o. im 1. Bande dieses Werkes ist hinter — S. 270 — zu setzen: — vgl. S. 693),

S. 351 Zeile 9 v. o. ist statt: — Seite 374, 477 d. 2. B. 1. Aufl.) — zu setzen: — Seite 375, 475 dieser 2. Aufl.)\*)

S. 370 Zeile 13 und 12 v. u. ist statt: — (vgl. S. 644 d. 2. B. 1. Aufl.), — zu setzen: — (vgl. S. 632 d. 2. Aufl.),

S. 375 Zeile 2 v. u. ist statt: — S. 477 (1. Ausg.) dieses Bandes. — zu lesen: — S. 475 d. 2. Ausg. d. B.

S. 380 Zeile 8 v. u. ist nach — gesetzt sind: — zu setzen: — (vgl. S. 667): —

S. 381 Zeile 1 ist hinter — Graphologie — zu setzen: — (S. 654),

S. 386 Zeile 7 v. u. ist hinter — wurde. — einzuschalten: — (Vgl. S. 650.)

S. 402 Zeile 10 v. u. ist statt: — (vgl. S. 503 der 1. Ausgabe d. Bd.) — zu setzen: — (vgl. S. 502 u. S. 717 d. 2. Aufl.)

S. 420 Zeile 2 v. o. ist hinter — Sprachen. — zu setzen: — (Vgl. S. 646 dieses Werkes.)

S. 420 Zeile 7 v. o. ist hinter — Kundgebung erachte. — zu setzen: — (Vgl. S. 645 ff.)

S. 420 Zeile 1 v. u. hinter — versteht. — ist zu setzen: — (S. 654.) —

S. 423 Zeile 11 v. u. ist statt: — (vgl. S. 501 d. 1. Aufl.), — zu setzen: — (vgl. S. 500 dieses Bandes 2. Aufl. und S. 583 und S. 652 ff.),

S. 425 Zeile 8 v. o. ist statt: — (vgl. S. 499 d. 1. Aufl.) — zu setzen: — (vgl. S. 497 d. B. 2. Aufl. u. S. 646)

S. 427 Zeile 7 v. o. ist am Ende des Absatzes hinter . . . zu setzen: — Vgl. S. 645 ff.

S. 437 Zeile 12 v. o. ist statt: — Vgl. S. 501 d. 1. Aufl.) — zu setzen: — Vgl. S. 500 d. B. und S. 449 Zeile 11 v. o. d. 2. Aufl.; desgl. S. 647.)

S. 441 Zeile 6 v. o. ist anzufügen: — Vgl. S. 437.
S. 441 Zeile 20 v. o. ist hinter: — Citate aus Schriftstellern — einzufügen: — (vgl. S. 492),
S. 441 Zeile 18 v. u. ist hinter: — behaupten kann — ein Komma zu setzen.
S. 451 Zeile 10 v. u. ist hinzuzufügen: — Vgl. S. 509 ff. dieses Bandes.
S. 455 Zeile 6 v. u. ist hinter — Professor *Butlerow*. — einzufügen: — (Vgl. S. 665, 714.)
S 461 Zeile 6 v. u. ist hinter — Thatsachen. — einzuschalten: — (Vgl. S. 673 ff.)
S. 466 Zeile 4 v. o. ist statt: — aus — zu setzen: — und
S. 467 Zeile 9 v. o. ist statt: — oder S. 693 d. 1. Aufl. d. B.) — zu setzen: —, oder S. 679 d. 2. Aufl. d. B.)
S. 478 Zeile 6 v. u. statt: — wurden, — lies: — wurde,
S. 479 Zeile 7 v. o. ist hinter — darbietet. — einzuschalten: — (Vgl. S. 636.)
S. 488 Zeile 16 v. o. ist statt: — in lateinischem — zu setzen: — im Lateinischen
S. 495 Zeile 1 v. u. ist hinter — S. 73 ff. — hinzuzufügen: — Vgl. Note S. 509 und S 674 dieses Bandes. —
S. 497 Zeile 11 v. u. ist hinter — Miss *Laura* — einzuschalten: — (vgl. S. 604, — und Zeile 8 v. u. hinter: — S. 425 ff. — einzuschalten: — und S. 646)
S. 500 Zeile 15 und 16 v. o. ist zu — (schon von Seite 423 | her — hinzuzusetzen: — , cfr. S. 583)
S. 502 Zeile 5 v. o. ist am Ende des Absatzes hinzuzufügen: — Vgl. S. 646 dieses Werkes.
S. 502 Zeile 16 v. o. ist statt: — Seite 731 | der 1. Ausgabe dieses Bandes, — zu setzen: — Seite 717 | der 2. Ausg. d. B.,
S. 507 Zeile 8 v. u. ist hinter — finden können — zu setzen: — (vgl. S. 674);
S. 509 letzte Zeile der Note ist statt: — Seite 687 der 1. Aufl. dieses Werkes — zu setzen: — S. 674 ff. d. 2. Aufl. d. W.
S 512 Zeile 13 v. u. ist hinter — *Barbara Pribitkow* — einzuschalten: (vgl. S. 568 ff. und 650 ff.),
S. 518 Zeile 12 v. o. ist hinter — geredet hat.' — zu setzen: — (Vgl. S. 669.)
S. 521 Zeile 3 v. o. ist hinter — (Abtheilung für Botschaften) — zu setzen: — vgl. S. 670, 703,
S. 524 Zeile 4 v. o. ist hinter — *Abraham Florentine* — anstatt: — (vgl. S. 682 d. 1. Aufl.) — zu setzen: — (vgl. S. 669 d. 2 Aufl.)
S. 534 Zeile 7 v. u. ist statt — S. 648 d. 1. Aufl.) — zu setzen: — S. 683 ff., S. 636 d. 2. Aufl.
S. 538 Zeile 2 v. u. ist statt — S. 648 d. 1. Aufl.), — zu setzen: — S. 636 d. 2. Aufl.),
S. 544 Zeile 18 v. u. ist am Ende des Satzes hinzuzufügen: — Vgl. S. 554 d. B.

— XX —

S. 554 Zeile 18 v. u. ist hinter — Kräfte. — einzuschalten: — (Vgl. S. 715 ff.)

S. 568 Zeile 16 v. o. ist hinter — *Pribitkoff* — einzuschalten: — (vgl. S. 512 und S. 650)

S. 571 Zeile 2 v. u. ist hinter — Sprachlehrerin *V.* — einzuschalten: — (vgl. S. 637 ff.)

S. 582 Zeile 18 v. o. ist am Ende des Absatzes hinzuzufügen: — Vgl. S. 638 u. S. 645.

S. 583 Zeile 4 v. o. ist hinter — S. 500 ff., — hinzuzufügen: — und S. 652.

S. 583 Zeile 4 v. o. ist hinter — *Edmonds* — statt: — (vgl. S. 424 ff. und 501 ff. der 1. Aufl.) — zu setzen: — (vgl. S. 423 ff. u. S. 500 ff. und 652 ff. d. 2. Aufl. d. W.)

S. 584 Zeile 16 v. u. ist hinter — findet. — einzuschalten: — (s. S. 632.)

S. 587 Zeile 10 v. o. ist statt: — (s. S. 625 d. 1. Aufl.) — zu setzen: — (s. S. 612 d. W.)

S. 587 Zeile 3 v. u. ist hinter: — hervorrief. — zu setzen: — (Vgl. S. 610.)

S. 590 Zeile 20 v. o. ist am Ende der Zeile ein Komma zu setzen.

S. 594 Zeile 10 v. u. ist statt — Wenn — richtiger: — Ob — zu setzen.

S. 602 Zeile 19 v. o. ist auf (S. 106 - 107) des 1. Bandes 2. Ausg. zurückverwiesen. Daselbst muss es S. 106 Zeile 6 hinter — *Glendinning* — statt: — (s. S. 613) — nunmehr heissen: — (s. S. 602),

S. 609 Zeile 2 v. o. ist auf (s. S. 207 ff. dieses Werkes) zurückverwiesen, so dass nunmehr auf S. 207 des 1. Bandes 2. Aufl. Zeile 11 v. u. hinter — Beweis. — hinzuzufügen ist: — (Vgl. S. 608 u. 609 des 2. Bd. dieses Werkes.)

S. 612 Zeile 17 v. o. ist hinter — *Wedgwood* — einzuschalten: — (vgl. S. 587)

S. 629 Zeile 4 v. u. ist hinter — darüber — einzuschalten: — (vgl. noch S. 79 ff., 730 ff., 743 ff.)

S. 638 Zeile 16 v. o. ist hinter — (S. 582 — einzufügen: — und S. 645)

S. 644 Zeile 19 v. o. ist bei — *D' Assier* (im I. Kapitel dieses Werkes Seite 34 ff.) — daselbst im I. Bande S. 34 Zeile 20 v. o. hinter — eine Art persönlicher Gleichung — einzuschalten: — (s. S. 644)

S. 645 Zeile 16 v. o. ist hinter — (S. 582 ff. — noch hinzuzufügen: — und S. 638 ff.)

S. 648 Zeile 14 v. o. ist hinter — Taubstummen. — zu setzen: — (Vgl. S. 711 ff.)

S. 652 Zeile 10 v. u. ist hinter — *Edmonds* — einzuschalten: — (vgl. S. 423, 500, 583 ff.)

S. 655 Zeile 5 v. o. ist statt — (vgl. S. 748, 750 d. 1. Aufl.) — zu setzen: — (vgl. S. 90 ff., 733, 735 ff. dieser 2. Aufl.)

S. 665 Zeile 14 v. u. ist hinter — S. 455 — einzuschalten —, S. 714, 717 ff.

S. 665 Zeile 17 v. u. ist hinter — meiner Frau — zu setzen: — (vgl. S. 714, 717 ff.)

S. 670 Zeile 1 v. o. ist hinter — (S. 520 — noch zu setzen: —, 708 ff.)
S. 672 Zeile 5 v. o. ist statt — (vgl. S. 688, 732 d. 1. Aufl.) — zu setzen:
— (vgl. S. 675, 688 u. 718 d. 2. Aufl.)
S. 674 Zeile 19 v. o. ist hinter — S. 508 — einzuschalten: — u. S. 679.
S. 675 Zeile 13 v. u. ist statt — u. S. 732 der 1. Aufl. - zu setzen: —
u. S. 718 dieses Werkes 2. Aufl.)
S. 679 Zeile 8 v. o. ist hinter — *Korf* — statt: — (S. 674) — zu setzen:
— (S. 495, 508 u. 674)
S. 718 Zeile 4 v. u. ist noch im I. Bande 2. Aufl. dieses Werkes auf
S. 54 Zeile 2 v. o. hinter — beschreiben, — einzuschalten: — (vgl.
S. 718),
S. 58 Zeile 9 v. u. ist hinter — Haltung. — einzuschalten: — (Vgl.
S. 718.)
S. 719 Zeile 4 v. o. ist zu (vgl. S. 80 im I. Bande) — daselbst S. 80 Zeile
17 v. o. hinter — *Hudson* in London — einzuschalten: — (vgl.
S. 719 des II. Bandes 2. Aufl.)
S. 720 Zeile 3 v. o. ist anstatt: — (s. S. 729 d. 1. Aufl.) — zu setzen:
— (s. S. 715).
S. 730 Zeile 4 v. o. ist hinter — verfügt. — zu setzen: — (Vgl. S. 79 ff.,
629 ff., 743.
S. 730 Zeile 13 v. u. ist statt: — S. 439 ff. — zu setzen: — S. 429 ff.

# Verzeichniss
## sämmtlicher im spiritistischen Verlage
und der Druckerei von **Oswald Mutze** in Leipzig,
Lindenstrasse 4,
### erschienenen Werke und Broschüren.

„**Psychische Studien.**" Monatliche Zeitschrift, vorzüglich der Untersuchung der wenig gekannten Phänomene des Seelenlebens gewidmet. Herausgegeben und redigirt von *Alexander Aksakow* und Dr. *Gr. C. Wittig.* XXII. Jahrgänge. (Vgl. Näheres S. XLVI des I. Bandes.)

„**Bibliothek des Spiritualismus für Deutschland**" in bisher 18 Werken. Herausgegeben von Denselben. (Vgl. Näheres S. XLIV des I. Bandes.)

---

*Güldenstubbe*, Baron *Ludwig v.*, *Positive Pneumatologie.* Die Realität der Geister, sowie das Phänomen der directen Schrift der Geister. Historische Uebersicht aller Zeiten und Völker. Preis: M. 4.—, geb. M. 6.—.

*Recht und Humanität* im Kampfe wider Orthodoxie und Materialismus. 2. Auflage. Preis: M. 1.—.

*Widerlegung des Materialismus* durch die natürlichen Offenbarungen des Geistes, oder Glaube und Wissenschaft. Preis: M. 1.—.

*Loewenthal*, Dr. *Eduard*, *Die nächste Wissensstufe*, oder: Der Fortschritt vom materialistischen zum rationalistischen Materialismus. Preis: M. —.75.

*Gentzel*, *Gottfr.*, Pastor emer., *Spiritistische Geständnisse eines evangelischen Geistlichen* über die Wahrheit der christlichen Offenbarung. Preis: M. 1.50.

*Kardec*, *Allan*, *Das Buch der Medien*, oder: Wegweiser der Medien und der Anrufer, enthaltend eine besondere Belehrung über die Geister, über die Theorie aller Art Kundgebungen, über die Mittel für den Verkehr mit der unsichtbaren Welt, Entdeckung der Mediumität, über Schwierigkeiten, welchen man bei der Ausübung des Spiritismus begegnen kann. Preis: M. 6, geb. M. 8.

*Wegener*, Dr. *Eduard*, *Der Zusammenhang von Sein und Denken.* Beitrag zur Theorie der vierten Raumdimension. Preis: M. —.50.

*Braun*, *L.*, *Experimenteller Spiritualismus*, oder: Wie steht es mit dem Leben nach dem Tode? Preis: M. 2.—.

*Leeser*, *J.*, cand. med., *Herr Professor Wundt und der Spiritismus.* 2. Auflage. Preis: M. 1.20.

*Friese*, Dr. *Robert, Stimmen aus dem Reich der Geister.* Mit einer Tafel in Lichtdruck. 2. Auflage.
Preis: M. 4.—, geb. M. 5.—.
*Friese*, Dr. *Robert, Das Leben jenseits des Grabes.*
Preis: M. 3.—, geb. M. 4.—.
*Wipprecht*, Direktor Dr., *Der Spiritualismus vor dem Forum der Wissenschaft.* Preis: M. —.50.
*Fellner*, *F. von, Animalischer Magnetismus und moderner Rationalismus.* Eine kulturhistor. Betrachtung. Preis: M.,1.20.
*Wirth*, *Moritz, Herrn Professor Zöllner's Experimente* mit dem amerikanischen Medium Herrn *Slade* und seine Hypothese intelligenter vierdimensionaler Wesen. 3. Aufl.
Preis: M. 3.—.
*Wirth*, *Moritz, Friedrich Zöllner.* Ein Vortrag zum Gedächtniss. Mit *Zöllner's* Bild und Handschrift. 2. Auflage.
Preis: M. —.40.
*Mohr*, Dr. *Jakob, Grundlage der empirischen Psychologie.*
Preis: M. 2.—.
*Jankowski*, Dr. *Eduard, Phänomenologie und Metaphysik der anormalen Sinnesbilder.* Preis: M. 4.50.
*Hoëll*, *Rudolf, Was ist Spiritismus oder Spiritualismus?*
Preis: M. —.20.
*Kritische Analyse* der antispiritistischen Erklärungsweise sogenannter spiritistischer Phänomene von einem Nicht-Spiritisten. Preis: M. —.50.
*Maack*, *Ferd., Präliminarien zum Versuch einer Philosophie des Gemüths.* Preis: M. 3.—.
*Brander*, *Robert, Der Schlaf und das Traumleben.* M. —.80.
*Spiegel*, Dr. *Hermann, Das Wesen des Spiritismus.* Vom physikalischen und physiologischen Standpunkte besprochen.
Preis: M. 1.50.
*Waldeck*, *Oskar, Grundlegung zur Dynamik des Geistes.*
Preis: M. 1.50.
*Schlesinger*, Prof. Dr. *Joseph, Die geistige Mechanik der Natur.* Versuch zur Begründung einer antimaterialistischen Naturwissenschaft. Mit 1 Figurentafel.
Preis: M. 5.—, geb. M. 6.—.
*Erdensohn*, *W—, Dasein und Ewigkeit.* Betrachtungen über Gott und Schöpfung, die physische und psychische Entwickelung in der Natur, die Unsterblichkeit, den endlosen Fortschritt und die Bestimmung des Geistes.
Preis: M. 8.—, geb. M. 10.—.
*Traun*, *H. J., Theodor und Martha,* oder: Die Priesterweihe.
Preis: M. 4.—, geb. M. 6.—.
*From Over de Tomb.* Von Jenseit des Grabes, von einer Dame. Preis: M. 1.20.

*Pusch*, Lucian, *Katechismus des reinen Spiritualismus.* Wegweiser zur Erlangung eines glücklichen Lebens im Diesseits und Jenseits. Preis: M. 4.—, geb. M. 5.—.
*Schlenter*, Dr. *Josef Mich.*, *Das zweite Gesicht.* Eine natürliche Erklärung mystischer Vorgänge. Preis: M. —.50.
*Hansen*, Magnetiseur *Carl*, *Die magnetische oder sogenannte Huth'sche Heilmethode.* Mit Bewilligung des Herausgebers in's Deutsche übersetzt von *G. H.* Preis: M. —.60.
*Striegel*, *J.*, *Zur Unsterblichkeitsfrage,* über magische Kräfte und Willensbestimmungen im Wort. Preis: M. 1.—.
*Cyriax*, Dr. *B.*, *Wie ich ein Spiritualist geworden bin.* 2. Aufl. Mit Nachtrag. Preis: M. 1.20, geb. M. 2.—.
*Pusch*, Lucian, *Katechismus der Religion des Sokrates,* oder: des reformirten hellenischen Monotheismus. M. —.60.
*Friedrich*, Wilhelm, *Ueber Lessings Lehre von der Seelenwanderung.* (Preisgekrönt von der August Jenny-Stiftung.)
Preis: M. 2.—, geb. M. 3.—.
*Kneisel*, Rudolf, *Die Lehre von der Seelenwanderung.* (Von der Jenny-Stiftung preisgekrönt.) Preis: M. 3, geb. M. 4.
*Pusch*, Lucian, *Spiritualistische Philosophie ist erweiterter Realismus.* Ein praktisches Lehrbuch der spiritualistischen Philosophie. 2. Auflage. Mit einem Anhange: Wie man artistische Medien entwickelt. Mit dem Portrait des Verfassers. Preis: M. 1.50.
*Wollny*, Dr. *F.*, *Eine Appellation an die deutsche Wahrheitsliebe* in Sachen der Hypnose und Suggestion. Preis: M. 1.—.
*Wirth*, Moritz, Prof. Dr. Friedr. *Zöllner, Beiträge zur Deutschen Judenfrage* mit akademischen Arabesken als Unterlagen zu einer Reform der deutschen Universitäten. Mit 3 lithograph. Tafeln und 8 photogr.-facsimil. Briefen. (Zöllner's letztes Werk.) Preis: M. 4.—, geb. M. 6.—.
*Claus*, Hermann, *Fünfundzwanzig Thesen über Menschenthum* nach Körper, Seele und Geist. Ein Beitrag zur Erlösung des Menschen von Aberglauben und Unwissenheit über sich selbst. Preis: M. —.40.
*Langsdorff*, Dr. *G. von*, *Ein Wegweiser für Magnetisiren und Massage.* 3. vermehrte und verbesserte Auflage. Mit 5 Abbildungen. Preis: M. 1.—, geb. M. 1.50.
*Mandel*, Theodor Heinrich, evang.-luther. Pfarrer, *Geist und Stoff.* Sachliche und kritische Bemerkungen zu des Herrn Dr. *du Prel* „Entdeckung der Seele".
Preis: M. 2.—, geb. M. 3.—.

---

☞ **Sämmtliche Werke von L. B. Hellenbach.** ☜
Ausführliche Prospecte hierüber liefert die Verlagsbuchhandlung von *Oswald Mutze* in Leipzig gratis u. franco.

# ANIMISMUS UND SPIRITISMUS.

## Zweiter Band.

## III. Der Vorstellungs-Inhalt der Kundgebungen.

**Prüfung der Grundfrage des Spiritismus: Bietet er solche Phänomene dar, welche zur Einräumung einer Ursache ausserhalb des Mediums zwingen?**

Endlich befinde ich mich auf einem Gebiete, in welchem die Abweichungspunkte zwischen Herrn *von Hartmann* und mir — und, wie ich hinzusetzen kann, der Mehrheit der vernünftigen Spiritualisten — weit geringer sind, als in dem vorhergehenden Kapitel; denn die Theorie des Herrn *v. H.* in Bezug auf die Erklärung der intellectuellen Seite der spiritistischen Phänomene erweist sich als ganz zulässig für eine grosse Anzahl von Fällen, und meine Bemerkungen werden nur allein zum Zweck haben, die Frage aufzuklären: ob sie wirklich hinreichend sei, das Gesammtgebiet der spiritistischen Thatsachen ohne eine einzige Ausnahme, wie Herr *v. H.* behauptet, zu decken?

Die Theorie des Herrn *v. H.* besteht hinsichtlich der Thatsachen dieses Gebietes aus folgendem allgemeinen Grundsatze: — „Das somnambule Bewusstsein ist der alleinige, auf der Hand liegende Ursprung des Inhalts der spiritistischen Kundgebungen (S. 59). — „Die Herkunft des somnambulen Bewusstseins ist: —

„1) theils das gleichzeitig bestehende, wache Bewusstsein,

„2) theils das hyperästhetische Gedächtniss der ihm zu Grunde liegenden Hirntheile,

„3) theils die directe Vorstellungsübertragung,

„4) theils endlich das eigentliche Hellsehen" (S. 60). —

„Sobald man aber diese drei Erkenntnissquellen neben der sinnlichen Wahrnehmung einräumt, ist überhaupt kein Vorstellungsinhalt mehr denkbar, welcher seiner Natur nach unfähig wäre, aus ihnen geschöpft zu sein" (S. 116 bis 117).

An einem anderen Orte sagt er noch: — „Wer die Tragweite dieser verschiedenen Quellen des somnambulen Vorstellungsinhaltes recht erkennt, wird schwerlich in Versuchung kommen, nach einer anderweitigen Erklärung für den Vorstellungsgehalt der mediumistischen Kundgebungen zu suchen." (S. 60). — Ich aber überlasse mich dieser „Versuchung", und ich will einmal zusehen, ob es nicht wirklich Platz giebt für eine „anderweitige Erklärung"? Nur will ich meine These etwas weiter fassen. Der wesentliche Punkt im Spiritismus, bei dem man beginnen muss, wenn man die Frage der Theorie aufwirft, muss in folgender Weise formulirt werden: —

Kann man die Gesammtheit der mediumistischen Phänomene erklären durch aus der Natur des Mediums selbst sich herleitende, bewusste oder unbewusste Thätigkeiten, d. h. durch im Innern der Medien vorhandene, intra-mediumistische Ursachen; oder aber giebt es solche Thätigkeiten, welche eine ausserhalb des Mediums wirksame Ursache, also eine extra-mediumistische Ursache, voraussetzen lassen müssen?

Im Falle einer bejahenden Antwort, wird die zweite Frage alsdann nicht darin bestehen müssen, die wahrscheinliche Natur des eine extra-mediumistische Ursache bildenden Agens zu untersuchen?

Beschäftigen wir uns daher mit der ersten Frage, welche offenbar nicht nur den Vorstellungsinhalt der

Kundgebungen, sondern auch die physikalischen und Materialisations-Phänomene umfasst.

Ganz gewiss müssen wir vor allen die mediumistischen Phänomene durch alle „natürlichen", vernünftig denkbaren Mittel zu erklären, und so weit eine Möglichkeit vorhanden bleibt, sie einer „natürlichen" Ursache zuzuschreiben suchen; es wäre unvernünftig, die Lösung derselben in einer übernatürlichen Ursache finden zu wollen. Diese „natürlichen" Ursachen sind ganz sicher diejenigen, welche von Dr. *von Hartmann* vorgeführt werden, und ich stimme ganz damit überein, dass ein grosser Theil der mediumistischen Phänomene durch diese Ursachen erklärlich werden kann, — wie ich bereits zugegeben und entwickelt habe in der Kritik, die ich über das Werk von *D'Assier* (S. 33 ff.) veröffentlichte, welches ein Jahr vor der Schrift des Herrn v. *H.* über den Spiritismus erschienen ist. Ich muss hier gleichwohl bemerken, dass ich mit Herrn v. *H.* über die Bedeutung des Wortes „übernatürlich" (S. 118) nicht in Uebereinstimmung bin, wenn er darunter eine „spiritistische" Ursache in der etymologischen Annahme dieses Wortes verstehen will. Der Spiritismus verwirft vollständig das Beiwort „übernatürlich", das man seinen Phänomenen beilegen will; und wenn sie wirklich von „Geistern" erzeugt werden, so ist es schwierig zu begreifen, weshalb die Ursache einer einem **lebenden Menschen** zugeschriebenen Wirkung „natürlicher" sein soll, als eine einem **verstorbenen Menschen**, oder irgend einem unsichtbaren menschlichen Wesen zugeschriebene Ursache? Aber andererseits begreife ich vollkommen, dass die Annahme der Existenz von „Geistern" als einer auf dem Wege der directen Beobachtung und des Experiments bewiesenen Thatsache von einer zu grossen Wichtigkeit sein würde, um nicht zuvor alle möglichen Mittel zu erschöpfen behufs Erklärung der gegebenen Phänomene durch „natürliche" Ursachen.

Bevor ich auf die Sache eingehe, erachte ich es für nothwendig, hervorzuheben, dass die hervorragendsten Vertreter des Spiritismus — die Medien und Hellseher selbst — zuerst behauptet haben, dass die Hälfte der mediumistischen Phänomene intra-mediumistischen Ursachen zugeschrieben werden müsse. Ich muss ihnen Gerechtigkeit widerfahren lassen, indem ich hier ihre weisen Worte wiederhole.

So sagt schon *Andrew Jackson* **Davis** noch im Anfange des amerikanischen Spiritualismus in seinem Werke: — „The Present Age and Inner Life; a Sequel to Spiritual Intercourse. Modern Mysteries classified und explained." („Das gegenwärtige Zeitalter und das innere Leben; eine Fortsetzung zu 'Der geistige Verkehr'. Classification und Erklärung moderner Geheimnisse.") — im engl. Original veröffentlicht im Jahre 1853, — Folgendes: —

„Auf den folgenden Seiten wird man eine 'Erklärungs-Tabelle' finden, welche eine systematische Uebersicht von den 'Ursachen der Phänomene' u. s. w. geben und zeigen wird, dass in Folge der aussergewöhnlichen Eigenschaften des menschlichen Geistes viele Erfahrungen von manchen Individuen als von geistigem Ursprunge erachtet werden, welche jedoch in Wahrheit nur von den natürlichen Gesetzen unseres Wesens verursacht sind, — durch eine Verbindung unsichtbarer, physikalisch-psychisch-dynamischer Prinzipien, durch eine Uebertragung und wechselseitige Mittheilung von des Geistes eigenen willkürlichen und unwillkürlichen Kräften, — die, wie ich bereits entschieden anerkannt habe, nothwendig in eine richtige Auseinandersetzung gewisser niederer Abtheilungen dieser grossen Demonstration geistiger Existenzen aufgenommen werden müssen" (p. 160—161).

Aus der Classifikation dieser „Erklärungs-Tabelle" ersieht man, dass es nach ihm nur etwa 40% von Phänomenen giebt, welche „wirklich geistigen Ursprungs sind"; alle übrigen müssen gesetzt werden auf Rechnung des „Hellsehens, der Cerebro-Sympathie, der Nervo-Psychologie, der vitalen Electrizität, der Neurologie und der willkürlichen Täuschung" (p. 197).

Noch weiterhin sagt er: — „Die Haupt-Ursache der Widersprüche ist daher die gleichzeitige Empfangnahme von Eindrücken aus zwei Sphären der Existenz — das will sagen; aus den Gemüthern in der menschlichen.

Gesellschaft und aus denen, welche im Geister-Lande wohnen. Es erfordert auf Seiten des Mediums, des Sehers, des Propheten, des Vermittlers u. s. w. eine vorurtheilsfreie Summe psychologischer Erziehung und Erfahrung, um mit einem gewissen Grade wahrhafter Unterscheidungsgabe im Stande zu sein, den Unterschied zwischen Eindrücken zu entdecken, welche von Geistern dieser Welt erhalten werden, und denen, die aus der höheren Sphäre kommen. Ich will dies erläutern: — Ein Medium kann Gedanken von einer im Cirkel sitzenden Person, oder auch sogar von einem in irgend einem entfernten Theile dieses Erdballs befindlichen Gemüthe (wie dies in meiner p. 193 beigegebenen Zeichnung durch die horizontale Linie angedeutet wird) erhalten und dennoch über die Quelle derselben gänzlich sich täuschen. Denn insofern es alle ursprünglichen, inneren Sinnesempfindungen und persönlichen Beweise betrifft, so erscheinen und empfinden sich dergleichen Eindrücke in den Wahrnehmungen des Mediums genau identisch mit denjenigen, welche von einem Geiste über dem Bereiche des Grabes ausgehen! Dies ist deshalb so, weil die Gesetze seelischer Sympathie dieselben sind auf Erden, identisch sind zwischen Gemüth und Gemüth hienieden, wie im Geister-Lande. Daher kommt es, dass manche Medien und Hellseher, desgleichen auch Gemüther in gebetvoll flehenden Stimmungen, gar häufig Antworten auf ihre Gedanken und Bitten aus irdischen Quellen und Gemüthern empfangen; selbst dann, wenn die innere Ueberzeugung sehnlichst das Gegentheil verlangen mag, dass die Antwort wirklich herabsteige aus einer übersinnlichen Intelligenz und unsichtbaren Kraft!" (p. 202).

„Auf Grund der bereits vorgeführten Erwägungen und 'Möglichkeiten' können wir versichert bleiben, dass die 'Widersprüche', welche nach der Meinung vieler Glaubenden aus den Anstiftungen 'böser und übelwollender Geister' hervorgehen, die oberhalb der Erde wohnen, stets und in allen Fällen auf weltliche Ursachen und auf die Vermittelung menschlicher Thätigkeit zurückzuführen sind. Denn der Herr 'täuscht' den Propheten nicht. Der Prophet ist, wenn er Widersprüche und Irrthümer entwickelt, entweder selbstgetäuscht, oder sich selbst täuschend. So ist das Medium, wenn es Falsches erschliesst, entweder bewusst oder unbewusst die störende Ursache auf Erden, wie ich in meinem früheren Buche 'Der geistige Verkehr' [1851, deutsch Leipzig, 1884] auseinander gesetzt habe.

„Zudem ist der Geist so wunderbar begabt und besitzt von sich selbst so viele und mannigfache Weisen der Thätigkeit und Kundgebung, dass ein Mensch seinen organischen Kräften und Cerebro-Dynamiden (Gehirn-Vermögen) gestatten kann, auf ihn selbst und in ihm wirksam zu werden, ohne dass er sich dessen bewusst wird. In gewissen Stimmungen werden die willkürlichen Kräfte, welche im Cerebrum oder inneren Gehirne gelagert sind, unwillkürlich und fahren in ihrer Thätigkeit fort ohne die geringste Anregung oder Unterstützung aus der Quelle des Willens. Dieser Zustand zeigt sich in Fällen von Hypochondrie und Hysterie, beim St. Veit's-Tanze, in der Katalepsie und bei Geistesstörungen. In unserer Skala finden wir 16% moderner Manifestationen dieser Ursache zugehörig. Auf diesen Zustand allein hin halten sich manche Personen selbst für Medien physikalischer, gestikulatorischer oder pantomimischer Manifestationen berühmter Geister, welche schon seit langer Zeit die weissen Küsten der Ewigkeit und Freiheit erreicht haben! U. s. w." (p. 205).

*Hudson Tuttle* hatte bereits in seinem Werke — „Arcana of Nature" („Geheimnisse der Natur") — das Thema des geistigen Zwischenverkehrs unter lebenden Menschen (Vol. II, p. 182) entwickelt; später hat er in seinen — „Arcana of Spiritualism" („Geheimnisse des Spiritualismus") — 1871 sich noch folgendermaassen darüber geäussert: —

„Wenn ein Geist ein Medium controlirt, so wird derselbe von denselben Gesetzen beherrscht wie der sterbliche Magnetiseur. Aus diesem Grunde sind die sich ergebenden Phänomene vermischter Art, und es wird schwierig, bei theilweise entwickelten Medien zwischen dem Magnetismus des Cirkels und dem des die Controle übernehmenden Geistes zu unterscheiden. Die grösste Vorsicht ist erforderlich, Selbsttäuschung zu verhüten. Wenn das Medium sich in dem besonders empfänglichen Zustande befindet, welcher dem ersten Zustande der Entwickelung gewöhnlich eigen ist, so wird es einfach die Gesinnung des Cirkels wiederspiegeln; und das, was die Mittheilung eines Geistes zu sein vorgiebt, wird nur ein Echo ihrer eigenen Geister sein.

„Der Zustand, welcher das Medium für einen Geist passiv macht, macht ihn auch in demselben Grade für sterblichen Einfluss passiv; und aus der Aehnlichkeit aller magnetischen Einflüsse ist es schwierig, einen Geist von einem Sterblichen zu unterscheiden. Die Cirkel täuschen sich oft auf diese Weise selbst durch ihre eigene Positivität Sie vertreiben die Annäherung himmlischer Botschafter und setzen an deren Stelle die Echos ihrer eigenen Gedanken. So finden sie Widerspruch und Verwirrung, die sie selbstbeliebig 'bösen Geistern' in die Schuhe schieben.

„Nichts kann für die Sache der Wahrheit gewonnen werden durch falsche Darstellung oder Uebertreibung der Wichtigkeit einer Thatsache auf Kosten einer anderen. Eine ehrliche Erforschung des Spiritualismus, welche an die Aufgabe herantritt ohne vorherige Kenntniss des thierischen Magnetismus, bezieht jedes Phänomen, dem sie begegnet, auf geistige Wirkungskraft, wohingegen es wahrscheinlich ist, dass wenigstens die eine Hälfte der beobachteten Fälle aus rein weltlicher Quelle stammt." (p. 194–195). —

„Wir möchten nicht missverstanden werden. Unser Zweck ist, eine scharfe Linie zu ziehen zwischen den Phänomenen von wirklich geistigem Ursprung und denen, welche auf die Einwirkung Sterblicher zurückzuführen sind. Wir können möglicherweise eine Hälfte oder zwei Drittel aller Manifestationen, welche angeblich geistiger Natur sind, verwerfen; aber der übrigbleibende Theil wird um so werthvoller sein. Eine Sache wird nicht kräftiger durch eine Masse unzulänglicher Thatsachen, sondern eher schwächer. Die Widerlegung einiger derselben wird oft für ein Verwerfen aller angesehen." (p. 196.) —

„Eine sichere Regel ist es, nichts Geistern zuzuschreiben, was durch Hilfsmittel Sterblicher erklärt werden kann. Auf diese Weise gesichtet, werden die übrig bleibenden für den Skeptiker sowohl, wie für den Forscher, von wirklichem Werth sein."

„Der Mensch ist in seinem Körper ebenso gut ein Geist, als wenn er von demselben befreit ist. Als ein Geist ist er denselben Gesetzen unterworfen. Der magnetische Zustand kann von selbst herbeigeführt, oder auch von einem sterblichen oder geistigen Magnetiseur veranlasst sein. Dies gilt von allen seinen Manipulationen, ob dieselben im Somnambulismus, Trance, oder Hellsehen stattfinden.

„Wenn man diese Thatsache voll anerkennt, wird man finden, wie ausserordentlich geneigt der Beobachter ist, diese Einflüsse misszuverstehen.

„Wenn ein Cirkel gebildet und eins von seinen Mitgliedern von nervösen Krämpfen befallen wird, so folgt daraus nicht nothwendig, dass ein solches Mitglied von einem Geiste controlirt wird. Das kann nicht eher für gewiss ausgesprochen werden, als bis der Geist seine Controle identificirt (als nur ihm allein zukommend erwiesen) hat. Nur durch eine solche Prüfung der Phänomene kann eine gesunde und genaue Kenntniss geistiger Gesetze gewonnen werden. Es mag ja den Wundersüchtigen gefallen, auf eine einzige Quelle alle Manifestationen zu beziehen, von der unwillkürlichen Zusammenziehung eines Muskels, dem Beseitigen von Schmerz durch Auflegung der Hände, den unzusammenhängenden Reden eines durch den ihn überwältigenden Einfluss des Cirkels in Trance versetzten Sensitiven anzufangen, bis hin zu den echten Eindrücken geistiger Wesen; aber es wird den Anforderungen der Wissenschaft nicht genügen, welche schliesslich alle Thatsachen und Phänomene in zusammengehörige Reihen zu ordnen suchen wird." (p. 197.) —

Und *Tuttle* hat dieses Thema noch einmal berührt in einem Artikel „Gehirnthätigkeit", welcher in „The Religio-Philosophical Journal" zu Chicago vom 1. Dec. 1883 (wiederabgedruckt in „Spiritualistische Blätter" zu Leipzig vom 10. Januar 1884) veröffentlicht wurde.

Wir wollen nun zur **Hauptfrage** übergehen und zusehen, ob dieser „übrig bleibende Theil" wirklich existirt, und ob der Spiritismus sich gerechtfertigt findet in seinen Ansprüchen, es mit Phänomenen zu thun zu haben, welche auf extra-mediumistische Ursachen zurückzuführen sind.

Nach der Theorie des Herrn *von Hartmann* befindet sich das somnambule Bewusstsein, welches seinen Sitz in den mittleren Hirntheilen hat, naturgemäss unter der Herrschaft der Grosshirnrinde (S. 26), welches der Sitz des wachen Bewusstseins ist. „Die Thätigkeit dieser mittleren Hirntheile hat für gewöhnlich nur einen vorbereitenden oder ausführenden Werth" (S. 26), und es ist „das wache Bewusstsein und sein bewusster Wille", welche „die allgemeine Directive" geben, „welche Art von Erscheinungen gewünscht und erwartet wird" (S. 33). Da das somnambule Bewusstsein — dieser grosse Factor aller mediumistischen Phänomene — zugleich Beweise liefert nicht nur für eine intellectuelle Thätigkeit, sondern auch für eine Willensthätigkeit („Intelligenz und Begehrungen" S. 26), so muss man daraus schliessen, dass diese zwei Thätigkeiten im Ganzen nur eine ausmachen, und dass sie in Uebereinstimmung sind nicht allein unter sich, sondern auch mit denselben Thätigkeiten des wachen Bewusstseins, d. h. dass die Intelligenz und der Wille des somnambulen Bewusstseins sich im Einklang befinden mit der Intelligenz und dem Willen des wachen Bewusstseins. Das muss man doch auch aus den Worten des Herrn *v. H.* herauslesen: — „Daher kommt es, dass das somnambule Bewusstsein Worte und Sätze schreibt, auf Fragen antwortet und Wünschen Rechnung trägt, welche dem wachen Bewusstsein, sei es vor dem Eintritt des larvirten Somnambulismus, sei es während desselben, dictirt oder vorgelegt sind" (S. 59). — Und weiterhin: — „Dieser Inhalt (der Kundgebungen) ist gewöhnlich **unter** dem geistigen Niveau des Mediums und der Anwesenden und erhebt sich höchstens **auf**, aber niemals **über** dasselbe" (S. 116).

Thatsächlich haben wir aus allem Vorhergegangenen ersehen, dass die sich erzeugenden Phänomene dem Willen des somnambulen Bewusstseins gehorchen, welches in Uebereinstimmung ist mit dem Willen und den Vorstellungen des wachen Bewusstseins des Mediums. Aber bevor wir uns mit der Philosophie des „Vorstellungsinhalts der Kundgebungen" beschäftigen, welcher Herr *v. H.* ein besonderes Kapitel gewidmet hat, und darüber discutiren, ob diese „Kundgebungen" **unter** oder **über** dem geistigen Niveau des Mediums" sind, müssen wir uns bei dem **Willensinhalt** der Manifestationen aufhalten; denn hier erhebt sich die Frage: — Ist es richtig, dass das somnambule Bewusstsein immer den „Wünschen Rechnung trägt," welche dem wachen Bewusstsein diktirt oder vorgelegt sind? Ereignet es sich nicht, dass die Manifestationen nicht allein nicht den Wünschen und Gedanken des wachen Bewusstseins gehorchen, sondern diesem sogar diametral **entgegengesetzt** sind? Wenn eine solche **Zwietracht** möglich ist, was wird alsdann aus der Theorie des somnambulen Bewusstseins? — Und da Thatsachen dieser Art wirklich existiren, so will ich vorläufig diejenigen Revue passiren lassen, welche dem wachen Bewusstsein entgegengesetzt sind, und von da wird es natürlich sein, zu denjenigen überzugehen, welche den Ueberzeugungen und dem Charakter des Mediums **entgegengesetzt** sind.

1) **Die Manifestationen, welche dem Willen des Mediums entgegengesetzt sind.** Hierbei bemerken wir folgende **Stufenreihe:** —

*a)* Eine im Spiritismus allgemein bekannte Thatsache ist, dass die Manifestationen **nicht dem Willen des Mediums unterworfen sind**, und dies bezieht sich gleichmässig auf die intellectuellen wie auf die physikalischen Manifestationen. Das Medium kann sie nicht nach seinem Belieben hervorrufen. Ich spreche nicht von Manifestationen bei gelegentlichen Séancen, in einem Cirkel von Neulingen oder von ganz verschiedenartigen Persönlichkeiten, sondern ich rede von Manifestationen während einer Reihe von Séancen mit demselben Cirkel und den besten Resultaten. Indem alle Bedingungen absolut dieselben sind, ereignet es sich oft, dass man bei der folgenden Séance, in der man nichts weiter wünscht, als nur dieselben Phänomene zu erhalten, rein nichts erhält, — nicht die geringste Bewegung des Tisches oder des Bleistiftes in der Hand des Mediums! Es ist sogar bekannt, dass ein starkes Verlangen danach den Manifestationen nur schadet.

*b*) Sobald sich nur einmal die Manifestationen erzeugen, können sie gleichwohl **nicht fortgesetzt** werden nach dem Belieben der Beisitzenden. So hält z. B., wenn die Intelligenz, die sich in einer geschriebenen Manifestation offenbart, ankündigt, dass sie damit zu Ende sei, der Bleistift an, oder er fällt aus der Hand des Mediums, wenn dasselbe in Trance ist, und der forschende Beobachter hat gut seine Fragen zu erneuern, — die Hand rührt sich nicht mehr. Und selbst bei einer Séance mit physikalischen Wirkungen bleibt, wenn einmal Abschied geboten oder das Ende angekündigt ist (z. B. durch das Wort: abgemacht!" wie es in der Familie *Fox* gebräuchlich war, s. „Missing Link", p. 53), der Tisch wie todt, und der forschende Beobachter kann nach Belieben lange weiter an dem Tische verharren, — kein Ton, keine Bewegung giebt sich mehr kund.

*c*) Und umgekehrt können die Manifestationen **nicht unterbrochen** oder **aufgehalten** werden nach Belieben der Beisitzenden, noch weniger lassen sie sich mit Gewalt behandeln. Würde man z. B. der Séance aus gewissen Gründen (etwa wegen des leidenden Zustandes des Mediums) ein Ende machen und den Bleistift aus der Hand des in Trance befindlichen Mediums ziehen wollen, so würde seine Hand sich krampfhaft zusammenziehen, ihn nicht hergeben wollen, oder ihn mit einer solchen Hartnäckigkeit wiederverlangen, dass man schliesslich gezwungen wäre, den Bleistift der Hand zurückzugeben; oder aber die Bewegungen des Tisches oder seine Klopflaute würden mit Beharrlichkeit das Alphabet verlangen, wenn man Alles schon beendigt glaubte.

*d*) Der **persönliche Charakter** der Mittheilungen hängt ebenso sehr gar nicht vom Willen des Mediums ab. Herr *v. H*, hat ein Recht zu sagen, dass die Mehrzahl der Séancen sich zur Verfolgung „von Herzens-Interessen" gestaltet. Man wünscht nichts so sehr, als mit den Hinübergeschiedenen, die uns nahe sind, in Verkehr zu treten, und das gerade geschieht nur selten, — wenn man sich nicht mit den oberflächlichsten Mittheilungen begnügen will. Die Frage der **Identität** der Geister ist, wie wohl bekannt ist, der Stein des Anstosses im Spiritismus. Und doch sollte nach der Theorie des Herrn *v. H.* den so mächtigen Factoren der Hyperästhesie und der Gedankenübertragung nichts leichter sein als das. So habe ich einen Cirkel gekannt, welcher von einem **Witwer** zu dem Behufe gebildet war, eine Communication von seiner verstorbenen **Frau** zu erhalten; dieser Cirkel bestand nur aus ihm selbst, der Schwester und dem Sohne seiner Frau, im Ganzen also aus drei Personen, denen die gewünschte Persönlichkeit mit allen ihren Besonderheiten genau bekannt war; und trotzdem erhielt dieser Cirkel, der so viele mehr oder weniger merkwürdige Communicationen bekam, von denen mehrere im Namen bekannter, oder mit den Mitgliedern des Cirkels verwandter Personen gegeben wurden, niemals auch nur eine einzige Mittheilung im Namen der Gattin des Witwers, und doch sollte das eine so leichte Sache sein!

*e)* Und umgekehrt, die im Namen einer **gewissen** Persönlichkeit gegebenen Communicationen können nicht ein oder mehrere Male nach Belieben erhalten oder fortgesetzt werden: so z. B. würde man eine Communication von *A.* erhalten wollen wie zuvor, aber *B.* würde kommen, oder aber *A.* würde überhaupt nicht wiederkommen. So kam in einem Cirkel, den ich gebildet hatte, mitten in einer Reihe von abgedroschenen Communicationen plötzlich ein geistiger Zwischenredner, welcher so viel Scharfsinn, eine solche Kritik und philosophische Tiefe entfaltete, dass es ein wahres Fest war, seinen Antworten zuzuhören; aber er erschien nur selten, trotz aller Sehnsucht, die wir hegten, ihn öfter wiederzusehen; er tadelte uns, dass wir nicht mit ihm zu reden verständen, dass er seine Zeit mit uns verlöre, und endigte mit seiner Nimmerwiederkehr.

*f)* Auch die **Namen**, welche die Communicationen oft begleiten, hängen nicht vom Willen des Mediums ab. Die seichtesten Mittheilungen werden von grossen Namen unterzeichnet, — der beste Beweis, dass diese Mittheilungen eben diesen Persönlichkeiten nicht zugeschrieben werden können. Aber sehr häufig, wenn die Communication über das gewöhnliche Niveau geht, giebt der geistige Zwischenredner keinen Namen an und weigert sich, seine Identität zu beweisen; so z. B. hat derjenige, von welchem ich soeben im vorhergehenden Abschnitte e) gesprochen habe, seinen Namen niemals angeben wollen. Selbst die merkwürdigen Communicationen, welche von *M. A. Oxon.* (Magister Artium Oxoniensis) erhalten und unter dem Titel — „Spirit Teachings" — („Geister-Lehren", vgl. S. 374, 477 des 2. Bandes 1. Aufl.)*) veröffentlicht wurden, sind trotz aller inständigen Bitten des Mediums, in dieses Geheimniss eindringen zu dürfen, anonym geblieben. Und umgekehrt, Namen sind bisweilen gegeben worden, wenn das Medium nichts so sehr auf der Welt wünschte, als dass er nicht verrathen würde. So bin ich Zeuge von folgender Thatsache gewesen: — In einem Cirkel, in welchem meine Frau das Medium war, verlangten die Klopflaute das Alphabet, und ein Name begann hervorbuchstabirt zu werden; bei den ersten Buchstaben errieth meine Frau den ganzen Namen, welcher Bezug auf ein Familien-Geheimniss hatte; sie widersetzte sich der weiteren Hervorbuchstabirung dieses Namens mit ihrer ganzen Kraft, — und nichtsdestoweniger wurde der ganze Name, welcher aus 10 Buchstaben bestand, zu ihrem grossen Missvergnügen hervorbuchstabirt.

*g)* Selbst die Art und Weise der Communicationen hängt nicht von dem Willen des Mediums ab. Man hält die Hände auf die Planchette, aber nur der Tisch antwortet; oder aber, man hält den Tisch, und es ist die Planchette, welche verlangt wird. Man sagt das russische Alphabet her, aber das französische wird gefordert; und wenn die Sache missverstanden wird, so ereignet es sich, dass man bei den russischen Buchstaben, welche man hersagt, französische oder englische Worte erhält; bald sind

---

*) Da wir beim Druck von Hinweisungen (Vor- und Rückverweisungen) auf Seitenzahlen späterer, noch ungedruckter Bogen noch nicht immer die bestimmte Seitenzahl der 2. Ausgabe anzugeben vermögen, so wählen wir dafür die Seitenzahl der 1. Ausg., in deren Zahlen-Nähe dann auch die richtige Seitenzahl der 2. Ausgabe leicht zu finden ist. Hier ist oben S. 374 bereits in S. 375 der 2. Aufl. zu verwandeln. An solchen späteren Stellen werden stets richtige Rückverweisungen stattfinden. —                            Der Uebersetzer.

es, anstatt der Buchstaben, Ziffern, die man erhält, bei denen man so lange nichts begreift, bis dieselbe Intelligenz uns den Schlüssel zu den gewissen Buchstaben entsprechenden Zahlen giebt; oder aber es sind Anagramme, umgekehrt oder mit umgestellten Buchstaben geschriebene Worte und die complicirtesten Berechnungen, welche uns nur langweilen; aber die Communication geht ihren Weg weiter bis zum Ziele; die Orthographie ist abgekürzt und vereinfacht in der allerseltsamsten Weise und wird mit einer solchen Schnelligkeit angewendet, dass selbst dann, wenn man die Botschaft identisch abschreibt, es Einem schwer wird, diese sonderbare Orthographie beizubehalten, und man in die gewöhnliche zurückverfällt. Ich kenne einen Fall, wo eine junge Person, welche die Gabe besass, mediumistisch zu schreiben, Mittheilungen im Namen ihrer Mutter erhielt; sie nahm oft Theil an einem Cirkel, in welchem die Communicationen durch Klopflaute erhalten wurden, und stellte oft Fragen an ihre Mutter; aber ihre Mutter wollte niemals dieses Mittel anwenden, und jedesmal, wenn sie sich manifestirte, geschah es nur, um ihrer Tochter zu sagen: — „Schreib!"

*h)* Es ereignet sich zuweilen, dass die **Intelligenz**, welche sich mittheilt, sich **in directen Widerspruch** mit dem Willen des Mediums setzt. So wollte eine Person meiner Bekanntschaft, Herr *J. J. Mussin-Puschkin*, nachdem er sich bei einer Privat-Séance von der Realität dieser Manifestationen vergewissert hatte, den Versuch anstellen, ob er nicht selbst irgend eine mediumistische Fähigkeit besässe. Klopflaute lassen sich hören, er erhält eine Communication im Namen seiner Mutter, welche, nachdem sie zu ihm im Tone des Vorwurfs über seine Familien-Beziehungen und seine religiösen Ueberzeugungen gesprochen hat, mit den Worten endete: — „Du darfst dich nicht mit dem Spiritismus beschäftigen; das ist dir schädlich." Und nach diesem kamen alle Mal, wenn er Manifestationen zu erhalten suchte, Klopflaute, nur um ihm zu sagen: — „Beschäftige dich nicht mit dem Spiritismus." —

*i)* Wenn die mediumistischen Fähigkeiten sich einmal manifestiren, stellt sich die operirende Kraft zur **Aufgabe**:

die moralische und physische Erziehung des Mediums. Sie kämpft gegen die schlimmen Neigungen seines Charakters. Ich kenne einen Fall, in dem eine junge Person, welche im Trance schrieb, vor Freunden mit ihrer eigenen Hand zu ihrer grossen Selbstqual Handlungen offenbarte, welche sie ihnen niemals würde haben eingestehen wollen. Was die leibliche Erziehung betrifft, so lässt diese selbige Kraft dem Medium das nothwendige Verhalten zur Bewahrung und Entwickelung seiner Fähigkeit zu wissen thun, und wenn das Medium widerstrebt, setzt sich die operirende Kraft zu ihm in directe Opposition und greift selbst zur Gewalt, um den Ungehorsam des Mediums zu brechen. Folgenden Fall bezeugt Dr. *Nichols*: — „Medien werden beeindruckt oder belehrt durch ihre geistigen Führer, eine reine Diät und Enthaltsamkeit von berauschenden Getränken und Narkotika (Betäubungsmitteln) als eine nothwendige Bedingung für höhere Manifestations-Formen zu beobachten. Das beste Medium, das ich kenne, hat vierzig Jahre lang kein Fleisch gegessen, trinkt selten Wein und niemals Thee oder Kaffee. Ich kenne ein gutes physikalisches Medium in Amerika, das der Geist von der schlechten Gewohnheit des Tabakrauchens abzubringen versuchte. Sie hatten deshalb einen ernsten Kampf mit einander. Eines Tages sagte das Medium: — 'Wenn Du mir meine Cigarre aus dem Munde nehmen wirst, will ich das Rauchen unterlassen.' — Die Cigarre wurde augenblicklich aus seinem Munde gezogen und entschwebte seinen Augen. Aber es ist schwer, solche Gewohnheiten aufzugeben. Er beharrte beim Tabakrauchen und Trinken, bis ihm seine mediumistischen Kräfte genommen wurden.

„Eins der besten Medien, das ich für verschiedenartige Manifestationsformen jemals kennen gelernt habe, machte eine strenge Schulung unter seinen geistigen Führern durch, um schlechte Gewohnheiten abzulegen, sein Leben zu läutern und es für seine Mission geeignet zu machen. Es war jung, mit einem gierigen Appetit behaftet, der seine Gesundheit untergrub. Es sollte sich nun von Fleisch, Thee Kaffee, Tabak enthalten und höchst mässig sein im Genusse von Butter, Milch und Salz, — diese letzten drei aus besonderen Gründen, welche mit dem Zustande seiner Leber, Nieren und Haut zusammenhingen. Wenn das Medium geneigt war, die Regel zu brechen, klopfte es laut auf dem Tische, an dem es ass, zu seiner Warnung, dies zu unterlassen. Wenn es dennoch auf seinem Vorsatz beharrte, pflegte sich der Tisch in Opposition zu erheben, und zuweilen warnte es sogar die directe Stimme seines geistigen Führers, die Regeln zu brechen. Es kam zu guter Gesundheit und erhielt wunderbare Manifestationen. Tabak war eine seiner listigsten Versuchungen, wie er dies für Viele ist. Einmal verführten ihn auf See die Verhältnisse und Reisegefährten, eine Cigarre zu rauchen. In seiner nächsten Séance an der Küste wurde er dafür gut bestraft. Er wurde sinnlos auf den Fussboden geworfen, und ein grosses Stück Cigarre ward in seinen Mund gesteckt, so dass er dann davon angewidert und angeekelt wurde." („Light" 1881, p. 79.) —

*j*) Wenn das Medium seine **Fähigkeiten missbraucht** und in Uebertreibungen verfällt, welche üble Folgen haben können, nehmen die Intelligenzen, welche dasselbe benutzen, bisweilen zu einem anderen Mittel ihre Zuflucht, um es zur Vernunft zu bringen, wie aus dem folgenden Beispiel erhellt, das uns Mr. *Brackett* im Londoner „Light" vom 14. August 1886, Vol. VI. Nr. 392, p. 368 berichtet: —

„Eine Dame, welche eine Zeit lang in das Irren-Asyl zu Somerville, Massachusetts, aufgenommen gewesen, aber wieder entlassen worden war, gab einst dem Schreiber dieses die folgende Darstellung über ihren eigenen Fall. Sie war eine Witwe, eine Person von feiner Bildung und Erziehung, reich bemittelt und hatte sich in den besten gesellschaftlichen Kreisen Bostons und der Nachbarschaft bewegt. In den ersten Tagen des Spiritualismus wurde sie ein Schreib-Medium. Hocherfreut und voller Enthusiasmus diese neugefundene Gabe des Verkehrs mit Abgeschiedenen überschätzend, eröffnete sie ihr Haus Jedermann und lud alle Welt ein, zu ihr zu kommen und durch ihre Vermittelung an dieser Segnung theilzunehmen 'ohne Eintrittspreis und ohne Unkosten'. Sie sass oft vom Morgen bis in die

Mitternacht hinein, Beweise, Trost und Licht Allen mittheilend, welche zu ihr kamen. Endlich begann ihre Gesundheit unter diesen fortgesetzten Anstrengungen zu leiden, und ihre Geister-Freunde drangen wiederholt in sie, davon abzulassen, — mässiger in der Ausübung dieser neuen Gabe zu sein, sonst würden unglückliche Folgen eintreten. Aber sie verweigerte ihnen Gehör, — die Sache wäre eine zu gute, die neue Offenbarung zu glorreich, um denen vorenthalten zu werden, welche zu ihrer Entgegennahme sich einzufinden pflegten.

„Sie hatte einen Bruder, welcher ein hervorragender Arzt war und im nächsten Hause wohnte. Wie seine Standesgenossen im Allgemeinen, war auch er überaus skeptisch in Bezug auf spirituelle Dinge; er überwachte ihre Lebensführung mit grosser Sorglichkeit, da er glaubte, dass sie sich unter einer gefährlichen Verblendung befände, und deutete häufig darauf hin, dass ihr endliches Schicksal das Irrenhaus sein würde, wenn sie ihr Leben so fortführte. Eines Morgens ersuchten sie ihre Geister-Freunde, in den Keller hinab zu gehen. Sie fragte: 'Weshalb?' Sie antworteten: 'Wir werden es Dir zeigen, wenn Du dort sein wirst'. Sie willigte widerstrebend ein, und an der untersten Treppenstufe fiel ihr Auge auf ein Waschschaff. 'Stelle dieses Waschschaff auf seinen Boden', lautete die nächste Weisung. 'Warum?' fragte sie. 'Du wirst es sehen', war die Antwort. 'Tritt jetzt in dasselbe hinein!' wurde befohlen. Sie lehnte sich wider eine so abgeschmackte Forderung auf, wurde aber gezwungen, sie zu erfüllen, aus Gründen, welche bald klar gemacht werden würden; und sie gehorchte. 'Jetzt setze dich nieder!' wurde weiter befohlen. Dies war zu lächerlich! Sie weigerte sich, bis ihr wiederholt versichert wurde, dass sie schnell den Nutzen davon einsehen würde. Sie hatte kaum die gewünschte Stellung eingenommen, als ihr Bruder — welcher nach seiner Gewohnheit vertraulich herbeigekommen war, um nach ihrem Wohlbefinden zu sehen, und, da er sie nicht wie sonst in den oberen Zimmern fand, sondern die Kellerthür offen stehend sah, die Treppe hinuntergestiegen war, — sie in dieser lächerlichen Situation überraschte!

„Er sah sie einen Augenblick an, äusserte einige verwunderte Worte, kehrte um und verliess das Haus. Sie wurde augenblicklich frei von diesem Einflusse, aber sie fühlte, dass eine Krisis herbeigekommen war; so war sie nicht überrascht, als er sie einige Minuten später zur Thüre seines Wagens drängte und sie einlud, mit ihm eine Fahrt zu machen. Seine Absicht argwöhnend, aber in dem Gefühl, dass Widerstand nutzlos sein würde, willigte sie ein, und in gehöriger Zeit wurde sie an der Thür des Mc Lean-Irren-Asyls in Somerville abgesetzt. Hier wurde sie von ihrem Bruder als wahnsinnkranke Patientin eingeliefert.

„Als sie sich endlich in dem ihr zugewiesenen Zimmer in Ruhe befand, machte sie ihren Geister-Freunden Vorwürfe, dass sie dieses Unheil über sie gebracht hätten. Sie versetzten: — 'Wir thaten es absichtlich, zu Deinem Heile. Du weigertest Dich, auf unsere Warnungen und Rathschläge zu hören, und wir haben Dich hierher bringen lassen, um Dich aus dem physischen und geistigen Schiffbruche zu erretten, in den Du beharrlich hineintriebest."

„Sie sah den Grund ein und fügte sich heiter in ihre Lage. Glücklicherweise befand sich zu jener Zeit das Mc Lean-Irren-Asyl unter der Oberaufsicht unseres alten Freundes, des Dr. *Luther V. Bell*, welcher ein interessirter Erforscher und wenigstens theilweise gläubiger Anhänger des Spiritualismus, und mit dessen Mediumschaft in einigen seiner Phasen vertraut war. Er begriff rasch ihren Fall, fand, dass sie nicht im geringsten wahnsinnig, sondern nur ein Medium war, und hielt viele interessante Sitzungen mit ihr. Nach einigen Wochen oder Monaten nöthiger Ruhe und Erholung wurde ihr gestattet, in ihr eigenes Haus zurückzukehren, zwar als eine weniger enthusiastische, aber um so viel weisere Frau." —

*k*) Und umgekehrt ereignet es sich zuweilen, dass die Intelligenz, welche diese Manifestationen hervorbringt, sich an eine Person trotz ihres Widerstandes heftet und sie zwingt, sich dem Einflusse dieser Kraft hinzugeben. Eins der merkwürdigsten Beispiele haben wir in der Erfahrung des Dr. *Dexter*, durch dessen Hand die vom

Richter (Judge) **Edmonds** in dessen Werke: — „Spiritualism" — 1853 (deutsch 1873) veröffentlichten Communicationen im Jahre 1852 erhalten wurden. Das Zeugniss des Dr. *Dexter* hat um so viel mehr Werth, als es von einem Doctor der Medizin, also von einer Person ausgeht, welche für die Beobachtung und Analyse solcher Phänomene vollkommen befähigt war. In Folgendem giebt er Rechenschaft über seinen Kampf mit den Kräften, welche ihn zum Medium machten, in seiner Einleitung zum ersten Bande des vorher genannten Werkes: —

„Es ist jetzt beinahe zwei Jahre her, seit die 'Geister-Klopflaute' zuerst meine Aufmerksamkeit auf sich lenkten, und ich habe bereits erklärt, dass mein Unglaube so gross war, dass ich bereit war, den ganzen Gegenstand für einen der grössten Humbugs des Tages zu erklären. Aber ich wurde von zwei Arten von Gefühlen bewegt, als ich einwilligte, einen Cirkel zu besuchen, zu dem ich von einem Freunde eingeladen wurde: das eine war der Wunsch, meine Neugier zu befriedigen, und das andere der Eindruck, dass die ganzen Phänomene, wenn nicht als Resultate der Täuschung und des Betruges, so doch als unter die Wirkung eines Naturgesetzes fallend, erklärt werden könnten, und dass ich vielleicht die Illusion zu entdecken, oder das Princip zu erklären im Stande sein möchte, durch welches diese Wirkungen erzeugt wurden." . . . (p 82.)

„Nachdem meine Neugier durch die täglichen Manifestationen, deren Zeuge ich war, befriedigt worden, und nachdem ich überzeugt war, dass keine Taschenspielerei, noch heimliche Verabredung in der Gesammtheit der geistigen sowohl, wie der physikalischen Phänomene waltete, und als mir offenbar wurde, dass ich weder durch die Wirkung natürlicher, noch moralischer Gesetze zu erklären vermochte, wie diese Dinge geschahen, so wird man es kaum glauben, dass ich trotz der häufigen, überwältigenden Beweise, die ich erhalten hatte, doch noch ungläubig war. Aber es war so; obgleich ich dieses wundervolle Problem nach Monaten sorgfältiger Prüfung nicht auflösen konnte, und obgleich ich zu Zeiten zu erklären bereit war: — 'Ich bin beinahe ein überzeugter Spiritualist', — so glaubte ich doch nicht. Denn ich wollte nicht einräumen, dass es einem unberührbaren, unsubstantiellen und ätherischen Geiste, als den ich ihn stets aufgefasst hatte, gestattet sein könne, mit einem Menschen zu verkehren, und besonders glaubte ich nicht, dass ein Geist, der doch eine Art von verfeinertem Nichts war und keine reell greifbare Identität hatte, wie mir gelehrt worden war, Tische zu bewegen, auf Wände zu klopfen, schwere Menschen emporzuheben und sich durch Stoff hindurch dieser Welt, die er für immer verlassen hatte, zu offenbaren im Stande sein könnte. Nein. Wenn ich ehrlich Thatsache mit Thatsache, Beweis mit Beweis verglich, so erkannte mein Verstand an, dass, wenn nur eine Hälfte dieser Beweise mir über eine andere streitige Frage geliefert worden wäre, ich alsdann hätte glauben müssen. Ich wusste, es konnte nicht sein, und deshalb glaubte ich nicht." (p. 88.)

„Weder mein Wille, noch mein Wunsch hatten etwas mit meiner Entwickelung (als Medium) zu thun, denn sie waren beide derselben entgegen; und das erste Mal, wo ich mir bewusst ward, dass ich von demselben Einflusse ergriffen wurde, den ich durch andere Medien hatte sich offenbaren sehen, strengte ich alle Kraft meines Geistes und Körpers an, die ich besass, um mich von ihm zu befreien." (p. 89.)

„Ich sass allein in meiner Studirstube, spät in der Nacht, und lehnte mich zurück in meinen Schaukelstuhl, während meine rechte Hand auf der Armlehne des Stuhles ruhte. Ich hatte weder vorher, noch jetzt an den Spiritualismus gedacht, denn meine Gedanken waren mit dem Gegenstande beschäftigt, den ich so eben vor einigen Momenten gelesen hatte. Wie meine Hand auf der Armlehne des Stuhles lag, fühlte ich eine eigenthümliche Empfindung in dem ganzen Gliede, als ob der Arm von zwei Händen an seinem oberen Theile ergriffen worden wäre. Ich versuchte, ihn emporzuheben, aber war dies nicht zu thun im Stande, und sobald ich die Anstrengung machte, ihn zu bewegen, wurden die Finger dicht auf die Armlehne des Stuhles niedergedrückt und umfassten dieselbe fest. Sogleich begann die Hand zu zittern, und als ich die Bewegung beobachtete, wurde das ganze Glied heftig erschüttert. In diesem Augenblicke hörte ich deutlich zwei laute Klopftöne in dem oberen Theile der Seitenwand des Zimmers, und dann kam es mir vor, als ob diese unsichtbare Kraft, von deren Manifestationen ich so oft Zeuge gewesen war, in irgend einer Weise auf mich selbst einwirkte. Um mich zu überzeugen, fragte ich mit lauter Stimme: 'Haben die Geister soeben geklopft?' Hierauf erfolgten drei deutliche Klopfzeichen als Antwort. Ich fragte alsdann: 'Versuchen die Geister, mich zu beeinflussen?' Wiederum geschahen drei deutliche Klopfzeichen. Dabei erhob ich mich von meinem Stuhl, ordnete meine Bücher und zog mich dann zur Nacht zurück. Die sonderbare Empfindung in meinem linken Arm verliess mich, während ich an meinem Tische beschäftigt war, und kehrte nicht wieder. Als ich mich jedoch im Bette befand, ertönten Klopflaute am Kopfbrette, und mein Arm zitterte schwach, aber ich widerstand dem Einflusse mit meinem ganzen Willen, und er ging an mir vorüber. Ich wünschte gern zu verstehen, welcher Wirkung eines Naturgesetzes diese eigenthümliche Manifestation zugeschrieben werden kann? So weit ich selbst davon betroffen war, hatte ich sicher nichts mit ihrer Hervorbringung zu thun. Ich war nicht einmal damit beschäftigt, über Geister nachzudenken, und noch viel weniger erwartete ich irgend einen solchen Einfluss auf meine eigene Person. Warum wurden die Klopflaute gleichzeitig hörbar? und weshalb fanden sie auch in meinem Schlafzimmer statt? Die auf meine eigene Organisation hervorgebrachte spezielle Wirkung beunruhigte mich, ich gestehe es, nicht wenig. Wenn vor dieser Periode irgend ein Zweifel in meinem Geiste gewaltet hätte, dass die Phänomene sogenannter Geister-Einwirkung auf das physische System der Medien aus irgend einer von den Geistern oder Körpern des Cirkels hervorgehenden Kraft entsprungen wären, so konnte ich jetzt nicht leugnen, dass mein Geist keinerlei Einfluss bei Erzeugung der Empfindung, die ich an meiner Person erfahren hatte, gehabt, und da Niemand in meinem Studirzimmer zugleich mit mir anwesend war, so konnte ich die Manifestation auch nicht der Geisteskraft einer anderen Person zuschreiben. In dem Bewusstsein, dass alle Geister-Besessenheit, so weit ich individuell davon betroffen war, schädlich wäre, und dass ich der Empfindung in meinem Arme mit der ganzen Kraft und Gewalt meines Willens widerstanden hatte, konnte ich dieser sonderbaren Geschichte keine andere Lösung geben, als sie irgend einer unsichtbaren, intelligenten Quelle zuschreiben, welche mich unter ihre Controle zu bringen beabsichtigte und damit auch positiven Erfolg hatte." (p. 89- 90.)

„Angesichts dieser augenscheinlichen Absicht der Geister, meine Organisation zu dem Medium zu entwickeln, durch welches sie mit dieser Welt in Verkehr treten könnten, erhebt sich die Frage: — Wenn es eine gänzliche Passivität des Geistes für die durch einen Willen über einen anderen herzustellende elektrische Verbindung erheischt, und wenn die elektrischen oder psychologischen Verwandtschaften einer Anzahl von Individuen, welche in einem Cirkel sitzen, ebenfalls zur Erzeugung dieses besonderen Agens erforderlich sind, wie kam es da, dass mein Arm unter die Controle dieses Einflusses gebracht wurde, da ich doch, wie ich schon oft erklärt habe, ein Ungläubiger war und mein Geist sich jeder Art von Manifestationen widersetzte? Sicherlich war ich nicht passiv. Es dürfte wenigstens wahrscheinlich sein, dass, da mein eigener Geist in einem gegenüber dieser, ob elektrischen oder psychologischen, Kraft antagonistischen Zustande sich befand, mein Geist und Körper nicht eindrucksfähig gewesen sind, und dass keine Einwirkung auf beider System hätte stattfinden können. Ich überlasse dieses Problem der Lösung derjenigen, welche die sogenannten Geister-Manifestationen materiellen Wirkungskräften zuschreiben, und gehe zu anderen Theilen meines Gegenstandes über." (p. 91.)

„Nachdem dieser geplante und fortgesetzte Versuch, mich zu beeinflussen, vorüber gegangen war, zog ich mich vom Besuche von Cirkeln zurück und glaubte, durch Fernbleiben von jedem weiteren Einflusse verschont bleiben zu können; im Gegentheil, mein Arm wurde bewegt, wenn ich schlief, und weckte mich durch seine Erschütterung auf. Während der Zeit, dass ich mich von jeder Sitzung in einem Cirkel enthielt, wurde ich zwei Mal körperlich aus meinem Bett emporgehoben und von seinem Rande hinweg bewegt, so dass ich auf diese Weise in der Luft schwebte. Das erste Mal, wo mir dies geschah, hatte ich mich in ein anderes Zimmer zurückgezogen, als dasjenige war, welches ich gewöhnlich benutzte. Ich war noch nicht eingeschlafen, sondern aller Dinge um mich her bewusst. Als ich mit dem Entschlusse zu schlafen dalag, entdeckte ich, dass mein ganzer Körper in jeder Nervenfaser schwach erbebte. Ich versuchte, meine Hand zu erheben, vermochte sie aber nicht zu bewegen; meine Augen wurden geschlossen und die Augenlider fest zugedrückt. Mein Geist war ungewöhnlich thätig, und ich bemerkte alles, was vorging, mit einer Stärke der Wahrnehmung, die ich niemals zuvor erfahren hatte. Mein körperliches Empfinden war gleichfalls an Kraft erhöht. Wie ich so dalag, unfähig, ein Glied zu rühren, wurde mein Körper aus seinem Bett emporgehoben und, mit dem Betttuche bedeckt, sanft gegen den Rand hinbewegt; dort verharrte er einen Moment, und dann wurde er von dem Bette hinweg in das Zimmer hinein, in der Luft schwebend, fortbewegt und dort einen Augenblick festgehalten. Gerade zu dieser Zeit schlugen die Feuerglocken Lärm, und mein Körper wurde plötzlich in das Bett zurückgebracht und auf dieselbe Stelle niedergelegt, die ich vorher eingenommen hatte, mit einem gewissen Ruck, als ob er den Händen entfallen wäre, die ihn getragen hatten. Ich gewann sofort meine Kraft der Ortsbewegung wieder und erhob mich aus dem Bette, untersuchte das Betttuch und fand, dass es ganz auf die Seite herübergezogen war, von der aus ich emporgehoben wurde, und auf dem Fussboden schleifte." (91—92.)

„Ich war über diesen speziellen Beweis von Geister-Manifestation tief bewegt. Die wiederholten und verschiedenen Versuche, mich unter ihre Controle zu bringen, waren unbeachtet geblieben, wenn ihr Einfluss mich verliess. Zuvor war mein Arm das Organ gewesen, auf welches ihre Anstrengungen hauptsächlich gerichtet gewesen waren; jetzt wurde mein ganzer Körper gegen meinen Wunsch und Willen, und entgegen allen meinen Kämpfen und Bemühungen, ihnen zu widerstehen, ihrem Einfluss unterworfen. Zum ersten Mal fiel mir der Gedanke ein, dass ich vielleicht bei dieser offenbaren Absicht, mich zu einem Medium zu entwickeln, durch Unterwerfung unter ihre Weisung zur ganzen Wahrheit des 'Geister-Verkehrs' mit den Menschen gelangen könnte. Ich fühlte mich getrieben, zu fragen, ob Geister im Zimmer vorhanden wären. Drei deutliche Klopflaute wurden als Antwort ertheilt, welche ihre Gegenwart bestätigten; und alsdann zu tief bewegt, um weiter zu fragen, kehrte ich wieder in mein Bett zurück, um über diesen für mich unwiderleglichen Beweis nachzudenken, dass Geister thatsächlich den Menschen beeinflussen konnten, welche Wahrheit ich damals einzuräumen Willens war." (p. 91—92)

„In dem anderen Falle, wo ich einer ähnlichen Manifestation unterworfen wurde, befand ich mich auf dem Lande, und die Geister bewegten meinen Körper auf dieselbe Weise, nachdem ich mich zu Bett zurückgezogen hatte. Dabei wurde ich ebenso, wie das erste Mal, so eigenthümlich beeinflusst, der ganze Vorgang kam unerwartet, und es schien die Absicht dieser unsichtbaren Wirkungskraft zu sein, mich dann zu beeindrucken, wenn ich am wenigsten darauf vorbereitet war, dies zu erwarten. Diese Fähigkeit der Geister, mich ohne jede vorhergehende Vorbereitung meinerseits zu beeinflussen, offenbarte meinem Verständniss die innige Verknüpfung, welche zwischen Wesen dieser und der Geisterwelt besteht, und ihre Gabe, dieses Verhältniss unter allen Bedingungen und Umständen kundzugeben. Als ob sie mir noch weitere Beweise von dieser Fähigkeit geben wollten, zeigten sie mir, dass sie durch meine Instrumentalität diejenige Intelligenz offenbaren könnten, welche sie als fühlende, vernünftig urtheilende Wesen charakterisirte. Auf diese Weise suchte ich nach der Erfahrung, die ich von ihrer physischen Kraft erhalten hatte, günstige Gelegenheiten, bei welchen ich Zeuge von noch weiteren Verrichtungen derselben sein könnte. Wenn ich in Verfolg dieser Absicht Cirkel besuchte, wurde meine Hand ergriffen und zum Schreiben veranlasst. Anfangs waren die Sätze kurz und enthielten nur einen einzigen Gedanken; aber sowie ich weiter entwickelt wurde, schrieben sie viele Seiten nieder, welche verschiedene Gedanken und Gegenstände umfassten. Doch war noch keine offenbare Absicht in dem, was durch meine Hand geschrieben wurde, vorhanden, dass sie etwa beflissen wären, über irgend einen Gegenstand ein zusammenhängendes Werk zu schreiben." (p. 92—93.) —

*l*) Eins der frappantesten Beispiele vom **plötzlichen Hereinbrechen der spiritistischen Phänomene** und der Wirksamkeit der auftretenden Kraft in der Richtung **zur Erreichung eines gewissen Zieles** trotz alles Widerstrebens der Medien (vgl. S. 317 des ersten Bandes, 2. Auflage) ist wohl sicher der Anfang der spiritistischen Bewegung durch die Mediumität der Kinder der *Fox*-Familie im Jahre 1848. Es ist unnöthig, dass ich auf die Details dieser Episode eingehe, da man sie in folgenden Spezial-Werken finden kann: — „**Modern Spiritualism, its Facts and Fanaticisms**". („Der moderne Spiritualismus, seine Thatsachen und Schwärmereien.") Von *E. W. Capron* (Boston, 1885) — und „**The Missing Link in Modern Spiritualism**". („Das fehlende Glied im modernen Spiritualismus". Von *Leah Underhill* aus der Familie *Fox*. (New-York, 1885) —; aber ich will nur die Hauptmomente dieser denkwürdigen Bewegung skizziren: — Beginn der Klopflaute im Februar 1848 zu Hydesville. Sie dauern alle Tage fort, lassen der Familie keine Ruhe und erschrecken die Kinder. Unmöglichkeit, das Geheimniss zu bewahren. Herbeistürmen der Nachbarsleute und Beginn der Verfolgungen. Die *Fox* werden als Betrüger, oder als im Bunde mit dem Teufel erklärt. Die methodistische Episkopal-Kirche, deren achtbare Mitglieder die *Fox* waren, verdammt sie. Entdeckung der Intelligenz, welche die Klopflaute erzeugt; sie enthüllen, dass ein Mord im Hause begangen, und dass das Opfer unten im Keller vergraben worden sei, was sich

später als richtig herausstellte. Im April 1848 zieht die
Familie nach Rochester in das Haus der Mrs. *Fish*, des
Mr. und der Mrs. *Fox* älteren Tochter, welche Musiklehrerin
war. Aber die Phänomene dauern fort und entfalten sich
mit einer noch grösseren Kraft. Mit den Klopflauten
verbinden sich die Bewegungen und Schleuderungen aller
Arten von Gegenständen ohne Berührung, Erscheinungen
und Berührungen von Händen u. s. w. Neugierige brechen
in das Haus ein vom Morgen bis zum Abend und werden
Zeugen der Phänomene. „Die Verwirrung wird so gross,
dass der Mrs. *Fish* Musikklasse ganz aufgelöst wurde und
es unmöglich war, sich den gewöhnlichen Geschäften des
Haushalts mit einiger Regelmässigkeit hinzugeben." (*Capron*,
p. 63.) — „Ein Methodistischer Geistlicher schlug vor,
die Geister zu exorcisiren (bannen)" (daselbst p. 60), aber
es nützte nichts. Endlich liess ein Zufall die Möglichkeit
entdecken, mit den unsichtbaren Intelligenzen durch das
Alphabet in Verkehr zu treten; nachdem sie sich — zum
grossen Erstaunen der Familie — „als Freunde und Verwandte" angekündigt hatten (*Capron*, p. 64), war die erste
Sorge der sogenannten Intelligenzen, zu verlangen und
darauf zu bestehen, dass die Untersuchung dieser Phänomene veröffentlicht werde, („**Ihr müsst diese Wahrheiten der Welt verkünden!**" — „Missing Link", p.
48), was von Seiten der Familie unausgesetzt dem hartnäckigsten Widerstande begegnete. Um von der Sachlage ein richtiges Bild zu geben, will ich hier die eigenen
Worte der Mrs. *Leah Underhill* anführen: —

„Man lasse mich hier nachdrücklich die Thatsache
hervorheben, dass die allgemeine Empfindung unserer
Familie und von uns Allen dieser ganzen seltsamen und
missliebigen Sache stark widerstrebte. Wir hielten sie für
ein grosses Unglück, da es eine Plage war, die uns befallen hatte, — wie, woher, oder warum, wussten wir nicht.
Der Einfluss der Umgebung, die Meinung der Nachbarsleute und des Landvolks rings umher wirkten auf uns zurück und bestärkten uns in unseren eigenen natürlichen
und anerzogenen Eindrücken, dass die ganze Sache von
einem bösen Ursprunge ausgehe, unnatürlich, verwirrend

und quälerisch sei, während ihre Unpopularität einen peinlichen Schatten auf uns zu werfen geeignet war. Wir widerstanden ihr, kämpften dagegen und beteten beständig und in allem Ernst um Befreiung von dieser Störung, sogar während eine befremdliche Bezauberung uns an diese wundersamen Manifestationen fest bannte, welche uns wider unseren Willen durch unsichtbare Wirkungskräfte und Agentien, denen wir nicht widerstehen, die wir weder beherrschen, noch verstehen konnten, aufgezwungen wurden. Wenn unser Wille, unsere ernsten Wünsche und Gebete hätten siegen oder nützen können, so würde die ganze Sache schon damals und dort zu Ende gewesen sein, und die Welt ausserhalb unserer kleinen Nachbarschaft würde niemals mehr von den Geisterklopflauten zu Rochester, oder von der unglücklichen *Fox*-Familie gehört haben. Aber die Bewegung hatten wir nicht in unseren Händen, nicht unter unserer Controle." (p. 55.)

„Im November 1848 belehrten die Geister die Familie, dass sie nicht immer mit ihnen streiten könnten; dass der Medien beständiger Ungehorsam gegen die Forderungen der Geister derart wäre, dass diese sie jetzt verlassen müssten. Dem widersetzten sich die Medien nicht, sondern erklärten, dass **ihnen nichts besser gefallen könnte**, und dass sie hofften, von ihnen verlassen zu werden." (*Capron*, p. 88.) Wirklich hörte während 12 Tagen die ganze Manifestation auf, -- nicht ein Klopflaut ertönte! Hierauf erfolgte ein Umschlag der Stimmung: man bedauerte es tief, weltliche Rücksichten über die im Namen der Wahrheit auferlegte Pflicht gestellt zu haben. Und als beim Gebete eines Freundes die Klopflaute von Neuem ertönten, wurden sie mit Jubel begrüsst. „Es war uns zu Muthe," — sagt *Leah Underhill*, — „als wenn lang abwesende Freunde wiederkehrten, deren Werth, so lange sie bei uns waren, wir nicht hinreichend geschätzt hatten." („Missing Link" p. 60.) Aber die Klopflaute kamen nur, um zu erklären: — „**Ihr habt eine Pflicht zu erfüllen; wir wünschen, dass ihr diese Sache weit öffentlicher macht!**" (*Capron*, p. 90.) — Die Intelligenzen entwerfen selbst den ganzen Plan, nach welchem

verfahren werden sollte, mit allen Details; ein grosser
öffentlicher Saal — „the Corinthian Hall" — sollte ge-
miethet werden; die Medien sollten auf der Plattform mit
einigen Freunden auftreten, und die Personen „welche bestimmt waren, den Gegenstand vor das Volk zu bringen,
waren *G. Willets* und *C. W. Capron* (der Verfasser des vorher citirten Werkes); dieser Letztere sollte eine Vorlesung über den Ursprung und die Entwickelung der
Manifestationen halten; ein Comité von 5 Personen sollte
aus der Zuhörerschaft gewählt werden, um den Gegenstand zu erforschen und in der nächsten Sitzung Bericht
darüber zu erstatten. Die Geister versprechen, die Klopflaute so laut geben zu wollen, dass sie in allen Theilen
des Saales gehört werden könnten." — „Dieser Vorschlag
begegnete einer entschiedenen Weigerung. Wir hegten
keinen Wunsch," — sagt Mr. *Capron*, — „uns beim Publikum lächerlich zu machen, und hatten noch niemals nach
einer Berühmtheit in dieser Sache gestrebt . . . Aber es
ward uns versichert, dass dieses der beste Weg wäre, um
alle Verleumdungen zu beschwichtigen und die Wahrheit
zu begründen, und dass dieses den Weg bereiten würde
für eine allgemeinere Entwickelung des Geister-Verkehrs,
der an keinem mehr fernen Tage stattfinden würde."
(*Capron*, p. 90 - 91.)

Aber die Furcht vor der Welt gewann wieder die
Oberhand, und Keines von ihnen entschloss sich, vor der
Oeffentlichkeit aufzutreten . . . Darauf „machten die Geister
den Vorschlag, dass Versammlungen in Privathäusern stattfinden sollten, in denen man grosse Empfangszimmer haben
könnte, um die Fähigkeit der Geister zu prüfen, die Klopflaute in Anwesenheit einer gemischten Gesellschaft hervorzubringen" . . . Ein ganzes Jahr verstrich so mit Zögerungen
und Ueberlegungen einerseits und dringenden Aufforde-
rungen und Ermahnungen andererseits; endlich wurde der
Versuch gemacht, und Mr. *Capron* „begann die Versammlungen in Privathäusern abzuhalten. Sie wurden zahlreich
besucht, und die Klopflaute waren laut und deutlich in jedem
Falle." (p. 91.) Erst hierauf entschied man sich, den grossen
Schritt zu thun: eine öffentliche Versammlung wurde für

den Abend des 14. November 1849 in „the Corinthian Hall" zu Rochester angekündigt. Der Erfolg war ein vollständiger. Drei auf einander folgende Meetings ergaben dasselbe Resultat, und die **spiritistische Bewegung** war ins Leben gerufen! ...

*m)* Wir haben in den vorhergehenden Fällen gesehen, dass die Manifestationen, obgleich gegen den Willen des Mediums, nichtdestoweniger einen **Zweck** verfolgten, der zum Besten hinstrebte, oder dessen Gründe begreiflich und gerechtfertigt wurden durch das Resultat. Aber das ist **nicht immer der Fall.** Um bei den einfachen Manifestationen zu beginnen, dem automatischen Schreiben oder den physikalischen Wirkungen, ereignet es sich sehr häufig, dass die Communikationen nur **Albernheiten** oder **Spöttereien** enthalten, deren erste Opfer die Medien selbst sind; die Manifestationen scheinen eine Lust daran zu haben, sie zum Narren zu halten. Die Communikationen, welche bis dahin einen regelmässigen und befriedigenden Verlauf hatten, — immer von denselben geistigen Persönlichkeiten ausgingen, welche dem Medium bei ihren Lebzeiten bekannt waren, oder deren Bekanntschaft erst in Folge wiederholter Communikationen geschlossen worden war, — werden plötzlich unterbrochen durch das Eindringen einer geistigen Persönlichkeit, welche nur Gemeinplätze redet, Liebeserklärungen z. B., oder auch Beleidigungen, oder auch Unzüchtigkeiten vorbringt, die das Medium nur sich langweilen und ekeln machen; und es giebt kein anderes Mittel, sich dieses Einflusses zu erwehren, als die Séancen einzustellen. Dasselbe ist der Fall bei physikalischen Manifestationen: zuweilen sind es nur **Kunststücke,** scherzhafte **Streiche** ausserhalb aller Séancen, welche das Medium nur langweilen: man entführt ihm Gegenstände, die es nöthig hat, oder zieht ihm die Bettdecke ab, oder bespritzt es mit Wasser, oder erschreckt es durch verschiedene Geräusche („Light", 1882, p. 31); bei Dunkelsitzungen nehmen die Manifestationen zuweilen einen so heftigen, feindseligen und angreifenden Charakter an, dass es gefährlich ist, damit fortzufahren, und man die Séance sofort abbrechen muss. Und manchmal brechen die Manifestationen, ohne von einer Séance pro-

vozirt worden zu sein, plötzlich über eine Familie herein.
Wir befinden uns da Angesichts einer ganzen Reihe von
Phänomenen, welche unter dem gewöhnlichen Namen
„Störungen" bekannt sind und sich entweder an ein Haus
heften, dessen Bewohner sie in die Flucht treiben, oder
aber in eine Familie einnisten, in der sie den Charakter
einer wirklichen Verfolgung annehmen, deren Opfer
nicht nur die Familie des Mediums, sondern das Medium
selbst wird.

Ich will nur zwei Fälle citiren. Der erste bezieht sich
auf die Störungen, welche statthatten zu Stratford in den
Vereinigten Staaten in der Familie des Ehrw. *Eliakim Phelps*,
Dr. theol., in den Jahren 1850 und 1851, und welche ausführlich beschrieben sind in Mr. *Capron's* Werke: — „Modern Spiritualism." — Die Manifestationen begannen wie immer
mit Klopflauten, Bewegungen und geheimnissvollen Schleuderungen verschiedener Hausgeräthe; das Verschliessen mit
einem Schlüssel verhinderte die Gegenstände nicht am Verschwinden. „Man sah einen Stuhl sich erheben vom Fussboden und wieder auf denselben aufschlagen 5 bis 6 mal
mit einer Gewalt, die das Haus so erschütterte, dass man
es in den benachbarten Wohnungen verspürte. Ein grosser
plattirter Armleuchter, welcher auf dem Kaminsims stand,
wurde von irgend einer unsichtbaren Kraft auf den Fussboden gesetzt, und hierauf bewegte er sich auf und nieder,
dabei auf den Fussboden schlagend, bis der Armleuchter
zerbrochen war. Dieses war der erste Artikel, welcher im
Hause beschädigt wurde." (p. 141.) „Verschiedene Male
endeten die lauten Pochtöne in ein erschreckliches Gekreisch" (daselbst). „Gestaltennachbildungen erschienen
im Mittelzimmer, aus Kleidungsstücken gebildet, die im
Hause umher gefunden und ausgestopft worden waren,
damit sie einer menschlichen Gestalt glichen" (p. 143).
Damals wusste man noch nicht, was ein Medium ist; aber
man bemerkte, dass die Phänomene sich hauptsächlich an
den Sohn des Dr. *Phelps, Harry*, der elf Jahr alt war,
hefteten. Sein Hut und seine Kleidung wurden oft in kleine
Stücke zerrissen (p. 142). „Das eine Mal wurde er in eine
Wasser-Cisterne geworfen, ein anderes Mal wurde er zu-

sammengebunden und an einen Baum aufgehängt" (p. 146). Als er in die Schule nach Pennsylvania geschickt ward, „wurde er gezwickt, mit Nadeln gestochen und auf verschiedene Arten beunruhigt": seine Kleider und Bücher wurden zerrissen; die Klopflaute verfolgten ihn in der Schule. „Die Familie, in der er sich befand, war beunruhigt worden und wollte ihn nicht behalten, weshalb er hinweggenommen wurde" (p. 170). Bald begann die Zerstörung von Eigenthum, besonders von Glaswaaren und irdenem Geschirr. Mehrere Wochen hindurch wurde fast täglich Fensterglas zerbrochen; die Gesammtzahl der Stücke belief sich auf 71. Dr. *Phelps* sah eine Bürste, von der er wusste, dass sie sich noch einen Augenblick zuvor auf einem bestimmten Sims befunden hatte, und dass keine Person diesem Sims nahe gewesen war, an das Fenster fliegen, eine Glasscheibe herauskrachen und erstere zwischen Fensterladen und Schiebefenster niederfallen, wo er aus ihrer Lage erkannte, dass Niemand sie dorthin hätte werfen können. Er sah ein Trinkglas, welches auf einem Pulte stand, sich von seinem Platze erheben, an das Fenster fliegen und die einzige Scheibe ausschlagen, welche noch ganz im Fenster verblieben war, als sich Niemand innerhalb 20 Fuss von ihr befand und die einzigen Personen, die sich im Zimmer befanden, er selbst und *Harry* waren, indem der letztere an des Doctors Seite im Thürrahmen des Zimmers stand, — ein Standpunkt, auf dem es ganz unmöglich für ihn gewesen wäre, dies ohne Entdeckung zu vollführen" (p. 148). — „Ungefähr um die Mitte Mai fuhren Dr. *Phelps* und *Harry* nach Huntington, eine Entfernung von sieben englischen Meilen. Als sie ungefähr eine Meile Wegs gelangt waren, wurde ein Stein von der Grösse eines Hühner-Eies in den Wagen geworfen und blieb auf Dr. *Phelps* Hut stecken. Bald wurden immer wieder andere hereingeworfen... Sechszehn Steine wurden bei des Doctors Rückkehr in den Wagen geworfen, und mit Einschluss der gegen die beiden Häuser geworfenen zwanzig während einer Fahrt von drei bis vier Stunden (p. 157—158). Dr. *Phelps* hatte in seinem Sekretär zwei Notiz-Bücher; in das grössere hatte er einen vollständigen Bericht der geheimnissvollen Manifestationen niedergeschrieben in der Form eines Tagebuches, und da er sie notirt hatte, wie sie sich von Tag zu Tag ereigneten, waren sie mit grösserer Genauigkeit berichtet, als nachmals hätte geschehen können. Beim Nachsehen entdeckte man, dass jede beschrieben gewesene Seite aus dem Buche herausgerissen worden und weg war! Nach langem Suchen wurden die Bruchstücke der Blätter im Keller gefunden. Von den Zeichnungen der Charaktere, die der Dr. sorgfältig genommen hatte, und die er zu bewahren eifrig beflissen gewesen war, fand sich kein Strich mehr vor. Es waren in eine Toilettentisch-Schublade in der Kammer eine grosse Anzahl der erschienenen Zettel gebracht worden. Diese wurden mit einem Streichholz in Feuer gesetzt und in der Schublade verbrannt. Das Feuer wurde durch den Rauch entdeckt, aber nicht eher, als bis die Papiere so weit verkohlt waren, dass man sie, ohne sie ganz zu verletzen, nicht mehr aufbewahren konnte" (p. 163). "Am Abend des 18. Juli wurde Feuer gelegt an einige Papiere in des Dr.'s Sekretär, und einige zwanzig Schriftstücke und Briefe waren verbrannt, ehe es entdeckt wurde. Feuer wurde gleichzeitig an die Papiere in beiden Schränken unter der Treppe in der Halle angelegt. Es wurde durch den Rauch entdeckt" (p. 165). Als Mr. *Phelps* endlich, Dank der Dazwischenkunft des Mr. *Capron*, darein willigte, in Unterhaltung mit den wirkenden Kräften zu treten, wusste man, woran man sich zu halten hatte, und nach und nach hörten die Manifestationen auf.

Der andere Fall, den ich erwähnen will (vgl. S. 644 d. 2. B. 1. Aufl.), begab sich im Jahre 1870 im fernen Osten Russlands, auf einer Farm des Districts der Stadt Uralsk, welcher ehemals die Grenze von Asien war. Der Eigenthümer der Farm, Herr *Schtschapow*, theilte dem „Rebus" im Jahre 1886 den detaillirten Bericht über die mysteriösen Verfolgungen mit, denen seine Familie plötzlich während sechs Monaten ausgesetzt war. Es ist immer derselbe Charakter der Manifestationen; sie begannen im November 1870: Klopflaute in den Wänden und Meubeln, welche die Bewohner plötzlich aufweckten; Geräusche, als wenn man einen gewissen russischen National-Tanz oberhalb der Zimmerdecke tanzte; Werfen von Gegenständen und

Küchengeräth; Erscheinungen von leuchtenden Kugeln unter dem Bette der Frau des Eigenthümers, die bald das Kraftcentrum der Manifestationen wurde, die sie überall hin verfolgten; um sich dieser „Teufelei" zu erwehren, zieht die Familie in die Stadt. Im Januar kehrt sie zurück, und die ganze Geschichte beginnt von Neuem; man entdeckt unter grossem Erstaunen, dass diese Manifestationen intelligent sind, dass sie auf Fragen Antwort geben, und selbst auf stillschweigende Fragen; aber da die Besitzer keine Idee vom Spiritismus hatten, konnten sie von dieser Entdeckung nicht den Nutzen ziehen, sich über diese „Störungen zu orientiren, welche die Ruhe der Familie vollständig in Frage stellten, sie zu gleicher Zeit allen Arten von Unannehmlichkeiten von Seiten der Gesellschaft aussetzten, welche nicht zögerte, sie nach ihrer Gewohnheit für Betrüger, Verbreiter von Aberglauben u. s. w. zu erklären. Inzwischen nahmen die Manifestationen einen immer heftigeren Charakter an, und endlich im April 1871 nahmen dieselben einen nicht nur erschreckenden, sondern auch gefährlichen Charakter an: der Besitzer ist selbst Zeuge, wie ein Funke, der unter einem Waschtische hervor erscheint, sich in das Zimmer seiner Frau wendet und dort ein baumwollenes Kleid entzündet; man sieht leuchtende Kugeln in der Luft schweben, welche Betttücher, Matratzen u. s. w. entzündeten. Endlich empfand eines Tages die Frau des Herrn S., als sie in ein anderes Zimmer schritt, ein starkes Erzittern im Fussboden, ein grosses Geräusch erfolgte, und ein bläulicher Funke, welcher unter dem Fussboden hervorkam, entzündete ihr Kleid. Die Familie ergriff die Flucht; das Haus wurde eingerissen und an einem anderen Orte wieder errichtet. Seit dieser Zeit ist die Ruhe der Familie durch keine weitere Manifestation mehr gestört worden. —

Ich finde noch einen sehr seltsamen Fall dieser Art in „The Human Nature" 1875, p. 176: — „Ein Baptisten-Geistlicher von wüthenden Teufeln angefallen." — Und im gegenwärtigen Augenblick hat man so eben dem „Rebus" einen merkwürdigen Fall einer Verfolgung dieser Art mitgetheilt, welcher im Jahre 1862 stattfand im Süden

Russlands in einer deutschen Familie (Frau *Carolina Plot*); ich werde ihn in den „Psychischen Studien" im Juni-Heft 1888 im deutschen Original, welches mir zugegangen ist, veröffentlichen.\*) Es ist sonderbar, dass sich in demselben Jahre 1862 dem Typus nach ganz ähnliche Verfolgungen gegen die Familie des achtbaren Advokaten *Joller* in der Schweiz erhoben und ihn zwangen, sein väterliches Besitzthum aufgegeben; in dem Falle der Frau *Plot* veränderte des Gebet vollständig den Charakter der Manifestationen; in dem Falle bei *Joller* hat man keine Zuflucht zum Gebet genommen (trotz der dringenden Bitten der unsichtbaren Wirkungskräfte). Ich empfehle der Aufmerksamkeit des Herrn *von Hartmann* folgende kleine Broschüre: — „**Darstellung selbsterlebter mystischer Erscheinungen.**" Von *M. Joller*, Advokat und gewesenem Mitgliede des Schweizer Nationalrathes, von Stans, Kanton Unterwalden. (Zürich, 1863). — Man sehe auch die Artikel darüber in „The Spiritual Magazine", 1862, p. 499 ff. und 1864, p. 49 ff. — Und eine Notiz über den Polter-Geist" im „Light" 1883, p. 125.\*\*)

Ich begreife nicht recht, wie die Thatsachen, welche ich so eben klassificirt habe, mit den Theorien des Herrn *von Hartmann* übereinstimmen sollen. Nach ihm sind alle spiritistischen Manifestationen nur die Offenbarungen des somnambulen Bewusstseins, die sich erzeugen entweder durch die Vermittelung der Muskeln des Mediums, oder durch das Mittel der Nervenkraft. Das somnambule Bewusstsein ist, wie wir gesehen haben, bloss eine Funktion der mittleren Gehirntheile und als solches abhängig „von denjenigen Theilen der Grosshirnrinde, in welchen der bewusste Wille seinen Sitz hat." — „Die Thätigkeit dieser mittleren Hirntheile hat für gewöhnlich nur einen vorbereitenden oder ausführenden Werth" . . . „Insofern aber

---

\*) Siehe Seite 242 ff. des vorhergehend genannten Heftes der „Psych. Studien."

\*\*) Vergleiche „Psychische Studien" November-Heft 1885 S. 494 ff., Januar-Heft 1886 S. 7 ff. und Februar-Heft 1886 S. 56 ff. in der Artikel-Reihe: — „Ueber Spukerscheinungen und deren Ursachen." —

Der Uebersetzer.

ihnen noch" — fügt Herr *v. H.* hinzu - „Gedächtniss, Intelligenz und Begehrungen zukommen", so kann .. „bei anormalen Naturen die relative Selbstständigkeit der mittleren Hirntheile gegen den Träger des bewussten Willens einen bedeutenden Grad erreichen" (S. 26).

Wie man sieht, geht diese Theorie nicht darüber hinaus, den mittleren Theilen des Gehirns „eine relative Selbstständigkeit" zuzuschreiben, welche den Anschein „einer intelligenten und gemüthvollen Persönlichkeit" (daselbst) annimmt, welche vom Medium unterschieden ist. Dieses geben wir auch für einen grossen Theil der Manifestationen zu. Aber man kann weder begreifen, noch zugeben, dass die untergebenen Theile des Gehirns sich gegen obere Gehirntheile auflehnen und den „Befehlen" des wachen Bewusstseins, welche in kategorischer Weise ertheilt werden, nicht gehorchen sollten; dass das somnambule Bewusstsein sich in directen Widerspruch setze mit dem normalen Bewusstsein; und schliesslich, dass der unbewusste Wille das Uebergewicht über den bewussten Willen erlange, und das nicht allein mit dem Verlangen nach dem Guten, sondern auch mit dem Verlangen nach dem Bösen in Hinsicht der Verfolgung und üblen Behandlung des Trägers des wachen Bewusstseins als eines Feindes. Die einzige Stelle in dem Werke des Herrn *von Hartmann*, welche sich auf die Kategorie der Thatsachen beziehen könnte, von denen ich so eben gesprochen habe, ist die folgende: — „Immer und wieder ereignet es sich, dass in einem Hause zu gewissen Stunden Tage oder Wochen lang Klingeln läuten, . . oder dass ein Grundstück mit Steinen, Kohlenstücken, oder sonstigen herumliegenden Gegenständen förmlich bombardirt wird . . . Die Behörden und Privaten glauben eher an Gespensterspuk, als daran, dass ein Medium diesen Unfug unbewusst verübt" (S. 42). — Wie man sieht, erklärt diese Stelle nichts; man begreift nicht, wie das Medium operirt, um die Steine, welche auf der Strasse liegen, mit Nervenkraft zu laden, und man begreift auch nicht, weshalb es mit ihnen sein eigenes Haus bombardiren sollte; und dann, ein „Unfug" ist nicht eine positiv gegen den Willen des Mediums gerichtete

Manifestation, oder eine wider seine eigene Person gerichtete Verfolgung.

Noch eine ernste Schwierigkeit ergiebt sich: nach der Theorie des Herrn v. *H.* ist es klar, dass der Grad „der relativen Selbstständigkeit der somnambulen Functionen sich auf Unkosten des Grades „der Selbstständigkeit" des wachen Bewusstseins erzeugt; d. h. dass der höchste Grad der „somnambulen Selbstständigkeit" sich erzeugt bei dem niedrigsten Grade des wachen Bewusstseins, d. h., wenn dies Bewusstsein schlummert. Herr v. *H.* sagt selbst, dass „die physikalischen Erscheinungen, welche eine ganz besondere Anspannung von Nervenkraft erfordern", sich dann erzeugen, wenn die Medien „in offenkundigen Somnambulismus verfallen" (S. 21). Man wird nicht bestreiten, dass die Manifestationen bei *Fox*, *Phelps* und Herrn *Schtschapow* u. s. w. die höchste „Anspannung von Nervenkraft" erheischen mussten, und nichtsdestoweniger sind sie immer erzeugt worden, **während die Medien sich im normalen Zustande befanden.** Somit müssen wir also nach Herrn *v. H.* hier die gleichzeitige, volle und ganze Thätigkeit beider Bewusstseinsarten als im Kampfe wider einander annehmen, und sogar das sogenannte somnambule Bewusstsein als die Oberherrschaft über das andere Bewusstsein behauptend, um ihm alle Arten von Schmerzen und Leiden zu bereiten! . . . .

2) **Die Manifestationen, welche den Ueberzeugungen des Mediums entgegengesetzt sind:** —

Die Fälle dieser Art sind zahlreich in den Annalen des Spiritismus. Die gesammte spiritistische Lehre errichtete sich auf Communicationen, welche den von den Medien und Massen allgemein gehegten religiösen Meinungen entgegengesetzt sind; das gäbe Stoff für eine ganz besondere Abhandlung. Man lese z. B., was Dr. med. *Dexter*, den wir vorher wider Willen haben zum Medium werden sehen, in seiner Einleitung hierüber sagt: — „Ich konnte mich nicht selbst zu dem Glauben bringen, dass Geister mit der Sache zu thun hätten." . . . „Die Vorstellung, dass die Geister unserer abgeschiedenen Freunde in Verkehr mit uns auf Erden treten könnten, . . . war unverträglich mit meiner Erziehung, allen meinen vorgefassten Meinungen zuwider und im Streite mit meinem religiösen Glauben". . . (p. 85). „Es sollte in diesem Zusammenhange bemerkt werden, dass, wenn ich allein bin, wie auch, wenn ich mich in einem Cirkel befinde, die Manifestation, ob durch Schrift oder eine physikalische Kundgebung, ganz frei ist von jeglicher Antheilnahme meines eigenen Geistes, sei es in dem gelehrten Gegenstande, oder in der auf meinen Körper hervorgebrachten Wirkung. — Ich wiederhole diese Behauptung, damit verstanden werde, dass die in diesem Buche durch meine Vermittelung offenbarten Lehren Gedanken, Gefühle und Behauptungen enthalten, welche total verschieden sind von dem, was meine eigenen Ansichten waren, als sie mitgetheilt wurden" (S. 95).

Einer der merkwürdigsten Fälle ovn Manifestationen dieser Art haben wir in den von *M. A. (Oxon.)*\*), einer in der Litteratur des Spiritismus wohl bekannten Persönlichkeit, erhaltenen Communikationen, welche stückweise in „The Spiritualist" der Jahrgänge 1874 ff. veröffentlicht und später im Jahre 1883 zu einem Bande vereinigt erschienen unter dem Titel: — „Spirit Teachings" (Geister-Lehren). Dieses Buch hat das besondere Verdienst, uns in den Gang und die Details des intellectuellen Kampfes einzuweihen, welcher zwischen dem Medium und den Communikationen stattfand, die er durch seine eigene Hand erhielt; denn das Buch enthält gleichmässig die Antworten, Einwürfe und Fragen, die jede Communikation, die er erhielt, in ihm erregte. Der Verfasser, eine Person von hohen intellectuellen Begabungen, war bereits ein Mann von festen religiösen Meinungen, als seine mediumistischen Fähigkeiten für physikalische und intellectuelle Manifestationen sich zu entwickeln begannen, und zwar

---

\*) Das heisst: — „Magister Artium Oxoniensis", Meister der freien Künste (unser Dr. phil.) an der Universität Oxford in England. Es ist der am 5. Sept. 1893 zu Bedford bei London verstorbene Professor der Theologie, *W. Stainton-Moses.* Vgl. „Psych. Stud.", Oktober-Heft 1893, S. 493 ff. — Vgl. S. 350 (2. Ausg.) und S. 477 (1. Ausg.) dieses Bandes.
Der Uebersetzer.

hauptsächlich in automatischer (sich ohne eigene Mitwirkung vollziehender) Schrift. Als die religiösen Fragen anhoben, war sein Erstaunen und seine Bestürzung gross, durch seine Hand seinen heiligsten Ueberzeugungen diametral entgegengesetzte Communikationen zu erhalten. Folgendes ist die Art und Weise des Glaubens und Denkens, die der Verfasser im Beginn seiner Communikationen im Jahre 1873 selbst beschreibt: —

„Von dem Standpunkte aus, den ich damals einnahm, schien es mir, dass derartige Lehren von Gegnern 'atheistisch' oder 'teuflisch' genannt werden könnten; ich würde dieselben auf jeden Fall als 'freigeisterisch' bezeichnen, und ich hegte lange Zeit Ansichten, die sich weit mehr der orthodoxen Lehre näherten. Um der Beweisführung zu folgen, auf die ich nunmehr einging, ist es für den Leser nothwendig, sich zu erinnern, dass ich in genauer Uebereinstimmung mit den Principien der protestantischen Kirche erzogen war; dass ich viel Zeit damit zugebracht hatte, theologische Werke der griechischen und römischen Kirche zu lesen, und dass ich als am meisten übereinstimmend mit den Ansichten, zu denen ich gelangt war, die Lehrsätze desjenigen Theiles der Kirche von England angenommen hatte, welche die Anglikanische genannt wird... Im Wesentlichen war ich, was man einen gründlichen High Churchmann (Hochkirchler) nennen würde." (p. 53.) —

Ich kann hier nicht auf die Details der Controverse eingehen, sondern will nur einige der Einwürfe des Mediums anführen, aus denen man hinreichend ersehen wird, worum es sich handelt. So versetzte der Verfasser auf die Communikation, welche folgte, abermals: —

„Ich wendete gegen diese Behauptung, welche sich mir durchaus nicht in meiner damaligen Meinungs-Verfassung empfahl, ein, dass sie mit den überlieferten Lehren der orthodoxen Kirchen unverträglich wäre, und dass sie thatsächlich einige Haupt-Dogmen des christlichen Glaubens umstiesse.... Das ‚Gestrüpp', welches Du mir hinweg zu schaffen scheinst, ist genau das, was die Christen in allen Zeitaltern übereinstimmend als Cardinal-Lehren des Glaubens betrachtet haben . . Der Glaube an die Gottheit *Christi* und an seine Genugthuung können schwerlich Dogmas genannt werden, welche von menschlichem Wachsthum sind." (p. 59—60.)

Eine lange Communikation wurde durch diese Entgegnung hervorgerufen; aber sie erschien nicht befriedigender als die vorhergehenden, denn das Medium versetzte von Neuem: —

„Ich war nicht befriedigt und nahm mir Zeit, zu erwägen, was geschrieben worden war. Es war ganz gegen alle Meinungen, die ich damals hegte. . . Ich wandte ein, dass ein solches Glaubensbekenntniss von keinem Mitgliede einer christlichen Kirche als christlich anerkannt werden würde, dass es den klaren Worten der Bibel widerspräche, und dass solche Ansichten, ebenso wie die des Antichrists, als ganz besonders verwerflich erschienen." (p. 72).

Eine neue Communikation erfolgte, und einige Tage später eine neue Entgegnung, welche so formulirt war: —

„Ich kann meine Schwierigkeit nicht stärker darlegen, als indem ich behaupte, dass, obgleich Deine Darstellung meinem Verstande Beifall ablockt, dennoch der Glaube des Christenthums, welcher nun über 1800 Jahre gedauert hat, nicht so leicht umgestossen werden kann durch Behauptungen, die, so vernünftig sie mir auch erscheinen mögen, durch keine Autorität, welche ich prüfen kann, bestätigt werden. Willst Du mir klar darthun, welche Stellung Du *Jesus Christus* einräumst? Welche Berechtigung kannst Du mir nachweisen, die Dir die Gewalt verleiht, Lehren umzustossen oder weiterzuentwickeln, die seinen Namen tragen, und ein neues Evangelium an Stelle des alten zu setzen? Kannst Du mir einen befriedigenden Beweis liefern für Deine eigene Identität und für die Berechtigung der Mission, welche Du beanspruchst? Einen Beweis, der angenommen werden würde von schlichten vernünftigen Menschen? Ich kann unmöglich etwas, was mir als eine so umstürzende Veränderung erscheint, als von göttlichem Ursprunge und von bindender Kraft annehmen auf Grund eines unbeglaubigten Wortes irgend eines Engels oder Menschen, wer er auch sein mag. Auch sollte man mich nicht angehen, solches zu thun" (p. 80).

Und nach einigen neuen Communikationen als Erwiderung auf diese Zweifel drückt sich das Medium folgendermaassen aus: —

„Bei gewissenhafter Durchlesung dieser Reihe von Communikationen, welche ich erhalten hatte, war ich mehr als jemals betroffen von ihrer Schönheit sowohl in der Form, als in der Sache. Wenn ich erwäge, dass sie mit ungeheurer Schnelligkeit geschrieben wurden ohne ein bewusstes Denken von meiner Seite, dass sie frei waren von Fehlern oder Schnitzern in der grammatischen Construction, und dass es keine Zwischeneinschiebungen oder Correcturen in ihrem ganzen Verlaufe gab: so konnte ich nicht umhin, als mich über ihre Form zu verwundern. Was die zu Grunde liegende Sache betrifft, so war ich noch immer in schwerer Bedenklichkeit. Es steckte Vieles darin, womit ich sympathisirte; aber zu gleicher Zeit konnte ich nicht von der Vorstellung loskommen, dass der Glaube des Christenthums praktisch durch ihre Veröffentlichung umgestürzt werde . . Die Haupt-Dogmen schienen besonders erschüttert . . Die bestrittenen Punkte schienen mir die wahre Wesenheit der christlichen Religion zu sein. Dieselben zu 'spiritualisiren oder zu vergeistigen', oder, wie ich es zu nennen vorzog, sie 'hinwegzuerklären', schien mir absolut verhängnissvoll für meinen Glauben in jedweder Offenbarung. Nach einem langen und geduldigen Nachdenken konnte ich zu keinem anderen Schlusse gelangen; und ich schrak zurück vor der Annahme solcher wichtigen Aeusserungen auf Grund des 'ipse dixit' (selbsteigenen Ausspruchs) einer Intelligenz, von der ich so wenig wusste und wissen konnte" (p. 101).

Ich muss hiermit einhalten. Es ist unnütz, dass ich die Fortsetzungen dieses intellectuellen, interessevollen Streites weiter verfolge, dessen Ausgang eine Revolution in den religiösen Ideen des Mediums bewirkt hatte; und wir wissen, dass diese Ideen die hartnäckigsten sind, denn die sind mit der Muttermilch eingesogen. Für den Zweck, den ich verfolge, genügen die von mir gegebenen Citate. Wegen weiterer Details kann man die Uebersetzung nachlesen, welche in den „Spiritualistischen Blättern" unter dem Titel „Mittheilungen aus dem Jenseits" veröffentlicht worden sind.

Es ereignet sich auch, dass mit der Ueberzeugung angestellte Experimente, die spiritistischen Manifestationen seien nur Erscheinungen physikalischer Ordnung, ganz dieser Ueberzeugung entgegengesetzte Resultate sich ergeben. Ein solches war z. B. die Erfahrung des Herrn *E.*, welche von Prof. **Wagner** in den „Psych. Stud." von 1879 S. 249 beschrieben wurde. Herr *E.*, den ich persönlich kenne, ist ein Chemiker, in dieser Eigenschaft im Staatsdienste angestellt; ich erhalte aus seinem eigenen Munde die Bestätigung der Thatsache, dass weder er, noch die Mitglieder seiner Familie jemals sich mit Spiritismus beschäftigt haben, dass ihre Ueberzeugungen ganz den Anforderungen dieser Lehre entgegengesetzt waren, und dass der experimentelle Versuch nur zu dem Zwecke angestellt wurde, dass es nichts Mystisches in den Phänomenen gebe, falls solche existiren. Hier nun folgen einige den „Psychischen Studien" entnommene Zeilen, welche das unerwartete Resultat dieser ganzen ersten Séance zeigen werden: —

„Dieser kleine Kreis machte sich an spiritistische Séancen mit der festen Hoffnung, dass es ihm gelingen würde, die Erscheinungen des Mediumismus nur als eine weitere Entwickelung schon bekannter physischer Erscheinungen aufzuklären. Zu diesem Zwecke wurde der Tisch, um welchen der Kreis gebildet war, auf gläserne Untersätze gestellt und um die Tischfüsse ein Draht gewickelt, dessen Enden mit einem Galvanometer verbunden waren. Statt irgend welcher physischer Erscheinungen forderte der Tisch sofort in der ersten Séance dringend das Alphabet, — und vermittelst Schlägen mit dem Tisch-Fusse gegen die Diele wurde folgender Satz hervorbuchstabirt: —

„'Ich leide, weil Du nicht glaubst!' —

„'Auf wen bezieht sich diese Phrase?' fragten die Anwesenden, —

„'Auf *Catharina L.*' —

„'Wer bist Du denn?' fragte *L.*

„'Ich bin Deine Freundin *Olga N.*'" —

Ich muss hier zur Ergänzung des Tableaus noch hinzufügen, dass *Catharina L.* eine vollendete Atheistin war. —

Ein anschaulicher Beweis dafür, dass eine Mittheilung gegen den Willen und gegen die Ueberzeugung des Mediums sein kann, finden wir in der folgenden Thatsache, welche von Prof. *Robert* **Hare** mitgetheilt wird: — „227. In einem Falle nahm ich ein Buch aus meiner Tasche, welches das Medium niemals gesehen hatte, und öffnete es auf einer Seite, wo als Ueberschrift: 'Vorwort des Verlegers' stand, ohne dem Medium zu gestatten, etwas mehr als den Rücken des Buches zu sehen. Indem ich die Seite gegen die Scheibe hielt, buchstabirte der Geist: — 'Vor—' und schien hierauf ausser Stande, fortzufahren. Inzwischen hiess das weibliche Medium ihren kleinen Sohn ruhig sein, worauf sofort die noch fehlenden Buchstaben: — 'wort' ergänzt wurden, so dass das Wort „Vorwort" lautete.

„228. Das Medium behauptete, dass sein Geist von der Vorstellung erfüllt gewesen sei, es werde das Wort: 'Vorbedeutung' erscheinen, und habe in der Absicht, den Geist zu unterstützen, einige Muskelkraft angewendet, um auf die zur Vervollständigung dieses Wortes nothwendigen Buchstaben zu gelangen; aber die Aufmerksamkeit auf ihr Kind zog ihre Gedanken davon ab, und der Geist wählte sofort die oben angedeuteten Buchstaben." (*Hare*: „Experimentelle Unters. über Geister-Manifest. S. 61 u. 62.)

3) **Manifestationen, welche dem Charakter und den Empfindungen des Mediums entgegengesetzt sind:** —

Es wäre schwierig, hier von dieser Art von Manifestation mit einer gewissen Genauigkeit zu sprechen, wenn nicht ein äusseres und permanentes Verfahren bestände, welches auf genaue Weise den Charakter des Menschen reflektirte. Dieses Verfahren haben wir in der Schrift. Sie trägt auf eine ebenso originelle wie sichere Weise den Stempel ihres Urhebers. Sie ist so zu sagen die Photographie des Charakters eines Menschen. Die Graphologie, welche sich noch in ihren Anfängen befindet, hat nichtsdestoweniger die Thatsache anerkannt, dass die Schrift der getreue Ausdruck der unbewussten Bewegungen ist, welche das Individuum charakterisiren. (Siehe „Revue Philosophique" Nr. 1885.)\*) Die neuesten Experimente im Gebiete des Hypnotismus haben constatirt, dass die Suggestion (Eingebung) einer fictiven Persönlichkeit ebenfalls in der Schrift des Subjects eine dem Charakter der suggerirten Persönlichkeit entsprechende Veränderung herbeiführt. Als ich im Jahre 1886 in Paris war, hatte ich Dank dem Entgegenkommen des Herrn *C. Richet* Gelegenheit, Zeuge von Experimenten dieser Art zu sein; die Schrift und die Orthographie des Subjects (dessen Schreibversuche ich aufbewahre) wechselten in der That nach den eingegebenen Rollen; aber es ist leicht zu sehen, dass das nur eine Modifikation der normalen Schrift des Subjects ist, welche ebenso wie die Gesten und Worte des Subjekts dem eingeflüsterten (suggerirten) Typus entsprechen. Es ist bekannt, dass im Spiritismus die Medien ziemlich häufig in einer Schrift schreiben, welche ihrer normalen Schrift nicht gleicht; und ebenso wie ich für einen grossen Theil der mediumistischen Phänomene im Allgemeinen mit Herrn *von Hartmann* zugebe, dass sie aus unsern unbewussten Thätigkeiten hervorgehen, ebenso räume ich hier gern ein, dass die Veränderung der mediumistischen Schrift vielleicht in vielen Fällen nur unbewusste Modifikation der normalen Schrift des Mediums je nach den imaginären oder eingebildeten Persönlichkeiten ist, welche durch ihre unbewussten Fähigkeiten ins Spiel gesetzt werden. Aber wie es bei allen spiritistischen Phänomenen eine Steigerung in der Zusammengesetztheit der Thatsache und in der Anwendungsfähigkeit der Hypothesen giebt, ebenso müssen wir hier in Erwägung ziehen, weshalb ein automatisch schreibendes Medium im Namen von *A* mit seiner normalen Schrift schreibt, und im Namen von *B* und *C* in einer ihm fremden Schrift. Vom

---

\*) Vergl. „Ueber den Werth der Graphologie für den Spiritismus. Eine theoretische Studie" von *F. Maack*. „Psych Stud." 1883, S. 464 ff., S. 508 ff. —   Der Uebersetzer.

somnambulen oder hypnotischen Gesichtspunkte aus müssten die Bedingungen für oder wider die Veränderung der Schrift auf alle Fälle dieselben sein und die nämlichen Resultate ergeben. Die Schwierigkeit nimmt zu, wenn $B$, $C$ und $D$ immer ihre Schrift mit einer mathematischen Identität beibehalten, denn wenn $B$, $C$ und $D$ nur gelegentliche, im gegebenen Moment geschaffene Rollen sind, wie können sie sich beständig mit ihren identischen Charakter-Nüancen erzeugen, welche die identischen Schrift-Nüancen wiedergeben? Die psychischen, subjectiven und unbewussten Zustände sind nicht unveränderliche Quantitäten (wie individuelle Wesen), und ihre Wiederholung würde nicht identisch sein; wir kennen keine Träume, welche sich identisch wiederholen, und die seltenen Berichte von solchen sind immer nur ausnahmsweise Fälle, die man gerade einer besonderen Einwirkung zuzuschreiben pflegte. — Alsdann haben wir Fälle, in denen die automatische Schrift sich im Ganzen von derjenigen des Mediums unterscheidet; eine Original-Handschrift auf der Stelle zu erzeugen und sie immer identisch zu widerholen, ist eine Sache, die sich schwer durch dieselbe Theorie erklären lässt. — Und endlich haben wir Fälle, wo wir in dieser Schrift diejenige einer anderen Person wiedererkennen, welche das Medium niemals gesehen hat. Hier wird eine Suggestion von Seiten eines Hypnotiseurs, oder eine unbewusste Thätigkeit die Thatsache keineswegs erklären. Doch ich will mich hier nicht über diesen Gegenstand verbreiten, auf den ich im IV. Kapitel eingehender zurückkommen werde.

„Aber auch der Inhalt der Kundgebungen kann dem Charakter des Mediums zuwider sein. Was sollen wir z. B. aus solchen Fällen machen, bei denen Flüche, Gotteslästerungen und Unzüchtigkeiten durch den Mund oder die Hand eines Kindes vorgebracht werden? Da kommen mir sogleich zwei Fälle zur Hand: — Mr. *Podmore* theilt dem Londoner „Light" 1882 p. 238 Folgendes mit.

„Ein Baptisten-Geistlicher, der zu Eynshamm nahe bei Oxford lebte, erhielt durch die Hände seiner Kinder geschriebene Communikationen, welche angeblich von seiner gestorbenen Frau kamen. Die Botschaften, die ihm auf diese Weise gegeben wurden, gewährten ihm religiösen Trost und häufige „Beweise" für ihre persönliche Identität. Eine Zeit lang war der Geistliche überzeugt, dass er in wirklichem Verkehr mit seiner Gattin stünde und von ihr Hülfe und Trost erhielte. Ohne auf den Bericht selbst zurückzugreifen, was ich jetzt nicht im Stande bin, kann ich mich augenblicklich nicht erinnern, unter welchen genauen Umständen der Charakter der Communikationen sich veränderte. Aber er änderte sich, während er dem Anschein nach immer noch aus derselben Quelle hervorging. Plötzlich und ohne sichtliche Ursache wichen biblische Texte und liebevolle Rathschläge Gotteslästerungen und gemeinen Redensarten, und der unglückliche Gatte wurde zu dem Schlusse gedrängt, dass er die ganze Zeit über von einem bösen Feinde zum Narren gehalten worden war. Wegen weiterer Details über diesen Fall, der von recht schlagender Art ist, möchte ich den Lesern des 'Light' das Studium von 'Human Nature' von ungefähr demselben Datum (1875 pag. 176) empfehlen. — Die zweite Erfahrung, welche eine fast genaue Parallele dieser ersten ist, wurde mir von dem Herrn erzählt, welcher das Subject derselben war. Kurz nach dem Tode seiner Gattin begann eine nahe Verwandte meines Berichterstatters, ein junges Mädchen von zwölf Jahren, psychographisch zu schreiben. Die Schrift erklärte, vom Geiste der Gattin meines Freundes zu kommen, und trug starken inneren Beweis, dass dies der Fall war. Häufige Anspielungen wurden gemacht, welche nur dem Manne und seiner Frau bekannt waren und sich auf Unterredungen bezogen, die in der Verborgenheit ihres eigenen Zimmers gepflogen worden waren. Aber da er einen vollen Beweis zu erhalten wünschte, fuhr mein Freund fort, den sich mittheilenden Geist weiter auszuforschen. Er fand hierauf zu seinem Erstaunen, dass das Gedächtniss oder das Wissen der Intelligenz, welche die Botschaften inspirirte, sich nicht weiter zurück erstreckte als bis auf eine Periode von etwa sechs Wochen vor seiner Gattin Tode. Alles Vorhergegangene war ein weisses Blatt. Als er den Geist des Betruges beschuldigte, wurde er von einem Ausbruch der schändlichsten Redensarten und Verwünschungen erschreckt, — welche alle, wie man sich erinnern wolle, von der Hand eines jungen Mädchens geschrieben wurden, das die gebrauchten Worte kaum jemals gehört, geschweige verstanden haben konnte. Es ist, wie ich aus vielen Fällen entnommen habe, eine häufige Erfahrung mit Planchette-Schreibern, dass die anscheinend von verstorbenen Freunden ausgehenden Botschaften nach einiger Zeit plötzlich und auf unerklärliche Weise auf demselben Wege zu entarten pflegen." — („Light," 1882, p. 238.)

Ein anderer Correspondent des „Light" berichtet: —
„Etwas Sonderbares, das ich beim Schreiben mit der Planchette bemerkte, ist dieses, dass sein Charakter gewöhnlich total im Widerspruch ist mit dem des Operators. So habe ich die schrecklichsten Flüche niederschreiben sehen unter der Hand von Leuten, welche eher würden haben sterben, als dergleichen Redensarten selbst gebrauchen wollen." — („Light" 1883, p. 124.)

4) **Kundgebungen, deren Inhalt über dem geistigen Niveau des Mediums ist.** —

Jetzt erst gehe ich zu dem eigentlich von Herrn *von Hartmann* behandelten Kapitel des „Vorstellungs-Inhalts der Kundgebungen" über, dessen Hauptgrundsatz also lautet: — „Alle Kundgebungen zeigen einen dem geistigen Niveau und den Ansichten des Mediums entsprechenden Inhalt" (S. 113), und weiterhin: — „Der Inhalt der Kundgebungen ist gewöhnlich unter dem geistigen Niveau der Medien und der Anwesenden, und erhebt sich höchstens auf, aber niemals über dasselbe" (S. 116). Dass die Communikationen fern davon sind, immer „den Ansichten der Medien" zu entsprechen, haben wir so eben auf den vorhergehenden Seiten entwickelt. Wir wollen jetzt zusehen, ob der erste Theil dieser Behauptung richtig ist. Es ist nothwendig zu sagen, dass in Wirklichkeit die Mehrzahl der spiritistischen Communikationen Gemeinplätze, ganz gewöhnliche Antworten, oder Schlussfolgerungen, welche die normalen Fähigkeiten des Mediums nicht übersteigen, und sehr oft reine Abgedroschenheiten enthält;

es ist unnütz zu sagen, dass es unvernünftig sein würde, die diese Erzeugnisse bewirkende Ursache anderswo als in der unbewussten psychischen Thätigkeit des Mediums zu suchen. Diese Art von Communikation erklärt und rechtfertigt zum Theil diese von Seiten der Kritiker des Spiritismus sehr gewöhnliche Behauptung, dass diese Kundgebungen niemals über den moralischen und intellectuellen Inhalt des Mediums hinausgehen. Aber das Wort „niemals" ist in dieser Behauptung zu viel; so gefasst, verräth es einen Mangel an genügendem Studium der Litteratur des Gegenstandes, oder einen Mangel an praktischer Erfahrung Desjenigen, der es behauptet; denn die spiritistische Litteratur besitzt hinreichende Thatsachen, welche beweisen, dass die erhaltenen Communikationen auch über dem intellectuellen Niveau des Mediums stehen können, und jeder erfahrene Spiritist hat Gelegenheit gehabt, sich davon persönlich zu überzeugen. Aber die objective Feststellung dieser Thatsachen bietet Schwierigkeiten. Wie soll man das geistige Niveau eines Individuums vermessen? Wie soll man die Grenzen der intellectuellen Steigerung, die der Geist unter dem Einflusse zufälliger Ursachen erreichen, und während dessen er ein über diese Linie hinausragendes Werk schaffen kann, genau bestimmen? Wie soll man sich des Rechtes vergewissern, es einem anderen Factor zuzuschreiben, als den im Subject selbst wohnenden geistigen Fähigkeiten? Eine andere Schwierigkeit liegt in der Nothwendigkeit, unter der wir uns befinden, uns entweder auf das alleinige Zeugniss des Mediums beziehen müssen, oder auf das von Leuten, die es kennen, was auf eine persönliche, auf die intime Kenntniss der Person basirte, aber für Andere wenig geltende Ueberzeugung hinausläuft. Und endlich muss man, um urtheilen oder beweisen zu können, die Dokumente in Händen haben, concrete und handgreifliche Thatsachen vorlegen, was alles zu beschaffen nicht immer leicht ist. Der Bildungs- und Kenntniss-Grad in den positiven Wissenschaften scheint den sichersten Maasstab für die Würdigung des in Rede stehenden Phänomens zu liefern. Wenn wir feststellen könnten, dass ein Medium in seinen mediumistischen Productionen eine Erhöhung an positivem Wissen erreicht, das es im normalen Zustande nicht besitzt, so würde diese Thatsache hinreichend beweisen, dass die Behauptung des Herrn *von Hartmann* nicht gerechtfertigt ist. Unter den Thatsachen dieser Art haben wir die mediumistischen Erzeugnisse von *Hudson Tuttle*, und besonders sein erstes Werk: — „Arcana of Nature" (Geheimniss der Natur) —, das von ihm im Alter von 18 Jahren geschrieben, und dessen erster Band deutsch herausgegeben wurde unter dem Titel: — „Geschichte und Gesetze des Schöpfungsvorganges" von Dr. *Achner* (Erlangen 1860), welchem sogar *Büchner* mehrere Motto's entlehnt hat, ohne zu vermuthen, dass es das unbewusst erzeugte Werk eines jungen Farmers war, welcher niemals eine wissenschaftliche Erziehung genossen hatte, — geschrieben in der Einsamkeit von Erie County im Staate Ohio! Man sehe hierüber „Psych. Stud." 1874 S. 93:— „Zusammenkunft des Dr. *Büchner* mit *Hudson Tuttle* in Amerika."

Wenn man etwa einwenden wollte, dass dieses Erzeugniss von unpersönlichem wissenschaftlichen Charakter das „Hellsehen" zu seiner Quelle gehabt habe, indem man sich auf das Beispiel von *A. J. Davis* stützte, welcher behauptet, dass sein Werk: — „Principles of Nature" (Die Principien der Natur) — keine andere Quelle gehabt habe, (man begreift hierbei nicht, weshalb der Ausspruch [das „dixit"] eines Mediums demjenigen eines anderen vorzuziehen sein sollte!), so will ich als Beispiel ein anderes mediumistisches Erzeugniss citiren, dessen individuelles Gepräge kein Hellsehen erklären dürfte; ich rede von dem Romane von *Charles Dickens*: — „*Edwin Drood*" —, der von seinem Verfasser unvollendet hinterlassen und durch die Hand des Mediums *James*, eines ungebildeten Menschen, vollendet wurde. Zeugen haben die Herstellungsweise des Werkes gesehen, und competente Beurtheiler haben sich über den litterarischen Werth seines Inhalts ausgesprochen. Ich will auf einige Details dieser in den Annalen der Litteratur einzig dastehenden Production näher eingehen. Als das Gerücht sich verbreitete, dass der Roman von *Dickens* auf eine so ausserordentliche Weise hergestellt werden solle, schickte die Redaction der „Springfield Daily Union"-Zeitung ihren Correspondenten nach Brattleborough (Vermont), woselbst das Medium wohnte, um sich an Ort und Stelle über alle Details zu informiren; wir geben hier einige Auszüge aus seinem Bericht von 8 Spalten, welcher in der Nr. vom 26. Juli 1873 des genannten Journals veröffentlicht, und zuerst im „Banner of Light" und später theilweise in „The Spiritualist" v. 1873 p. 322 abgedruckt wurde, dem wir diese entnehmen. Folgendes wird über das Medium ausgesagt: —

„Es ist zu Boston geboren, und in seinem vierzehnten Jahre wurde er in die Lehre gethan, um ein gewöhnliches Handwerk zu erlernen, das er seitdem stets weiter betrieben hat, so dass sein Schulegehen bereits endigte, als er kaum dreizehn Jahre zählte. Während er keineswegs unintelligent oder lesensunkundig ist, hat er doch gar keine Erziehung für litterarische Arbeit genossen und keine Hinneigung dazu verrathen, da er niemals zuvor auch nur so viel wie einen Zeitungs-Abschnitt zur Veröffentlichung geschrieben hat. Dies ist der Mann, welcher die Feder von *Charles Dickens* da aufgenommen hat, wo dieser sie niederlegte, und welcher bereits nahezu dessen „Mystery of *Edwin Drood*" (Das Geheimniss von *Edwin Drood*') vollendete." (p. 322.) . . . .

„Ich habe das gute Glück gehabt, die erste Person gewesen zu sein, der er diese sonderbare Geschichte erzählt hat, und der Einzige, welcher bis jetzt das Manuscript geprüft hat, und dem gestattet wurde, Auszüge aus demselben zu machen.

„Das kam etwa in folgender Weise: — Eines Abends vor ungefähr zehn Monaten wurde ein junger Mann (den wir bequemer Bezeichnung halber Mr. *A.* nennen wollen), von einer kleinen Gesellschaft von Freunden aufgefordert, sich mit ihnen rings um einen Tisch zu setzen und zuzusehen, was daraus kommen würde. Bis zu dieser Zeit hatte er alle 'spirituellen' Leistungen als eben so viel Humbug verlacht, und wahrscheinlich war kein Mensch so durchaus skeptisch in Bezug auf das ganze Vorhaben als er; während er selbstverständlich ganz und gar unwissend darüber war, dass er sich im Besitze mediumistischer Gaben befand. Der Cirkel war nicht sobald gebildet, als auch schon Klopflaute mit aufregender Häufigkeit sich vernehmen liessen und der Tisch wie toll im Zimmer umherwalzte und schliesslich sich auf Mr. *A.*'s Schooss umlegte, als ob er andeuten wollte, dass dieser die Ursache davon sei. Dies war genug für ihn. Er hatte nun Alles gesehen, was er vom Spiritualismus zu sehen wünschte, und obgleich die Anderen ihn dringend baten, seine 'Forschungen' fortzusetzen, so wollte er doch nichts mehr in dieser Nacht vornehmen. Am nächsten Abend jedoch wurde er dahin gebracht, an einer anderen Sitzung Theil zu nehmen. Die Demonstrationen wiederholten sich sogar noch nachdrucksvoller; und während sie von statten gingen, schien Mr. *A.* plötzlich verzückt zu werden, und, einen Bleistift ergreifend, schrieb er, was eine Botschaft zu sein vorgab an einen Herrn im Zimmer von seinem schon lange gestorbenen Kinde, — einem Kinde, von dessen Existenz Mr. *A.* nichts wusste. In der Folge wurden Botschaften üblichen Inhalts geschrieben, welche aus der anderen Welt zu kommen vorgaben, und es wird erzählt, dass einige Prüfungsbeweise von erstaunlichem Charakter geliefert wurden zum Beweise der Identität der Schreiber. Mit alledem habe ich jedoch nichts zu thun.

„Während des letzten Theils des Oktober schrieb Mr. *A.* bei einer Séance eine an ihn selbst gerichtete Botschaft, welche ihn um eine Sitzung am 15. November ersuchte und sich in einer schlichten, kühnen Handschrift '*Charles Dickens*' unterzeichnete. Mehrere auf einander folgende Communikationen erinnerten ihn an das Datum, ersuchten ihn, die Bitte nicht zu verweigern, und als der Tag herannahte, verlangten sie in den unzweideutigsten Ausdrücken, dass sie ihnen gewährt werden möchte." ...

„Das Resultat der Sitzung vom 15. November — welche laut Anweisungen in einem Dunkelzimmer mit Niemand als nur dem Medium allein stattfand — war eine lange Mittheilung, offenbar von Mr. *Dickens*. welcher den Wunsch ausdrückte, durch ihn die bei seinem (*Dickens'*) Tode unvollendet hinterlassene Novelle zu vervollständigen. Er hätte lange nach Mitteln gesucht, wodurch dieses zu Stande gebracht werden könnte, aber er hätte bisher noch Keinen finden können, von dem er glaubte, dass er erfolgreich dazu verwendet werden könnte. Er wünschte, dass die erste Sitzung am heiligen Christ-Abend stattfinden möchte, — die Nacht des ganzen Jahres, welche er am meisten liebte, so lange er noch auf Erden war, und bat darum, dass das Medium ihm für diese Aufgabe so viel Zeit gestatten möchte, als es ohne Benachtheiligung für sein Geschäft und seine Gesundheit könnte. Nachdem er die Versicherung hinzugefügt, dass das Unternehmen sich von pekuniärem Vortheil für ihn erweisen würde, schloss die Botschaft mit *Dickens'* gewöhnlichem 'Getreulichst der Ihre' ('Faithfully yours')." — (p. 322—323 in „The Spiritualist" v. 15. September 1873.)

Hierauf geht der Correspondent auf alle Einzelheiten des Ursprungs des in Rede stehenden Werkes ein. Bei Kritisirung des neuen Theils der Novelle sagt der Correspondent: —

„Hier, um damit zu beginnen, ist eine volle Gesellschaft handelnder Personen, die auf irgend eine Weise, jede mit ihren besonderen Charakteristiken, bis zum Ende des Stückes auszuführen sind, eine schwere Aufgabe für einen Mann, der niemals zuvor ein halbes Dutzend Seiten über irgend einen Gegenstand schrieb. Aber wir sind erstaunt, schon im ersten Kapitel eine wunderbare Uebereinstimmung mit dem veröffentlichten Bande zu finden. Der Stich ist da aufgenommen, wo er vom Tode fallen gelassen ward; und die Geschichte fährt, die neue mit der alten so vollständig übereinstimmend, weiter fort, dass selbst der scharfäugigste Kritiker, der vorher nicht wusste, wo das Alte aufhörte und das Neue begann, nicht um seines Lebens willen zu sagen im Stande wäre, wo *Charles Dickens* starb! Jede der handelnden Personen ist ebenso unterschiedlich, so charakteristisch als sie selbst, und keine andere sonst, im zweiten Bande wie im ersten; und in beiden kennen wir sie, fühlen wir für sie, lachen wir über sie, bewundern oder hassen wir sie als ebenso viele Geschöpfe von Fleisch und Blut, die sie in der

That, je nachdem sie sich im Fortschritt der Geschichte zu uns gesellen, zu sein scheinen. Nicht allein dies, sondern es werden uns auch andere imaginäre Personen vorgeführt, (*Dickens* führte stets — darf ich sagen, f ü h r t stets? — neue Charaktere selbst bis zum letzten Kapitel seiner Geschichten ein,) und wir werden in gleicher Weise völlig mit ihnen bekannt. Diese Leute sind keine Doppelgänger irgend welcher Personen im ersten Bande; auch sind sie keine Gemeinplätze; sie sind Schöpfungen. Wessen Schöpfungen?" (p. 323.) . . .

Und folgendermassen lautet der Schluss, zu dem er gelangt: —

„Gerade hier dürften einige Einzelheiten recht interessant sein. Bei Durchprüfung des Manuscripts fand ich das Wort 'traveler' (der Wanderer) stets mit zwei l buchstabirt, wie es der gewöhnliche Brauch in England ist und nur selten hier (in Amerika) geschieht. Man beachte auch den Gebrauch des Wortes ‚c o a l s' (Kohle) für ‚c o a l', von denen das erstere die gebräuchliche englische Form ist. Man bemerke die eigenthümliche Anwendung grosser Buchstaben in genau der Form, wie sie in *Dickens'* Werken zu finden sind, wie wenn er z. B. Mr. *Grewgious* ‚an Angular Man' (einen Eckigen Mann) nennt. Merkwürdig ist auch die Vertrautheit mit der Geographie von London, welche in einigen von den Auszügen, die ich gemacht habe, und in vielen nicht citirten Stellen sich verräth. Man beachte auch die Ausdrucksweise, dass 'the servant had left directly she heard *Rosa*'s answer', — (‚dass die Magd sie direct verlassen hatte, als sie *Rosa*'s Antwort hörte',)\*) — eine in England gewöhnliche Redensart, die jedoch in Amerika fast unerhört ist. Dann beachte man den plötzlichen Wechsel der vergangenen mit der gegenwärtigen Zeit, besonders bei lebhafter Erzählung, — ein Uebergang, in den *Dickens* sehr verliebt war, besonders in seinen

---

\*) Anstatt richtiger umgekehrt zu sagen: — ‚dass die Magd sie direct v e r l i e s s, als sie *Rosa*'s Antwort g e h ö r t hatte'. —

Der Uebersetzer.

späteren Werken. Diese und noch viele andere kleine Dinge, welche erwähnt werden könnten, sind vielleicht von geringfügiger Bedeutung, aber gerade auf solchen Sandbänken würde ein stümpernder Betrug gestrandet sein. Nichtsdestoweniger bleibt die Thatsache, dass auf die allgemeine Aehnlichkeit dieses Buches mit dem vorhergehenden litterarischen Werke seines angeblichen Verfassers, auf die Zusammenhäufung der tausend und ein Dinge, welche den litterarischen Stil bilden und auf das Durchschimmern des ganzen unerklärbaren Etwas, das wir Genie nennen, dieses merkwürdige Buch seine höchst merkwürdigen Ansprüche auf öffentliche Beachtung stützen muss.

„Ich kam nach Brattleborough mit der Erwartung, dieses entschieden nachgeborene Werk als eine Seifenblase zu finden, die leicht hinweggeblasen werden könnte. Nach zwei Tagen sorgfältiger und ziemlich kritischer Untersuchung gehe ich, wie ich eingestehe, ein gut Theil verwirrt hinweg. Ich verwerfe an erster Stelle als eine Unmöglichkeit — wie Jedermann nach eingehender Untersuchung der Sache thun würde — die Theorie, dass dieses Manuscript-Werk von dem jungen Manne, Mr. *A—*, selbst geschrieben wurde. Er sagt, er habe niemals den ersten Band gelesen, und ich gebe auch nichts darauf, ob er es gethan hat oder nicht, da ich völlig überzeugt bin, dass er selber nicht fähig ist, auch nur eine Seite des zweiten Bandes selbst zu schreiben. Dies ist selbstverständlich keine Herabsetzung, denn wie viele Menschen sind fähig, zu vollenden, was ein *Dickens* unvollendet liess?

„Ich fühle mich daher gedrängt, die eine von folgenden zwei Schlussfolgerungen anzunehmen: entweder irgend ein Mann von Genie benutzt dieses Individuum als eine Mittelsperson, um ein aussergewöhnliches Werk auf eine aussergewöhnliche Weise vor das Publikum zu bringen, oder das Buch ist, wie es selbst erklärt, von *Dickens* selber aus der anderen Welt dictirt. Die eine Annahme ist kaum erstaunlicher als die andere. Wenn es in Vermont einen Mann giebt, von dem man zuvor nie etwas gehört, und der im Stande ist, zu schreiben, wie *Dickens* schrieb, so hat er sicher keine Ursache, zu einem solchen Kunstgriffe, wie dieser ist, seine Zuflucht zu nehmen. Wenn andererseits *Charles Dickens* selber, 'wiewohl todt, dennoch redet,' was also sollen wir demnächst erwarten? Es ist nur ehrlich, zu sagen, dass ich bei der vollkommensten Gelegenheit für diese Untersuchung nicht den geringsten Beweis für eine betrügerische Hand dabei gefunden habe, während der Name des „Amanuensis' (Ergänzers), wäre es mir gestattet, denselben anzugeben, jede derartige Muthmaassung aus dem Gedanken jedes Bürgers dieses Ortes, der ihn kennt, beseitigen würde." (p. 326.) —

Man sehe wegen noch anderer Details pag. 375 in „The Spiritualist" 1873 und pag. 26, 1874, woselbst Mr. *Harrison*, ein in diesen Dingen competenter Beurtheiler, sich also ausdrückt: —

„Es ist schwer, anzunehmen, dass das Genie und die Geschicklichkeit, welche sich in dieser Schrift entfaltet, die eine so starke Aehnlichkeit mit denen von *Charles Dickens* trägt, den Verfasser derselben, sei er, wer er sei, verleitet haben sollte, vor der Welt nur als ein geschickter Fälscher aufzutreten." (p. 26.)

Man schlage beispielsweise noch das Buch nach: — „**Essays from the Unseen**, delivered through the mouth of *W. L.*, a sensitive, and recorded by *A. T. T. P.*" (London, 1885), — „Mittheilungen aus dem Unsichtbaren, überliefert durch den Mund von *W. L.*, einem Sensitiven, und aufgezeichnet von *A. T. T. P.* etc." —, welches eine Auswahl von höchst merkwürdigen Anreden enthält, welche angeblich von verschiedenen historischen, philosophischen, theologischen u. s. w. Persönlichkeiten stammen, durch den Mund eines „Arbeiters von einer nur durchschnittlichen Fähigkeit, mit der gewöhnlichen Bildung seiner Classe, als er sich in vollständigem Trance befand, ohne Pause oder Stockung diktirt wurden, und zwar so schnell, als ich sie stenographiren konnte, und von mir wörtlich auf den folgenden Seiten wiedergegeben sind", — wie der „Berichterstatter" Mr. *A. T. T. P.* bezeugt.

Wenn man hiergegen einwenden wollte, dass diese Fälle nicht genügende Beweise liefern, und sie durchaus nicht die Möglichkeit einer vorbereitenden Thätigkeit oder einer geschickten Fälschung ausschliessen, so haben wir noch andere Fälle, bei denen die Communikationen den Werth haben, auf der Stelle, unvorbereitet, als Antworten auf unerwartete Fragen erhalten worden zu sein: — Mr. *T. P. Barkas*, F. G. S. (Mitglied der Geologischen Gesellschaft), zu Newcastle, den ich das Vergnügen habe persönlich zu kennen, ebenso wie das Medium, von dem die Rede sein wird, veröffentlicht im Londoner „Light" 1885 p. 85 ff. eine Reihe von Artikeln unter dem Titel: — „**Impromptu replies on scientific questions through a lady psychic of any limited education**" (Stegreif-Antworten auf wissenschaftliche Fragen durch eine Psychikerin von beschränkter Bildung) —, woselbst wir lesen: —

„Im Jahre 1875 wurde ich eingeladen, einer Reihe von Séancen beizuwohnen, welche in der bescheidenen Wohnung einer jungen verheiratheten Frau, einem nichtprofessionellen Medium, in Newcastle-on-Tyne abgehalten wurden... Das Grundproblem ist dieses: eine verhältnissmässig ungebildete Frau antwortete auf kritisch wissenschaftliche und andere Fragen durch 37 Abende, drei Stunden an jedem, auf eine solche Weise, wie wahrscheinlich kein anderer Mensch, sei es Mann oder Frau, in England zu thun im Stande wäre... Ich kann auch bemerken, dass vollständige Details über die Art, in welcher diese Séancen geleitet wurden, über die Autobiographie des Mediums, über typische Fragen und Antworten u. s. w. in der ‚Psychological Review', Vol. I, p. 215, October 1878 zu finden sind. — Es ist nöthig, in Gedanken zu behalten, dass das Medium eine nur mässig gebildete Frau war, dass sie in Gegenwart kritischer Beobachter ihre Sitzungen hielt, dass die Fragen niedergeschrieben und laut vorgelesen wurden in dem Augenblick, wo man sie stellte, dass die Antworten darauf in demselben Schreibhefte rasch und im Stegreif schriftlich ertheilt wurden, ohne irgend welche Gelegenheit für Erkundigung, Durchsicht oder Correktur, dass die Fragen über viele wissenschaftliche und andere Gegenstände handelten, mit denen Frauen gewöhnlich gar nicht vertraut sind, dass unsere mediumistische Frau ihre gänzliche Unbekanntheit mit den Gegenständen versicherte und behauptete, ihre Hand schriebe sie automatisch nieder, ohne dass sie selbst um die Richtigkeit oder Unrichtigkeit der Antworten wisse, und dass diejenigen Leute, welche sie am besten kannten, erklärten, sie hätte keinen Geschmack an wissenschaftlichen Studien, keinen Zugang zu wissenschaftlichen Büchern und, so weit sie es wüssten, der Wissenschaft keinerlei Beachtung geschenkt..." (p. 85.)

Ich will hier noch besonders hinzufügen, dass die Antworten vom Medium in normalem Zustande und bei Dunkelheit geschrieben wurden. Ich wähle nur einige Beispiele von Fragen und Antworten aus: —

„Frage: — Wie wird die Ton-Empfindung dem Bewusstsein zugeführt?

„Antwort: — Das ist ein viel umstrittener Gegenstand. Selbstverständlich werdet ihr wissen, dass der Ton gleich dem Lichte und der Wärme Bewegung ist und von in Bewegung gesetzten Lufttheilchen verursacht wird; was ihr die Schwingungsweite nennt, sind bewegte Theilchen in rückwärts und vorwärts schwingenden Bewegungen, welche eine sich ausbreitende Tonwelle erzeugen, die an die in enger Berührung mit dem Trommelfell stehende Ohrmuschel schlägt, den Gehörnerven in Vibration versetzt und auf diese Weise die Empfindung des Tones zum Gehirn leitet.

„Frage: — Warum heben zwei ähnliche Töne einander auf und zwei einander unähnliche nicht?

Antwort: — Weil die sich begegnenden Tonwellen einander in ihrem gegenseitigen Fortschritt aufhalten. Nehmt zwei tönende Stimmgabeln in beide Hände, schlagt sie beide mit gleicher Kraft an und berührt damit die Tischecken, die auf diese Weise sich begegnenden Tonwellen werdet ihr mit ihren Kämmen einander auffangen sehen. Solche Experimente sind des Versuches werth." (Daselbst p. 86.)

„Frage: — Welches ist der Unterschied zwischen

dem Klange einer achtfüssigen offenen Orgelpfeife und einer vierfüssigen geschlossenen Pfeife?

„Antwort: — Bei offenen Pfeifen ist der erste Schwingungsknoten im Mittelpunkte der Pfeife zu finden; der erste harmonische Oberton wird sodann bei $^1|_2$ zwischen dem ersten Schwingungsknoten und dem Mundstück, die andern werden bei $^1|_4$, $^1|_6$, $^1|_8$, $^1|_{10}$ zu finden sein. Bei geschlossenen Pfeifen bildet das Ende den dem ersten im Centrum der offenen entsprechenden Schwingungsknoten; die zurückgeworfene Tonwelle bildet den ersten Knoten in der Entfernung von $^1|_3$ vom Ende, und die übrigen folgen bei $^1|_5$, $^1|_7$, $^1|_9$, u. s. w." („Light" v. 14. März 1885 p. 128.)

„Unter den bei der Séance (vom 30. August 1875) anwesenden Herren befand sich ein gelehrter Musikprofessor, den ich zu dem Zwecke mit mir nahm, musikalische Fragen zu stellen, auf welche eine Person mit einer nur gewöhnlichen Kenntniss von Musik in keiner beachtungswerthen Weise würde haben antworten können ohne specielle Vorbereitung. Die Fragen wurden in der Ordnung, in welcher sie folgen, von dem Musikprofessor gestellt, von mir in das Schreibheft eingeschrieben und laut vorgelesen, und ganz rasch durch Schreiben mit der Hand des weiblichen Mediums beantwortet. Folgendes ist eine wörtliche Abschrift der Fragen und Antworten in der gegebenen Reihenfolge. Ob sie richtig oder falsch sind, bin ich selbst nicht im Stande, zu sagen, aber sie sind gewiss entsprechende Antworten auf schwierige Fragen und könnten wahrscheinlich unter ähnlichen Umständen nicht von einem einzigen Musiker unter fünf Tausenden so gut ertheilt werden. Ich bin bis jetzt noch keinem Musiker begegnet, welcher sie so gut in unvorbereiteter Weise beantworten könnte, und sehr wenigen, welche sie völlig zu verstehen erklären, wie sie jetzt beantwortet sind." — Hier folgen wieder einige Beispiele: —

„Frage: — Willst du mir gefälligst sagen, wie sich das Verhältniss stellt zwischen specifischen Schlägen (ich war des Wortes nicht ganz sicher, aber ich fasste es als 'Schläge' [beats] auf und schrieb es so nieder) der Luft betreffs ihres constanten Volumens und des constanten Druckes, welcher berechnet werden kann aus der beobachteten Geschwindigkeit des Tones und der nach Sir *Isaac Newton's* Formel berechneten Geschwindigkeit?

„Antwort: — Das Verhältniss kann nur auf diese Weise berechnet werden. Angenommen, zwei Saiten werden angeschlagen oder zwei Gabeln werden zu gleicher Zeit angestimmt; wenn die Stärke des Tones dieselbe oder beinahe dieselbe ist, so werden die Schläge in folgender Weise stattfinden: — Angenommen, eine Pulsation schwingt im Verhältniss von 228 in der Sekunde und die andere mit 220, so werden die Schläge das Ohr im Verhältniss von $228-220=8$ per Sekunde treffen; dies wird euch 8 Schläge in der Sekunde liefern und ist das äusserste, was dem Ohre zugeführt werden kann..."

„Frage: — Willst du uns eine Erklärung der Ursache von Schlägen unvollkommener Consonanzen geben?

„Antwort: — Diese Frage gehört eigentlich in die Akustik. Ein Schlag oder eine Pulsation wird verursacht durch eine Tonwelle, und viele Töne erzeugen viele Wellen. Die Töne, welche von einem Theile eines Zimmers ausgehen, erfüllen die Luft in ihrer Nachbarschaft, und die Wellen wirken störend auf einander, indem sie auf diese Weise unvollkommene Schläge oder unvollkommene Pulsationen erzeugen und das Ohr nicht in gleichzeitigen Schwingungen erreichen." . . („Light", April 18, 1885, p. 189.)

„Frage: — Willst du dich gefälligst auf eine populäre Beschreibung des menschlichen Auges beschränken, wenn du mit *Helmholtz's* Theorien nicht bekannt bist?

„Antwort: — Ich weiss weder etwas von dem Herrn, noch von seinen Theorien, noch von seinen Werken. Das menschliche Auge ist convex, vor dasselbe ist die kugelförmige Hornhaut gesetzt. Es ist in drei oder, wie nicht allgemein bekannt ist, vier Häute eingeschlossen, in die Hornhaut, die Aderhaut und die Netzhaut, welche keine wirkliche Haut, sondern bloss eine Ausbreitung des Sehnerven ist. An der äusseren Seite der Hornhaut befindet sich eine Haut, welche die Hornhaut selbst bedeckt, und welche in der Medizin bekannt ist als 'adnata' oder 'conjunctiva', die Bindehaut. Die Aderhaut liegt innerhalb der Hornhaut und ist von einer dunkelbraunen Farbe, welche man unter dem Namen 'schwarzes Pigment' kennt, um alle unnöthigen Lichtwellen aufzusaugen. Zuerst wollen wir die Hornhaut vornehmen, oder das Fenster des Auges, eine blättrige, durchscheinende, talkähnliche Substanz, innerhalb welcher die Glas-Flüssigkeit in einer Hülle eingeschlossen ist; hinter dieser liegt die Iris oder Regenbogenhaut, welche als Scheidewand wirkt, indem sie alle äusseren Strahlen, welche sonst in die Pupille eindringen würden, abhält. Die Krystall-Linse ist eine convexe Linse, oder vielmehr eine doppelt convexe Linse, etwas erhabener gebogen auf der Seite, welche in der Glas-Flüssigkeit liegt, die die grosse Höhlung des Auges ausfüllt, die Lichtstrahlen sammelt, welche in die Pupille eindringen und dort in einen Brennpunkt gesammelt auf der Netzhaut photographirt werden, die, von den in das Auge eindringenden, nicht von den das Object reflectirenden, Lichtstrahlen in Bewegung gesetzt, als ein Reiz auf den optischen Nerven wirkt, der eine Gefühlsempfindung auf das Gehirn überträgt. Das Auge selbst sieht ebenso wenig als ein vom Optiker hergestelltes Instrument; es reflectirt und photographirt nur die Objecte. Ich bin nicht gewiss, ob dieses eine ganz deutliche Erklärung ist. Ich kann eure Fragen über die Structur dieses Organs besser beantworten." ... („Light", April 25, 1885, p. 202.) —

In einer Vorlesung, welche Mr. *Barkas* über diesen Gegenstand hielt, und die in „The Spiritualist" 1876 wiedergegeben wurde, finden wir einige Schluss-Bemerkungen, wo er unter Anderem sagt: —

„Die Fragen und Antworten, welche ich an diesem Abend Ihnen vorgelegt habe, sind nur ein Bruchstück von denen, welche ich als Fragen gestellt und durch die controlirenden Geister dieses Mediums beantwortet erhalten habe. Es wird vom oberflächlichsten Zuhörer bemerkt werden, dass die Antworten auf diese Fragen sämmtlich das Produkt eines Geistes oder von Geistern gewesen sind, welche mit den herbeigezogenen zahlreichen und schwierigen Gegenständen innigst vertraut waren.

„Die Antworten sind nicht blosse dreiste allgemeine Erwiederungen auf gewöhnliche Fragen, sondern sie decken die Fragen vollständig und erstrecken sich weit über sie hinaus, eine vertraute Bekanntschaft mit all den Gegenständen verrathend, welche in Betracht gezogen wurden.

„Ich habe nicht nur Antworten auf Fragen in verschiedenen Gebieten der Wissenschaft durch die Vermittelung dieses Mediums erhalten, sondern ich habe auch durch ihre Hand sorgsam ausgearbeitete und tüchtige Essays über Wärme, Licht, Pflanzen-Physiologie, Elektrizität, Magnetismus, menschliche Anatomie u. s. w. bekommen, von denen keiner als sorgfältig präparirter Aufsatz eines ausgebildeten Studenten dieser Wissenschaft einem solchen zur Unehre gereicht haben würde; und doch wurden alle von ihnen ohne Halt und Stocken auf den Antrieb des Augenblicks und anscheinend ohne Vorbereitung irgend welcher Art niedergeschrieben. Ich kann constatiren, dass während der ganzen Séancen das weibliche Medium allem Anschein nach in seinem normalen Zustande sich befand. Die Frau befand sich nicht im Trance oder in einem abnormalen Zustande irgend welcher Art. Sie unterhielt sich mit uns und antwortete auf zufällige Fragen in gewöhnlicher Art; die einzige, über ihr Wesen ausgeübte Controle bestand darin, dass ihre Hand automatisch Antworten schrieb, wie ich solche Ihnen vorgelegt habe.

„Die Thatsachen, für welche ich gegenwärtig bürge, bestehen darin, dass die Fragen zum grössten Theile von mir selbst entworfen und gestellt wurden, dass dem Medium kein vorhergehender Wink ertheilt wurde in Betreff des Charakters der zu stellenden Fragen, dass Niemand ausser mir wusste, was für Fragen gestellt werden sollten, dass viele Fragen im Drange des Augenblicks ohne Vorbereitung irgend welcher Art gestellt wurden, dass die Antworten sichtbar und sogleich vor uns durch die Hand des Mediums geschrieben wurden, dass es für die Frau ganz unmöglich war, durch irgend welche bekannte natürliche Mittel angeregt und hingeleitet zu werden zu den durch die gestellten Fragen erforderlichen Antworten, und dass das Medium ganz unbezahlt geblieben ist für seine geleisteten Dienste, da es sie niemals angeboten, und niemals wirklich einen einzigen Penny Belohnung erhalten hat für die Hunderte von Stunden, die es so selbstverleugnend widmete, um die Forscher in Stand zu setzen, die wunderbaren Phänomene zu prüfen, welche durch seine Mediumschaft zu Tage traten." („The Spiritualist" 1876, II, p. 190.) —

Die „Society for Psychical Research" (Gesellschaft für psychische Forschungen in London), deren Beachtung dieser Fall vorgelegt wurde, fand ihn werthlos Angesichts „der handgreiflichen Schnitzer, welche diese Antworten enthalten." Irrthümer sind immer möglich, und Mr. *Barkas* hat diese Antworten nicht etwa als Beispiele wissenschaftlicher Unfehlbarkeit hingestellt. Der Hauptpunkt liegt nicht darin. Wenn wir auch zugeben, dass selbst die Hälfte der Antworten Irrthümer enthalte, (die im Journale der Gesellschaft im Jahre 1885 veröffentlichte Kritik hat deren nicht über ein Dutzend hinaus nachgewiesen,) so bleibt doch noch der Ursprung der übrigen zu erklären.

Nach dieser Kritik liesse sich das Ganze erklären durch „ein sehr gutes Wortgedächtniss," durch „Lesen einer veralteten Abhandlung über Akustik" und irgend eines „modernen populären Text-Buches." — Also von Neuem die billige Erklärung durch Betrug, ohne die sonderbare Wahl „einer veralteten Abhandlung" zu begründen? Um vielleicht der Individualität des controlirenden Geistes mehr Farbe zu geben? Aber dann würde ein unkluges Wort vom „modernen Text-Buche" die Quelle haben verrathen können! (Der angebliche Verfasser dieser Antworten soll vor ungefähr 30 Jahren aus diesem Leben geschieden sein.)

Doch nach Herrn *von Hartmann* muss man in den mysteriösen Vorgängen des „Gehirn-Lesens" die Quelle suchen; dieser Einwurf ist gewiss ernsthafter, und Angesichts desselben habe ich mich an Mr. *Barkas* mit mehreren Fragen gewendet, welche den Zweck verfolgten, die Anwendbarkeit dieser Hypothese zu erläutern. Folgendes ist die Antwort des Mr. *Barkas:* —

„Newcastle-on-Tyne, den 8. Februar 1888.

„Hochgeehrter Herr!

„ . . . Sie fragen mich an erster Stelle: in wie weit ich selbst genau dieselben Antworten gegeben haben könnte auf die von mir aufgeworfenen Fragen über Physik; zweitens, in wie weit die vom Medium ertheilten Antworten nicht Gehirn-Lesen waren. Ich kann mit Bezug auf die durch das in Rede stehende Medium über Physik erhaltenen Antworten sagen, dass ich viele von ihnen hätte beantworten können, aber nicht so gut, als sie vom Medium beantwortet wurden, und in vielen Fällen nicht in derselben Ausdrucksweise, da die durch jene Frau gegebenen Antworten mehr technisch und präciser waren, als ich sie möglicherweise zur Zeit hätte geben können. Ich verweise ganz besonders auf die zu Fragen über das Gehirn und Nerven-System, die Blutcirkulation, die Structur und Functionen des Auges und Ohres ertheilten Antworten, und im Allgemeinen waren dieselben weit vorzüglicher als die, welche ich damals hätte geben können, und auch als die, welche ich — nach einem Zeitraum von 12 Jahren — jetzt ohne spezielle und sorgfältige Vorbereitung geben könnte.

„Ich habe ungefähr $^3/_4$ der Fragen durchgesehen, ehe sie gestellt wurden, und selbst diese hätte ich nicht so correct und elegant beantworten können, als es das Medium that. Ausdrücke wurden bei Beantwortung meiner Fragen gebraucht, die ich sicher nicht angewendet haben würde, weil ich mit ihnen unbekannt war; und manche Worte wurden gebraucht, von denen ich zuvor nichts gehört hatte, so z. B. 'adnata' für die Bindehaut, und ich habe hierorts nur einen Mediziner getroffen, welcher diese Bezeichnung kannte.

„Ich empfinde die Schwierigkeit, Ihnen vollkommen befriedigende Antworten auf Ihre Fragen zu ertheilen, da soviel dabei abhängen muss von meiner eigenen Aufrichtigkeit, Kenntniss und persönlichen Bewusstheit von dem, was ich zur Zeit der gestellten Fragen darüber wusste oder nicht wusste; aber ich kann nachdrücklich betonen, dass ich viele von den durch mich selbst über Physik gestellten und

Jedermann sonst unbekannten Fragen damals wohl nicht so gut hätte beantworten können, und manche hätte ich überhaupt gar nicht zu beantworten vermocht.

„In Betreff der Fragen über Musik ist es ganz richtig, dass ich sie nicht hätte beantworten können. Es fanden drei musikalische Séancen statt, deren letzteren zwei der Musikprofessor beiwohnte.

„Bei der ersten musikalischen Séance stellte ich alle die Fragen, die ich mir einen Tag oder zwei vorher von einem in Musik bewanderten Freunde verschafft hatte. Ich ersuchte ihn darum und erhielt von meinem Freunde Fragen über Musik, enthielt mich aber sorgfältig jedes Versuches, sie verstehen zu wollen Diese Fragen richtete ich an das Medium, und ihre Hand schrieb augenblicklich ohne Verzug und Stockung die darauf veröffentlichten, wie die übrigen Antworten. Es war kein Musiker zugegen, und das Medium hatte nur eine höchst elementare Musik-Kenntniss. (Und Mr. *Barkas* hat, wie er selbst an einer anderen Stelle [in „The Medium" 1887, p. 644] erklärt, „gar keine Kenntniss von Musik." — *A A.*)

„Bei den zwei andern musikalischen Séancen wurde der grössere Theil der kritischen Fragen von dem Musikprofessor und der Ueberrest von mir gestellt, und zwar letztere als Fragen, die ich von anderen musikalischen Freunden erhalten hatte. Einige von den auf die vom Musikprofessor gestellten Fragen erhaltenen Antworten waren, wie ich glaube, nicht in Uebereinstimmung mit seinen eigenen Ansichten, und von den auf die übrigen Fragen erhaltenen Antworten wusste ich zur Zeit nicht, ob sie richtig oder falsch waren.

„Ich würde erfreut sein, von einem einzigen wohl beglaubigten Falle zu vernehmen, in welchem ein ungebildeter, nicht mesmerisirter Sensitiver in correcter Schrift und in wissenschaftlicher Phraseologie auf kritische, musikalische und wissenschaftliche Fragen, durch Gedankenlesen oder Willensübertragung von Seiten eines lebenden Wissenschafters oder Musikers, Bescheid ertheilt hätte.

„Ich würde wünschen, dass Herr *von Hartmann* dieses

Experiment anstellte, indem er meine Fragen irgend einem seiner mesmerischen oder nicht-mesmerisirten Sensitiven vorlegte. Um ferner das Experiment ehrlich und gleichmässig anzustellen, müssten nicht bloss die Gedanken seines Geistes, sondern auch die Gedanken von nicht in mesmerischem Rapport mit dem Sensitiven stehenden Fremden wörtlich gelesen werden.

"Sie fragen mich, was das für Fragen waren, die weder ich, noch irgend Jemand im Zimmer hätte beantworten können? Bei der ersten musikalischen Séance hätte kein im Zimmer Anwesender die Fragen verständlich beantworten können. Kein Einziger im Zimmer hätte die chemischen Fragen, oder die Fragen über Anatomie, über das Ohr, das Auge, die Blutcirkulation, das Gehirn, die Structur des Nerven-Systems, und mancherlei Fragen über allgemeine Physik beantworten können; mit Ausnahme des Mr. *Belt*, welcher etwas von praktischer Chemie verstand, aber wenig Gabe, sich auszudrücken, besass, und meiner Person, die eine allgemeine Kenntniss von Physik besass, waren alle übrigen Anwesenden gewöhnliche Leute ohne Kenntniss von irgend einem dieser Gegenstände.

"Ich verharre, geehrtester Herr, als
 "Ihr
  "aufrichtig ergebener
   "*P. T. Barkas.*" —

Hier folge noch ein anderer Fall, welcher alle Einwürfe zu widerlegen scheint; er wurde dem Londoner "Light" (1884, p. 499) durch den General-Major *A. W. Drayson* (vergl. S. 503 der 1. Ausgabe dieses Bandes) unter dem Titel: — "The Solution of Scientific Problems by Spirits" (Die Lösung wissenschaftlicher Probleme durch Geister) — mitgetheilt, und ich lege ihn hier in vollständiger Uebersetzung vor: —

"Geehrter Herr! — Mit Bezug auf Mr. *George Stock*'s Frage, 'ob ich einen Fall anzuführen vermag von einer durch einen Geist, oder was sich für einen solchen erklärt, sofort gegebenen Lösung irgend eines wissenschaftlichen Problems, welches die Gelehrten Europas während hundert

Jahren in Verwirrung gesetzt hat', gebe ich mir die Ehre, Ihnen folgenden Bericht aus meiner persönlichen Erfahrung mitzutheilen.

„Im Jahre 1781 entdeckte Sir *William Herschel* den Planeten Uranus und die diesen Planeten begleitenden Satelliten. Diejenigen Satelliten, welche er beobachtete, bewegten sich in einer der Analogie der übrigen Satelliten im Sonnen-Systeme entgegengesetzten Weise, da sie von Ost nach West, anstatt von West nach Ost umliefen. Sir *J. F. Herschel* erklärt dies in seinen „Outlines of Astronomy" (Umrissen der Astronomie) folgendermaassen: — 'Die Umlaufsbahnen dieser Satelliten zeigen ganz unerwartete und beispiellose Eigenthümlichkeiten im Gegensatze zu der ununterbrochenen Uebereinstimmung mit dem ganzen Planeten-Systeme, sei es der Haupt- oder der Nebenkörper. Die Ebenen ihrer Kreisbahnen stehen nahezu senkrecht auf der Ekliptik, da sie nicht weniger als 78° 58' zu dieser Ebene geneigt sind, und in diesen Umlaufsbahnen verlaufen ihre Bewegungen r e t r o g r a d, d. h., ihre auf die Ekliptik bezogenen Positionen bewegen sich, anstatt v o n W e s t n a c h O s t rings um das Centrum ihres Hauptkörpers zu rollen, in der entgegengesetzten Richtung.

„Als Herr *La Place*, der französische Mathematiker, die Theorie erfand, dass die Sonne und sämmtliche Planeten aus sich zusammenziehender Nebel-Materie gebildet worden seien, waren ihm die Bewegungen dieser Satelliten ein Räthsel.

„Admiral *Smyth* behauptet in dem 'Celestial Cycle' (Himmlischen Kreislauf) zum Erstaunen aller Astronomen, die Bewegung dieser Satelliten sei retrograd oder gegen die Bewegungsrichtung aller bisher beobachteten Körper.

„In der ‚Gallery of Nature' wird bemerkt, dass die Satelliten des Uranus ihn von Ost nach West umkreisen. Sonderbare Anomalien — Ausnahmen zu den allgemeinen Gesetzen des Systems!

„In jedem vor dem Jahre 1860 veröffentlichten Handbuche über Astronomie wurden dieselben Behauptungen aufgestellt in Betreff der von Ost nach West sich bewegenden Satelliten des Uranus.

„Ich hatte für diese Eigenthümlichkeit keine Erklärung zu bieten; sie war für mich ein eben solches Geheimniss, wie für diejenigen Schriftsteller, deren Worte ich citirt habe.

„Während des Jahres 1858 weilte eine junge Dame, ein Medium, in meinem Hause, und jeden Abend pflegten Manifestationen stattzufinden. Eines Abends erzählte mir diese Dame, dass sie einen Geist in meiner Nähe sehe, welcher ihr sage, dass er auf Erden ein Astronom gewesen sei.

„Ich fragte, ob er jetzt mehr wisse als zur Zeit, da er noch auf Erden weilte.

„Sie antwortete: — 'Viel mehr!'

„Mit der Absicht, eine Frage zu stellen, welche wenigstens das Wissen dieses vermeintlichen Geistes prüfen würde, sagte ich: — 'Kann er mir sagen, weshalb die Satelliten des Uranus sich von Ost nach West, anstatt von West nach Ost bewegen?'

„Die Antwort wurde sofort ertheilt und lautete folgendermaassen: —

„'Die Satelliten des Uranus bewegen sich nicht von Ost nach West rings um den Uranus; sie bewegen sich von West nach Ost rings um diesen Planeten, genau so wie der Mond sich von West nach Ost rings um die Erde bewegt. Der Irrthum entstand daraus, weil der Süd-Pol des Uranus gegen die Erde gekehrt war, als er zuerst entdeckt wurde, und genau so wie die Sonne, wenn sie von der südlichen Hemisphäre aus gesehen wird, ihren täglichen Lauf von der Rechten zur Linken, und nicht von der Linken zur Rechten, zu machen scheint, so bewegten sich die Satelliten des Uranus von der Linken zur Rechten, aber das war nicht von Osten nach Westen.' — Nach einer anderen von mir gestellten Frage wurde folgende Botschaft hinzugefügt: — 'So lange als der Süd-Pol des Uranus gegen die Erde gerichtet war, schienen die Satelliten für einen irdischen Beobachter sich von Links nach Rechts zu bewegen und wurden irriger Weise als von Ost nach West sich drehend erklärt, und dieser Zustand dürfte ungefähr 42 Jahre lang dauern. Wenn der

Nord-Pol des Uranus zur Erde gekehrt ist, dann werden die Satelliten von der Rechten zur Linken oder, wie man auch sagen kann, von West nach Ost sich bewegen.'

„Ich frug hierauf, wie es kam, dass der Irrthum nicht, nachdem Sir *W. Herschel* den Planeten zuerst gesehen hatte, 42 Jahre später entdeckt worden war?

„Die Antwort lautete: — ‚Weil die Menschen in der Regel bloss nachschreiben, was frühere Autoritäten geschrieben haben, und nicht unabhängig denken, da sie durch den Einfluss von Autoritäten geblendet sind.'

„Mit dieser Belehrung als Leitfaden arbeitete ich das Problem geometrisch aus und fand, dass die Erklärung richtig und die Lösung höchst einfach war. Im Jahre 1859 arbeitete ich daher eine Abhandlung über diesen Gegenstand aus, welche in der 'Royal Artillery Institution' gedruckt wurde.

„Seit dieser Zeit veröffentlichte ich im Jahre 1862 in einem kleinen astronomischen Buche, betitelt: — 'Common Sights in the Heavens' (Allgemeine Blicke in die Himmelstiefen), — dieselbe Erklärung dieses vermeintlichen Geheimnisses; aber der bannende Einfluss der 'Autorität' ist so stark, dass erst jetzt astronomische Schriftsteller zu constatiren beginnen, das Geheimniss der Satelliten des Uranus sei wahrscheinlich der Axenstellung dieses Planeten zuzuschreiben.

„Im Frühjahre 1859 hatte ich abermals Gelegenheit, durch dasselbe Medium mit dem, der sich für denselben Geist erklärte, zu verkehren, und ich fragte, ob ich noch über eine andere, in der Astronomie bisher nicht bekannte Thatsache belehrt werden könnte. Zu dieser Zeit befand ich mich im Besitz eines Teleskops mit einem vierzölligen Objectiv-Glase und von 5 Fuss Brennpunkt-Weite. Ich wurde belehrt, dass der Planet Mars zwei Satelliten hätte, die bis jetzt noch kein Mensch gesehen habe, und dass ich sie unter günstigen Bedingungen entdecken könnte. Ich ergriff die erste Gelegenheit, nach ihnen zu forschen, verfehlte aber, sie zu finden. Ich erzählte drei oder vier von meinen Freunden, welche mit mir sogenannte spirituelle Phänomene erforscht hatten, von dieser Mittheilung, und wir beschlossen, darüber Stillschweigen zu bewahren, da wir keinen Beweis für ihre Richtigkeit hatten und bloss ausgelacht werden würden, wenn wir so etwas ohne Beweis behaupten wollten. Als ich in Indien war, erwähnte ich diese Mittheilung gegenüber Mr. *Sinnett*, aber zu welcher Zeit, kann ich mich nicht mehr erinnern. Achtzehn Jahre nachher, dass mir gesagt worden war, diese Satelliten existirten, wurden sie, nämlich im Jahre 1877, von einem Astronomen in Washington entdeckt.

„Dies sind zwei unter anderen Thatsachen, welche mich bei meiner Lectüre veranlasst haben, über die von Mr. *Stock* zuerst gestellte Frage diese Anmerkung zu machen.

„*A. W. Drayson.*" —

5) **Mediumismus von Säuglingen und kleinen Kindern.** —

Herr *von Hartmann* sagt uns: — „Nur ein Medium, **das schreiben gelernt hat**, wird unwillkürliche oder fernwirkende Schrift produciren können" (S. 49). Es ist in die Augen springend, dass Säuglinge noch nicht schreiben können, und dass, wenn das Gegentheil festgestellt wird, dieses als zwingender Beweiss dienen muss, dass wir es in diesem Falle mit einer intelligenten Thätigkeit zu thun haben, welche über und ausser dem Organismus des Kindes steht. Wir finden in den Annalen des Spiritismus mehrere Thatsachen dieser Art. Es ist nur zu bedauern, dass man ihnen nicht die ganze Wichtigkeit beigelegt hat, die sie vom Gesichtspunkte der Theorie aus darbieten, und dass zu diesem Zweck nicht gut angeordnete, genau verfolgte Experimente angestellt worden sind. Wir haben leider nur gelegentliche Beobachtungen, flüchtige Bemerkungen zu sammeln; aber alle, so kurz sie auch sind, gewähren ein hervorragendes Interesse. Der erste Fall dieser Art, den ich antreffe, befindet sich in dem Werke von *Capron*: — „**Modern Spiritualism**" — p. 210 und bezieht sich auf das Jahr 1850.

„Wir haben niemals Antworten in unserem **Familien-Cirkel** erbeten, die wir nicht erhalten hätten. Sie kommen gewöhnlich durch Mrs. *Margaretta S. Cooper;*

aber wir erhielten auch Antworten durch unsere zweite Tochter, *Sarah Mercena*, und auch durch unser Enkelkind, Mrs. *Cooper's* Kind, das erst zwei Monate alt war. Wenn ich (der unseren Lesern aus seinen Artikeln in „Psych Stud." Jahrg. 1883 S. 1, 56 ff. bekannte Mr. *La Roy Sunderland*, damals zu Boston, berichtet dies — *A*.) das Kind in meine Arme nahm, während sonst Niemand in der Nähe sich befand, haben wir Antworten durch dasselbe erhalten, von denen uns die Geister selbst versicherten, dass sie durch dieses Medium gegeben wurden." —

Es ist nur schade, dass die Details nicht hinreichend sind, um den Werth der erhaltenen Antworten zu beurtheilen.

Unter den Fällen dieser Art, welche sich auf diese Epoche beziehen, kann ich den folgenden citiren, welchen ich dem Werke der Mrs. *Hardinge-Britten* „Modern American Spiritualism" entlehne, woselbst wir lesen: —

„Nachdem ich in Erfahrung gebracht, dass 'Geisterklopfen' in erstaunlichster Vorzüglichkeit in der Person einer kleinen Tochter der Mrs. *Anson Attwood* zu Troy zu finden sein sollte, und dass die edelmüthigen Eltern des Kindes ihr Haus Forschern unentgeltlich geöffnet hielten, verschritt die Gesellschaft, an ihrer Spitze General *Bullard*, zur Erfüllung ihrer Mission, indem sie dem in Rede stehenden Hause einen Besuch abstattete.

„Sie wurde von Mrs. *Attwood* frei zugelassen, welche sie sogar ohne die Formalität, um ihre Namen zu fragen, zu ihrem kleinen Töchterchen einführte, das sich zur Zeit mit für ihr Alter passendem Spielzeuge belustigte.

„Diese gänzliche Sorglosigkeit sammt dem kindlichen Aussehen und Spiele der jungen Priesterin brachte die würdige obrigkeitliche Gesellschaft, welche mit der Absicht gekommen war, wohlangelegte Betrugspläne zu entdecken, oder die gottlosen Kniffe satanischer Kraft blosszustellen, aber doch nicht, um mit Kindern Puppen zu spielen, oder von Kindern und Säuglingen Methaphysik zu lernen, einigermaassen in Verwirrung.

„Das kleine Medium war 'nicht bei Laune', wie die Mutter sagte, und nachdem es durch 'unaufhörliches Cirkelsitzen' bis zu übler Stimmung und Ungeduld gequält worden war, war es nur durch eine reichliche Spendung von Zuckerzeug zu gewinnen, unter dessen Anreiz es 'für die Herren eine Sitzung zu halten' einwilligte. Bei dieser Krisis war nicht einer von der Gesellschaft, der nicht gern von einer Scene zurückgetreten sein würde, bei der sie ihre Würde als 'feinfühlige Männer und Magistratspersonen' schon durch die einleitenden Schritte ihrer Mission aufs lächerlichste compromittirten...

„Auf einem hohen Stuhl sitzend, mit seinen kleinen Füsschen auf einem Fussbrett ruhend, ass das Medium ganz unbewusst seine Süssigkeiten weg, während die Geister es emporhoben und es mit der Leichtigkeit einer vom Winde geblasenen Feder von Ort zu Ort bewegten.

„Inzwischen schaukelte und rollte der schwere Tisch, um den sich die Gesellschaft vereinigt hatte, gleich einem Schiffe auf der See; die Stühle der Herren wurden sammt ihren Besitzern leibhaftig gerückt, während aus verschiedenen Theilen des Zimmers laut hervortönende Klopflaute, Namen, Daten und Botschaften hervorklopften, welche mit zahlreichen verstorbenen Freunden der erstaunten Zeugen identisch waren. Das in diesen mysteriösen Kräften verborgene, wunderbare und geheime Wissen und die in Auswahl und charakteristischen Phrasen hervorbuchstabirte, übernatürliche Menge von Intelligenz drückte dieser Phase der Geister-Telegraphie gar bald den Werthstempel einer erstaunlichen Offenbarung aus den bisher geheimnissvollen Gefilden der Unsterblichkeit auf...

„Diese tief interessante Séance wurde eine ganz ungewöhnlich lange, und gerade als sie endigen sollte, drückte ein Geist, der sich mit einem verstorbenen Bruder des General *Bullard* für identisch erklärte, das Verlangen aus, sich mitzutheilen. Bis zu dieser Zeit hatten die 'Detectives' ganz vergessen, dass der Zweck 'ihres Besuches der war, die Manifestationen zu entlarven und weit eher ihren geistigen Ursprung zu widerlegen, als ihre eigenen Ueberzeugungen in entgegengesetzter Richtung gehen zu lassen. Von einem plötzlichen Gefühl seiner Pflicht berührt und mit einer Art von Gewissensbissen für seinen Vertrauensbruch bei dem Vorhergegangenen, beschloss der General, eine letzte Anstrengung zu machen, um das Ganze als eine Täuschung zu erweisen.

„Seine Vernunft war stark dafür, dass der sich mittheilende Geist mit dem seines Bruders sich identificire; aber bevor er seinem Urtheile gestatten wollte, sich zu Gunsten seiner Vernunft zu erklären, gestaltete er in Gedanken folgenden Satz: —

„'Wenn dies thatsächlich der Geist meines Bruders ist, so möge er dieses Kind auf seinem Stuhle auf mich zu bewegen.'

„General *Bullard* sass an der dem Medium entgegengesetzten Seite des Tisches, und da derselbe sehr gross war, so war zwischen allen Gesellschaftsmitgliedern Raum für die Fortbewegung eines Stuhles. Sein Wunsch war, dass des Kindes Stuhl ein wenig gegen das Tischende, dem er selbst am nächsten war, gerückt werden möchte; aber ehe er noch den Satz in seinem eigenen Geiste, den er zu gestalten sich bemühte, beendigen konnte, wurden das Kind, der Stuhl und Alles emporgehoben, fortgeführt oder fortbewegt, keiner der Anwesenden konnte erklären, wie, und rings um den Tisch und an der Seite des General *Bullard* leicht niedergesetzt. Die ganze Gesellschaft war so gelähmt von dieser plötzlichen Handlung, das kleine Mädchen war sich selbst so unbewusst einer jeden Kraftanstrengung, welche diese Orts-Veränderung mit Einschluss der Fortbewegung des Stuhles ohne die geringste Störung seiner Haltung für eine Raumweite von mindestens 10 Fuss veranlasste, dass Niemand von ihnen auch nur einen Ausruf thun konnte, bis General *Bullard*, dem allein diese Bewegung besonders bedeutungsvoll war, mit einem unwiderstehlichen Antriebe emporsprang und ausrief: — 'Beim Himmel, es ist Alles wahr!'" (Pag. 77—79.) —

Eine der am besten constatirten und beobachteten

Thatsachen vom Mediumismus der Kinder besitzen wir in dem Kinde der Mrs. *Jencken* (Miss *Kate Fox*), bei dem die ersten Manifestationen sich erzeugten, als es erst zwei Monate alt war. Wir finden darüber die erste Notiz in „The Spiritualist" zu London vom Jahre 1873 p. 425 (man vgl. damit noch p. 455): —

„Am Sonntag, den 16. November 1873, ereigneten sich einige interessante spirituelle Phänomene im Hause des Mr. *H. D. Jencken*, Gerichts-Anwalts (Barrister-at-Law), 53, Brompton-crescent, South Kensington, W. — Mrs. *Jencken (Kate Fox)* hat uns das Nähere freundlichst mitgetheilt: — Mr. und Mrs. *Jencken*, welche nach Blackheath hinausgefahren waren, wurden bei ihrer Rückkehr von der zur Pflege ihres kleinen Knaben bestellten Amme benachrichtigt, dass ganz ausserordentliche Dinge während ihrer Abwesenheit vorgegangen seien. Stimmen wären, sanfte Weisen (notes) über des Kindes Bett summend, vernommen worden; auch Fusstritte hätten sich hören lassen, wie sie quer durch das Zimmer schritten. Die erschreckte Amme rief dann die Hausmagd herbei, um diese geheimnissvollen Vorgänge mit zu überwachen; Beide erklären, dass sie die Stimmen, das Rauschen eines Kleides und die summenden Weisen gehört hätten. Das Zeugniss dieser zwei Dienerinnen ist um so werthvoller, als keine von ihnen von der wunderbaren, mediumistischen Begabung der Mrs. *Jencken* weder etwas wusste, noch bis jetzt weiss.

„Am Morgen desselben Tages nahm Mr. *Jencken* seinen kleinen Knaben in seine Arme, als Mrs. *Jencken* nicht im Wohnzimmer war. Als er das Kind empor gegen das Fenster hielt, den blauäugigen kleinen Burschen mit seinem Grossvater, dem seligen Dr. *Jencken* vergleichend, — dem er ähnlich sein soll, — wurden sanfte Klopflaute vernommen, unverkennbare Beweise für die auf diesen sensitiven kleinen Knaben übertragene mediumistische Kraft-Begabung." . . . (p. 425.)

Eine Woche später theilte Mr. *Jencken* dem „Spiritualist" p. 442 mit: —

„Unser kleiner Knabe fährt fort, sich in seiner

mediumistischen Kraft zu entwickeln. Man denke sich nur, die Amme erzählte, vier bis fünf Geisterhände hätten neulich Abends Striche über seine kleine Gestalt hinweg gemacht. Klopflaute auf seinem Kissen und auf dem eisernen Bettgestell kommen fast jeden Tag vor." (p. 442.) —

Dieser Fall ist besonders interessant vom Gesichtspunkte der *von Hartmann*'schen Theorie aus: — ein unbewusster Magnetiseur von zwei Monaten, welcher seiner Säugamme die Hallucination von Händen einpflanzt, die Striche über ihn machen! . . .

Im Alter von $5\frac{1}{2}$ Monaten begann das Kind zu schreiben. Folgendes finden wir über diesen Gegenstand in „The Spiritualist" von 1874, I. 138: —

„Am vergangenen Sonntag Abend waren wir bei einer Séance in der Privatwohnung des Mr. *H. D. Jencken*, Gerichts-Anwalts in *Goldsmith*'s-buildings (Gebäude), Temple, L o n d o n, E. C., und Mr. *J a m e s W a s o n*, Sachwalter (Solicitor) in *Wason*'s-Buildings, L i v e r p o o l, welcher auch mit anwesend war, beehrte uns mit folgender Nachricht: —

„'Am 6. dieses Monats (März) befand ich mich in Mr. *Jencken*'s Wohnung Nr. 3, Lonsdowne-terrace, East, Westernroad, B r i g h t o n, während Mrs. *Jencken*'s Knabe im Schoosse der Säugamme in der Nähe des Feuers sass. Es war gegen 1 Uhr 30 Minuten Nachmittags, in einem wohl erhellten, nach Süden zu gelegenen Zimmer. Mrs. *Jencken* war auch anwesend.

„'Plötzlich schrie die Amme auf: — ‚Der Kleine hat einen Bleistift in seine Hand bekommen'; aber da sie damals nicht hinzufügte, dass der Bleistift in des Kindes Hand durch eine unsichtbare Wirkungskraft gelegt worden war, schenkte ich der Bemerkung wenig Beachtung. Die Amme rief demnächst wieder aus: ‚Das Kind schreibt!" Hierauf eilte Mrs. *Jencken* herbei und forderte mich auf, zu kommen und zu sehen. Ich blickte sodann über Mrs. *Jencken*'s Schulter und sah den Bleistift in der Hand des Kindes. Es hatte so eben das Schreiben beendet, und da sich Mrs. *Jencken* erinnerte, dass ihr der Arzt gesagt hatte, die Manifestationen benachtheiligten des Kindes Gesundheit, so riss sie in einer sehr erregten Weise den Bleistift aus des Kindes Hand. Die Amme, welche sehr erschrocken war, erklärte, ‚ihre Stellung aufgeben zu müssen'. Mrs. *Jenken* sagte ihr zuerst, dass sie gehen könnte; aber später redete sie ihr diesen Entschluss wieder aus.

„'Die von dem Kinde geschriebene Botschaft lautete: —

„',Ich liebe dieses kleine Kind. Gott segne es. Rathe seinem Vater, am Montag um jeden Preis nach London zurückzukehren. *Susan.*'

„'*Susan* war der Name meiner gestorbenen Ehefrau.' —

„Das Alter des kleinen Knaben des Mr. und der Mrs. *Jencken* an dem Tage, an welchem Obiges geschrieben wurde, betrug 5 Monate 15 Tage. Die Botschaft ist, so wie sie geschrieben wurde, seitdem photographirt worden.

„Mr. *H. D. Jencken* gab uns am verwichenen Sonntag Abend folgende Darstellung: —

„'Die Schreibgabe des kindlichen Mediums scheint fortzudauern. Am 11. März sass ich mit meiner Frau beim Mittagsmahle; die Amme war mit dem Kleinen im Zimmer und sass mir gegenüber. Während sie so da sass, wurde ein Bleistift in die rechte Hand des Kindes gelegt; Mrs. *Jencken* legte hierauf ein Stück Papier auf die Kniee der Amme unter die Hand des Kindes. Des Kleinen Hand schrieb sodann mit grosser Schnelligkeit folgenden Satz nieder: —

„',Ich liebe diesen kleinen Knaben, Gott segne seine Mama.'

„',Ich bin glücklich. *I. B. T.*'

„'Ich sprach hierauf die Erwartung aus, der kleine Knabe möchte eine Ansprache an seine Grossmutter niederschreiben, welche jetzt mehr als 90 Jahre alt ist. Einige Minuten darauf wurde ein Stück Papier von der unsichtbaren Wirkungskraft von einem Seitentische genommen und auf die Kniee der Amme gelegt. Zu gleicher Zeit wurde ein Bleistift in die Hand meines kleinen Knaben gelegt, welcher mit grosser Geschwindigkeit schrieb: —

„‚‚Ich lieben meine Grossmama.'

„'Das Papier und der Bleistift wurden sodann von dem Kniee der Amme hinweggeschleudert, und laute Klopftöne sagten mir, dass die Geister meine Bitte erfüllt hätten.

„'Noch ein anderer Fall von den ungewöhnlichen Gaben dieses mediumistischen Kindes ereignete sich vor einigen Wochen, als ich die Kinderstube betrat, um ein Nachtlicht anzuzünden. Bei meiner Annäherung an das Bett bemerkte ich einen Heiligenschein rings um den Kopf des kleinen Knaben; er hüllte allmählich seinen ganzen Körper ein und warf einen leuchtenden Schein über die untere Seite der Zeltbett-Vorhänge. Klopflaute buchstabirten hervor: — ‚Beachte den Heiligenschein.' — Mrs. *Jencken* befand sich nicht in dem Zimmer, noch auch zur Zeit auf demselben Stockwerk, so dass die Manifestationen nicht durch ihre mediumistische Kraft erzeugt wurden. Die Amme war die einzige andere dabei anwesende Person'." („The Spiritualist" 1874, p. 138 - 9.) —

Eine Uebersicht der Entwickelung des Mediumismus dieses Kindes nebst einer detaillirten Erzählung dieses letzteren Falles ist in den „Psychischen Studien" 1875 S. 158—163, dem „Medium" v. 1884 p. 288 entnommen, bereits veröffentlicht worden. Dieser Fall wurde von Herrn *von Hartmann* unbeachtet gelassen, ja gar nicht einmal erwähnt, vielleicht aus dem Grunde, weil er diese Thatsache erklären würde durch die unbewusste Thätigkeit der Mediumität der anwesenden Mutter. Aber aus dem Ganzen der vorhergehenden Phänomene, welche auf den Seiten 159 — 60 der „Psychischen Studien" wiederholt sind, und die ich zum Theil nach den ersten Quellen wiedergegeben habe, und aus den Fällen welche in Abwesenheit der Mutter vorgekommen sind, und den übrigen, die folgen werden, kann man schliessen, dass die Mediumität des Kindes eine selbstständige war. So lesen wir drei Monate später eine neue Communikation des Mr. *Jencken* (The „Spiritualist" 1874, I, p. 310; conf. „Medium" 1874, p. 408): —

„Die Gabe des Schreibens durch die Vermittelung dieses kleinen Burschen dauert fort. Vor einigen Tagen funkelten spät am Abend seine Augen, und die Ruhelosigkeit seiner Hände gemahnte Mrs. *Jencken*, dass er zu schreiben wünschte. Ein grosser Bogen Papier, der einzige, welcher zur Hand war, wurde dann vor ihn hingelegt. Er schrieb einen langen, langen Satz, welcher den Papierbogen bedeckte. Die Botschaft war von einem privaten Character, sonst würde ich ihren Inhalt mittheilen; sie enthielt jedoch eine Prophezeihung, welche ich, da ich den Bericht aufbewahrt habe, mit der Zeit werde verificiren können.

„Bei einer anderen Gelegenheit schrieb der kindliche Knabe eine kurze Botschaft, dabei einige Figuren, ein Kreuz zeichnend und das Papier mit seinen Anfangs-Buchstaben unterzeichnend, *F. L. J.*

„An demselben Abend war Mrs. *Jencken* nicht zu Hause. Ich nahm mein Kind, um mit ihm zu spielen. Als es wiederholte Versuche machte, meine goldene Kette zu fangen, kamen sanfte Klopflaute, Botschaften wurden hervorbuchstabirt, welche mich an die immer wachsame Gegenwart derjenigen Wesen gemahnten, welche uns unsichtbar, aber immer auf ihren Posten zu umgeben scheinen und auf uns durch eine Kraft wirken, die wir bis jetzt so wenig verstehen.

„Zu Zeiten, sagt mir Mrs. *Jencken*, dass sie stark zu kämpfen habe, um ihr Kind vom Schreiben abzuhalten; aber sein zartes Alter bedürfe der wachsamen Fürsorge einer Mutter, welche eher der das Kind controllirenden Geister-Kraft nicht gehorchen, als seine kindlichen Kräfte in Gefahr bringen wolle.

„Goldsmith-buildings, Temple, (London), E. C.
*„H. D. Jencken.“* —

Was wird Herr *von Hartmann* zu dem folgenden Fall sagen? — „S c h w e b e n (Leicht werden — Levitation) e i n e s k i n d l i c h e n M e d i u m s. In einem am vergangenen Freitag geschriebenen Briefe sagt Mr. *H. D. Jencken:* — 'Man denke nur, in der verwichenen Nacht wurde der kleine *Ferdy* aus seiner Wiege herausgenommen und quer durch das Zimmer in seiner Mutter Arme schwebend getragen, so sanft, dass sogar unsere Ausrufe des Erstaunens ihn nicht erweckten. Dann klopften sie auf dem Daunenkissen hervor: — 'Wir bewegten ihn fort, um den Einfluss zu brechen.'" — („The Spiritualist" vom 13. August 1875 pag. 75.) — Ein Jahr zuvor ward das Kind zur Mrs. *Jencken* aus dem Kinderzimmer in die Wohnstube getragen von einem Phantom, welches sofort nachher verschwand. („Medium" 1874, p. 167.) — Eine Ausübung der Nervenkraft von Seiten des Mediums — der Mrs. *Jencken*? Welche Belustigung für eine Mutter!

Noch ein letztes Wort über den Mediumismus dieses Kindes. Mit $4^1/_2$ Jahren begann es, im Trance zu sprechen. Folgendermaassen lautet ein Brief seiner Mutter in „The Medium" 1878, p. 296: — „Mein kleiner Lieblingssohn *Ferdy*, dessen wunderbare, mediumistische Begabung zurückzuhalten wir unser Bestes gethan haben, gewinnt zuweilen dann und wann solche Kraft, dass es uns wirklich beunruhigt. Am vergangenen Montag war der kleine Bursch unter der Controlle verschiedener Geister und beschrieb dieselben: er befand sich im Trance (Verzückungszustande), seine Augen standen die ganze Zeit über offen, und die Geister sprachen sehr schön durch ihn. Er streckte seine kleinen Hände nach ihnen aus, um sie zu ergreifen, und dann rannte er die Treppe hinauf, um den Geist zu fangen. Hierauf sagte er zu seinem kleinen Bruder *Henry*: — 'Erschrick nicht, *Henry*; Sie werden Dir nichts thun, — ich werde sie nicht loslassen'. — Die Klopflaute fanden in allen Theilen des Hauses statt. Dieser kleine *Ferdy* freute sich gar sehr, als er sagte: — 'Ich sehe, wie sie klopfen'. — Er stellte Fragen, und die Klopflaute antworteten darauf. Er hiess sie, an das Fenster zu klopfen, — sie thaten es; an die Thüre zu klopfen, — sie thaten es. Wo immer das Kind es befahl, da klopften sie. Als er aus dem Trance kam, schien er erschöpft, und am nächstfolgenden Tage lag er krank zu Bett." —

Wie man aus der Gesammtheit der Phänomene ersieht, welche sich durch den kleinen *Jencken* erzeugten, kann

man nicht zweifeln, dass er ein Instrument für andere
Kräfte, als den unbewussten Einfluss seiner Mutter gewesen ist; die Berichterstatter jener Zeit hatten diese
Möglichkeit in Erwägung gezogen; es genügen die in Abwesenheit der Mutter von Hause erzeugten Klopflaute, um
diesen Punkt festzustellen (der Vater war gar nicht mediumistisch). Und andererseits, weshalb sollte „die Nervenkraft" der Mutter ihren eigenen Neugeborenen zum Instrument erwählen, wenn sie nicht aufhörte, dieselben
Manifestationen durch den Organismus der Mutter zu erzeugen? Diese Annahme ist noch weniger plausibel, wenn
man sieht, dass die Mutter sich aus allen ihren Kräften
der Entwickelung der mediumistischen Fähigkeiten ihres
Kindes aus Furcht, seiner Gesundheit zu schaden, widersetzte.

Ich will noch einige Fälle von Kinder-Medien citiren,
denn sie sind selten und gleich sehr kostbar. Die kleine
Tochter des Baron *Seymour Kirkup* schrieb im Alter von
9 Tagen. Folgendes ist der Brief, den er über diesen
Fall an Mr. *Jencken* schickte: —

„Meine Tochter war ein Medium, als sie zwei Jahre
alt war, und sah als solches Geister; sie ist jetzt 21, und
ihre Tochter war ein Schreib-Medium im Alter von neun
Tagen. Ich habe ihr Schreiben aufbewahrt und will Ihnen
eine Photographie davon senden. Vier Geister hatten verheissen, das Kind schreiben zu lassen, um einen Rath,
den sie mir ertheilt hatten, einzuschärfen. Es war ein
nur sieben Monate getragenes Kind und kleiner als gewöhnlich. Seine Mutter hielt es auf einem Kissen in
ihrem Arm und in der anderen Hand ein grosses Buch
mit einem Blatt Papier darauf; ein Bleistift wurde durch
ein unsichtbares Agens in des Kindes Hand gelegt, und
*Valentina* (das Kind) hielt ihn in steifer Weise fest. Es
schrieb zuerst die Anfangsbuchstaben der vier Geister,
nämlich: ***R. A. D. I.***, worauf der Bleistift fallen gelassen
wurde und ich glaubte, es wäre vorüber. Die Geister
hiessen *Regina*, *Annias*, *Dante* und *Isacco*. Meine Tochter
*Imogen* (genannt *Bibi*) rief aus: — 'Sie (die Kleine) hat

den Bleistift wieder bekommen', — und sie schrieb in umherschweifenden Zügen über die erste Schrift folgende Worte: —

„'Non mutare questa e buona prova fai cosa ti abbiamo detto addio.' —

„Sie werden das Alles in der Photographie genau unterscheiden können. Ich machte ebenfalls ein wörtliches Protokoll, welches ich Ihnen sende. Das Kind ging am nächsten Tage auf Anrathen der Geister mit seiner Amme auf's Land, aber wir liessen es wieder zurückholen, um eine Photographie mit ihr zu versuchen, da ich einen mediumistischen Photographen kannte. Wir begaben uns zu ihm, und ich versuchte das Kind zu bewegen, den Bleistift zu nehmen; aber die Kleine warf ihn weg, und ich sende Ihnen das Porträt, wie es ist, mit dem nicht schreibenden Kinde; aber es enthält die Gestalt von des Kindes Grossmutter, der berühmten *Regina*, welche vor 20 Jahren im Alter von 19 Jahren starb, in vollkommener Aehnlichkeit, jedoch zu dunkel infolge der Transparenz vor einem dunklen Hintergrunde. *Bibi* ist sehr ähnlich getroffen und das Kind auch." („The Spiritualist" 1875, I, p. 222.) —

Es ist schade, dass man hier nicht sieht, von welcher Art die Mediumität der Mutter des Kindes war; es scheint, dass sie nicht für physikalische Manifestationen gewesen ist, und in diesem Falle hat sie zur Schrift des Kindes so gut wie nichts beigetragen. (Der italienische Satz lautet in der Uebersetzung also: — „Aendere nichts; das ist ein guter Beweis; thue das, was wir dich geheissen haben. Adieu.")

Ich finde in „The Medium" von 1875 p. 647 den Artikel: — „Another baby medium" (Noch ein kindliches Medium), — worin von dem kleinen *Arthur Omerod*, sieben Wochen alt, die Rede ist, dessen Gesicht sich transfigurirte (verwandelte), indem es den Ausdruck der Züge seines Grossvaters an dessen Todestage annahm; er antwortete auf Fragen, indem er die Augen zu bestimmten Malen öffnete und schloss, lächelte und mit dem Kopfe nickte, und die Hände schüttelte. Es ist keine Rede von einer Spur von Mediumität in der Familie.

Im „Banner of Light" von 1876 finden wir den folgenden merkwürdigen Fall eines „Schiefertafel-Schreibens durch ein mediumistisches zweijähriges Kind," welcher in „The Spiritualist" von 1876 II, p. 211 abgedruckt ist, dem wir Folgendes entnehmen: —

„Der Geist von *Essie Mott*, der Tochter des *J. H.* und der *Mary V. Mott* zu Memphis, Mo., verliess seine sterbliche Form am 18. October 1876 nach einer lang sich hinzögernden Krankheit am Schlusse von fünf Jahren und eilf Monaten seines irdischen Lebens. *Essie* war ein geistig weit über ihre Jahre hinaus fortgeschrittenes Kind und hatte als Medium einige der wundervollsten Prüfungsbeweise (tests) gegeben, welche jemals beobachtet wurden. Ehe sie zwei Jahre alt war, pflegte sie die Schiefertafel unter den Tisch zu halten, während keine andere sterbliche Hand als die ihre in dessen Nähe sich befand, und manche Botschaft ist auf diesem Wege Fragen stellenden Freunden geschrieben worden, als sie noch keinen Buchstaben des Alphabets kannte. Die letzten zwei Jahre haben ihre Eltern es nicht gestattet, dass sie als Medium benutzt wurde, weil sie glaubten, es schädige ihr physisches System, das sehr schmächtig und zart war, während ihr Geist ihren Jahren weit voraus war. Ich wurde durch Telegramm von meinen Arbeiten in Iowa abgerufen, um dem Leichenbegängniss beizuwohnen, und wir fanden das grosse Court-house (Rathsgebäude), da uns keine Kirche bewilligt wurde, am Sonntag den 22. gedrängt voll, um einer Rede über das Leben, den Tod und die Unsterblichkeit von *Essie Mott* beizuwohnen.

„*Warren Chase.*" —

Dieses Zeugniss des hochachtbaren *Warren Chase* genügt, um die Echtheit der Thatsache zu verbürgen. Diese Notiz ist in den „Psych. Stud." 1877 S. 467 veröffentlicht worden; Herr *von Hartmann* hat sie gar keiner Beachtung gewürdigt Und doch, was fehlt diesem Zeugnisse?

Folgendes ist noch der Fall eines Séancen gebenden Kindes von zwei Jahren: — „Mrs. *Markee*, einst berühmt als Medium, lebt jetzt zu Richland Station nahe Buffalo. Sie hat ein Kind von ungefähr zwei Jahren, welches vom Buffaloer 'Commercial Advertiser' als im Besitz mediumistischer Kräfte erklärt wird. Mrs. *Markee* behauptet, dass das Kind in jedes beliebige Haus genommen und dort auf dem Schoosse eines Skeptikers gehalten werden könne, wobei die Manifestationen ebenso vollständig und befriedigend sein würden wie die jedes anderen Mediums in der Welt. Der 'Advertiser' sagt: —

„'Wir sassen alle rings um den Tisch in todesähnlichem Schweigen. Des Kindes Händchen lagen auf dem Tisch wie die Hände aller Anwesenden. Nach einer Minute Stillschweigen fragte Mrs *Markee*, ob irgend welche Geister anwesend wären, worauf unter des Kindes Händchen drei deutliche Klopflaute vernommen wurden, etc... Die Unterhaltung war sehr angenehm, aber sie war schwer für das Kind, welches zu dieser Zeit unruhig und vollständig ermüdet war'". („The Spiritualist", Jan. 23, 1880, p. 47.) —

Ich will nun diese Monographie vom Mediumismus der Kinder mit der Bemerkung schliessen, dass die Fälle, in denen kleine Kinder Erscheinungen sehen, nicht selten sind; man sehe z. B. den Fall eines Kindes von $2^1/_2$ Jahren, welches mit dem Geiste seiner kleinen verstorbenen Schwester spielte („Light" 1882 p. 337); und mit der gleichzeitigen Bemerkung, dass die Fälle von im Alter von zehn bis fünfzehn Monaten redenden Kindern schon früher unter den Ekstatikern der Cevennen beobachtet worden sind. Man sehe *Figuier* „Histoire du Merveilleux" (Geschichte des Wunderbaren), Vol. 2. p. 262—267. Er bemerkt daselbst: — „Dieser Umstand, dass die Inspirirten in ihrem Delirium sich immer in der auf ihren Landgebieten nicht gebrauchten französischen Sprache ausdrückten, ist sehr merkwürdig. Sie war das Resultat jener momentanen Exaltation oder Steigerung intellectueller Fähigkeiten, welches einen der Characterzüge der Zitterkrankheit in den Cevennen bildete." Pag. 402 - 3). — Aber wie wir sehen werden, kann nach den Herren *von Hartmann* und *Ennemoser* keine „Exaltation intellectueller Fähigkeiten" ein solches Phänomen erklären.

6) **Das Reden in dem Medium unbekannten Sprachen.**

Ich gehe jetzt zu der Rubrik von Thatsachen über, welche ich als den absoluten Beweis einer nicht allein über dem intellectuellen Niveau des Mediums stehenden, sondern auch aus einer ausser-mediumistischen Quelle herstammenden Kundgebung erachte. — Herr *von Hartmann* hat diesem Phänomen eine Definition gegeben, welche nicht der Wirklichkeit entspricht: — „Das 'Zungenreden' der ersten Christengemeinden ist nur als unwillkürliches Sprechen in einer religiös motivirten Ekstase zu verstehen" (S. 29 seiner Schrift: — „Der Spiritismus"); und man muss dieselbe Sache darunter verstehen, wenn er sagt: — „Solche Medien werden auch ihre mimischen Transfigurationen durch lebhaftes 'Zungenreden' unterstützen" (S. 87). — Trotz aller magischen Fähigkeiten, mit denen Herr *v. H.* das somnambule Bewusstsein begabt hat, hat er sich nicht entschlossen, es mit der **Sprachengabe** auszustatten, über die Fertigkeit hinaus, „den Klang von Worten oder Sätzen in fremden, unverstandenen Sprachen zu wiederholen, welche die Person vor langer Zeit achtlos ein Mal gehört hat" (S. 60). Und auch Somnambule „sind im Stande, Worte und Sätze in unverstandenen Sprachen schriftlich und mündlich zu wiederholen, welche der Magnetiseur oder auch eine andere mit ihnen in Rapport gesetzte Person mit der Absicht der Uebertragung sich innerlich vorspricht; ja sogar sie (die Somnambulen) verstehen den Sinn derselben, soweit der Uebertragende denselben versteht und beim lauten oder innerlichen Sprechen der Worte mit erfasst. Der Beweis dafür liegt darin, dass Somnambule auf Fragen, die in ihnen unbekannten Sprachen gestellt werden, in den ihnen geläufigen Sprachen sinngemäss antworten, aber die Antwort schuldig bleiben, sobald die Frage in einer Sprache gestellt wird, die der Fragende selbst nicht versteht" (S. 66). Das ist also im Grunde genommen, wie Herr *v. H.* sagt, nur ein „vergeistigter Fall von Gedankenübertragung" (daselbst). Und darin hat Herr *v. H.* vollkommen Recht: — niemals hat ein Somnambuler in einer Sprache geredet, die er nicht versteht. *Ennemoser* versichert dasselbe in seinem Werke:

— „Der Magnetismus" (Stuttgart, 1853) und erachtet das Gegentheil im Verein mit *Eschenmayer* für „eine Chimäre" (S. 27); weiterhin giebt er sogar den Grund dafür an: —

„Angenommen auch, die Hellseher könnten so gut, als in andere Geschichtsfacta der Vergangenheit und als in die Gesinnungen und Gedanken anderer Menschen, auch in die Sprachweise der Völker und einer fremden Nation einschauen, so würde man doch einem solchen Vermögen füglich nur den Inhalt oder den Sinn derselben zuschreiben dürfen, nicht aber die Art der Aussprache derselben, weil diese eine lediglich conventionelle, durch äusseres Uebereinkommen bestimmte Aeusserung ist, die erst vernommen oder erlernt werden muss. Denn das Sprechen ist eine technische Fertigkeit, so gut als das Spielen auf einem Instrumente, und wer in irgend einer Landessprache sich nicht wenigstens nach den Elementen der Aussprache eingeübt hat, der ist nicht einmal im Stande, eine solche Sprache nachzusprechen, viel weniger sie aus sich unmittelbar fertig zu reden; sowie Niemand ein Musikstück einem Anderen nachspielen kann, wenn er sich nicht die Fertigkeit durch Uebung erworben hat. Ein musikalisches Genie wird neue Schöpfungen der Musik machen; es wird von Anderen ausgeführte Musikstücke vielleicht nach einmaligem Hören in sich aufnehmen; aber es wird es nur auf seine Weise, auf seinem Instrumente nachspielen können, und auf keinem anderen, als worauf es eingelernt ist. Beim Sprechen verhält sich die Sache nicht anders; die Sprachorgane sind Instrumente, die zum Sprechen überhaupt und zu jeder Nationalsprache erst eingeübt werden müssen" (S. 451, 452). —

Somit ist also die Unmöglichkeit für einen Somnambulen, eine Sprache zu reden, welche er nicht versteht, oder Musik zu machen, die er nicht gelernt hat, wohl begründet. Nichtsdestoweniger sind im Spiritismus dergleichen Thatsachen wohl bekannt. Wir haben hierfür an erster Stelle ein Zeugniss, das nichts zu wünschen übrig lässt: — das des Richters (Judge) *Edmonds,* der dieses Phänomen in seiner eigenen Familie, — an der Person seiner Tochter

*Laura* beobachtet hat. In seiner „Einleitung" zum 2. Bande seines Werkes: — „Spiritualism" (1855) — finden wir interessante Details über die Entwickelung der mediumistischen Fähigkeiten seiner Tochter, die er da noch nicht nennt: —

„Ich kann diesen Fall (der Veränderung des Characters der Mediumschaft) am besten erläutern durch einen kurzen Bericht über ein Medium, dessen gesammten Fortschritt ich mit hohem Interesse verfolgt habe.

„Sie war ein junges Mädchen von leidlicher Erziehung und warmer Anhänglichkeit an den römisch-katholischen Glauben. Ihre Kirche verbot ihr, an den Spiritualismus zu glauben, und sie weigerte sich, irgend welchen Manifestationen beizuwohnen, obgleich sie rings um sie her gar häufig waren. Endlich wurde das Haus, in dem sie wohnte, das, was man in früheren Tagen 'spukhaft' (haunted) genannt haben würde. Es dauerte dies so beinahe sechs Monate lang, während welcher Zeit sie sonderbare Töne hörte und von verschiedenen Vorgängen Zeugin war, die, wie sie überzeugt ward, nicht das Product irgend einer sterblichen Wirkungskraft, aber offenbar intelligenter Natur waren. Ihre Neugier wurde erregt, und sie suchte ein Medium. Sie sah bald genug, um sich von einer geistigen Wirkungskraft zu überzeugen, und sie wurde sehr rasch selbst ein Medium. Es ist jetzt (1855) ungefähr ein Jahr her, seit sie zu einem solchen entwickelt wurde, und ihre Mediumschaft hat in dieser Periode viele Formen angenommen.

„Anfangs wurde sie heftig an ihrer Person hin und her geschüttelt. Sie schrieb bald mechanisch; das heisst, ohne irgend welchen Willen von ihrer Seite und ohne ein Bewusstsein von dem, was sie niederschrieb. Da sie einen starken Willen hatte, so war sie durch Ausübung desselben jeden Augenblick im Stande, die Manifestation einzuhalten. Sie wurde demnächst ein Sprechmedium. Sie war nicht, wie manche es sind, in einen Zustand der Unbewusstheit entrückt (entranced), sondern völlig sich bewusst alles dessen, was sie sagte, und alles dessen, was rings um sie her vorging. Sie war jedoch nicht weit genug vorgeschritten, um die Quelle zu kennen, aus welcher die Gedanken kamen, die sie äusserte, und sie bildete sich ein, dieselben könnten das Product ihres eigenen Geistes sein" . . . (p. 44.)

„Sie wurde demnächst dazu entwickelt, verschiedene Sprachen zu reden. Sie versteht keine andere Sprache ausser ihrer eigenen und ein wenig oberflächliches Geplauder im Mädchenschul-Französischen. Dennoch hat sie in neun bis zehn verschiedenen Sprachen geredet, zuweilen manchmal eine Stunde lang, mit der Leichtigkeit und fliessenden Fertigkeit einer Eingeborenen. Es geschieht nicht selten, dass Fremde mit ihren Geister-Freunden durch sie in ihrer eigenen Sprache verkehren. Neulich ereignete sich der Fall, dass ein vornehmer Grieche mehrere Zusammenkünfte mit ihr hatte und einige Male mehrere Stunden lang seinerseits die Conversation griechisch führte, und seine Antworten zuweilen in dieser Sprache und zuweilen auf Englisch erhielt; und doch hatte sie bis dahin niemals ein Wort in modernem Griechisch sprechen hören.

„Um dieselbe Zeit wurden ihre musikalischen Gaben entwickelt. Sie hat wiederholt in fremden Sprachen gesungen, so z. B. Italienisch, Indianisch, Deutsch und Polnisch, und es geschieht jetzt nicht selten, dass sie in ihrer eigenen Sprache singt, wobei sie sowohl Worte als Weise fortschreitend improvisirt, — deren Melodie ganz einzig und vollendet, und deren Gefühlsausdruck im höchsten Grade erhebend und veredelnd ist." (p. 45.) —

Später, im Jahre 1858, veröffentlichte *Edmonds* eine Serie von „Spiritual Tracts" (Geistige Abhandlungen) (vgl. S. 501 d. 1. Aufl.), unter ihnen den 6. m. d. Spezialtitel: — „Das Reden in vielerlei Zungen" —, worin er schon mehr Details über diese Art von Mediumismus seiner Tochter giebt, nicht mehr verbirgt, dass es sich um sie handelte, und sie nennt, wobei er noch viele andere ähnliche Fälle andeutet.

„Der „Spiritual Tract" Nr. 10 enthält die Briefe, welche der Richter *Edmonds* im Jahre 1859 in der „New-York Tribune" veröffentlichte, von denen der 8. den Titel trägt: — „Das Reden in vielerlei Zungen," — mit einem „Appendix oder Anhang"; in diesem Briefe sind mehr als

50 ähnliche Fälle gesammelt; und da alle diese Briefe von mir in einer besonderen Broschüre unter dem Titel: — „Der amerikanische Spiritualismus. Untersuchungen über die geistigen Manifestationen von *John Worth Edmonds*" — im Jahre 1873 (Leipzig bei *Franz Wagner*, jetzt bei *Oswald Mutze*) deutsch veröffentlicht worden sind, so kann man alle Details darin finden; aber hier will ich nur die merkwürdigsten Fälle vorführen, denn ich lege dieser Art von Manifestationen eine besondere Wichtigkeit bei, und Herr *von Hartmann* hat sie ebenso ignorirt, wie die Gussformen von materialisirten Gestalten. Vor Allem lese man die vom Richter *Edmonds* selbst beobachteten Fälle: —

„Eines Abends kam ein junges Mädchen aus einem der östlichen Staaten in mein Haus. Sie war nach New-York gekommen, um hier ihr Glück zu suchen. Ihre Erziehung war nur die einer gewöhnlichen Landschule. Sie war ein Medium und wurde vom Geiste eines Franzosen begleitet, der ihr sehr lästig war. Er konnte durch sie sprechen, aber nur Französisch. Mehr als eine Stunde lang dauerte die Unterhaltung zwischen meiner Tochter und dem Geiste, der durch Miss *Dowd* redete. Sie führten beide ihr Gespräch nur Französisch und sprachen gleich schnell und fliessend wie geborene Franzosen. Miss *Dowd's* Französisch war ein schlechtes Patois einer der südlichen Provinzen Frankreichs, während *Laura* reines Pariser Französisch sprach.

„Dieses ereignete sich in meinem Bibliothekzimmer, wo fünf oder sechs Personen anwesend waren; Miss *Dowd* hält sich noch immer in dieser Stadt auf.

„Bei einer anderen Gelegenheit suchten polnische Edelleute, die ihr gänzlich fremd waren, eine Besprechung mit *Laura* nach, und während derselben sprach sie mehrere Male in deren Sprache Worte und Sätze, die sie nicht verstand, wohl aber jene; ein gut Theil der Conversation wurde von Seiten der Herren polnisch geführt, und dennoch erhielten sie von ihr Antworten bisweilen englisch, bisweilen polnisch. Das Englische verstand sie wohl, aber die andere Sprache nicht, während jene sie vollkommen zu verstehen schienen.

„Dieses nur kann durch *Laura's* Behauptung bewahrheitet werden; denn Niemand war zugegen als nur sie und die beiden Herren, welche ihre Namen nicht angaben.

„Der Fall mit dem Griechen war folgender: — Eines Abends, als einige zwölf oder fünfzehn Personen in meinem Sprechzimmer sich befanden, wurde Mr. *E. D. Green*, ein Künstler dieser Stadt, in Begleitung eines Herrn eingeführt, den er als Mr. *Evangelides* aus Griechenland (vgl. S. 499 d. 1. Aufl.) vorstellte. Er sprach gebrochen Englisch und fliessend Griechisch. Nach kurzer Zeit redete ein Geist englisch zu ihm durch *Laura* und sagte ihm so viele Dinge, dass er ihn als einen Freund identifizirte, welcher vor einigen Jahren in seinem Hause gestorben war, von dem aber Keiner von uns je etwas gehört hatte.

„Gelegentlich versuchte der Geist durch *Laura* ein Wort oder einen Satz Griechisch zu sprechen, bis Mr. *E.* die Frage stellte, ob er verstanden werden würde, wenn er Griechisch spräche? Der übrige Theil der Unterhaltung wurde länger als eine Stunde seinerseits ganz griechisch und ihrerseits bisweilen griechisch, bisweilen englisch geführt. Zuweilen konnte *Laura* durchaus nicht verstehen, welches der von ihr oder von ihm ausgesprochene Gedanke war. Bisweilen konnte sie ihn aber verstehen, obgleich er Griechisch sprach, und sich selbst, wenn sie griechische Worte redete.

„Er war zuweilen gar tief bewegt, oft so heftig, dass er die Aufmerksamkeit der Gesellschaft auf sich zog, von denen Einige ihn um Auskunft baten, was ihn denn eigentlich so tief bewege. Er lehnte es jedoch ab, sich mitzutheilen; als aber die Unterredung zu Ende war, erzählte er uns, dass er niemals zuvor Zeuge geistiger Manifestationen gewesen sei, und dass er während der Conversation Experimente angestellt hätte, um das zu prüfen, was für ihn so neu war. Diese Experimente bestanden in Gesprächen über Gegenstände, von denen er bestimmt wusste, dass *Laura* sie nicht kannte, und in häufigen und plötzlichen Veränderungen seiner Unterhaltung von häuslichen zu politischen Angelegenheiten, von Philosophie zur Theologie, und so weiter. In Beantwortung auf unsere Fragen — denn Keiner von uns verstand Griechisch — versicherte er uns, dass sein Griechisch verstanden worden sein müsse und ihr Griechisch correct gewesen sei.

„Er hatte nach diesem noch viele andere Zusammenkünfte, in denen griechische Unterredungen gepflogen wurden.

„Bei der Zusammenkunft, welche ich so eben beschrieb, waren zugegen Mr. *Green,* Mr. *Evangelides,* Mr. *Allen,* Präsident der Bank von Boston, und zwei Herren, deren Namen ich vergessen habe, aber leicht ermitteln kann, und die grosse Eisenbahn-Unternehmer in einem der westlichen Staaten waren, meine Tochter *Laura,* meine Nichte *Jennie Keyes,* ich selbst und noch einige Andere, an die ich mich nicht mehr erinnere\*).

„Meine Nichte, von der ich gesprochen habe, hat oft Italienisch gesungen, sowohl Worte als Melodien improvisirt, und doch ist sie ganz unbekannt mit der Sprache. Von dieser existiren, wie ich glaube, an hundert Fälle.

„Eines Tages kamen meine Tochter und meine Nichte in mein Bibliothekzimmer und begannen mit mir eine Unterhaltung in spanischer Sprache, indem die Eine den ersten, und die Andere den letzten Theil eines jeden Satzes sprach. Sie waren, wie ich fand, von dem Geiste einer Person beeinflusst, die ich bei meinem Besuche in Central-Amerika kennen gelernt hatte, und es wurde auf viele Dinge Bezug genommen, welche mir dort begegnet waren, von denen ich genau wusste, dass sie dieselben eben so wenig kannten als die spanische Sprache.

„Hierüber können nur wir Drei Zeugniss ablegen.

„*Laura* hat zu mir Indianisch, in dem Chippewa- und Monomonic-Dialekte gesprochen. Ich kannte diese Sprachen, weil ich zwei Jahre lang auf Indianischem Gebiete zugebracht hatte.

„Ich habe somit Indianisch, Spanisch, Französisch, Griechisch und Englisch hergezählt, welche Sprachen sie

---

\*) Nachträglich fällt mir ein, dass Gouverneur *Tallmadge,* Mr. *Flagg,* früherer Mayor (Bürgermeister) von New-Haven, und ein Freund desselben unter Denen waren, welche sich dabei befanden.

alle geredet hat. Ich habe sie auch Italienisch, Portugiesisch, Lateinisch und Ungarisch, sowie in noch einigen anderen Sprachen, die ich nicht kannte, sprechen hören.

„Die Fälle sind zu zahlreich, als dass ich bei jedem mich der Namen der anwesenden Personen erinnern könnte.

„Ich wende mich jetzt zur Aufzählung von Fällen durch Andere als sie." (S. 167—170.) . . .

„Mrs. *Helene Leeds*, Nro. 45. Carver street in Boston, ein Medium von Beachtung in dieser Hinsicht, hat sehr oft Chinesisch gesprochen. Sie ist von sehr beschränkter Erziehung und hörte niemals in dieser Sprache reden.

„Dieses ereignete sich so oft mit ihr auf einer früheren Stufe ihrer Mediumschaft, dass ich wohl sagen kann, Tausende sind Zeugen dessen gewesen. Ich selbst war wenigstens hundert Mal dabei zugegen." (S. 170—171.) . .

„Ich bin auch viele Male Zeuge verwandter Erscheinungen gewesen, wo die Communikation durch Klopflaute stattfand und in einer fremden Sprache gegeben wurde, obgleich das Medium nur Englisch kannte." (S. 172.) —

Der Richter *Edmonds* liess, durchdrungen von der Wichtigkeit dieser Art von Manifestation, im „Banner of Light" zu Boston einen Aufruf mit der Bitte erscheinen, ihm analoge Fälle mittheilen zu wollen. Es verging kaum ein Monat, und er erhielt an zwanzig Briefe, welche ähnliche Fälle genau beschrieben; sie bilden den Inhalt des „A p p e n d i x oder A n h a n g s" von circa 50 Druckseiten. Ich entnehme ihm einige der best beobachteten und constatirten Fälle: —

„*Cookville*, den 9. April 1859.

„An
„die Herren Herausgeber (des 'Banner of Light').

„Nachdem ich einen Aufruf im 'Banner' vom Richter *Edmonds* hinsichtlich einer Sammlung von Thatsachen in der 'das Reden in vielerlei Zungen' betreffenden Phase des Spiritualismus gelesen, entschloss ich mich, einen Bericht zu schreiben über das, was in unserem Zirkel seit ungefähr zwei Jahren sich ereignete, wovon Sie beliebigen Gebrauch machen können, um die Sache der Wahrheit zu befördern. Wir hatten unsere Sitzungen ungefähr drei Monate lang jeden Sonntag Abend fortgesetzt. Zwei junge Leute, der eine ein **Schwager** des Schreibers und der andere sein persönlicher **Freund**, waren **Medien**, welche von durch sie sprechenden Geistern gelenkt wurden, die ganz deutlich den verschiedenen Zustand der Geister in dem anderen Zustande des Daseins verriethen. Um diese Zeit war bei einer Sitzung nur eins dieser Medien anwesend, und wurde dasselbe auf eine für uns höchst seltsame Weise gelenkt, und nach kurzer Zeit begann es in einer Sprache zu reden, die wir nicht verstehen konnten, die aber von meinem Vater und Bruder für Chinesisch erkannt wurde, da sie mit vielen Chinesen in Californien bekannt geworden waren, selbst aber diese Sprache nicht sprechen gelernt hatten. In der nächsten Versammlung des Cirkels wurden beide Medien in der nämlichen Sprache zu reden angetrieben, und nachdem sie einige Augenblicke mit einander geredet, schienen sie sich einander als gegenseitige Freunde zu erkennen und waren in der That so stürmisch in ihren Freudigkeitsbezeigungen, dass ein Bewohner der anderen Seite des Hauses, der nicht an spiritualistische Dinge glaubte, herein kam, um zu sehen, ob wir etwa Chinesen zu Gästen hätten, da er mit solchen in Californien in Handelsverkehr gestanden hatte und manche ihrer Sitten kannte. Die Medien wurden nach diesem häufig in dieser Weise geleitet; eins von ihnen **sang** sogar zuweilen in derselben Sprache und redete auch darin, während die anderen Medien es zu übersetzen suchten. Keiner der Anwesenden konnte Chinesisch sprechen, und die Medien selbst hatten niemals einen Chinesen gesehen. Unsere Cirkel standen Allen offen, welche zu kommen wünschten, und zuweilen war das Zimmer gefüllt. Alle waren bereit, zu bekennen, dass sie in einer fremden Sprache reden gehört hätten, auch konnten sie an den Medien keinen Zweifel hegen, die beide ehrenwerthe junge Leute waren, noch das Geheimniss lösen; aber dennoch bewahrheitete sich der Ausspruch *Christi* in der Parabel: — „Sie werden nicht glauben, wenn auch einer von den Todten auferstände!" (*Luk.* XVI, 31.)

* * *

„Sie müssen diesen langen Brief schon entschuldigen und dürfen ja so viel oder wenig von ihm benutzen, als Ihnen erspriesslich scheint.

„Im Interesse der Wahrheit verbleibe ich
„Ihr
„*S. B. Hoxie.*"
(S. 174—176.) —

„*Prince*'s *Linnéisch* Botanischer Garten und Pflanzschule, „Flushing, L. J., bei New-York, den 16. April 1859.
„An
„den Richter Mr. *Edmonds.*

„Geehrter Herr! — Ich las Ihren Wunsch, über Personen benachrichtigt zu werden, die in einer Sprache reden, mit der sie selbst unbekannt sind. Ich hörte einst *Susanna Hoyt* eine italienische patriotische Rede halten, welche sofort von einem Amerikaner, der Italienisch verstand, übersetzt wurde. Ich habe Italienisch gelernt und überzeugte mich vollständig, dass sie in dieser Sprache redete, wobei ihre Gesten sehr heftig und entsprechend wurden, als ob sie jene Nation darstellte.

„Es wohnt auch ein Mann im Alter von etwa 35 Jahren in der Nähe von Hempstead swamp, anderthalb Meilen unterhalb Newton, — ich glaube sein Name ist *Smith*, die *Hoyt* kann Ihnen darüber genauere Auskunft geben, — den ich mehrere Male italienische Reden in höchst deklamatorischem Stile habe halten hören, und bei dem dieses eine gewöhnliche Erscheinung ist. Er war oft bei der *Hoyt*, und als ich ihn das erste Mal hörte, fragte ich einen Anwesenden, ob er denn überhaupt Englisch sprechen könne. Als er wieder zu sich kam, erzählte er mir, wer er war, und dass er niemals zuvor in einer anderen Sprache etwas gelesen als in der englischen. Er stand so unter der Gewalt dieser italienischen Geister, dass er bisweilen mehrere englische Meilen weit von ihnen beeinflusst wurde, wenn er nach

Williamsburgh ging, wohin seine Freunde ihn allein gehen
zu lassen fürchteten.

Mit voller Hochachtung verbleibe ich
„Ihr
**„Wm. P. Prince."**
(S. 176—177.) —

„*Braintrie*, Vermont, den 29. März 1859.
„An
„den Ehrenwerthen Richter
„*J. W. Edmonds.*

„Geehrter Herr! — Verzeihen Sie mir, wenn ich
Ihre schätzbare Zeit in dieser Weise in Anspruch nehme;
aber da ich einen Artikel im 'Banner of Light' las, dass
Sie in der 'Tribune' Platz finden, über den Spiritualismus
Mittheilungen zu machen, und dass Sie wünschen, es
möchten Ihnen Freunde mehr Thatsachen über in verschiedenen
Sprachen redende Medien zusenden, so glaubte
ich niederschreiben zu sollen, was sich in dieser Art unter
meiner Beobachtung zugetragen hat.

„Im Monat Februar 1858 lebte ich in der Wohnung
*John Paine*'s in der Stadt Leicester, Grafschaft Addison,
im Staate Vermont. Mrs. *Sarah P. Paine* (eine Schwiegertochter)
wohnt daselbst. Sie ist Medium. Während des
bezeichneten Monats war ein Franzose aus Frankreich dorthin
gekommen, um den Spiritualismus zu erforschen. Er
hatte keinen Glauben daran, und da er Katholik war,
widersetzte er sich ihm sehr stark.

„In einigen Minuten wurde das Medium entzückt und
begann mit ihm in seiner Muttersprache zu reden, so dass
er sie vollkommen verstand. Das Medium und er selbst
redeten eine beträchtliche Zeit miteinander; Niemand im
Zimmer verstand sie ausser ihnen selbst. Er ersuchte sie
bald darauf, seinen Namen französisch zu schreiben. Sie
that dies, und ausserdem schrieb sie noch seines Vaters
und seiner Mutter Namen auf gleiche Weise. Er sagte,
dass ihm sowohl Vater als Mutter gestorben seien, und
ferner noch, dass es nicht eine einzige Person in den Vereinigten
Staaten gebe, welche ihre Namen gekannt hätte.

Das Medium hatte den Mann wohl niemals zuvor gesehen. Es hatte von keiner anderen Sprache Kenntniss als nur von ihrer englischen Muttersprache.

„Zahlreiche Personen waren anwesend. Ich kann nicht alle ihre Namen herzählen, sondern will nur die folgenden mittheilen: —

„Mr. *Joseph Morse*, Mr. *D. S. Smith*, Mr. *Isaac Morse*, Mr. *John Paine*, Mr. *Edward Paine*, sämmtlich aus Leicester, und Mr. *Nathaniel Churchill* nebst Gemahlin aus Brandon, sowie meine Wenigkeit.

„Für die Sache der Menschheit verbleibe ich
„Ihr
„ergebener
„*Nelson Learned*."
(S. 190—191.) —

„*Lynn*, den 24. März 1859.
„An
„die Herren Herausgeber.

„Nachdem ich die Aufforderung im ‚Banner' im Laufe dieser Woche gelesen, Beweise über das „Reden in fremden Zungen beizubringen, stelle ich Folgendes zu des Herrn Richters *Edmonds* Verfügung: —

„Mrs. *John Hardy* ist ein unbewusst im Verzückungszustande sprechendes Medium und kennt weder die französische, noch eine indianische Sprache, da sie keine von diesen erlernt hat.

„Und doch lenkt sie ein indianischer Geist, Namens *Sachma*, der auch mancherlei Kuren durch das Medium verrichtete. Er redet Indianisch durch sie und giebt uns dann eine englische Uebersetzung davon, so genau als es ihm möglich ist. Es ist dies ein merkwürdig gutes Zeugniss.

„Auch ein anderer Geist hat sie gelenkt, — der eines jungen französischen Mädchens, Namens *Louise Dupont*, — welche, wie ich glaube, eine Schauspielerin war. Sie hat vor einem Professor der Sprachwissenschaften geredet und sich in Stil und Reden richtig ausgedrückt. Der Professor richtete an sie (auf Französisch) eine, wie er selbst einräumte, unanständige Frage und erhielt darauf eine schlagende Antwort, welche ihn so bestürzte, dass er seinen Hut ergriff und das Haus verliess.

„Sie hat durch dieses Medium innerhalb der letzten zehn Monate nicht mehr gesprochen.

„Das französische Mädchen hat vor folgenden Personen gesprochen, deren Namen ich mir Ihnen mitzutheilen erlaube, jedoch nicht für eine Veröffentlichung derselben. Der ehrenwerthe Richter kann, wenn er es für geeignet hält, einige Zeilen an Eines oder das Andere dieser Mitglieder in Betreff dieser Angelegenheit persönlich richten.

„Ich verbleibe für diese Sache

„Ihr
*„John Alley V.“*
„Nro. 8 North Common Street, Lynn, Mass."
(S. 192—193.) —

*„Milan* (Ohio), den 4. April 1859.
„An
„den Ehrenwerthen Richter
*„J. W. Edmonds.*

„Aus einer der jüngsten Nummern des 'Banner of Light' ersehe ich, dass Sie neue Beweise über das Thema des ‚Redens in verschiedenen Zungen' beigebracht wünschen und die 'Freunde der Sache in allen Theilen des Landes ersuchen, an Ihre Adresse den Bericht eines jeden Falles zu befördern, in dem ein Medium in einer ihm zur Zeit nicht bekannten Sprache geredet hat, wobei die Details der Zeit und des Ortes des Ereignisses, sowie die Namen der anwesenden Personen angeführt werden möchten.' In Uebereinstimmung mit dieser Bitte sende ich Ihnen nun folgenden Bericht: —

„Im Monat Februar 1857 besuchte ich in Gesellschaft von Mrs. *Warner* das Haus des Mr. *Lewis S. Pope* zu Troy, Grafschaft Geauga in Ohio. Eines Abends, als Mrs. *Warner* von Schnupfen und Heiserkeit befallen war, wurde sie von einem vorgeblich Indianischen Geiste gelenkt, der ihr für Brust und Hals zu verschreiben begann. Während sie noch damit beschäftigt war, trat ein junger Deutscher, den die Familie *Milton* nannte, in das Zimmer. Er litt an einem heftigen Kopfschmerz, erwähnte aber davon nichts, so dass es Mrs. *Warner* hätte hören können. Sie ging aber sofort zu ihm hin, und in einigen Augenblicken befreite sie ihn durch blosses 'Auflegen ihrer Hände' von seinem Kopfschmerz. Sie erzählte ihm dann in gebrochenem Englisch, dass ein blasser Geist gegenwärtig sei, welcher seine irdische Form 'quer über den grossen Gewässern' verlassen und mit ihm zu reden wünsche. Nach einer Pause begann sie Deutsch zu reden, und unter anderen Dingen wiederholte sie dem jungen Manne, wie er selbst erklärte, die letzten Worte, welche seine Mutter zu ihm auf ihrem Todtenbette gesprochen! Dabei brach der junge Mann, welcher bis zu dieser Zeit skeptisch gewesen war, in Thränen aus und erklärte, Aehnliches noch nicht erlebt zu haben. Er war überzeugt, dass der Geist seiner Mutter anwesend war, die in seiner Muttersprache zu ihm geredet hatte. Als er von den Mitgliedern der Mr. *Pope*'schen Familie befragt wurde, wiederholte er uns die deutschen Worte und deren Uebersetzung ins Englische, welche also schlossen: — 'Meine lieben Söhne! ich vermag Euch kein Brot mehr zu geben.'

„Mrs. *Warner* hatte niemals ein Wort über die Familie dieses jungen Mannes vernommen. Sie verstand weder damals, noch jetzt, auch nur ein Wort einer anderen als ihrer englischen Muttersprache.

„Mr. *Pope* befindet sich unter den achtbarsten Bürgern von Troy. Die verschiedenen Mitglieder seiner Familie, mit Einschluss des jungen Deutschen, werden die Wahrheit der vorhergehenden Behauptung bestätigen. Ihre Briefpost-Adresse ist: — '*Welchfield, Geauga county, Ohio*'. . . .

„Im Monat September 1857 besuchte Mrs. *Warner*, deren Wohnsitz sich damals in der Geauga county (Grafschaft) befand, die Stadt Milan in der Absicht, hier eine Reihe von Vorlesungen zu halten. Am Schlusse ihrer letzten Vorlesung hielt sie eine kurze indianische Anrede und gab hierauf deren Erklärung; sie enthielt einen ernsten Appell zu Gunsten der noch bestehenden Indianer-Stämme. Ein Bürger von Milan, Namens *Merrill*, der zu dieser Zeit ein hochgestelltes Mitglied der Presbyterianischen Kirche und anwesend war, schien von der Echtheit der indianischen Rede so befriedigt, dass er sich durch diese Thatsache überzeugt erklärte. Am darauf folgenden Abende wurde ein Zirkel im Hause des Mr. *William E. Mann* gehalten. Mr. *Merrill* war dazu eingeladen. Es wurden abermals eine indianische Rede und noch andere Manifestationen durch Mrs. *Warner* gegeben, welche Mr. *Merrill* für echt erklärte. Letzterer erzählte, dass er von seiner Kindheit an bis etwa zu seinem achtzehnten Lebensjahre unter den Indianern gelebt habe, und dass er damals ihre Sprache ebenso fliessend wie seine eigene habe reden können. Und obgleich er in Folge mehrjähriger Unterbrechung jetzt nicht mehr in dieser Sprache so geläufig sei, so habe er doch noch hinreichende Kenntniss von derselben behalten, um zu verstehen, ob er eine echte indianische Rede höre. In Folgendem gebe ich sein ausgestelltes Zeugniss: —

„'Ich bezeuge hierdurch, dass die in der vorhergehenden Darstellung des Mr. *E. Warner* berichteten Thatsachen wesentlich wahr sind, sowie auch, dass ich, nachdem ich mit Mrs. *Warner* selbst verkehrt, die vollkommene Ueberzeugung gewonnen habe, sie verstehe in ihrem normalen Zustande nicht das Geringste von einem indianischen Dialekte, während ich selbst erfahren habe, dass, wenn sie sich unter dem sogenannten Einflusse der ‚Beherrschung durch einen Geist' befindet, sie in einer indianischen Sprache wirklich zu reden im Stande ist.

„'*Milan, im April 1859.*     „'*James Merrill.*' —

„Ich übersende Ihnen nun das Vorhergehende zu beliebigem Gebrauch, je nachdem Ihr Urtheil dies für gut befindet.

„Achtungsvoll

„Ihr

„*Ebenezer Warner.*"
(S. 198—202.) —

„*Chicago*, den 5. April 1859.
„Geehrter Richter!

„Nachdem ich den Artikel im 'Banner of Light' gelesen, in welchem Sie zuverlässige Thatsachen von Freunden des Spiritualismus durch das ganze Land in Betreff geistiger Manifestationen, besonders aber jener als 'Reden in fremden Zungen' bekannten Phase derselben erbitten, suche ich Ihrem ausgedrückten Wunsche mit Vergnügen zu entsprechen . . . (S. 207.)

„Vor nun vollen vier Jahren begann ich in meiner eigenen Familie Zirkel zu halten in der Absicht, den modernen Spiritualismus zu erforschen, und fand sehr bald, dass **meine Frau** ein Medium für Geister-Manifestationen war. Als sich dieses als eine Wahrheit herausstellte, fühlte sich meine Frau sehr verstört und bekümmert, und würde Alles darum gegeben haben, wäre es anders gewesen; eine Zeit lang widerstand sie dem geistigen Einflusse, der sie in Verzückung warf und durch ihren Organismus sprach, wurde aber schliesslich frei von ihren Vorurtheilen, und ihre Freude war eben so grenzenlos und eindringlich, als ihre Sorge vorher qualvoll und fast unerträglich schien. Aehnlich den meisten aus den Arbeiterklassen Schottlands, hatte sie nichts weiter im Wege der Erziehung gelernt, als was durch die gewöhnlichen Schulen jenes Landes geboten wird.

„Nach dieser Einleitung gestatten Sie mir nun, Ihnen einige in unseren Zirkeln erhaltene Beweise anzuführen, die ich in so kurzen Worten, als nur möglich, und auf die einfachste Weise berichten will; und sollten einige derselben von Ihnen für irgend welche Benutzung als wichtig erachtet werden, so stehen sie gern zu Ihrer vollen Verfügung . . . (S. 299.)

„Bei einem Zirkel in *Rudd*'s Hause, wo die meisten der oben genannten Herren anwesend waren, wurde ein Concert in spanischer Zunge gegeben, welches über zwei Stunden dauerte. Kurz nachdem sie ihre Hände vereinigt, wurden meine Frau, eine junge Dame (Miss *Scongall*) und ein Beiden **fremder Knabe** zugleich beeinflusst und fingen an, fliessend Spanisch mit einander zu sprechen. Nach fünfzehn Minuten so begeisterter Unterhaltung erhob sich das Trio auf seine Füsse und begann ein schwieriges spanisches Musikstück, jedes in seiner Rolle, mit vollkommener Harmonie zu singen: Pièce um Pièce wurde vorgetragen, wobei jeder Theil seine anfängliche Stimme beibehielt, bis etwa ein Dutzend Stücke in schöner und vollkommener Harmonie aufgeführt waren. Zwischen jedem Stücke unterhielten sie sich in lebhaftem Gespräch und diskutirten über die nächste Pièce, die sie vortragen wollten. Nachdem der Gesang zu Ende war, stellten die Drei eine Sterbe-Scene dar und gaben eine herrliche Vorstellung eines so eben im Tode neugeborenen Geistes. Die Scene war so glänzend und eindringlich, obgleich sie in fremder Sprache vorgeführt wurde, dass sich keine Beschreibung von ihrer Erhabenheit geben lässt. Nach diesem kamen die drei Medien zu gleicher Zeit in ihren normalen Zustand zurück, und als ihnen erzählt wurde, was geschehen war, waren sie davon erstaunt und verwirrt. Kurz nachher wurde der junge Mann von einem anderen Geiste beeinflusst, welcher durch ihn das erklärte, was wir gehört und gesehen hatten. Die Geister, welche uns durch die drei Medien das Concert gaben, waren Spanier, ein Bruder mit zwei Schwestern, welche während ihres Erdenlebens sich durch professionelles Singen ihren Unterhalt verdient hatten. Heut Abend waren sie gekommen, nicht bloss die Neugier zu befriedigen und zu belehren, sondern mehr noch, zu beweisen, dass das 'Pfingstfest' kein für immer vergangenes sei. Ich kann hier noch versichern, dass es sich über allen Zweifel erhärten lässt, dass keins der genannten Medien in irgend einer anderen als seiner Muttersprache ausserhalb dieses geistigen Einflusses zu sprechen im Stande war.

„Miss *Scongall* und meine Frau waren von angeblich deutschen Geistern beeinflusst worden, mehrere Abende hindurch deutsch zu singen und zu sprechen; aber Niemand war im Zirkel, welcher verstanden hätte, dass es diese Sprache sei. Da ich 'Alles zu prüfen und das Beste zu behalten' beabsichtigte, besuchte ich einen deutschen Doktor, Namens Dr. *Euler*, und bat ihn, zu mir zu kommen und die Sache gründlich und leidenschaftslos zu untersuchen. Er kam auf meine Aufforderung zwei Abende hinter einander, und bei diesen Gelegenheiten sprach er mit beiden Medien bis eine halbe Stunde lang in seiner eigenen Muttersprache. Sein Erstaunen war gross, in seiner eigenen Sprache 'die herrlichen Thaten Gottes' zu hören; aber seine Wonne und Freude war noch unendlich grösser. . . .

„Ihr
„aufrichtiger Freund für die Wahrheit
„*John B. Young.*" —
(S. 210—212. Vgl. S. 501 d. 1. Aufl.)

„*Toledo*, den 9. April 1859.
„An
„Richter *Edmonds.*

„Geehrter Herr! — Nachdem ich Ihre Bitte um Mittheilung von Thatsachen in Betreff des Redens der Medien in verschiedenen Zungen gelesen, will ich als eines von den vielen sprechen, welche gegenwärtig verschiedene Sprachen reden. Ich bin ein hellsehendes und in Verzückung sprechendes Medium. Ich werde auch von Dichtern gelenkt, über einen Gegenstand zu improvisiren oder aus dem Stegreif zu dichten, der mir von einer Zuhörerschaft aufgegeben wird. Ich werde zu Zeiten von einem indianischen Geiste gelenkt. Ich kann die Sprache nicht verstehen und bin daher nicht im Stande, ihre richtige Aussprache durch mich zu versichern; als ich aber vor nicht langer Zeit mit einem Herrn zusammenkam, der sich für einen Skeptiker erklärte und glaubte, dass dies das Resultat seines eigenen Geistes sei, so versicherte er mir, dass er seine Willenskraft so gegen mich anstrengen wolle, dass ich keine Beschreibung seiner Freunde in der Geisterwelt zu geben vermöge. Mein indianischer Geist begann zu ihm in indianischer Zunge zu reden. Ich wurde plötzlich in den Zustand des Hellsehens versetzt und beschrieb ihm einen indianischen Häuptling, der, wie er sagte, drei Wochen vor seiner Abreise von Iowa gestorben war. Mein Leiter erkannte den Geist, welcher diesem Herrn, der die Sprache seiner Nation verstand, von der ich auf seine Autorität hin sagen kann, dass sie die der Pawnees war, viele überzeugende Proben seiner Identität gab. Ich will Ihnen einen privaten Brief senden, den dieser Herr nach seiner Rückkehr nach Iowa an mich schrieb, und Sie können sich die Stellen daraus wählen, welche Ihnen für die Sache nützlich dünken. Er schrieb diesen Brief nicht zur Veröffentlichung, sondern nur zum Gebrauch unseres Zirkels hier in Toledo, und Sie müssen ihn daher nach Ihrem eigenen Bedarf zurechtstutzen.

„Wenn es Ihnen nicht zu viele Beschwerden verursacht, so wünschte ich ihn gern zurückgesendet. Wenn Sie noch andere Aufschlüsse in Bezug auf meine mediumistischen Kräfte wünschen, so kann ich Ihnen dieselben ertheilen.

„Mit Hochschätzung
„Ihre
„*Mrs. Sarah M. Thompson*,
„Toledo, Ohio."
(S. 213—214.) —

„*Vinton*, den 17. Februar 1859.
„Geehrtes Fräulein!...
„Da ich, wie Sie wissen, ein Ungläubiger an die Lehre des geistigen Verkehrs bin, so ist meine Meinung noch immer, dass er eine Kraft des einen Geistes über einen anderen sei, und da er ein Gegenstand ist, der bis jetzt noch nicht sehr meine Aufmerksamkeit gefesselt hat, so weiss ich nicht, wie ich ihn betrachten würde, wenn ich ihn zufällig zur Befriedigung meines Geistes gründlicher erforschen könnte. Aber eine andere Erscheinung nimmt gerade jetzt meine Aufmerksamkeit in Anspruch, die ich mir nicht erklären kann, nämlich Ihr Sprechen in indianischer Zunge, welches so genau, richtig und charakteristisch ist, wie es im Wigwam der Indianer vorkommt. ...

„Freundlichst Ihr
„*Jacob Wetz*,
Vinton, Benton County, Iowa.
(S. 214—215.) —

Für andere Fälle, welche mir zu Händen gekommen sind, will ich mich auf kurze Referate beschränken.

Ich finde in dem „Spiritual Telegraph", in der Oktav-Ausgabe, herausgegeben von *Partridge*, Vol. III, 1854, auf pag. 62 folgenden sehr interessanten Fall: —

„*William B. Brittingam* erzählte, als er vor einigen Tagen in unserer Druckerei war, eine interessante Thatsache. Ein Mr. *Walden*, Sprech-Medium aus Ellicotville, Cattarangus County, besuchte neulich die 'Springs' (Heil-Quellen), welche Eigenthum des Mr. *Chase*, — des Erzählers sind. Unmittelbar nach seiner Ankunft und während er noch unter dem überdachten Eingange stand, kam ein schwedisches Mädchen, welches dort im häuslichen Dienste beschäftigt war, aus dem Hause, worauf Mr. *Walden* anscheinend mit dem Mädchen zu sprechen begann. Keiner der Nebenstehenden verstand die benutzte Sprache, noch auch wusste das Medium, was es sagte. Da das Mädchen fand, dass es in seiner Muttersprache angeredet wurde, liess es sich in eine Unterhaltung ein; es schien dabei tief interessirt zu sein, und wurde bald bis zu Thränen gerührt. Unser Berichterstatter forschte nach, was sie beunruhigte, und sie sagte im Wesentlichen: — 'Dieser Mann weiss Alles über meinen Vater und meine Mutter, von denen der eine sechs Monate und die andere acht Jahre todt ist; es wird mir gesagt, dass sie durch ihn zu mir reden, und dass sie auch durch andere Medien zu mir sprechen können.' — Das Mädchen, welches noch niemals ein solches Phänomen erlebt hatte, war bestürzt und selbstverständlich nicht im Stande, zu begreifen, wie es geschah, dass Mr. *Walden*, ein Amerikaner und ihrer Familie und der Schwedischen Sprache total Fremder, in einer so geheimnissvollen Weise zu ihr sprechen konnte."

Sr. Ehrwürden (Reverend) *Jesse B. Ferguson*, Artium Magister, Legum Dr., bezeugt in seinem Werke: — „A Record of Communications" (Ein Bericht über Geistermittheilungen), Nostville, 1854: — „Ich habe eingeborene Amerikaner, welche niemals ein deutsches Wort gesprochen hatten, stundenlang in dieser Sprache in Prosa und in Versen Vorträge halten hören in Gegenwart geborener Deutscher, welche ihre Ansprachen für reine Ausdrücke ihrer Muttersprache erklärten." (p. 24.) —

Im Jahre 1873 veröffentlichte Mr. *Allen Putnam* „The Biography of Mrs. *J. H. Conant*", eines in Amerika wohl bekannten Sprech-Mediums, durch deren Mund die Redaction des „Banner of Light" in Boston die Hunderte von in jeder seiner Nummer veröffentlichen Geisterbotschaften erhalten hat. Mrs. *Conant* bezweifelte zuerst selbst die durch sie im Trance-Zustande überlieferten Communicationen. Sie wurde häufig von indianischen Geistern controlirt, die ihr den Namen „*Tulular*", d. h. „Etwas, um hindurch zu sehen", gegeben hatten. „Wie kann Jemand wissen, ob die Zeichen und Worte, welche „*Spring-Flower* (Frühlings-Blume) und andere (Geister) anwenden, wahr und richtig sind?" — sagte sie. „Ich bin ohne Bewusstsein, während die Manifestation von Statten geht, und kein Anwesender kann entscheiden, ob es Sinn hat, oder Unsinn ist, was durch mich von diesen indianischen Geistern gesprochen wird." . . . „Von dem Verlangen beseelt, die Wahrheit dieser Manifestationen zu ermitteln, hat sie jede Gelegenheit benutzt, die Geister zu prüfen." . . . „Ein Besuch, den ihr Colonel *Tappan*, ein Mitglied der 'U. S. Indian Peace Commission' (der Vereinigten Staaten-Commission für Friedenschliessung mit den Indianern), mit mehreren Herren machte, unter denen Einer sich befand, welcher indianischer Agent der Vereinigten Staaten 15 Jahre lang gewesen war und mit der Mehrzahl der von den Ureinwohnern an der Grenze und im Innern gesprochenen Mundarten vertraut zu sein erklärte, erschien ihr als eine ausgezeichnete Gelegenheit zur Nachforschung. *Spring-Flower* benutzte sie sofort und war im Stande, mit dem ehemaligen Agenten sich fliessend zu unterhalten, — wobei sie thatsächlich vielleicht noch den Vortheil über ihn hatte, da er dann und wann stocken musste, bis das gewünschte Wort in sein Gedächtniss kam, während seine unsichtbare Mitrednerin in ihrem Elemente erschien . . . Mrs. *Conant* fragte einen der Herren von der Gesellschaft, ob er glaube, dass *Spring-Flower*, falls sie (Mrs. *Conant*) unter Indianern und im Trance sich befände, sich dem Stamme verständlich machen könne, zu dem sie im Erdenleben gehört zu haben erklärte, und er antwortete darauf, dass sie seiner Meinung nach dies ohne allen Zweifel thun könnte." (Pag. 152—54.) —

In England wird von den Medien *Townes* und *Cagman* berichtet, dass sie unbekannte Sprachen geredet hätten („The Spiritualist" 1871, March 15; 1874, II, p. 165), aber die Zeugen fehlen dafür; was das Medium Miss *Lottie Fowler* betrifft, mit welcher Baron *Hellenbach* experimentirte, so haben wir ein competentes Zeugniss von Seiten des Dr. *J K. Barrett*, M. Dr., welcher bezeugt, dass sie mit ihm und seinem Bruder Hindostanisch und in Australischer Sprache „fliessend und rasch" redete. („The Medium" 1876, p. 418; 1877, p. 7.) —

Ich übergehe alle geschriebenen Communicationen, welche von Medien in einer unbekannten Sprache erhalten worden sind, mit Stillschweigen; diese Fälle sind sehr zahlreich; aber gemeiniglich sind es Citate aus Schriftstellern, oder einige Worte, von denen man immer behaupten kann dass sie auswendig gelernt, oder gehört, oder abgeschrieben worden seien, — gleichviel ob mit Bewusstsein, oder nicht; oder aber es sind kurze Phrasen, welche stets einem Verdacht über ihren Ursprung Raum lassen. Es giebt viele Fälle, bei denen die persönliche Ueberzeugung eine vollständige ist, — ich habe deren in meiner eigenen Erfahrung erlebt, — aber diese Ueberzeugungen sind nicht übertragbar. Alles das bewirkt, dass diese Art von Mittheilungen beinahe keinen Werth hat im Vergleich mit den Thatsachen **lebhafter Unterhaltung**, von denen ich so eben Beispiele angeführt habe.

Ich muss unter dieser Rubrik doch auch die Fälle erwähnen, bei denen geistige Mittheilungen durch dem Medium unbekannte **telegraphische Signale** erhalten wurden, was einer unbekannten Sprache wohl gleichsteht. Man sehe *Wolfe* „Startling Facts" (Erstaunliche Thatsachen) p. 247 · 255. — Ein interessanter Fall steht in der vorerwähnten „Biographie der Mrs. *Conant*" berichtet, den ich hier wiedergebe: —

„Während Mrs. *Conant* im Cummings-House zu Boston wohnte, empfing sie den Besuch eines fremden Herrn, welcher sich begierig erklärte, die Phänomene der Wiederkehr von Geistern zu erforschen, aber dabei einen besonderen Identitäts-Beweis von einem seiner Freunde wünschte, den er noch niemals zu erhalten im Stande gewesen sei; er habe soeben erst ein weibliches Medium in einem anderen Theile der Stadt besucht, und dort sei ihm durch den controllirenden Einfluss gesagt worden, dass die gewünschte Manifestation nicht durch ihre Mediumschaft gegeben werden könnte, sondern dass, wenn er eine Sitzung mit Mrs. *Conant* halten wollte, (der Geist gab ihm volle Anweisungen, wo er sie finden könnte,) sein Freund sich bemühen würde, ihm seinen Wunsch zu erfüllen. Wiewohl ziemlich unentschlossen in seinem Gemüthe, die Sache noch weiter zu verfolgen, beschloss der Herr doch noch, einen weiteren Versuch zu machen, und erschien demnach in der Wohnung der Mrs. *Conant* gleichsam wie durch Empfehlung. Nachdem sie ihre Sitze am Tische eingenommen hatten, wurden das Medium und ihr Besucher passiv für Einflüsse und erwarteten das Resultat. Mrs. *Conant* hielt, wie es ihre Gewohnheit war, wenn sie das Kommen von Geistern erwartete, in ihrer Hand einen Bleistift und hatte vor sich einen Bogen Papier ausgebreitet, damit die unsichtbare Intelligenz sie nicht erst in Trance zu versetzen wünschen sollte, sondern ihre Gedanken schriftlich ausdrücken möchte. Plötzlich begann ihre Hand sich auf eine sonderbare und ganz unregelmässige Art und Weise zu erheben und niederzufallen, und der Bleistift fuhr einige Momente lang fort, einen tickenden Ton auf dem Papier hervorzubringen, für den eine Erklärung zu finden dem Medium ganz unmöglich war. Schliesslich an einem controllirenden Einfluss verzweifelnd und über den anscheinenden Fehlversuch der Sitzung sehr verwirrt, sagte sie zu ihrem Besucher: —

„'Es ist von keinerlei Nutzen. Es scheint zur Zeit kein Geist anwesend zu sein, der sich Ihnen mittheilen kann. Es ist einer hier, aber er ist offenbar unwissend über die

Methode seiner Rückkehr und kann nicht zur vollen Controlle gelangen.' —

„Sie erwartete in ihrem Kummer, dass der Forscher seine Nichtbefriedigung ausdrücken und sich zurückziehen würde, in seinem Gemüthe überzeugt, dass dieser Geister-Verkehr — soweit dies wenigstens das Medium betraf — eine Fabel wäre; aber sie war ausserordentlich überrascht, als er sie ruhig belehrte, dass er vollständig befriedigt wäre, — dass die Séance ein ganzer Erfolg gewesen wäre, — dass er den Prüfungsbeweis (test), den er von seinem Freunde gewünscht, erhalten und ihn unbemerkt von ihr zur Aufbewahrung niedergeschrieben hätte. Nach weiteren Erklärungen erwies es sich, dass der Besucher ein Telegraphist war, und dass der Gegenstand, über den er von seinem kürzlich hinübergeschiedenen Freunde (der ebenfalls Telegraphist war) belehrt zu werden wünschte, von einer nur ihnen selbst bekannten Natur war; der noch lebende Freund wünschte, dass der Verstorbene bei einer Zusammenkunft mit ihm in Gegenwart eines Mediums, oder durch ein solches, ihm diese Auskunft vermittelst telegraphischer Klopflaute, welche bei der Uebertragung weltlicher Botschaften benutzt werden, mittheile. Dieses hatte der Einfluss mechanisch bewerkstelligt durch den Bleistift der Mrs. *Conant*, während sie sich im normalen Zustande befand, und des telegraphischen Alphabets total unkundig, verwunderte sie sich über den Fehlversuch des Geistes, etwas Leserliches zu schreiben. So wurde das gänzliche Unbetheiligtsein des Kanals der Mittheilung an jeglicher Kenntniss des gegebenen Gegenstandes dem betreffenden Herrn klar und befriedigend bewiesen." (pag. 199—200.) —

Ein anderer ganz ausserordentlicher Fall wird durch Mr. *Crookes* festgestellt: —

„Während einer Sitzung mit Mr. *Home* bewegte sich ein kleines Lineal, dessen ich schon zuvor erwähnt habe, quer über den Tisch bis zu mir, bei Licht, und überlieferte mir eine Botschaft durch leichte Schläge auf meine Hand, indem ich das Alphabet wiederholt hersagte und das Lineal mich bei den richtigen Buchstaben klopfte. Das andere

Ende des Lineals ruhte auf dem Tische auf, in einiger Entfernung von Mr. *Home*'s Händen.

„Die Schläge waren so scharf und klar, und das Lineal befand sich offenbar so gut unter der Controlle der unsichtbaren Kraft, welche seine Bewegungen lenkte, dass ich sagte: — 'Kann die Intelligenz, welche die Bewegung dieses Lineals lenkt, den Charakter der Bewegungen verändern, und mir eine telegraphische Botschaft durch das *Morse*'sche Druckalphabet vermittelst Schlägen auf meine Hand geben?' — (Ich habe allen Grund, zu glauben, dass das *Morse*'sche Alphabet allen übrigen anwesenden Personen gänzlich unbekannt und mir selbst nur unvollkommen bekannt war.) Sogleich, wie ich dies sagte, veränderte sich der Charakter der Klopflaute, und die Botschaft wurde auf die Art fortgesetzt, um welche ich gebeten hatte. Die Buchstaben wurden für mich zu schnell gegeben, als dass ich hätte mehr thun können, als hier und da ein Wort aufzufangen, und in Folge dessen verlor ich diese Botschaft; aber ich hörte hinreichend, um mich zu überzeugen, dass ein guter *Morse*'scher Telegraphist am anderen Ende der Linie war, wo immer dieses auch sein mochte." —

(„Psych. Stud." Mai Heft 1874, S. 209.)

Ich beschliesse endlich diese Rubrik mit dem Falle einer **musikalischen Leistung** durch ein Kind, welches niemals Musik gelernt hatte, der von dem ehemaligen Gouverneur von Wisconsin *Nathaniel P. Tallmage* an der Person seiner eigenen **Tochter** beobachtet wurde: —

„Im Juni 1853 besuchte ich nach meiner Rückkehr von New-York, woselbst ich Zeuge vieler Manifestationen gewesen war, ein Schreib-Medium in meiner Nachbarschaft. Eine Communikation kam für mich durch sie, welche mich anwies, einen Cirkel in meiner eigenen Familie zu bilden, und mir ankündigte, dass ein Medium entwickelt werden würde, welches alles mir nur Wünschenswerthe sein werde. Ich fragte, wer das sein würde. Die Antwort lautete: — 'Deine Tochter.' — Ich fragte, welche Tochter, da ich vier Töchter habe. Die Antwort lautete: — '*Emilie*'. — Ich wurde alsdann angewiesen, wenn ein Cirkel in meinem Hause gebildet sein würde, *Emilie* an das Piano zu setzen. Ich fragte: — 'Willst

Du sie spielen lehren?' — Ich erhielt die Antwort: — 'Du wirst es sehen'. — *Emilie* ist meine jüngste Tochter und zur Zeit ungefähr dreizehn Jahre alt. Es ist hier am Platze, zu bemerken, daſs sie niemals eine Musiknote kannte und niemals eine Melodie auf dem Piano in ihrem Leben gespielt hatte. Der Grund ist dieser. Das Land war ganz neu, als wir hierher zogen, und es gab zu jener Zeit keine Gelegenheit für Musikunterricht. Sie wurde in anderen Wissenszweigen zu Hause entweder von mir selbst, oder von irgend einem Familiengliede unterrichtet. Ich bildete alsbald einen Cirkel in meiner Familie, wie mir bedeutet worden war. *Emilie* nahm Papier und Bleistift. Bald wurde ihre Hand zum Ziehen gerader Linien quer über das Papier bewegt, bis sie ein sogenanntes Notenliniensystem gestaltet hatte. Sie schrieb hierauf Noten in dasselbe ein; dann machte sie alle die verschiedenen Musikzeichen, über welche alle sie nichts wusste. Sie warf dann ihren Bleistift hin und begann den Tisch zu bearbeiten, als ob sie die Tasten eines Pianos schlüge. Dies erinnerte mich an die erhaltene Weisung, sie an das Piano zu setzen. Ich schlug ihr das vor, und, obgleich von Natur ungläubig, willigte sie sofort ein und setzte sich an dasselbe mit der ganzen Haltung und dem Vertrauen einer vollendeten Spielerin. Sie schlug die Tasten kühn an und spielte '*Beethoven*'s grossen Walzer' in einem Stile, welcher einem in der Musik wohl Bewanderten Credit verschaffen würde! Sie spielte hierauf viele wohlbekannte Melodien, so z. B. 'Sweet Home' (Süsse Heimath), 'Bonnie Doon', 'Die letzte Sommerrose', 'Hail to the Chief' (Heil dem Häuptling!), 'Old Folks at Home' (Alte Leute in der Heimath), 'Lilly Daile' (Lilien-Thal) u. s. w. Sie spielte hierauf eine ganz neue Weise und sang dazu mit improvisirten oder für diese Gelegenheit beeindruckten Worten. Sie fuhr fort, neue und schöne Melodien zu singen, deren Poesie und Stimmung ihr wie zuvor eingegeben wurden." (*Charles Linton*: — „The Healing of the Nations" [Die Heilung der Nationen], New-York, 1855, 3. Ausgabe, pag. 60—61; man vergl. hierzu noch „Psych. Stud." März-Heft 1889, S. 160 den Fall sub *d*).

Was wird Herr *von Hartmann* zu diesen Thatsachen sagen? Es ist klar, dass diejenigen, welche sich gegen den Willen und die Ueberzeugungen des Mediums erzeugen, und vor Allem das Sprechen in einer ihm unbekannten Sprache, positiv nichts zu thun haben, weder mit der Hyperästhesie (allzu grossen Steigerung) des Gedächtnisses, noch mit der Gedankenübertragung, noch mit dem Hellsehen, die alle die Quelle des Inhalts des somnambulen Bewusstseins enthalten sollen. Diese letztere Rubrik gewinnt besonders eine Hauptwichtigkeit Angesichts der kategorischen Erklärung des Herrn *von Hartmann* über die Unmöglichkeit derartiger Phänomene. Da befindet sich der Rubicon im Gebiete der intellectuellen Thatsachen, den Herr *v. H.* nicht wird überschreiten können, und vor denen, wie vor den physikalischen Thatsachen des Durchdringens der Materie, er noch einmal wird die Waffen strecken müssen. Da diese Phänomene sich nicht erklären lassen durch eine Thätigkeit des normalen Bewusstseins des Mediums, auch nicht durch eine Thätigkeit des somnambulen Bewusstseins, so muss man nothwendigerweise einen anderen, **einen dritten Factor** suchen; und da wir keinen Platz mehr finden, wo wir ihn im Medium suchen könnten, sind wir zu dem Schlusse gezwungen, dass dieser dritte Factor sich **ausserhalb des Mediums** befindet. —

Bevor wir zu der Rubrik von Thatsachen übergehen, für deren Erklärung Herr *von Hartmann* es selbst für nöthig findet, eine Ausnahme von seinen „methodologischen Grundsätzen" zu machen und zu einer „metaphysischen, übernatürlichen Erklärung" (S. 81), zu dem „Absoluten" (resp. dem grossen Gott) seine Zuflucht zu nehmen, muss ich hier noch einer Art von Phänomenen mit einem verwickelten Charakter Erwähnung thun, welche zur Verstärkung und Erläuterung der Schlussfolgerung dienen, die ich so eben gezogen habe.

7) **Verschiedene Phänomene von einer gemischten, zusammengesetzten Art.**

Herr *von Hartmann* sagt uns: — „Der experimentelle Beweis dafür, dass dieses Schreiben nur relativ ein unbewusstes, für das larvirte somnambule Bewusstsein aber ein bewusstes ist, kann übrigens dadurch geführt werden, dass das Medium sich in offenen Somnambulismus versetzt, wo es sich des vorher unbewusst Geschriebenen erinnert und über dasselbe mündlich Auskunft ertheilt." (S. 58.) — Und weiter: — „Wenn ein Medium im somnambulen Zustand mündlich genauen Aufschluss zu geben vermag über den Inhalt der früher geleisteten fernwirkenden Schrift, von welchem sein waches Bewusstsein nichts wusste, so ist damit der zwingende Beweis geliefert, dass das somnambule Bewusstsein des Mediums bei seinen mediumistischen Leistungen nicht ausgeschaltet oder übersprungen wird, sondern irgendwie mitbetheiligt ist." (S. 113.) — Wenn also ein Medium „im somnambulen Zustand" schreiben wird, und wenn es keinen „genauen Aufschluss über das, was es selbst geschrieben hat, wird geben können", weder wenn es sich in demselben „somnambulen Zustande" befindet, noch wenn es zum normalen Zustande zurückgekehrt ist, so sollen wir also damit einen „zwingenden Beweis" haben, dass das somnambule Bewusstsein des Mediums bei seinen mediumistischen Leistungen ausgeschaltet wurde. Wir haben diesen Beweis in der folgenden Thatsache: —

„Ein Correspondent, der sich 'T. E. B., Lieut. R. A., F. R. A. S.' (Lieutenant der Königlichen Armee, Mitglied der Königl. Asiatischen Gesellschaft) unterzeichnete, giebt in „Knowledge" (Die Wissenschaft) vom 2. März 1883 einen interessanten Fall von Schreiben mit der Planchette. Der Schreiber sagt: —

„'Vor einiger Zeit begann ich Experimente mit ihr (der Planchette) anzustellen, da ich zur Zeit die volle Ueberzeugung hatte, dass, wo kein Betrug im Spiele war, das Schreiben durch die unbewusste Thätigkeit der ihre Hände auf die Maschine legenden Person geschah; diese plausible Lösung würde, wenn sie richtig wäre, neue Vorstellungen von Gehirnthätigkeit nach sich ziehen, die recht sonderbar sein dürften. Ich hatte das Glück, eine Dame zur Freundin zu besitzen, für welche die Planchette zu allen Zeiten wunderbar gut schrieb, so dass ich im Stande war, einige seltsame Experimente anzustellen. Wenn sie ihre Hand auf das Instrument legte (welches ich mir selbst herstellte, indem ich ein Loch an den Rand eines kleinen Brettchens bohrte und einen Bleistift hineinsteckte,) und eine Frage stellte, wurde die Antwort mit wunderbarer Schnelligkeit geschrieben, sogar noch schneller als gewöhnliche Schrift, und für gewöhnlich recht lesbar, obgleich in den verschiedenen Handschriften keine im geringsten in der Bildung der Buchstaben (was ich für einen sonderbaren Punkt betrachte) derjenigen des weiblichen Operators glich. Die Dame selbst wusste nicht eher, was geschrieben worden war, als bis sie es gelesen hatte. Bei mehr als einer Gelegenheit war die mitgetheilte Antwort nur mir selbst oder irgend einer anderen Person im Zimmer bekannt und konnte daher nach der Hypothese der unwillkürlichen Thätigkeit nur durch eine Art von Gedankenlesen erklärt werden.

„'Aber das Experiment, auf welches ich besonders Ihre Aufmerksamkeit lenken möchte, ist dieses. Ich hatte die in Rede stehende Dame mehrere Male mesmerisirt, und, wie gewöhnlich in solchen Fällen, konnte sie, wenn sie eingeschläfert war, keine an sie gerichteten Fragen beantworten, hatte aber auch beim Erwachen von dem, was sich im Trance ereignet hatte, keine Kenntniss. (Nebenbei fand ich, dass, wenn sie Dinge in ihrem wachen Zustande verloren oder verlegt hatte, sie gewöhnlich sagen konnte, wo sie waren, wenn sie eingeschläfert war). Ich dachte deshalb an das Experiment, sie ihre Hände auf das Brettchen legen zu lassen, wenn sie eingeschläfert war. Nach Stellung einer Frage wurde eine Antwort wie gewöhnlich geschrieben, und bevor ich sie selbst las, fragte ich sie dabei, was geschrieben worden wäre, mit der vollen Erwartung, dass sie es zu sagen im Stande sein würde. **Sie konnte es jedoch nicht!** Nun dürfte dies zu beweisen scheinen, dass die geschriebenen Worte weder entwickelt wurden aus dem Gehirn in seinem normalen Zustande, noch aus dem besonderen Zustande desselben im mesmerischen Schlaf. Wir müssen daher entweder einen dritten, bisher noch nicht erforschten Zustand einräumen, oder endlich zu der Vorstellung einer äusseren übernatürlichen Wirkungskraft kommen, welche ich gar nicht zuzugeben Willens bin." — („Light", March 17, 1883, p. 124).

Der Irrthum des Herrn *von Hartmann* liegt in der Verallgemeinerung seiner Behauptung; in vielen Fällen wird die Schrift das Werk des somnambulen Bewusstseins sein, aber das schliesst die Möglichkeit nicht aus, dass sie in anderen Fällen einer Suggestion (Eingebung) gehorcht, welche aus einer fremden Quelle stammt. Diese selbe Möglichkeit wird durch folgenden Fall trefflich erläutert: — Mr. *Young*, den wir bereits aus den Citaten über das Sprechen in fremden Sprachen (S. 435 ff.) kennen, erzählt folgende, seiner Frau widerfahrene Thatsache: —

„1) In einem in Dr. *Georg Haskel's* Hause gehaltenen Cirkel, in dem folgende Herren anwesend waren: — Dr. *Budd*, der Ehrenw. *Anson Miller*, Mr. *H. P. Kimball*, Mr. *Benjamin Kilburne* und noch einige Dutzend Andere, ereigneten sich folgende Manifestationen. Da meine Frau häufig magnetisirt worden war und an jenem Abende sich mehrere Skeptiker anwesend befanden, so behauptete Einer von ihnen, dass der durch sie sprechende Geist sich als nichts weiter ausweisen würde, denn als die blosse Willenskraft des anwesenden Magnetiseurs. Diese Person schlug nun vor, dass die sie jetzt beeinflussende Kraft ihr entzogen, dass sie unter den mesmerischen Einfluss des Magnetiseurs gestellt, und dass alsdann versucht werden solle, was er jetzt dabei wirken könne, um sie sprechen zu machen. Auf diesen Vorschlag kam sie plötzlich in ihren Normalzustand zurück, wurde magnetisirt und begann durch die Willenskraft des Magnetiseurs mit grosser Schönheit und Pathos jenes wohlbekannte Lied: '*Annie Laurie*' — zu singen. Dieser Beweis gewährte zur Zeit den Skeptikern grosse Befriedigung und bewies ihnen vollkommen die Richtigkeit ihrer Theorie. Aber ihre Freude war nur eine kurze: denn als sie noch den letzten Vers dieses Liedes sang, nahm sie inmitten desselben der vorige Einfluss, welcher der Geist einer Italienerin, Namens *Leonore*, zu sein vorgab, aus seiner (des Magnetiseurs) Gewalt, so dass er nichts mehr mit ihr zu schaffen vermochte. Er machte eine grosse Anstrengung, sie das Lied beendigen zu lassen, und als ihm dies nicht gelang, that er sein Aeusserstes, um den Einfluss von ihr abzuschütteln; aber zum ersten Mal fand er bei seinem Subjecte seinen Zweck gänzlich vereitelt. Einer der Skeptiker, welcher diesen unerwarteten Wechsel des Programms bemerkte, stellte das Ansinnen, dass, wenn das Medium jetzt vom Geiste einer Italienerin gelenkt würde, derselbe sie in dieser Sprache zu singen beeinflussen solle. So wunderbar dies auch klingen mag, diese Bitte wurde sofort erfüllt, und Alle jubelten vor Vergnügen über die Harmonie und Schönheit dieser neuen musikalischen Leistung. Es waren keine Italiener anwesend, doch waren Mehrere da, welche ein gut Theil der gesungenen Worte verstanden und sie für richtig erklärten. Diese Manifestation setzte das Medium vielleicht noch mehr in Erstaunen, als irgend einen anderen Anwesenden. An manchen darauf folgenden Abenden wurde das Medium auf ähnliche Weise noch öfter aus der Gewalt des Magnetiseurs genommen und Stunden lang in dieser fremden Zunge zu singen, und ebenso auch Italienisch und Englisch zu sprechen veranlasst." (*Edmonds* „Der amerikanische Spiritualismus" S. 209- 210.) —

Hier sehen wir, dass die Suggestion (Einflüsterung) des sichtbaren Magnetiseurs hat weichen müssen der Suggestion eines weit stärkeren, obgleich unsichtbaren Magnetiseurs.

Wir haben weiter einen anderen Fall, in welchem ein unsichtbarer Magnetiseur gezwungen wird, seinen Platz einem anderen unsichtbaren Magnetiseur abzutreten; oder eine vielleicht von dem somnambulen Bewusstsein des Mediums diktirte Communikation wird plötzlich durch eine aus einer anderen Quelle stammende Communikation unterbrochen. Der in der spiritistischen Litteratur wohlbekannte Mr. *Brittan* berichtet in einem Briefe an das „Religio-Philosophical Journal" folgende Thatsache: —

„Eines Morgens im Jahre 1852 befand er (Mr. *Brittan*) sich bei einer Sitzung zu Greenfield, Mass., in welcher Mr. *D. D. Home* das Medium war. Während einer von der Gesellschaft das Alphabet wiederholte und durch die gewöhnlichen Klopflaute eine Communikation erhielt, wurden plötzlich die Klopftöne sehr laut, und das Signal nach dem

Alphabet ward gegeben Jemand bemerkte, dass kein Sinn in der Forderung der Geister nach dem Alphabet läge, da es ja immerfort wiederholt werde. Dasselbe Signal wurde hierauf durch eine kräftige Bewegung des Tisches ertheilt, was die Bemerkung hervorlockte, dass eine schreckliche Verwirrung auf des 'Himmels erstes Gesetz' gefolgt sei. Da er den wirklichen Stand des Falles durchschaute, versicherte Mr. *Brittan* der Gesellschaft, dass dabei nicht nothwendiger Weise Verwirrung herrsche; dass nur ein anderer Geist gekommen wäre und die frühere Botschaft unterbrochen hätte, weil er etwas von noch unmittelbarerer Wichtigkeit sagen wolle. Dies wurde augenblicklich bejahend durch laute Klopftöne in verschiedenen Theilen des Zimmers bestätigt, sowie durch die kräftigste Handhabung des Tisches. Mr. *Brittan* wiederholte hierauf das Alphabet und erhielt folgendes Telegramm: — „Du wirst nach Hause begehrt; dein Kind ist sehr krank; gehe sofort, oder du wirst dich verspäten." — Seine Reisetasche ergreifend, brach er sofort und ohne Ceremonie auf. Er hatte eben erst die Strasse erreicht, als er das Pfeifen des herannahenden Zuges vernahm, des letzten an diesem Tage, mit welchem er seine Heimath erreichen konnte. Der Bahnhof lag in der Entfernung von ungefähr einer achtel Meile. Indem er mit äusserster Eile rannte, erreichte er die Station, als der Zug sich gerade fortbewegte, kaum noch rechtzeitig, um auf das hintere Ende des letzten Wagens zu gelangen. Als er die Heimath erreichte, fand er die Behauptung des Geistes durch die Thatsachen buchstäblich bewahrheitet." („Light", August 20, 1881, p. 260.) —

Was könnte nach Herrn *von Hartmann* die Ursache dieser Unterbrechung der Communikation gewesen sein? Dass sie nicht im Medium liegen konnte, ist klar. War es vielleicht eine telepathische (fernfühlige) Depesche des somnambulen Bewusstseins eines der Mitglieder der Familie des Dr. *Brittan*? Aber Herr v. *H.* gesteht die Communikationen auf grosse Entfernungen nicht anders zu als unter der Form der Hallucination, — worüber wir später handeln werden.

Da ist noch ein anderer, ähnlicher Fall, in welchem die Ursache der Unterbrechung zwar nicht genau bestimmt ist, aber selbst dann keinen genügenden Grund liefert, sie im Medium selbst zu suchen; denn wenn hier das somnambule Bewusstsein funktionirt hätte, welches ist dann der plausible Grund für diese Unterbrechung durch „Bewegungen des Tisches"? Ich entnehme den Fall, von dem hier die Rede ist, dem Reverend *Adin Ballou* in einem Citate des Prof. *Robert Hare*:—

„Ich bin von den Unsichtbaren ersucht worden, über einen besonderen Gegenstand zu einer gegebenen Zeit und an einem bestimmten Orte zu sprechen, mit der Zusicherung, dass bei dieser Gelegenheit Antworten ertheilt werden würden durch die geäusserten Wahrheiten bestätigende Klopflaute; was sich alles schlagend verwirklichte. Einst wurde bei einer ganz unverhofften Zusammenkunft, als nichts der Art von einer anwesenden Person gedacht worden war, angeblich von einem Geist, welcher verschiedene Male grosses Interesse an meinen öffentlichen Arbeiten bewiesen hatte, Folgendes hervorbuchstabirt: — 'Hast du deine Rede-Themata für den nächsten Sonntag schon ausgewählt?' — ‚Erst **eines von ihnen**', antwortete ich. ‚Will **mein geistiger Freund** etwa gern einen Text für den anderen Theil des Tages angeben?' — 'Ja.' — ‚Was für einer ist es?' forschte ich. Er buchstabirte das Wort 'Das' (The) hervor und stockte. Als ich mich über sein Stillschweigen verwunderte, wurde das Zeichen eines anderen Geistes gegeben. Der Neu-Angekommene theilte sich durch **Bewegungen des Tisches** nicht wie der Andere durch **Klopflaute**, mit. Er sagte, dass unser Freund, der **Klopfer**, plötzlich für einige Momente abgerufen worden sei, aber sicher bald wiederkehren würde. Er kehrte wirklich binnen fünfzehn Minuten zurück, nahm seine Communikation genau da wieder auf, wo er sie verlassen hatte, und buchstabirte hervor: — **'Das zweite Kapitel des ersten Korintherbriefes, der zwölfte und dreizehnte Vers.'** — Kein Mensch im Zimmer hatte die geringste Erinnerung an die betreffenden Worte." (*Hare:* „Experimental Investigation of the Spirit Manifestations" § 1602, p. 319 - 320.) —

Da ist noch ein anderer Fall, bei dem wir zwischen dem Zugeständniss eines dritten Factors, oder dem Alibi (Anderswobefinden) des somnambulen Bewusstseins zu wählen haben: —

„Miss *Mary Banning*, ein Medium, im Hause des Mr. *Moore* in Winchester, Conn., befindlich, verlangte am 14. Juni 1852 nach dem Geiste ihres Bruders *Josiah Banning*, aber er stellte sich nicht selbst ein wie gewöhnlich. Die Aufforderung wurde während des Abends wiederholt, jedoch mit keinem Erfolge. Endlich wurde zu später Stunde, und als die Mitglieder der Gesellschaft im Begriff waren, auseinander zu gehen für die Nacht, die Anwesenheit von *Josiah Banning* unerwarteter Weise angekündigt. Der Geist bezeichnete als Grund, weshalb er nicht im ersten Theile des Abends gekommen sei, dass 'er den ganzen Tag über bei seiner Schwester *Edith* gewesen wäre.' Miss *Edith Banning* befand sich zu Hartland, Conn., etwa 16 engl. Meilen entfernt, und war mit Schulehalten beschäftigt. Sehr bald erhielt Miss *Mary Banning* einen Brief von *Edith*, geschrieben am folgenden Morgen nach dem vorher beschriebenen Ereignisse der Zusammenkunft in Mr. *Moore*'s Hause, in welchem Briefe sie constatirte, dass *Josiah* den ganzen vorhergegangenen Tag über bei ihr gewesen war, und dass seine Gegenwart während der Nacht sie wach erhalten hätte. Die Art und Weise der Manifestation zu Hartland geschah durch Töne an und rings um die Person der Miss *Banning*." (*S. R. Brittan* and *Richmond*, „A Discussion of the facts and philosophy of ancient and modern Spiritualism", New-York, 1853, p. 289.) —

Hier sind zwei Schwester-Medien, Miss *Mary* und Miss *Edith Banning*, und ihre somnambulen Bewusstseinszustände müssten in einer vollständigen Uebereinstimmung sein, im Einklange handeln, und der sich *Josiah Banning* nennende Geist, ihr Bruder, müsste sich bei beiden Schwestern zu gleicher Zeit manifestirt haben!! Aber bei der wirklichen Thatsache steht es damit ganz anders.

Unter dieser Rubrik kann ich einen **Fall meiner eigenen Erfahrung** in einem intimen Cirkel erwähnen, welcher eigentlich in die erste Rubrik gehörte; aber ich stelle ihn als Einleitung für den folgenden Fall hierher, in welchem dieselben Personen auftreten.

Am 17. (29.) Oktober 1873, einem Dienstag, befand ich mich zu London bei einer Séance mit einem professionellen Medium, Mrs. *Olive*; einer ihrer sie controlirenden Geister, *Hambo*, der sich für einen gewesenen Neger aus Jamaika erklärte, richtete das Wort an mich und sagte mir unter anderen Dingen, dass er es liebe, sich mit der Entwickelung von Medien zu beschäftigen. Den Smaragd-Ring bemerkend, den ich am Finger trage, erklärte er, dass er den Smaragd nicht liebe, denn seine Ausstrahlungen erregten keine wohligen Empfindungen; aber dass er mir nicht schade, weil er das Andenken an einen Freund wäre, (was richtig war); er fügte hinzu, dass er und die Geister im Allgemeinen den Brillant (Diamanten) als Symbol der Reinheit vorzögen. „Ihre Gemahlin," sagte er, „trägt einen Brillant auf dem linken Ringfinger", (was richtig war). „Siehest du sie?" fragte ich. — „Ja", erwiderte er, „sie ist ein vorzügliches Medium, (was auch richtig war); eine gute Dame, ihre Linke weiss nicht, was ihre Rechte giebt," (was ebenfalls stimmte). — Er versprach, uns in Petersburg besuchen zu wollen, um zur Entwickelung der mediumistischen Fähigkeiten meiner Frau beizutragen, und wir kamen überein, dass sein erster Besuch am fünften Dienstag vom 17. Oktober ab, d. h. also am 20. November a. St., um acht Uhr Abends stattfinden, und dass er sich durch Klopflaute mittheilen sollte, denn meine Frau sprach nicht im Trance. Ich hatte einen Dienstag gewählt, denn das war der Tag, an dem ich damals die Gewohnheit hatte, mit meiner Frau ganz vertrauliche Séancen abzuhalten. Als ich nach Petersburg zurückgekehrt war, nahmen wir unsere Séancen wieder auf; ich sagte zu Niemand etwas über das Versprechen *Hambo's*, und als die Séance vom 20. November herbeikam, war ich natürlich von dem Gedanken vorher eingenommen, ob es gehalten werden würde, oder nicht, und sicher neigten sich meine Wünsche zur Erfüllung. Aber es geschah davon nichts. Dass der Fehler nicht auf Seiten meiner Frau lag, erweist die Thatsache, dass die Séance nicht ohne Resultat verlief und wir eine Communication von anderer Seite her erhielten; so functionirte doch das somnambule Bewusstsein, und es lag wohl die Gelegenheit vor, in meinen Gedanken zu lesen und Mister *Hambo* zum Sprechen zu bringen. Die Bedingungen waren die günstigsten, denn, wie Herr Dr. *von Hartmann* sagt: — „Ein Medium hat jederzeit das lebhafte Interesse, die offnen und die geheimen Gedanken der Anwesenden zu errathen; denn es hat das Interesse, überraschende Kundgebungen zu Tage zu fördern, und nichts kann überraschender für den 'gesunden Menschenverstand' sein, als Kundgebungen einer Kenntniss, welche die Anwesenden mit keinem Anderen zu theilen glauben, oder welche sich sogar ihrem wachen Bewusstsein entzieht. Der Wille zur Perception ist deshalb im Medium stets als vorhanden vorauszusetzen. Arbeitet aber das Medium mit Personen, welche ihrerseits gleichfalls ein lebhaftes Interesse an dem Zustandekommen auffallender Erscheinungen haben, so muss in diesen sich der Wille entwickeln, das Medium nach Kräften zu unterstützen und ihm die Schwierigkeiten seiner Aufgabe zu erleichtern. Dadurch wird aber auch der unbewusste Wille zur Vorstellungsübertragung angeregt." (S. 72.) — Weshalb also hat hier diese „Vorstellungsübertragung" nicht stattgefunden?

Wie dem auch sein möge, das Experiment glückte nicht; ich war darüber nicht sehr erstaunt, da ich wusste, wie sehr unzuverlässig diese „controlirenden Geister" sind, und ich dachte nicht mehr daran; da ich mir zu nichts Glück zu wünschen hatte, so sagte ich Niemandem etwas davon. Den folgenden Dienstag hielten wir wie gewöhnlich unsere kleine Séance ab, dieses Mal zu Dreien, mit Professor *Butlerow*. Ich löschte die Kerze aus, aber das Zimmer war hinreichend erhellt durch das auf der Strasse brennende Gaslicht. Das englische Alphabet wurde verlangt; ich wiederholte es und notirte auf Papier die von den Klopflauten des Tischfusses, um welchen herum wir sassen, angezeigten Buchstaben. Da ich den Sinn nicht begreifen konnte, hielt ich an und entzündete die Kerze, um mich zu orientiren; meine Frau schlief schon, und auf dem Papiere fand ich die folgenden Buchstaben: —

„gamhereanewaslasttemewthyou". —

Ich sah, dass sich etwas herausbuchstabirte, was man hernach entziffern könnte; ich löschte die Kerze wieder aus und fuhr fort, das Alphabet herzusagen; der Sinn entging mir ebenso wie vorher; aber als das zu Ende war, zündete ich die Kerze wieder an, und es fand sich, dass ich dieses Mal fast ohne Fehler Folgendes notirt hatte: —

„as I promised, but I cannot yet take entirely control of her. *Hambo.*" (— „wie ich versprach, aber ich kann noch nicht ganz die Herrschaft über sie gewinnen. *Hambo.*")

Die Buchstaben wurden manchmal auch durch Klopflaute des Tisches angedeutet, und das letzte Wort durch heftige Bewegungen des Tisches. Meine Frau war die ganze Zeit über in Trance gewesen; und mit dem Ende der Communikation kam sie ruhig wieder zu sich. Hierauf begab ich mich an die Entzifferung des ersten Satzes, und mit Ergänzung einiger Buchstaben erhielt ich folgende Stelle: —

„I am here, and was last time with you"..
(„Ich bin hier und war das letzte Mal bei Euch" . . .)

Weshalb doch entdeckt das somnambule Bewusstsein des Mediums in meinem Hirn die Vorstellung von *Hambo* und personificirt ihn erst, wenn ich nicht mehr daran denke? d. h. als diese Vorstellung sich nur noch im latenten Zustande, in den Tiefen meines larvirten, somnambulen Bewusstseins begraben vorfand?

Nachdem ich im Vorhergehenden *Hambo* eingeführt habe, kann ich jetzt den — in den Annalen des Spiritismus ganz einzig dastehenden — Fall mittheilen, welcher sich direct an diese Rubrik anschliesst.

Bei der folgenden Séance waren wir auch zu Dreien, und wir erwarteten, dass *Hambo* sich manifestiren würde; anstatt dessen wurde das russische Alphabet gefordert; nach einigen Sätzen, welche sich auf die Mediumität meiner Frau bezogen, wurde das Alphabet von neuem verlangt; ich hatte die Kerze ausgelöscht; während ich die russischen Buchstaben hersagte und notirte, ohne sie sehen zu können, bemerkte ich: — „da steht notirt: 'уич', das ist wahrscheinlich das englische Wort, 'which' (welches), und ich muss das englische Alphabet hersagen." [Hier muss erklärt werden, dass die drei angegebenen Buchstaben russische Buchstaben waren, welche so ausgesprochen werden: 'o u (oder u), i, t s c h', deren zusammengezogener Wortlaut ein englisches Wort 'w h i c h' (sprich: 'uitsch') bildet.] Ich begann nun das englische Alphabet herzusagen. Die Communikation hörte bald auf; ich entzündete die Kerze, und ich sah, dass das, was ich im Dunkeln notirte, zwei richtig geschriebene englische Worte bildete: —

„*youu wife*" („Ihre Frau").

Sonach war das erste Wort, welches ich im Dunkeln als „*yuu*" („uitsch") verstanden hatte, das englische Wort „your" (sprich: „jur"), und dieses Wort wurde hervorbuchstabirt, als ich das russische Alphabet hersagte; also hatte Derjenige, welcher es diktirte, sich der Form der Buchstaben, die sich in meinen Gedanken wiederspiegelten, bedient, je nachdem ich die Buchstaben hersagte, um auf diese Weise ein englisches Wort zu bilden. Wie man an diesem Worte ersieht, ist das russische *у* (sprich: u) ähnlich dem englischen *y*, das russische *и* (sprich: i) ähnlich dem englischen *u*, und das russische *ч* (sprich: tsch) ähnlich dem englischen geschriebenen *u* (= *r*).

Dass Communikationen in fremder Sprache sich mit russischen Buchstaben gestalten lassen je nach ihrem Gleichklange mit den fremden Buchstaben, wenn das russische Alphabet gesprochen wird, ist mir schon viele Male vorgekommen; und deshalb hatte ich auch die russischen Buchstaben „*yuu*" für das englische Wort „which" gehalten; aber dass man sich der Gestalt der russischen Buchstaben, welche der Gestalt gewisser fremder Buchstaben entsprechen, bedient hätte, erlebte ich hier zum ersten und letzten Male, und niemals bin ich in den Annalen des Spiritismus einem ähnlichen Falle begegnet. Man darf jetzt fragen: weshalb verlangte das somnambule Bewusstsein meiner Frau, welche gleichmässig über das russische und englische Alphabet verfügte, nicht geradezu das englische Alphabet, oder endlich, warum deutete es die gleichklingenden russischen Buchstaben nicht an, um englische Worte zu lautiren? Das Wort „your" giebt sich leicht und genau durch die beiden russischen Buchstaben „юр" wieder; aber nein! das russische Alphabet wurde genau in der Weise angewendet, deren sich ein Fremder bedient haben würde, welcher dieses Alphabet nicht kennt und nur die Buchstaben wählt, welche der Form nach den Buchstaben seiner Sprache ähnlich sind.

Vorgänge dieser Art, welche die Wahrscheinlichkeit der Annahme eines dritten **Wirkungs-Faktors** erhöhen, sind im Spiritismus zahlreich, aber man legt ihnen wenig Werth bei. Man lese z. B., was Dr. *Wolfe* von dem berühmten Medium *Mansfield* sagt, welcher Verschiedenes mit beiden Händen zugleich schrieb und zur selben Zeit redete: — „Ich habe Mr. *Mansfield* zwei Communikationen in demselben Augenblicke schreiben sehen, die eine mit der rechten, die andere mit der linken Hand, und beide in einer Sprache, von der er keine Kenntniss hatte. Während er damit beschäftigt war, hat er sich mit mir über Geschäftsangelegenheiten unterhalten, oder die vor diesem Doppelschreiben begonnene Unterhaltung fortgesetzt. Es kann somit ersehen werden, dass, während Mr. *Mansfield* selbst in einer recht vernünftigen Weise redete, wie Menschen gewöhnlich reden, sowohl sein rechter wie sein linker Arm mit den zugehörigen Händen **gleichfalls mit Reden** beschäftigt waren. Bei dem einen Falle erinnere ich mich deutlich, dass Mr. *Mansfield*, während er mit beiden Händen in zwei Sprachen schrieb, zu mir sagte: — '*Wolfe*, haben Sie einen Mann in Columbia gekannt unter dem Namen *Jacobs*?' — Ich antwortete bejahend; er fuhr fort: — 'Dieser ist hier und wünscht, Sie wissen zu lassen, dass er diesen Morgen von seinem Körper abgeschieden ist'. — Diese Ankündigung erwies sich als wahr. Aber woran wir am meisten interessirt sind, ist die bei dieser Gelegenheit dargebotene dreifältige Manifestation: beide Hände, nicht mit demselben Gegenstande beschäftigt, sondern eine jede Verschiedenes schreibend, das eine in verkehrter Schrift, das andere in rechtshändiger, wie wir gewöhnlich schreiben; der niedergeschriebene Gegenstand sich im Charakter unterscheidend; die Sprache verschieden: und dennoch spricht ein dritter Mann und kündigt eine erstaunliche Thatsache an, welche stattgefunden hat, während wir in jenem Zimmer, mehrere hundert englische Meilen entfernt, sassen. Welche Lösung kann für diese **dreifältige Manifestation von Intelligenz, Kraft und Organisation** geliefert werden?" (*N. B. Wolfe,* Med. Dr.: — „**Startling Facts in Modern Spiritualism**". Cincinnati, 1874, pag. 48.)

Der Reverend *J. B. Ferguson* bezeugt in seinem Buche: — „**Supramundane Facts**" (Ueberweltliche Thatsachen). London, 1865, dieselbe Thatsache auf pag. 57.

Ein ähnlicher neuerer Fall steht berichtet in den „**Proceedings of the Society for Psychical Research**" (Verhandlungen der Gesellschaft für psychische Forschung) zu London im Jahre 1887, pag. 222.

Mr. *Crookes* bezeugt eine analoge Thatsache: — „Ich befand mich bei Miss *Fox*, als sie automatisch einer anwesenden Person eine Botschaft schrieb, während einer anderen Person über einen anderen Gegenstand alphabetisch durch 'Klopflaute' ebenfalls eine Botschaft gegeben wurde, und sie selbst die ganze Zeit über sich mit einer dritten Person ungezwungen über einen von beiden total verschiedenen Gegenstand unterhielt." („Psych. Stud." 1874, pag. 209.) —

Ich selbst erinnere mich, dass eines Tages, als Mrs. *Jencken (Kate Fox)* sich bei mir in meinem Arbeitskabinet befand und an meinem Schreibtische sass, sie eine Communikation durch ihre Hand geschrieben erhielt, während sich gleichzeitig Klopflaute zu ihrer Rechten und Linken — nicht abwechselnd, sondern wie mit einem Schlage, — hören liessen.

Im Gebiete der physikalischen Manifestationen haben wir die zahlreichen Fälle der **musikalischen Aufführungen** auf mehreren Instrumenten (deren bis zu sechs) zugleich, was ebenfalls eine Mehrheit von bewusstwirkenden Kräften einschliesst.

Ich beschliesse diese Rubrik mit Erwähnung noch einer

der merkwürdigsten Thatsachen, die sich schon im Anfange
der spiritistischen Bewegung ereignete und im „Rochester
Daily Magnet" vom 26. Februar 1850 mit den Unterschriften von acht Personen, welche Zeugen davon waren,
veröffentlicht wurde. Wir entnehmen sie dem Buche des
Mr. *Capron*: — „Modern Spiritualism" — und geben
daraus nur einen kurzen Auszug, da der Artikel selbst
über vier Druckseiten (pag. 82—87) umfasst.

Es handelt sich um eine identische (gleich-
lautende) Communikation, welche gleichzeitig
durch Klopflaute in zwei von einander entfernt gelegenen Zimmern desselben Hauses
gegeben wurde. Mr. *Draper*, welcher in seiner Familie
eine Hellseherin hatte, wendete sich durch sie an den
Geist von *Benjamin Franklin*, den sie zu sehen erklärte,
mit der Frage: — „Ist es ausführbar, Communikationen
zwischen zwei entfernten Punkten vermittelst Klopflauten
zu erhalten?" — Auf die bejahende Antwort *Franklin's* und
in Uebereinstimmung mit den Instructionen, die er gab,
wurden die beiden jungen Fräulein *Fox* — *Katherine* und
*Margaretha* — von Mr. *Draper* mit einigen Freunden für
den 15. Februar eingeladen. Ein Theil der Gesellschaft
verblieb mit einem der beiden Medien im Salon, der andere
Theil begab sich mit dem zweiten Medium „in ein am entgegengesetzten Ende des Hauses befindliches Zimmer." . .
„Klopftöne wurden hierauf in beiden Zimmern vernommen
von jeder der beiden Gesellschaften." Da es aber viel
Unterbrechungen durch in die Zimmer eintretende Personen
gab, erhielt die erste Gesellschaft bald die folgende Communikation: — „Die Dinge sind nicht, wie ich sie angewiesen, deshalb könnt Ihr dies Mal nicht vorwärts kommen.
Es sollten sich nur Vier in jedem Zimmer befinden"; — und
als diese Gesellschaft sich mit der zweiten vereinigte, um
die Notizen zu vergleichen, wurde die durch letztere Gesellschaft erhaltene Communikation für gleichlautend (identisch) mit der ersterwähnten gefunden. — Ein zweites
Experiment wurde für den 20. Februar anberaumt, die
Anweisung wurde beibehalten. Die erste Gesellschaft erhielt folgende Communikation: — „Nun bin ich bereit,

meine Freunde. Es werden grosse Wandlungen im neunzehnten Jahrhundert stattfinden. Die Dinge, welche jetzt dunkel und geheimnissvoll aussehen, werden eurem Blicke klargelegt werden. Geheimnisse gehen ihrer Enthüllung entgegen. Die Welt wird erleuchtet werden. Ich unterzeichne meinen Namen *Benjamin Franklin*. Gehet nicht in das andere Zimmer." — Die zweite Gesellschaft erhielt eine identische Communikation, mit Ausnahme des letzten Satzes, welcher durch die Stelle ersetzt wurde: — „Gehet in das Sprechzimmer und vergleichet eure Notizen." — (Pag. 86.)

Wie soll man diese Thatsache auf „natürliche" Weise erklären? — Mit „unbewusster Gedankenübertragung" zwischen den beiden in Entfernung von einander befindlichen Medien? Aber die beiden Medien mussten bei dem Functioniren zu gleicher Zeit die Uebertragung ihrer Eindrücke gegenseitig durchkreuzen und Verwirrung anrichten; angenommen auch, dass die eine Communikation durch ein Medium zuerst gegeben und alsdann von dem anderen Medium unmittelbar nachher wiedergegeben wurde, so sind die Schwierigkeiten nicht geringer. — „Mit Verabredung zwischen den Medien", welche die beiden gleichlautenden Communikationen vorher präparirt hätten? Aber man darf nicht vergessen, dass diese Medien beinahe noch Kinder waren, und überdies hat noch kein Medium Klopflaute nach Willkür erzeugt! Und schliesslich stürzen alle diese Erklärungsversuche vor der Thatsache zusammen, dass bei der ersten Zusammenkunft **die Medien selbst nichts davon wussten, dass sie für ein spezielles Experiment eingeladen werden würden**, und worin dasselbe bestehen sollte, wie Mr. *Draper* ausdrücklich erklärt. (p. 84.)

8) **Communikationen von dem Medium und den Beisitzenden unbekannten Thatsachen.**

Wir gehen jetzt zu der Rubrik von Thatsachen über, für deren Erklärung Herr *von Hartmann* es selbst „unvermeidlich findet, dass man zu einer metaphysischen, übersinnlichen Erklärung zurückgreifen muss" (S. 81); es handelt sich um Thatsachen der „Vorstellungsübertragung auf weite

Fernen und um das eigentliche Hellsehen" (daselbst). Aber man begreift die Beziehung gar nicht, welche Herr v. *H.* zwischen dieser Art von Thatsachen und dem Spiritismus herstellen wollte. Indem er von „Vorstellungsübertragung aus grösserer Ferne" spricht, sagt er, dass der Spiritismus dafür „noch kein Material bietet" (S. 73); indem er das „Hellsehen" behandelt, sucht er es zu erklären: **für einen Theil der Thatsachen** durch „irgend eine **sinnliche Vermittelung**", welche „auf das sensitive Gefühl" wirkt (S. 74—75); solche Thatsachen sind die der Wahrnehmung von „Ausdünstungen von Menschen und Thieren, der Bezeichnung von Gläsern mit magnetisirtem Wasser, der richtigen Angabe der Zeit auf verschlossenen Uhren, des Lesens von in Nüssen eingeschlossenen Devisen, des Lesens von zugedeckten Wörtern, des Abschreibens beliebig angegebener Seiten in geschlossenen Büchern durch fernwirkende Schrift, der Bestimmung von Krankheiten durch Somnambule aus dem Gefühl einer Haarlocke, von Visionen von Elephantenheerden und Vulkanausbrüchen, angeregt durch ein Stück Elephantenzahn, das unter Lava gefunden worden, oder durch das unter den Dielen seines Schlafzimmers liegende trockene Blut eines Selbstmörders" (S. 75—76). **Für einen anderen Theil von Thatsachen** „übernimmt die Herstellung des Rapports statt einer sensitiven Gefühlswahrnehmung **ein Willensinteresse**" (S. 76); derartige Thatsachen sind z. B.: — „Fernsehen gewaltiger Naturereignisse in einem fernen Lande (Brände, Erdbeben, Krieg u. s. w.)"; „Blicke in die Zukunft", Voraussehen von Todesfällen mit „unwesentlichen Details der Todesart, oder des Leichenzuges", von „bevorstehenden Feuersbrünsten, Blitzschlägen" u. s. w. (S. 77).

Alle diese Phänomene, mit Ausnahme des Lesens ohne Vermittelung der Augen, und überhaupt die Phänomene der letzteren Kategorie, welche Herr v. *H.* dem „völlig reinen Hellsehen" zuschreibt (S. 79), haben mit dem Spiritismus sehr wenig Beziehung; sie gehören in das Gebiet des „Zweiten Gesichts" und des „magnetischen Hellsehens". Herr *v. H.* hat gar nicht genau angegeben, welche die Kundgebungen des Spiritismus sind, die durch das Hellsehen erklärt werden müssen, und er verweilt sich bei keinem Beispiele, geht auf keinerlei Erklärung-Details seiner Theorie ein. Es bleibt uns daher nur die Muthmaassung, dass es alle die Thatsachen sind, welche sich weder erklären lassen durch die Hyperästhesie (Ueberempfindlichkeit) des Gedächtnisses, noch durch das Gedankenlesen und die Vorstellungsübertragung. Wir müssen also zusehen, welche diese Phänomene sind, und wie viel die von Herrn *v. H.* zugestandene Hypothese den Bedingungen ihrer Anwendung entspricht.

Beginnen wir bloss mit den Thatsachen, auf die Herr *v. H.* Bezug nimmt, und deren Hellsehen er durch „irgend eine sinnliche Vermittelung" erklärt.

a) **Das Sehen ohne Vermittelung der Augen (in Finsterniss und geschlossenen Räumen).** — Das Phänomen des Sehens ohne Vermittelung der Augen ist positiv bewiesen worden durch Erfahrungen im Gebiete des Somnambulismus; dass dies eine Art des Hellsehens ist, das ist klar. Aber ob die von Herrn *v. H.* gegebene Theorie des Hellsehens die einzige und allein mögliche ist und sich gleichmässig auf alle Thatsachen anwenden lässt, bleibt höchst fraglich. Wenn wir nöthig haben, immer zu dem Absoluten, zu „der Allwissenheit des absoluten Geistes" (S. 79) unsere Zuflucht zu nehmen, so ist das nichts weiter als eine Zuflucht zur Gottheit **in extremis** oder **in äusserster Noth**.

Um uns in dieser Frage zu orientiren, müssen wir uns zu gewissen **physikalischen Phänomenen** des Mediumismus zurückwenden, oder vielmehr zu einer gewissen Eigenthümlichkeit dieser Phänomene, und namentlich dazu, dass sie sich bei vollständiger Dunkelheit mit einer vollkommenen Genauigkeit erzeugen lassen. So ist es bei den Séancen mit physikalischen Manifestationen üblich, in einer vollständigen Dunkelheit zu sitzen, indem diese Bedingung für diese Art von Phänomenen sogar wesentlich ist; bei diesen Séancen fliegen bekanntlich die Musikinstrumente über den Köpfen der Beisitzenden hin und her, ohne sie jemals zu verletzen; grosse Spieldosen lassen sich schwebend auf die Köpfe der Beisitzenden mit Genauigkeit und ganz sanft nieder; wenn die Cirkelsitzer von Händen berührt werden, geschieht dies ohne das geringste Umhertappen, nach ihrer eigenen Phantasie, oder nach den durch die Berührten ausgedrückten Weisungen. Man sieht sofort, dass die Kraft, welche diese Manifestationen erzeugt, in der Dunkelheit ebenso klar sieht, wie wir bei Lichte sehen. Ich habe diese Thatsache mehrere Male insgeheim festgestellt; so hatte zur Zeit einer Dunkel-Séance in London bei Mr. *Everitt* einer der controlirenden Geister, *John Watt*, die Gewohnheit, lange Unterhaltungen **mit lauter Stimme** vermittelst eines auf den Tisch gelegten pappdeckelnen Sprechrohrs zu führen; er hielt dieses Rohr in einer Höhe von mehreren Fussen über dem Tische, und seine Stimme tönte von da; als man sich um den Tisch gesetzt hatte, ohne Kette zu bilden, hielt ich meinen rechten Arm hoch, wobei ich wünschte, dass meine Hand in der Höhe von dem Rohre berührt werde, ohne Jemandem etwas von dem, was ich that, zu sagen; wirklich erhielten in demselben Augenblicke, in welchem ich meinen Arm in die Höhe streckte, meine Fingerspitzen mehrere Klappse mit dem Rohre. — Ein anderes Mal bildeten wir bei einer Dunkel-Séance mit Miss *Kate Cook* die Kette; da ich meine Hand nicht hinwegbewegen konnte, so hob ich nur meinen Zeigefinger in die Höhe mit dem Wunsche, dass er berührt werde, wobei meine übrige Hand unbeweglich blieb und Niemand von meinem Experimente im Voraus benachrichtigte: sofort ergriffen zwei Finger meinen Fingernagel und drückten ihn. — Bei unseren Experimenten mit *Brédif* näherte ich sehr oft, wenn sich derselbe hinter einem Tuchvorhange im Trance befand, meine Hand dem Vorhange an irgend einer beliebigen Stelle, und sogleich kamen von der anderen Seite des Vorhanges im dunklen Raume gegen meine Hand klopfende oder dieselbe durch den Vorhang hindurch umschliessende Finger. Das Zimmer, in welchem wir sassen, befand sich im Halbdunkel, und mitten durch den Tuchvorhang hindurch die Bewegung und den Ort meiner Hand zu sehen, war für das gewöhnliche Auge unmöglich. Wenn mein Verlangen vielleicht durch Gedankenlesen hätte wahrgenommen werden können, so genügt das doch nicht, um die genaue

Kenntniss des Ortes zu erklären, an dem sich mein Arm und mein Finger befanden. Ein interessantes Experiment dieser Art besteht darin, eine Skizze auf Papier zu entwerfen, das man mit einer Scheere bei einer Dunkelsitzung auf den Tisch legt. Man vernimmt, wie die Scheere das Papier zerschneidet und die gezeichnete Figur genau ausschneidet. Man sehe im „Light" 1886 p. 604 einen interessanten Fall von Sehen und Unterscheiden von Photographien bei Dunkelheit. Die directe Schrift, welche bei Dunkelheit in einem offenen oder geschlossenen Raume sich erzeugt, ist bekannt. Das Schreiben schliesst auch das Lesen bei Dunkelheit mit ein; zahlreiche Experimente sind in dieser Richtung angestellt worden; darunter auch die Vorlesung eines den Beisitzenden unbekannten Inhalts mit inbegriffen. Man sehe auch die electrischen Experimente des Mr. *Varley* im Dunkeln („Bericht der Dialektischen Gesellschaft" II, S. 115).

Herr *von Hartmann* hat hinreichend von diesen Phänomenen gehandelt; die physikalische Seite derselben erklärt er durch die „Nervenkraft" des Mediums; die intellectuelle Seite durch das „somnambule Bewusstsein"; aber was speciell die Thätigkeit und das Sehen bei Dunkelheit betrifft, so hat er sich bei dieser Besonderheit des Phänomens nicht aufgehalten; er erklärt es nicht. Man wäre versucht, anzunehmen, dass diese Fähigkeit des Sehens bei Dunkelheit eins der aussergewöhnlichen Attribute des somnambulen Bewusstseins wäre; aber jetzt darf man das nicht schliessen, denn wenn dies so wäre, so würde Herr *v. H.* nicht durch „Hellsehen" zu erklären versucht haben „den Fall, wenn der Magnetiseur den Finger auf ein beliebiges, ihm unbekanntes Wort der Zeitung setzt und die Somnambule das Wort angiebt", (S. 75) — welches Experiment das des Mr. *Crookes* mit einer vermittelst der Planchette schreibenden Dame ist (s. „Psych. Stud." 1874 S. 209), — und solche Fälle, wie das Abschreiben angegebener Seiten aus geschlossenen Büchern (S. 75); diese Fälle dürften doch für die Theorie des Herrn *von Hartmann* nicht schwieriger sein als die anderen, denn die „Nervenkraft" durchdringt die Materie ohne Schwierigkeit (man vergleiche das Experiment

*Zöllner's* mit den Abdrücken und der Schrift zwischen zwei Schiefertafeln (s. „Psych. Stud." November-Heft 1878 S. 491 ff. und Februar-Heft 1890 S. 64 ff. aus *Zöllner's* „Transscendentaler Physik" S. 252—261), aus das hinter dem Vorhange im Trance befindliche Medium sieht sehr wohl die Beisitzenden und die Gegenstände, die es im Dienst seiner Hallucinationen sich bewegen lässt; also das Sehen durch einen Finger oder ein geschlossenes Buch hindurch ist nichts Schwierigeres, und das kommt immer wieder auf das Sehen im Dunkeln oder ohne Vermittelung der Augen hinaus. Wie dem auch sei, so viel ist klar, dass die Erzeugung dieser Phänomene bei Dunkelheit eine gewisse Art von Hellsehen in sich schliesst, und das Problem ist, sie zu erklären. Wir haben zwischen zwei Theorien zu wählen: nach derjenigen des Herrn *v. H.* ist es „ein Vermögen des absoluten Wissens", welches der Individualseele eigen ist (S. 79), welches Vermögen letzten Endes nur „eine Function des absoluten Subjects ist" (S. 79). Wenn in dieser Weise die „Nervenkraft" bei vollständiger Dunkelheit die auf Papier gezeichnete Gestalt ausschneidet, oder unter mehreren zwischen zwei Schiefertafeln gelegten farbigen Stiften den zum Schreiben angedeuteten farbigen Stift auswählt, so ist das zu dieser Verrichtung nothwendige Hellsehen eine Function des absoluten Subjects! Aber nach der Theorie, welche in uns die Existenz eines individuellen, transscendentalen Subjects zugiebt, wird die physikalische Fernwirkung durch die Projection oder plötzliche Hervorstreckung eines Gliedes vom Organismus des transscendentalen Subjects erzeugt, und das Sehen bei Dunkelheit ist nur eine seiner Functionen, denn seine Wahrnehmungsvermögen sind geradezu transscendental, ohne deshalb Functionen des Absoluten zu sein. Diese Theorie verleiht dem Phänomen eine natürliche Ursache, welche einfach und vernünftig ist, und verfällt nicht in das „Uebernatürliche", zu dem Herr *v. H.* seine Zuflucht zu nehmen gezwungen ist (S. 82).

Dass die Fähigkeit des Hellsehens, um welche es sich handelt, keine Function des Absoluten, sondern eine je nach der Beschaffenheit des transscendentalen

Organismus mehr oder weniger lückenhafte. oder mehr oder minder vollkommene, transscendentale, organische Function ist, das kann man durch eine Reihe stufenweiser Experimente, welche die Erklärungs-Möglichkeiten durch andere Hypothesen nach und nach von sich ausscheiden, feststellen. Ich habe in dieser Richtung einige ziemlich merkwürdige Experimente in einem vertraulichen Cirkel (vgl. „Psych. Stud." December-Heft 1889 S. 572 ff.; oder S. 693 d. 1 Aufl. d. B.) angestellt, welcher aus meiner Schwägerin, meinem Stiefsohne und mir selbst bestand. Bei der Séance vom 10. März 1882 befanden wir uns in Communikation mit dem geistvollen Zwischenredner, welcher uns die „Philologischen Räthsel" aufgegeben hat, die ich in den „Psych. Stud." 1885 S. 49 ff. berichtet habe; die Unterredung wurde vermittelt durch eine über einem Alphabet auf Pappdeckel hin und her gleitende Planchette; was mich betrifft, so sass ich zur Seite an meinem grossen Tische, die Buchstaben notirend, welche man mir dictirte. Ich benutzte diesen sehr seltenen Besuch des geistigen Sprechers, um ein Experiment anzustellen, das mich schon seit lange interessirte. Ich fragte ihn: —

„Siehst du uns?" — „Ja."

„Siehst du auch die Buchstaben des Alphabets?" — „Ja."

„Mit deinen Augen, oder mit den unsrigen?" — „Zusammen."

„Und wenn die Medien ihre Augen schliessen, kannst du dann die Buchstaben sehen?"

— „Das ist einerlei; ein wenig schwieriger."

„Hast du ein besonderes Gesichts-Organ?"

(Die Medien schliessen die Augen; die Planchette setzt sich in Bewegung, ich verfolge ihre Bewegungen, ohne den Tisch zu berühren; und die Planchette zeigt richtig die Worte an:) —

— „Ich habe eins."

„Ist es ein körperliches Organ?"

(Die Medien schliessen von Neuem die Augen, und die Planchette zeigt das Wort:) —

— „Gewiss." —

Bei der Séance vom 31. Mai 1882 stellte ich eine

Wiederholung des Experimentes an. Dieses Mal wurde durch die Planchette ein langer Satz unter denselben Bedingungen ziemlich richtig hervorbuchstabirt; nur einige Buchstaben mussten ergänzt werden, wie es bei Communikationen durch Klopflaute oder Tischkippen vorkommt.

Zahlreiche Experimente dieser Art sind von Professor **Robert Hare** angestellt worden, wie man aus seinem Werke: — „Experimental Investigation of the Spirit Manifestations" (1858)*) ersieht; er hatte sich Instrumente derart construirt, dass das Medium das Alphabet nicht sehen konnte. Ich selbst habe seit meinen ersten spiritistischen Séancen dieselbe Sache versucht: inmitten einer Communikation durch ein auf den Tisch gelegtes Alphabet nahm ich das Alphabet weg und hielt es ganz direct vor mein Gesicht, so dass Niemand ausser mir die Buchstaben sehen konnte; und nichtsdestoweniger ging die Communikation weiter von Statten. — Einem Experiment dieser Art bin ich erst jüngst in No. XI der „Proceedings of the Society for Psychical Research" p. 221 begegnet, wobei man zu grösserer Vorsicht, während die Augen des Mediums verbunden waren, ein anderes Alphabet gebrauchte, welches das Medium vorher nicht gesehen hatte, mit den Buchstaben durch einander. Das Resultat war dasselbe.

In allen diesen Fällen giebt es dennoch A u g e n, w e l c h e s e h e n, — die Augen der Mitsitzenden. Man könnte annehmen, dass das Medium durch unbewusste telepathische Uebertragung der Buchstaben, welche die Beisitzenden sehen, operirt; aber diese Annahme ist nicht richtig, denn die Beisitzenden sehen nur das Ganze des Alphabets, und ihre Aufmerksamkeit richtet sich erst dann auf e i n e n Buchstaben, wenn er schon vom Medium angezeigt ist; selbst angenommen, dass die Communikation auf eine unbewusste Art aus dem Gehirn eines der Beisitzenden Buchstabe für Buchstabe hervorgehe, so würde

---

\*) Deutsch unter dem Titel: — „Experimentelle Untersuchungen über Geister-Manifestationen. Von Dr. med. *Robert Hare*, Emeritirtem Professor der Chemie an der Universität von Pennsylvania etc. (Leipzig, *Franz Wagner*, jetzt *Oswald Mutze*, 1871) in Auszügen. LXXXI und 196 S. gr. 8⁰.

das nur auf ein Gedankenlesen von Seiten des Mediums hinauslaufen können; es hätte Buchstaben wiederholen können, aber das würde nicht dazu geholfen haben, diese Buchstaben auf dem gedruckten Alphabet zu finden und anzuzeigen; ein gewisser Vorgang von Hellsehen ist in jedem Falle nothwendig. Bei meinen Experimenten z. B. sah ich das Alphabet nur, wenn die Planchette auf einem Buchstaben anhielt.

Ich setze den Bericht meiner Experimente fort, denn sie sind noch nicht zu Ende. Man musste sie in der Weise anstellen, dass **jede mögliche Theilnahme von Augen eines Jeden, wer es auch sei, ausgeschlossen wurde.** Ich fragte: —

„Wenn ich zufällig einige Geldstücke, ohne sie anzusehen, herausgreifen und sie auf einen Stuhl hinter einem der Medien legen würde, könntest du sie da sehen?"

— „Das ist schwieriger."

Ich machte den Versuch; er ergiebt drei Mal ein unrichtiges Resultat.

„Das ist sonderbar!" bemerkte ich. „Die Buchstaben auf dem Tische siehst du, und die Münzen auf dem Stuhle siehst du nicht?"

— „Der Platz zwischen ihnen (den Medien) ist der beste zu meiner Disposition; verbinde ihnen die Augen und lege deine Münzen auf diesen Tisch."

Ich bedecke die Augen der Medien mit einer grossen Binde, welche bis zur Spitze der Nase hinabreicht, ich selbst schliesse meine Augen, ergreife in meiner Börse mehrere Geldstücke, und ohne sie zu zählen, lege ich sie auf den entferntesten Rand des Tisches, und ich bedecke mir die Augen mit der Hand, um nur das Alphabet zu sehen. Die Planchette setzt sich in Bewegung, und da ich das angezeigte Wort nicht erfassen konnte, so bedeckte ich die Münzen mit einer Broschüre, und dann öffneten wir alle die Augen.

„Zeige sie jetzt an!" bemerkte ich.

— „Sechs."

Ich nehme die Broschüre hinweg. „Sechs" — rufen wir Alle wie mit einer Stimme. Aber darauf bemerken wir, dass es sieben Stück waren, denn zwei Stücke von je zehn Kopeken waren über einander gelegt; ich hatte die Münzen hastig hingelegt, um sie nicht wider Willen zu zählen; in Folge dessen fand der Irrthum wegen der Anordnung der Münzen selber statt.

Ich wiederholte das Experiment. Dieses Mal zeigte die Planchette ganz richtig: —

— „Von neuem sechs".

Wir sahen hin — es war richtig. Ich will das Experiment noch einmal wiederholen. Aber bevor wir damit beginnen, zeigt die Planchette den Satz an: —

— „Lege sie auf ein weisses Blatt Papier."

Von Neuem verbinde ich die Augen der Medien, ich lege die Geldmünzen auf ein Papierblatt, ohne sie anzusehen, und frage: —

„Habe ich sie dieses Mal gut geordnet?"

— „Es ist gut. Sieben."

Wir blicken mit wachsender Neugier hin. Es war wieder richtig!

— „Stelle die Uhr hin!" — sagte unser geistiger Mitredner.

Ich nehme von meinem Tische eine kleine Pendule mit Wecker und stelle sie auf den Tisch, an dem sich die Medien befanden, mit ihrer (der Pendule) Rückseite gegen uns Alle derart, dass Niemand die Zeiger sehen konnte.

— „Ich wünschte eine Taschenuhr. Lege sie horizontal hin!"

Ich schloss daraus, dass man die Pendule mit den Zeigern oben auf legen müsste; in Folge dessen verbinde ich von Neuem die Augen der Medien; ich lege die Pendule horizontal, ohne sie selbstverständlich anzusehen; die Planchette bewegt sich, ich notire: —

— „Sechs Uhr weniger fünf Minuten."

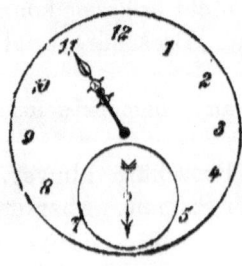

Wir sehen nach. Es ist richtig und zugleich auch nicht. Der Zeiger des Weckers zeigte auf sechs; und der Minutenzeiger mit dem Stundenzeiger der Pendule befanden sich auf der Elf übereinander, so dass beim ersten Hinblicken es sechs Uhr weniger fünf Minuten zu sein schien.

„Versuchen wir es jetzt mit der Taschenuhr, wie du es gewünscht hast."

— „Lege sie auf das Papier."

Wiederholung derselben Procedur, und es wird buchstabirt: —

— „Elf Uhr und vier Minuten."

Wir sehen hin: es war elf Uhr fünf Minuten.

„Als du sonach die Uhr ansahest, war es elf Uhr und vier Minuten, und eine Minute wurde auf das Hervorbuchstabiren verwendet?"

— „Ja. Lege Geldstücke, ich werde die Addition davon machen; das wird das Ende sein, ich bin ermüdet."

Ich verbinde die Augen der Medien, ich lege auf den Papierbogen mehrere Stück Münzen, ohne sie anzusehen, die Planchette buchstabirt, und ich notire: —

— „Ein Rubel Silber."

Wir sehen nach. Es war richtig. Es lagen da vier Stück à 15 Kopeken, ein Stück zu 20 Kopeken und zwei Stücke à 10 Kopeken. —

Bei der Séance vom 5. Mai, als wir den Besuch desselben geistreichen Mitredners erhielten, fragte ich ihn: —

„In Bezug auf unsere Experimente mit den Münzen habe ich zwei Fragen an dich zu stellen: —

„1) Du sagtest, dass du sie durch dich selbst sähest, dass du dein eigenes Gesichts-Organ hättest; nichtsdestoweniger muss man aus unseren Experimenten schliessen, dass du in der Abhängigkeit von gewissen Bedingungen unsererseits dich befindest; und

„2) Welches sind diese Bedingungen?"

— „Antwort auf die erste: ich sagte, dass ich selbst sähe; ich sagte: ein Ding ist es, für mich zu sehen, ein anderes Ding, zu sehen, um euch davon Bericht zu ertheilen; unsere Wahrnehmungen, mit Einschluss derjenigen des

Gesichts, sind selbstständig und unabhängig von ihnen, aber gerade dafür sind sie qualitativ und quantitativ verschieden von den eurigen; um aber euch davon mitzutheilen, ist eine gewisse Assimilation oder Gemeinschaft nothwendig. Auf die zweite: — die Sphäre meiner Aktivität in ihrem Verkehr mit euch ist sicher beschränkt; stellet euch vor, dass ich in äusseren Verkehr mit euch treten will; das beste Mittel ist, sich des Mediums zu bedienen; um dasselbe befindet sich, so zu sagen, seine Atmosphäre. — der vergeistigte Theil eines Jeden; da bin ich nun schon folgerecht gezwungen, unter der Bedingung der Ausdehnung seiner Atmosphäre zu handeln; und dann muss diese Sphäre ununterbrochen sein; aber es (das weibliche Medium) sitzt vor ihr; da ist eine Peripherie.'

„Also hängst du, um zu sehen, von mediumistischen Bedingungen ab?"

— „Keineswegs. Aber was verstehst du davon? So weit ich dich sehe nach meiner Weise und für mich, habe ich nichts weiter nöthig; das ist klar. Aber sobald ich einmal nicht nur ganz so sehen will, wie du siehst, nach deiner Weise, sondern dir auch davon Bericht ertheilen soll, — so ist das eine andere Sache."

„Noch eine Frage: warum hast du verlangt, dass das Geld auf einen weissen Bogen Papier gelegt werde?"

— „Das ist subjectiv; das kommt bei euch zuweilen auch vor, dass es euch scheint, als ob ihr so besser sehen würdet; und bei uns noch viel öfter." —

Wie man sieht, haben die Antworten unseres geistigen Mitredners einen tiefen philosophischen Sinn. Wenn er wahrhaft der Welt der Noumena angehört, wo er die Dinge unserer Welt sieht, nicht wie sie sich uns darstellen, sondern wie sie an sich sind, — so muss er sie folglich „nach seiner Weise" sehen; aber sobald er einmal gezwungen ist, sie „nach unserer Weise" zu betrachten, so muss er in die Welt der Phänomene eintreten und sich den Bedingungen unserer Organisation anpassen; denn was ist die Organisation anderes, als die Weltanschauung?!

Ich begreife sehr wohl, dass eine solche einfache

Binde über die Augen, obgleich sie in der gewissenhaftesten Weise angelegt sei, nicht als **absoluter Beweis des Ausschlusses** jeder Wahrnehmung des gewöhnlichen Gesichtssinnes dienen kann; selbst die complicirtesten Binden können zu diesem Beweise nicht verhelfen, da sie allen Arten betrügerischer Machinationen Raum lassen. Die ganze Bedeutung der Experimente, die ich so eben berichtet habe, beruht auf der moralischen Ueberzeugung von ihrer Echtheit. Wir haben sie angestellt, nicht um Parade mit ihnen zu machen; wir waren selbst an der Lösung des von uns selbst gestellten Problems interessirt; und wenn die Augen verbunden wurden, so geschah das einzig, um sich sogar gegen die geringste unwillkürliche Erhebung der Augenlider zu sichern: überdies fragte ich stets die Medien: — Habt ihr die Augen fest geschlossen, seid ihr sicher, nicht unwillkürlich etwas gesehen zu haben? u. s. w.

So also ist bei diesen Experimenten die Theilnahme des körperlichen Gesichts ausgeschlossen; nichtsdestoweniger hat das Sehen gewisser Gegenstände, in gewissen Grenzen ohne die Mitwirkung der Gesichts-Organe stattgefunden; dass dieses Sehen keine Function des Absoluten ist, ersieht man daraus, dass es bedingt ist durch einen gewissen „Raum", eine gewisse „Peripherie"; und selbst wenn die Bedingungen des Raumes gegeben sind, irrt sich dieses Sehen: es nimmt zwei aufeinander liegende Münzen für eine; den unteren Zeiger des Weckers für einen Stundenzeiger, und die beiden oben übereinander stehenden Zeiger des Zifferblattes für **einen** (Minuten-)Zeiger; alles das sind Irrthümer, welche Thätigkeitsfehlern eines Gesichtsorganes eigen sind. Auf Grund dessen scheint es mir richtig zu schliessen, dass wir es hier nicht zu thun haben mit einer unbewussten Fähigkeit unseres Gehirns, welche unabhängig von jedem Organ functioniren müsste, sondern mit einem bewussten Vermögen, welches von einem bestimmten Sehorgan abhängt, d. h. mit einem Vermögen des Organismus unseres transscendentalen Subjects.

Gehen wir weiter, und wir werden noch andere Fälle

finden, in denen die „Peripherie" dem eindringenden Blicke kein Hinderniss weiter entgegenstellt.

So stellte Professor *Hare* den Versuch an, „Karten ohne Unterschied aus einem Packet zu nehmen und sie hinter das Medium und sich selbst zu legen, deren Bilder von keinem Menschen gesehen wurden; sie wurden richtig von einem der erwähnten Geister bei ihren Namen genannt, obgleich zur selben Zeit ein anderer hervorragender Geist die Karten nicht nennen konnte, wenn sie ähnlich benutzt wurden." (*Hare* „Experimental Investigation of the Spirit Manifestations", § 112, p. 33.)

Mr. *Capron*, der Verfasser von „Modern Spiritualism", erzählt ähnlich eins seiner ersten Experimente im Spiritismus: — „Ein ander Mal, als ich mit *Isaac Post* von Rochester zusammen war, versuchte ich das Experiment des Zählens auf folgende Art. Ich nahm mehrere Schellen aus einem Karten-Korbe auf dem Tische, (kleine lackirte Schellen), schloss meine Hand und legte sie ganz ausserhalb der Blicke, und verlangte so viele Klopflaute, als Schellen vorhanden wären. Sie wurden richtig angegeben. Da ich wusste, wie viele Schellen in meiner Hand waren, so beschloss ich, die Sache auf eine andere Weise zu prüfen, um zu sehen, ob eine Möglichkeit vorhanden wäre, dass mein **Bewusstsein** irgend welchen Einfluss dabei hätte. Ich nahm eine Hand voll Schellen, ohne zu wissen, wie viele ich mir nahm. Dennoch waren die Antworten richtig. Ich ersuchte dann Mr. *Post*, welcher am Tische sass, seine Hand in den Korb zu stecken, einige Schellen daraus zu nehmen, ohne ihre Zahl zu kennen, und sie in meine Hand zu legen, welche ich sofort schloss und in eine Stellung legte, wo Niemand sie sehen konnte. Die Zahl wurde ebenso richtig angesagt wie vorher. Wir setzten diese Klasse von Experimenten eine lange Zeit fort ohne den geringsten Fehlversuch beim Erhalten richtiger Antworten." (pag. 75.) —

Hier haben wir nach der Theorie des Herrn v. *H.* einen Augenblick **vorher** die Uebertragung des Gedankens, einen Augenblick **nachher** einen Sprung in's Absolute.

Folgendes ist das Experiment des Mr. *Crookes*: —

„Eine Dame schrieb automatisch vermittelst der Planchette. Ich suchte nun ein Beweismittel dafür zu ersinnen, dass das, was sie schrieb, nicht der unbewussten Cerebration oder Gehirnthätigkeit' entsprungen war. Die Planchette bestand darauf, wie sie immer thut, dass, obgleich sie von der Hand und dem Arme der Dame bewegt wurde, die sich manifestirende Intelligenz die eines unsichtbaren Wesens war, welches auf ihrem Gehirn wie auf einem musikalischen Instrumente spiele und so ihre Muskeln bewege. Ich sagte daher zu dieser Intelligenz: — 'Kannst du den Inhalt dieses Zimmers sehen?' — 'Ja', schrieb die Planchette. 'Kannst du diese Zeitung sehen und lesen?' — fragte ich und legte meinen Finger dabei auf ein Exemplar der 'Times', welches auf einem Tische hinter mir lag, aber ohne selbst darauf zu blicken. 'Ja', lautete die Antwort der Planchette. 'Gut', sagte ich, 'wenn du dieses sehen kannst, so schreibe das Wort, welches jetzt von meinem Finger bedeckt wird, und ich will dir glauben.' Die Planchette begann sich zu bewegen. Langsam und mit grosser Schwierigkeit wurde das Wort 'however' ('jedoch') geschrieben. Ich drehte mich um und sah, dass das Wort 'however' von meiner Fingerspitze bedeckt war.

„Ich hatte es absichtlich vermieden, auf die Zeitung zu blicken, als ich dieses Experiment anstellte, und es war unmöglich für die Dame, selbst wenn sie es auch versucht hätte, auch nur eines der gedruckten Worte zu sehen; denn sie sass an dem einen Tische, und die Zeitung lag auf einem anderen Tische, der hinter meinem Körper verborgen stand." („Psychische Studien" 1874, Mai-Heft, S. 209—210).

Die Experimente *Eglinton*'s mit der directen Schrift, welche die Worte einer Zeile, einer Seite aus einem geschlossenen Buche wiedergiebt, sind bekannt.

Die ersten Experimente dieser Art sind im Jahre 1873 durch die Mediumität des Mr. *M. A. (Oxon.)* angestellt worden, den wir vorher häufig citirt haben (s. S. 374, 350 ff. 2. Ausg.). Sie sind allen vorzuziehen, da sie in der Vertraulichkeit des Privatlebens behufs eigener Ueberzeugung gemacht worden sind. Folgendes lesen wir in „The

Spiritualist" 1873 p. 298 (man vergl. damit noch: — „Spirit Identity" by *M. A.* (*Oxon.*) p. 79): —

„Am 22. Mai 1873 hielt das Medium folgende Conversation mit den Geistern, wobei es selbst die Fragen niederschrieb und die Antworten nachher durch das kamen, was Dr. *Carpenter* 'die die Bewegungen der Hand lenkende unbewusste Cerebration' nennen würde: —

„'Kannst du lesen?'

„'Nein, Freund, ich kann nicht, aber *Zachary Gray* kann es, und *R—*. Ich bin nicht im Stande, mich zu materialisiren, oder den Elementen zu gebieten.'

„'Sind irgend welche von diesen Geistern hier?'

„'Ich will einen sogleich bringen. Ich will schicken. . . . *R—* ist hier.'

„'Mir ist gesagt worden, du könntest lesen. Ist das der Fall? Kannst du ein Buch lesen?'

„[Die Handschrift verändert sich.] ‚Ja, Freund, mit Schwierigkeit.'

„'Willst du mir die letzte Zeile des ersten Buches der Aeneide schreiben?

„[Warten.] — — — ‚Omnibus errantem terris et fluctibus aetas.'

[Dies war richtig.]

„'Ganz so. Aber ich könnte es gewusst haben. Kannst du zu dem Bücherschrank gehen, das vorletzte Buch auf dem zweiten Brett herausnehmen und mir den letzten Paragraphen der vierundneunzigsten Seite vorlesen? Ich habe es nicht gesehen und kenne sogar nicht einmal seinen Namen.' —

„‚-- ‚Ich will kurz durch eine Art historischer 'Erzählung' beweisen, dass das Papstthum eine Neuerung und allmählich entstanden oder emporgewachsen ist seit der ursprünglichen und reinen Zeit des Christenthums, nicht schon seit dem Apostolischen Zeitalter, sondern sogar erst seit der beklagenswerthen Vereinigung der Kirche mit dem Staate durch *Konstantin*.' —

„[Das Buch erwies sich sodann bei Prüfung als ein sonderliches mit dem Titel: — '*Roger*'s Antipopopriestian' ('*Roger*'s Anti-Papst und Pfaff'), 'ein Versuch, das Christenthum von Papstthum, Kirchenpolitik und Priesterherrschaft zu befreien und zu reinigen.' — Der oben daraus gegebene Satz war genau, nur war das Wort 'Erzählung' ('narrative') an Stelle von 'Bericht' ('account') gesetzt.]

„'Wie kam ich dazu, einen so angemessenen Satz auszuwählen?'

„Das weiss ich nicht, mein Freund. Es geschah durch Zufall. Das Wort wurde aus Versehen verändert. Ich wusste es, als es geschehen war, wollte es aber nicht ändern.'

„'Wie liesest du? Du schriebst weit langsamer und zwar stückweise.'

„‚Ich schrieb das nieder, wenn ich mich erinnerte, und dann folgte weiteres. Es ist eine besondere Anstrengung, zu lesen, und nur nützlich als ein Prüfungsbeweis. Dein Freund hatte Recht am vergangenen Abend; wir können lesen, aber nur, wenn die Bedingungen sehr gute sind. Wir wollen noch einmal lesen und schreiben, und dann dich auf das Buch verweisen: — 'Pope ist der grösste Schriftsteller jener poetischen Schule, der Poesie des Verstandes, oder vielmehr des mit der Phantasie verquickten Verstandes.' — Das ist wahr geschrieben. Geh hin und nimm das elfte Buch auf demselben Bücherbrette.' [Ich ergriff ein Buch, betitelt: — 'Poetry, Romance, and Rhetoric'.] ‚Es wird sich auf der für dich bestimmten Seite öffnen. Nimm es und lies es, und anerkenne unsere Kraft und die Erlaubniss, welche der grosse und gütige Gott uns ertheilt, unsere Kraft über die Materie zu zeigen. Ihm sei Ehre. Amen.' —

„[Das Buch öffnete sich auf pag. 145, und dort stand das Citat vollkommen getreu. Ich hatte das Buch zuvor nicht gesehen; sicher hatte ich keine Idee von seinem Inhalt.]" —

Hier erzeugt sich, wie wir sehen, das Phänomen des Sehens ohne Vermittelung der Augen unter absoluten Bedingungen; aber die Fähigkeit dieses Sehens, obgleich sie sich bei demselben Medium in derselben Séance zeigt, ist nicht immer dieselbe: ihre Variationen entsprechen den Veränderungen der intelligenten Kräfte, welche sich manifestiren, von denen die einen diese Fähigkeit zu besitzen erklären und sie beweisen, und die anderen sie nicht zu besitzen erklären; was zu dem Schlusse führt, dass diese Fähigkeit nicht immer dem transscendentalen Subjecte zuzuschreiben ist, dessen Manifestations-Bedingungen sich nicht in einem gegebenen Moment geändert haben. Diese Fähigkeit des Sehens durch die Materie hindurch, mitten durch einen dunklen Körper, scheint, nach den uns bekannten Fällen zu urtheilen, besonders sogenannten universellen Medien zu eignen, d. h. denjenigen, deren Mediumität nicht auf intellectuelle Manifestationen beschränkt ist, sondern auch die physikalischen Manifestationen mit umfasst; „die Durchdringung der Materie" gehört zu dieser Art von Mediumität, und die Beziehung zwischen diesem Phänomen und dem „Sehen durch die Materie" ist in die Augen springend. So sind meine Experimente nicht bis dahin gelangt, denn sie sind mit Personen angestellt worden, deren mediumistische Fähigkeiten ganz elementar waren.

Ich habe diese Fähigkeit des Sehens dem transscendentalen Subjecte zuertheilt, denn mit diesem muss man beginnen; aber wie wir später sehen werden, kann sich diese psychische Wesenheit entweder im Zustande der zeitlichen Incarnation oder Menschwerdung, oder ausserhalb desselben manifestiren, — es ist das also nichts weiter als eine Frage der Details und der Umstände.

b) **Das Wissen von Thatsachen ohne Vermittelung der gewöhnlichen Sinneswerkzeuge der Erkenntniss.**

Hier werde ich einen der merkwürdigsten Fälle erwähnen, welcher sich bei meinen vertraulichen Séancen zugetragen hat, und zwar in demselben Cirkel von drei Personen (meine Schwägerin, mein Stiefsohn, ein damals junger Mann von zwanzig Jahren, und ich selbst), in welchem das Experiment mit dem Sehen ohne Augen angestellt wurden, von dem ich im Vorhergehenden (S. 468 ff.) berichtet habe. Es ist auch derselbe Cirkel, in welchem ich die in den „Psych. Studien" unter dem Titel: — „Aus meiner Erfahrung. Philologische Räthsel mediumistisch aufgegeben" — (Jahrg. 1883, S. 547; 1884, S. 1, 49, 153, 564; 1885, S. 49) — veröffentlichten Communikationen erhalten habe; nur habe ich damals aus gewissen Gründen die wirklichen Daten und Namen der Personen nicht gegeben. Herr *von Hartmann* hat diese Experimente zwei Mal citirt, und das ist für mich ein Grund mehr, dass ich von ihnen spreche; aber ich werde mich nur mit der letzten Communikation beschäftigen, welche ausnahmsweise Eigenthümlichkeiten darbietet. Da dieses Experiment einzig dasteht in meiner Sammlung selbsterlebter Thatsachen und ich ihm einen hohen Werth beilege, so muss ich es hier ausführlich wiederholen, indem ich nur hinzufüge, dass es am 10./22. Februar 1882 stattgefunden hat: —

„Bei der 57. Séance setzte sich der Tisch sofort in Bewegung. Das russische Alphabet wurde verlangt. Es muss hier gesagt werden, dass wir bei der 50. Séance eine Verfahrungsweise einführten, welche unsere Unterhaltung mit unseren unsichtbaren Sprechern zu erweitern erlaubte und um Vieles erleichterte. Anstatt das ganze Alphabet herzusagen, um die Andeutung eines einzigen Buchstabens zu erhalten, schlug ich die Anwendung eines Cartons vor, auf dessen eine Hälfte ich das russische, und auf dessen andere Hälfte ich das französische Alphabet geschrieben hatte; eine kleine auf den Carton gestellte Planchette musste als Zeiger dienen; der Carton wurde auf den kleinen Tisch gelegt, und die beiden Medien, welche einander gegenüber sassen, legten ihre rechten Hände auf die kleine Planchette, welche sich bald in Bewegung setzte und dabei die erforderlichen Buchstaben anzeigte. Nur, anstatt sogleich zum Carton überzugehen, fuhren wir fort, die Séancen mit dem Tische zu beginnen, um uns in einer objectiveren Art von der Anwesenheit eines Einflusses zu vergewissern, und erst, wenn das Alphabet deutlich durch die verabredete Anzahl von Klopflauten gefordert wurde, gingen wir zum Carton über.

„So wurde bei der 57. Séance das russische Alphabet gefordert. Aus einigen Phrasen erkannten wir den neuen Redner wieder, der sich erst bei der letzten Séance manifestirt hatte und sich durchaus nicht nennen wollte; es war unmöglich, ihn nicht aus seinen geistvollen Einfällen und aus seiner ganz besonderen Art, sich auszudrücken, wieder zu erkennen. Nach einigen russischen Phrasen ging der Zeiger direct auf das französische Alphabet über, und die folgenden Buchstaben wurden mir diktirt. Man darf nicht vergessen, dass ich selbst gar nicht mediumistisch am Experimente Theil nahm; dass ich an der Seite eines anderen Tisches sass, um die Buchstaben aufzuschreiben, welche einer der Mitsitzenden mir diktirte, je nachdem sie angezeigt wurden; aber ich war es, der das Gespräch führte. Folgende Buchstaben waren es, die ich niederschrieb: —

„‚emekhabaccha‘

— „‚Aber das giebt doch keinen Sinn!‘

„‚Ist das ganz gewiss?‘

— „‚Es giebt keine ähnlichen Worte in der französischen Sprache!‘

„‚Wer hat Ihnen gesagt, dass das Französisch sei?‘

— „‚Sage uns also, welche Sprache das ist!‘

„‚Sie wissen es nicht — um so besser! Und dennoch hätten Sie es wissen müssen. Im Russischen bedeutet das: — ‚das Thal der Thränen‘. Das ist euer Gebiet!‘

— „‚Das ist irgend eine neue Mystifikation!‘

„‚Wer hebräisch versteht, wird es mir bestätigen.‘

— „‚Also ist es hebräisch?‘

„‚Ja.‘

„‚Gieb uns denselben Satz in russischen Buchstaben wieder.‘

(Dies geschah. Ich muss hier bemerken, dass die Medien, welche mir die Buchstaben ohne irgend welches Verständniss dictirten, sie nicht hätten wieder vorbringen können, und mein Schreibheft sahen sie nicht.)

— „‚Sag uns das erste Wort.‘

„‚emek.‘

— „‚Woher kommen diese Worte?‘

„‚Es ist ein sehr bekannter Ausspruch eines portugiesischen jüdischen Arztes.‘

— „‚Kannst Du mir seinen Namen nennen?‘

„‚Ich glaube — 'Sardovy'.‘

— „‚Ich habe niemals von ihm gehört.‘

„‚Das ist sehr schade.‘

„Hier entspann sich eine lange philosophische Unterredung, welche wiederzugeben unnütz ist. Die Séance wurde einige Minuten unterbrochen, um Thee zu trinken; ich benutzte diese Zeit, um in einem hebräischen Lexikon die mitgetheilten Worte aufzusuchen. Es sind 30 Jahre her, dass ich mich ein wenig mit Hebräisch beschäftigte, so dass ich im Stande bin, mich in einem Lexikon zu orientiren. Bei der Wurzel: בכא = bacha, flevit, er hat geweint, fand ich den Spruch: עֵמֶק הַבָּכָא = ‚emek habbaca', vallis fletus, d. h. Thal der Thränen. Ich erfuhr aus dem Wörterbuche, dass dieser Ausspruch sich nur einmal im Alten Testamente vorfindet, und zwar im 84. Psalm Vers 7. Er war mir vollständig unbekannt, um so mehr, als meine Studien dieser Sprache auf die ersten Kapitel der Genesis und auf die ersten zehn Psalmen sich beschränkt hatten. So ergab sich das Citat als richtig, nur die Buchstabirung musste aus 'habaccha' in 'habbaca' verändert werden. Trotzdem muss ich bemerken, dass in der hebräischen Bibel-Ausgabe mit der französischen Uebersetzung von *Cahen* diese Worte übersetzt werden mit: ‚la vallée de Bacha', das Thal von Bacha, wo die Silbe ‚ca' wiedergegeben ist durch ‚cha', wie bei unserem sich Mittheilenden.

„Was den Namen ‚*Sardory*' betrifft, so fand ich ihn nicht in den biographischen Lexicis, welche ich besitze. Diese beiden Resultate meiner Untersuchungen, das eine positiv, das andere negativ, wurden von mir sicher der kleinen Gesellschaft mitgetheilt, während sie ihren Thee trank. Als dieser genossen war, nahmen wir unsere Séance wieder auf. Die Medien nahmen Platz, als ich noch nicht in dem Zimmer war, wo wir uns aufhielten; und sofort, als kaum ihre Hände die Planchette berührten, wurde ihnen auf Russisch gesagt: —

„‚Sehen Sie einmal im Wörterbuche (und auf das lateinische Alphabet übergehend) *B. Cardosio* nach.'

„Ich trat in diesem Moment ins Zimmer, und man überlieferte mir die Communikation.

„Ich nahm Platz und sagte: —

— „‚Ich habe so eben nachgesehen, — Dein hebräisches Citat ist richtig.'

„‚Ich weiss, dass es richtig ist, und dass Sie nachgesehen haben; ich erinnere mich aber, dass der Name nicht ‚*Sardovy*', sondern ‚*Cardovy*' lautet; doch nein, ich täusche mich immer, er heisst ‚*Cardosy*' — (und auf das lateinische Alphabet übergehend) — ‚*Cardosio b*!'‘ —

— „‚Was will das *b* sagen?'

„‚Seinen Namen — *B. Cardosio*. Ein gelehrter Arzt, der zu seiner Zeit sehr bekannt war.'

— „‚Aber welche Beziehung hat das mit den hebräischen Buchstaben?'

„‚Ein berühmtes Motto.' —

„Hierauf ging die Unterhaltung von Neuem auf das philosophische Gebiet über. Um eine Vorstellung von der Dialektik unseres Mittheilers zu geben, will ich einige seiner Sätze anführen. Ich fragte: —

— „‚Kannst Du uns sagen, in welcher Form Du Dich befindest?'

„‚Das Begreifen der Wesenheit der Form ist Eure *Achilles*-Ferse.'

— „‚Ich spreche ja nicht von der Wesenheit, sondern von der Form.'

„‚Aber was ist denn die Form nach Eurem Verständniss? Nach dem meinigen kann man sogar nicht einmal fragen: ob ein Ding existirt oder sich in einer Form befindet. Denn die Form ist ein nothwendiger Begriff da, wo die Rede ist von irgend einer Existenz.'

— „‚Ich frage ja nicht: ‚befindest Du Dich in einer Form?' sondern ‚in welcher'?'

„‚Also sprechen Sie von der Wesenheit der Form; denn ich habe gesagt, dass die Form nur ein Begriff sei, und Sie haben dem beigestimmt.' —

„(Hier entspann sich eine Unterhaltung zwischen mir und Professor *Butlerow*, welcher mit anwesend war; wir beschuldigten unseren Mittheiler, die Antwort umgehen zu wollen. Da setzte sich die Planchette in Bewegung:) —

„‚Begreifen Sie es wohl! Ich behaupte, dass die Form ein Begriff sei. Das ist eins. Sodann ist die Form uns nothwendig als Begriff überall, wo die Rede ist von irgend etwas Existirendem; und endlich hat alles Existirende seine entsprechenden Begriffe und unter ihrer Zahl die Vorstellung der Form, oder aber, wie ein Philosoph gesagt haben würde, — der Erscheinung.' . . . .

„Immer offenbarte sich dieser sonderbare Mittheiler mit Ironie, beinahe mit einer gewissen Verachtung über unsere Séancen; er moquirte sich überhaupt über unsere Bemühungen, Beweise für die Identität eines Geistes gewinnen zu wollen, indem er behauptete, dass die Sache nicht zu beweisen wäre. In den philosophischen Erörterungen, die wir mit ihm hatten, war er uns stets ‚über'; er bekämpfte uns durch seine Dialektik voll tiefen philosophischen Sinnes und war gleichzeitig voll Sarkasmus. Nachdem er uns ein Dutzend Mal besucht hatte, wobei er immer erwartete, ‚dass wir vernünftiger geworden sein würden,' hörte er ferner zu erscheinen auf, indem er erklärte, dass wir nicht mit ihm zu sprechen verständen, — worin er Recht hatte.

„Als die Séance beendigt war, beeilte ich mich, sofort das Wörterbuch von Neuem nachzuschlagen, und für dieses Mal war mein Bemühen nicht vergeblich. In der ‚Nouvelle Biographie Universelle' von *Didot* in 46 Bänden fand ich: —

„**'Cardoso** (*Fernando*), Portugiesischer Arzt, geboren gegen Anfang des 17. Jahrhunderts, gestorben in der zweiten Hälfte desselben. Celorico ist das eigentliche Vaterland dieses seltsamen Mannes, der sich einen grossen Ruf in seinem Fache erworben hat und sich darin seit dem Jahre 1630 auszeichnete. Er ging nach Spanien und erhielt zu Madrid den Titel eines ‚physico major' (Ober-Arztes). Wahrhaft eigenthümlich war es im Leben dieses Gelehrten, dass er die christliche Religion, in der er erzogen worden war, aufgab, um in den Schooss des Judenthums einzutreten, dessen glühender Apostel er wurde. Sein gesuchtestes Werk wurde spanisch veröffentlicht unter dem Titel: — ‚De las utilidades del agua y de la nieve; del bever frio y caliente.'[*])

---

[*]) „Von der Nutzanwendung des Wassers und des Schnees, der kalten und warmen Getränke."

(Madrid, 1637) in 4°. — Seine Abhandlung: — ‚De febri syncopali' (Madrid, 1634) in 4°, war im 17. Jahrhundert hoch geschätzt. Er hat auch eine poetische Apologie oder Vertheidigung des *Lope de Vega* veröffentlicht.' —

„Also hatte sich unser Mittheiler diesmal gut ‚erinnert'. Der Familienname und die charakteristischen Details sind richtig; nur der Vorname ist kein *B* —, was von keinem grossen Belang ist. Was das Motto betrifft, ob es wirklich von *Cardoso* angewendet worden ist, so ist das eine Sache, die ich nicht habe ermitteln können, denn man muss es in seinen Werken nachsuchen, und es ist nicht wahrscheinlich, dass sich dieselben in unserer Kaiserlichen Bibliothek befinden. Ich habe sie sogar nicht einzusehen verlangt. Die Sache hat ihren Werth selbst ohne dieses Detail." — („Psych. Stud." 1885 S. 49—53.) —

Die Erklärung, welche Herr *von Hartmann* einem solchen Falle giebt, ist folgende: — „Es kann ferner einer der Anwesenden, dessen Interesse in einer bestimmten Richtung hin erregt ist, in seinem larvirten, somnambulen Bewusstsein Erinnerungsvorstellungen von früher gehörten oder gelesenen Sätzen in fremden Sprachen haben; diese Vorstellungen können vom Medium durch Gedankenlesen errathen und unwillkürlich geschrieben (oder abgeklopft) werden, ohne dass das wache Bewusstsein des Anwesenden die ihm sich darbietenden Ergebnisse als seine Erinnerungen anerkennt." („Der Spiritismus" S. 70 - 71; vergl. Seite 61.) —

Das Vorhergehende war schon gedruckt, als mir mein Sekretär Herr *Wittig* im December 1888 mittheilte, dass das „Räthsel von *Cardoso*" gelöst sei, denn er hätte zufällig am 30. März 1885 in „Der Salon" (Leipzig, *A. H. Payne*) Heft VI, 1885 einen Artikel: — „Die Poesie der Sinnsprüche und Devisen" von *W. de Porta* — gelesen, in welchem das Motto: — „emek habbacha" erwähnt und „einem gelehrten, portugiesischen, jüdischen Arzte *B. Cardomo* (sic!)" mit Hinweisung auf *W. Wichmann*'s „Die Poesie der Sinnsprüche und Devisen" (Düsseldorf bei *J. Voss*, 1882) zugeschrieben wäre. Sofort liess ich mir dieses Buch kommen, und siehe da! in ihm fand ich fast am Ende des Buches auf Seite 312 und 313 unten die folgenden Zeilen: —

S. 312. „Aber wir kehren auf die Erde zurück und schliessen mit dem in dieser Sprache einzig hebräischen Motto des gelehrten portugiesischen jüdischen Arztes *B. Cardosio*:

S. 313.    „*Emek habbácha*,
            „O Thal der Thränen." —

Es ist klar, dass das „Motto", welches uns diktirt wurde, aus diesem Buche geschöpft war; alle Details sind darin vorhanden, besonders beweiskräftig ist der falsch gedruckte Name: „*B. Cordosio*", welcher auch in der Communikation wiedergegeben ist an Stelle des wirklichen Namens „*Fernando Cardoso, médicin portigais*, etc." wie ihn das Dictionnaire („Biographie Universelle de *Didot*" in 46 Bdn.) ergab. Also ist es ganz einfach, zu schliessen, dass das „Motto" von irgend Einem von uns in diesem Buche gelesen und bei der Séance durch eine Wirkung des somnambulen Bewusstseins wiedergegeben worden sei.

Aber die Sache liegt doch nicht so einfach, wie sie auf den ersten Blick erscheint. Unsere Séance hat, wie man aus „Psychische Studien" Februar-Heft 1885 S. 49 ff. und Januar-Heft 1889 S. 22 ersieht, am 10.|22. Februar 1882 stattgefunden; das *Wichmann*'sche Buch trägt das Datum 1882: setzen wir den Fall, dass es bereits gegen Ende des Jahres 1881 erschienen, und auch sofort mit den Neuheiten für den Büchermarkt des neuen Jahres nach Petersburg gelangt sei. Somit wäre es höchstens während des Zeitraumes von zwei Monaten geschehen, dass Einer von uns hätte Gelegenheit haben müssen, dieses Buch einzusehen und zu durchblättern. Nun aber hat das Buch ein ganz besonderes Aussehen: es ist zierlich gebunden, trägt einen vergoldeten Schnitt, (weil es anders sonst nicht verkäuflich gewesen sein würde), jede Seite ist mit Typenleisten eingerahmt, der Text selbst ist fast auf jeder Seite von kurzen Citaten der Sinnsprüche und Devisen unterbrochen. Sobald man es einmal geöffnet hat, hält es schwer, es vollständig zu vergessen, und zwar während des kurzen Zeitraumes von zwei Monaten; es namentlich in dem

Grade zu vergessen, dass Niemand sich sogar daran erinnert, ein Buch der „Motto's" gesehen zu haben, und nicht daran gedacht hätte, in demselben Denjenigen aufzusuchen, welcher uns derart intriguirt hätte. Ich selbst bin bis zu einem gewissen Punkte ein Bücherliebhaber, habe aber zur Zeit keineswegs die Existenz solcher Devisen-Bücher vermuthet; nachdem ich dieses Buch erhalten, habe ich es sofort den beiden noch lebenden Theilnehmern an der Séance gezeigt, sie haben mir versichert, es niemals gesehen zu haben; der inzwischen verstorbene Herr Professor *Butlerow*, welcher mit bei der Séance zugegen gewesen ist, würde wohl sicher nicht verfehlt haben, diese Quelle zu erwähnen, wenn er während dieser zwei Monate etwas Derartiges zu Gesicht bekommen hätte. Erst einige Jahre später, nachdem ich irgendwo die Ankündigung des Buches von *Büchmann*: — „Geflügelte Worte. Der Citatenschatz des Deutschen Volkes, 1882" — gelesen, habe ich es mir sofort verschafft, um darin die lateinischen, die griechischen und die italienischen Citate unserer Séancen aufzusuchen. Ich habe aber darin nichts gefunden. Der Zufall hat gewollt, dass ich bis jetzt nichts vom Buche *Wichmann's* wissen sollte.

Aber das Buch ist da! Man muss also annehmen, dass es zu Gesicht gekommen, mechanisch auf den Seiten 312—313 aufgeschlagen und dann vollständig und sofort vergessen worden sei; doch eine solche mechanische Einblicknahme erklärt die Sache nicht: das Wort „emek habbacha" ist kein solches von denen, welche man leicht behält; man muss es lesen und wiederholt lesen, um es sich einzuprägen, und dann muss man seine Bedeutung nachlesen, und dann auf der vorhergehenden Seite unten seine historische Entstehung mit den ganz genauen Details. Hier genügt eine unbewusste Einsichtnahme nicht, es ist dabei eine vollbewusste Lectüre nöthig; mithin eine Schwierigkeit mehr, um die Sache vollständig und sofort im Zeitraume weniger Wochen zu vergessen.

Aber dabei zeigte sich noch etwas Merkwürdigeres. Als ich das Buch erhalten hatte, war es natürlich, dass ich ermitteln wollte, ob es nicht noch andere „Sprüche" enthielte, welche in unseren Séancen mitgetheilt worden waren. Da das Buch kein alphabetisches Nachschlageregister enthält, so blätterte ich Seite für Seite danach; meine Mühe wurde belohnt, denn siehe da! auf Seite 62 finde ich noch zwei „Sprüche", von denen ich mich sofort erinnerte, dass sie von unserem mysteriösen Zwischenredner angewendet worden waren. Ich will hier vorerst diese Stellen des Buches citiren: —

„**Später wurde auf diesen Papst (*Gregor XIII.*) eine entsprechende Devise angewendet, ein Drache mit dem Lemma:**
*Γρεγορει**)*
**„Ich wache,**
**ein Wortspiel zugleich mit seinem Papstnamen."**
— **„Die zum Zwecke der Reinigung der italienischen Sprache 1584 gegründete Academia della Crusca, in Florenz, nahm als Anspielung auf das Wort „Crusca" ein Mehlsieb zur Devise mit dem Motto:**
*„Il piu bel fior ne coglie,*
**„So bleibt das Feinste."**—

Und nun finde ich Folgendes in meinem Notizbuche. Bei der Séance vom 3. März 1882, der ersten, bei welcher derselbe geistreiche Zwischenredner sich manifestirte (es fanden nach der Séance vom 10. Februar mit dem hebräischen Motto noch zwei Séancen mit anderen Zwischenrednern statt,) ergriff ich diese Gelegenheit, um ihn zu fragen: — „**Welches war der logische Grund für ein solches hebräisches Citat?**" — Er erwiederte: —

„Es war ein ganz directer Grund dafür. Als ich die armseligen Ueberzeugungsmittel sah, deren Ihr Euch bedient, dachte ich: — 'Wie beklagenswerth ist Euer Dasein!' — Zu gleicher

---

*) Dieses griechische Wort ist hier mit einem „ε" falsch gedruckt. Es muss richtig und accentuirt heissen: entweder Γρηγορεῖ, (lies: Grēgoreī) Er wacht, oder — Γρηγόρει, Wache du! — Ohne Accente kann es beides bedeuten. „Ich wache" würde lauten: — Γρηγορέω oder zusammengezogen: Γρηγορῶ.

Der Uebersetzer *Gr. C. Wittig.*

Zeit habe ich Euch in Erstaunen setzen wollen durch ein Mittel derselben Art."  . . . . (Vergl. „Psych. Stud." Januar-Heft 1889 S. 25 ff.)

Und als wir Bemerkungen machten über das, was er unsere „armseligen Ueberzeugungsmittel" nannte, fuhr er fort: — „Bei uns hier sieht man das, was bei Euch verborgen ist. *Il piu bel fior ne coglie.*"

— „Was soll hier das Italienisch bedeuten?"

„Das Feinste überlebt."

— „Ist das die Ergänzung der italienischen Phrase?"

„Ihr müsst Euch mit Eurem körperlichen Gefängniss begnügen; wir sind — die schönste Blume."

— „Gut; gehen wir jetzt zur Philosophie über."

„Γρεγορει (wurde uns in einzelnen russischen Buchstaben dictirt; in lateinischem lautet das Wort: Gregorei).

— „In welcher Sprache ist das?"

„In Griechischer."

— „Was soll das bedeuten?"

„Es ist ein Rath an Euch Alle, denn Ihr kennt weder den Tag, noch die Stunde; aber man muss sich vorbereiten."

— „Ist das die Bedeutung des Wortes: Gregorei?

„Ja. Custodite.*)" —

Nach diesem gingen wir über zu den philosophischen Fragen (man vergl. hierüber „Psych. Stud." Februar-Heft 1885 S. 52 oben). Weder meine Schwägerin, noch mein Stiefsohn verstehen Italienisch; der Satz wurde durch das Alphabet ohne den geringsten Fehler wiedergegeben; er bedeutet genau: — „Er (oder; es, scil. das Mehlsieb,) pflückt davon die schönste Blume."**) —

Das griechische Wort war meinem Stiefsohn, welcher auf dem Gymnasium Griechisch studirt hat, unbekannt; im Lexikon der mit einander übereinstimmenden griechischen Wörter fand ich mehrere Male nur: „gregoreite", in

---

\*) Dies bedeutet im Lateinischen: — „Wachet!" —
Der Uebersetzer.

\*\*) Fior (= dem lat. flos) bedeutet Blume und feinstes Mehl. —
Der Uebersetzer.

den lateinischen Uebersetzungen wiedergegeben durch „vigilate" (wachet!).

Als in der folgenden Séance vom 10. März derselbe Zwischenredner sich manifestirte, benutzte ich die günstige Gelegenheit und fragte ihn: —

— „Sage mir die grammatische Form des griechischen Wortes der letzten Séance."

„Die zweite Person des Imperativ im Singularis."

— „Und vom lateinischen Worte?"

„Im Pluralis.

— „Woher dieser Unterschied?"

„Ist das nicht ganz dieselbe Sache?" —

— „Ich erstaune, weil im Neuen Testamente alle Imperative (Befehlsformen) dieses Verbums im Pluralis (in der Mehrzahl) stehen."

„Ich habe dieses auf einem Wappen gelesen."

— „Verstehst Du Griechisch?"

„Schlecht."

— „Dennoch giebst Du eine grammatische Analyse?"

„Keine grosse Sache!"

— „Und verstehst Du gut Lateinisch?"

„Ja."

— „Italienisch?" — „Nein!" —

— „Woher ist das Citat?" — „Aus *Tasso*, glaube ich."

— „Und kannst Du Hebräisch?" — „Nein!" —

— „Und dennoch citirst Du es?" —

„Es giebt viele Dinge, an die man sich erinnert; aber Hebräisch verstehe ich trotzdem nicht." —

Später bestätigte mir mein Stiefsohn, dass es wirklich die 2. Person Singularis des Imperativ sei, und dass das Verbum: Γρηγορειν (grēgorein) so viel wie „wachen" bedeute, und dass in Folge dessen das diktirte Wort bedeute: — „Wache!"

Jetzt ist es noch deutlicher in die Augen springend, dass nur das Buch *Wichmann's* als Quelle für diese drei Motto's gedient hatte. Es ist unmöglich, diesen Schluss zu vermeiden. Aber anderseits wird es noch weit schwieriger, anzunehmen, dass Einer von uns Dreien (der Professor *Butlerow* hatte diesen letzteren Séancen nicht mit beigewohnt) das Buch *Wichmann*'s in seinen Händen gehabt hätte; dass er darin mechanisch gerade diese drei Motto's aufgegriffen und sie dann einige Wochen nachher ohne eine Erinnerung, dieses Buch gesehen zu haben, wiedergab. Es ist hier kein Wort, keine Zeile in einer bekannten Sprache, welche sich so plötzlich und unbewusst in unser Gehirn einprägen würde. Drei Motto's, auf drei verschiedenen Seiten, in drei verschiedenen, fremden und beiden Medien unbekannten Sprachen mit der bezüglichen Uebersetzung ihres Sinnes lassen sich nicht so mechanisch und augenblicklich behalten, ohne die geringste Erinnerung im normalen Bewusstsein zurückzulassen in dem kurzen Zeitraum von höchstens einigen Wochen. Diese Art der Erklärung würde also voraussetzen lassen, dass die unbewusste Erinnerung eine solche Krafttour verrichten könnte, während das bewusste Gedächtniss nicht einmal eine unbestimmte Erinnerung von der Existenz des Buches bewahren konnte, welches das unbewusste Gedächtniss so gut durchgesehen hatte. Es liegt darin ein Widersinn und eine innere Unmöglichkeit. Ich sage „durchgesehen", denn man kann vernünftigerweise nicht annehmen, dass das Buch nur auf zwei Seiten geöffnet worden wäre, und dass die Augen nur diese drei Mottos gesehen hätten.

Aber das ist nicht die einzige Schwierigkeit! Dass dabei mehr als ein unbewusster Eindruck im Spiele ist, das geht aus folgenden Betrachtungen hervor. Der zuerst angegebene Name lautete: *Sardovy*; darauf wurde die Séance unterbrochen, um den Thee einzunehmen und den Namen im Dictionnaire aufzusuchen; sobald die Séance wieder aufgenommen war, wurde der Name *B. Cardosio* genau nach *Wichmann* gegeben. Und einige Minuten nachher derselbe Irrthum und dieselbe Berichtigung. Man frägt sich: welchen Maasstabes bediente sich das unbewusste Gedächtniss, um zwischen den von einander abweichenden Namen zu wählen? Und ferner: — das Wort: „Gregorei" wird nicht übersetzt mit „Ich wache!", wie *Wichmann* thut, was nach der Grammatik unrichtig ist; sondern durch „custodite" (wachet!), was eine andere Bedeutung hat, und durch eine grammatikalische Verbal-Form, welche schon etwas richtiger erscheint. Denn „Gregorei" kann im Griechischen nach Herrn *Wittig*'s Bemerkung zwei verschiedene Accente tragen und alsdann lauten „gregoreî" = „er wacht" (scil. der Drache), und auch als Imperativ-Form klingen: ‚gregórei = „wache du!" — „Custodite" („wachet ihr!") würde griechisch lauten: „gregoreîte!" — Als ich auf den Ursprung von „gregorei" drang, erklärte unser X. nicht, dass es eine Devise des Papstes *Gregor XIII.* (des berühmten Kalenderverbesserers von 1582) sei, sondern er antwortete mit einer Umschreibung: — „Ich habe das auf einem Wappen gelesen," — was in Betreff des Sinnes dieselbe Sache ist. Also kann man in allem diesen eine unbewusste Reproduction unbewusster Eindrücke nicht sehen.

Noch eine andere Erwägung. Weshalb konnte er anstatt der ausweichenden Antwort: — ;,Ich habe das auf einem Wappen gelesen" — nicht wenigstens sagen: — „Ich habe das in einem Devisenbuche gelesen?" — Weshalb antwortete er auf meine Frage über den Ursprung des italienischen Citates mit „*Tasso*", anstatt die wirkliche Quelle anzudeuten? Und weshalb gestand er, als ich auf dem hebräischen Motto bestand, zu, dass es eine Gedächtniszsache sei, nannte aber die wirkliche Quelle nicht? Es legt das Alles die Vermuthung nahe, dass der dabei Thätige — sei es nun das unbewusste Gedächtniss des Mediums, oder sei es ein ganz anderer *X.* —, welcher uns diese Mottos dictirte, sehr gut die Quelle kannte, aus der er diese Sprüche schöpfte, dass er aber deshalb, weil er uns mystificiren oder „uns in Erstaunen setzen" wollte, sie nicht enthüllen durfte.

Das Geheimniss liegt darin: durch welches Mittel befand sich das Gehirn des Mediums mit dem Inhalt des Buches in Rapport gesetzt? Dass das geschehen wäre auf natürlichem Wege, — aus directer Lectüre —, das einzuräumen verweigere ich. Ich habe viel mehr Grund, einen geheimen (occulten) Vorgang anzunehmen. Es scheint mir, dass dieser Fall sich am meisten denjenigen des Lesens in verschlossenen Büchern nähert, welche ich früher (s. „Psych. Stud." December-Heft 1888 S. 558 ff.) angeführt habe.

Ein Anfall von Somnambulismus hätte die Thatsache erklären können, wenn das Buch sich im Hause befunden, und wenn der somnambule Trancezustand dabei stattgefunden hätte; aber man findet dabei weder das eine, noch den anderen. Ist es ein Fall von Gedankenlesen, oder von Gedankenübertragung? Vielleicht. Aber bei wem und durch wen, — das ist die Frage, und sie wird, wie ich fürchte, ohne Antwort bleiben. Von meinem Gesichtspunkte aus ist das Räthsel nicht gelöst, und der Fall bleibt ebenso lehrreich, als mysteriös. Absolute Beweise zu führen, ist immer schwierig. Jetzt, wo das Buch da ist, kann man immerhin auf der Nothwendigkeit bestehen, die einfachsten Lösungen zu suchen; aber für uns — die Theilnehmer an der Séance — wird die Ueberzeugung voll und ganz bestehen bleiben, dass die Quelle dieser Mittheilungen ausserhalb unseres damaligen intellektuellen Bewusstseins-Inhalts gelegen hat.

(Man sehe, was ich über Citate in unbekannten Sprachen früher gesagt habe, „Psych. Studien" 1888, S. 463 ff., vgl. Seite 441 ff. dieses Bandes.)*)

---

*) Ich glaube, dass hier der Ort ist, die Lösung des „Philologischen Räthsels" zu geben, welches ich in den „Psych. Studien" 1884 S. 5 veröffentlicht habe, und das in dem Satze besteht: „σώματα ἀνθρώπων δίκαια εἰσι." Ich habe mich an einen Philologen gewendet, um die richtige Uebersetzung desselben zu erhalten, und er gab mir die folgende Notiz, welche gedruckt steht im „Thesaurus graecae linguae ab *Henrico Stephano* constructus." *Ed. Hase.* (Parisiis, 1831—65). — Bei dem Worte: „Δίκαιος" liest man unter andern Dingen: — „Huic notioni affinis est altera quae 'δίκαιον' dicitur, quod omnibus partibus aequabilitatem servat; frequens illa in *Hippokrate.* 'De Arte' p. 787: — ‚Ἐπεὶ δὴ δίκαιον ἔχουσι τὸ σῶμα οἱ ἄνθρωποι'." — Sonach würde der Sinn des mitgetheilten Satzes lauten: — „Die Körper der Menschen sind symmetrisch." — Diese Bedeutung des Wortes „δίκαιον" findet sich nicht in den gewöhnlichen Wörterbüchern; mein Stiefsohn hat in dem Dictionnaire nachgeschlagen, welches ihm die ganze Zeit während seines griechischen Studiums am Gymnasium gedient hatte, und diese Bedeutung befindet sich nicht darin. Das ist eine Thatsache, dass er niemals andere Wörterbücher nachgeschlagen, und dass *Hippokrates* niemals an klassischen Studien des Griechischen an Gymnasien theilgenommen hat. Ich habe alles Recht, auch diesen Fall als einen ausgezeichneten anzusehen unter den Beweisen einer auf ausser-mediumistischem Wege erfolgenden Kundgebung.

*c)* Ich gehe jetzt über zu den Kundgebungen, welche das Geschehen gewisser, den Theilnehmern an der Séance unbekannter Ereignisse enthalten, und bei denen die Erklärung durch Gedankenübertragung unzulässig ist in Folge der Bedingungen der Manifestation selbst.

Die Fälle von Todesnachrichten sind, wie ich glaube, die häufigsten dieser Art. Folgender Fall ist mir erst jüngst persönlich bekannt geworden. Am 7. Januar 1887 erhielt ich den Besuch des Ingenieurs *Kaigorodow*, welcher in Wilna wohnt; er theilte mir folgende Thatsache mit.*) Er hat bei seinen Kindern eine Gouvernante, eine Schweizerin aus der Stadt Neufchatel, Mademoiselle *Emma Stramm*, welche die Gabe des automatischen Schreibens besitzt. Bei der Séance, welche am 3./15. Januar des Abends nach 9 Uhr im Hause des Ingenieurs zu Wilna stattfand, wurde in seiner Gegenwart folgende Communikation auf französisch mitgetheilt, die ich nach einer Abschrift des mir vorgezeigten Originals anführe. Das Medium, welches sich im normalen Zustande befand, fragte: — „Ist *Lydia* hier?" (eine Persönlichkeit, welche sich bei den vorhergegangenen Séancen manifestirt hatte). — „Nein. *Louis*\**) ist hier und wünscht, seiner Schwester eine Neuigkeit mitzutheilen." —

— „Welche denn?"

„Eine Person deiner Bekanntschaft ist heute um 3 Uhr fort."

— „Wie soll ich das verstehen?"

„Das heisst, dass sie gestorben ist."

— „Wer denn?"

*„August Duvanel."*

— „An welcher Krankheit?"

„An einer Blutstockung. Betet für die Erlösung seiner Seele." —

---

\*) Ueber die weitere ausführliche Mittheilung dieses Falles s. die nachfolgende Note auf S. 495.

\**) Der Name eines verstorbenen Bruders des Mediums, welcher sich gewöhnlich bei ihren Séancen manifestirte.

Zwei Wochen später zeigte mir Herr *Kaigorodow*, der von Neuem in Petersburg war, den Brief des Vaters des Mediums, Namens *David Stramm*, datirt aus Neufchatel vom 18. Januar 1887 (neuen Stils), also drei Tage nach dem Tode des *Duvanel* geschrieben und in Wilna erhalten den 11. 23. Januar, in welchem ihr Vater sie von diesem Ereignisse mit folgenden Worten benachrichtigt. Ich schreibe wörtlich aus dem Original ab: —

„Meine vielgeliebte Tochter!

. . . „Jetzt will ich Dir eine grosse Neuigkeit für Dich mittheilen. *August Duvanel* ist am 15. Januar um 3 Uhr Nachmittags gestorben. Das ist ein so zu sagen plötzlicher Tod, denn er ist nur einige Stunden krank gewesen, er hat eine Blutstockung bekommen, als er auf der Bank war. Er hat sehr wenig gesprochen, und Alles, was er gesagt hat, war für Dich . . . er empfiehlt sich Deinem Gebete; das waren seine letzten Worte." —

Der Zeitunterschied zwischen Wilna und der Schweiz beträgt beinahe eine Stunde im voraus. Sonach war es in Wilna gerade 4 Uhr durch, als der Tod *Duvanel*'s eintrat, und 5 Stunden später wurde diese Neuigkeit durch automatische Schrift mitgetheilt.

Aber wer war *Duvanel*? Weshalb konnte sein Tod „eine grosse Neuigkeit" für Mademoiselle *Emma Stramm* sein? Folgende Aufklärung ertheilte mir Herr *Kaigorodow* auf von mir ihm schriftlich gestellte Fragen: — „Als Mademoiselle *E. S* sich noch in Neufchatel bei ihren Eltern befand, hatte dieser Herr *Duvanel* sie zur Ehe begehrt; aber er begegnete von Seiten der jungen Dame der förmlichsten Absage; und da ihre Eltern im Gegentheil für diese Ehe waren und sie zu überreden suchten, so entschloss sie sich, ihr Vaterland zu verlassen und als Gouvernante in Stellung zu gehen. Ihre letzte Zusammenkunft mit *Duvanel* hatte einige Zeit vor ihrer Abreise im Jahre 1881 stattgefunden; sie stand nicht in Correspondenz mit ihm; sie hatte die Familie *Duvanel*'s etwa nur zwei oder drei Mal im Ganzen gesehen. Ein Jahr nach ihrer Abreise verliess er Neufchatel und verblieb bis zu seinem Tode im Canton Zürich.\*)

Betrachten wir jetzt die Erklärung nach Herrr *von Hartmann*. Dass es nicht eine G e d a n k e n ü b e r t r a g u n g von *Duvanel* selbst gewesen ist, wird aus dem Grunde klar, dass der U e b e r t r a g e n d e (nach Herrn *v. H.*) zur Zeit der Séance nicht mehr existirte. Aber vielleicht fand eine unwillkürliche und unbewusste Gedankenübertragung von Seiten der Freunde des verstorbenen *D.* statt? Wir können diese Freunde nur in den Personen der Eltern der Mademoiselle *Emma Stramm* finden; denn für diesen Fall ist der „gemüthliche Rapport" nur zwischen ihnen und ihr zu suchen. „Aber", sagt Herr *v. H.*, „der Uebelstand dabei ist nur der, dass nach unserer Erfahrung auf weite Entfernungen gar keine Gedanken oder Worte . . . . übertragen werden können" (S. 115; man vergleiche damit auch S. 65). Also erklärt die Gedankenübertragung hier die Sache nicht.

Betrachten wir die letzte Zuflucht des Herrn *v. H.* — das H e l l s e h e n. Hören wir die Erklärung, welche Derselbe von ihm giebt: — „1) Wenn alle Individuen höherer und niederer Ordnung im Absoluten wurzeln, so haben sie auch an diesem eine zweite, rückwärtige Verbindung unter einander, und es braucht nur durch ein intensives Willensinteresse der 'Rapport' oder Telephonanschluss zwischen zwei Individuen im Absoluten hergestellt zu werden, damit der unbewusste geistige Austausch zwischen denselben sich auch ohne sinnliche Vermittelung vollziehen kann." (S. 78—79.) — Diese Erklärung taugt hier nicht aus dem

---

\*) Weitere Details und wichtige Dokumente über den Fall *Duvanel* (S. 493 beginnend), sowie über den Testamentsfall des Baron *von Korf* (vergl. Seite 687 d. 1. Aufl.) sind in den „Proceedings of the Society for Psychical Research" zu London, Part XVI, Juni-Heft 1890, pp. 314—357 und in den „Psychischen Studien" (Leipzig, *Oswald Mutze*) im XVIII. und XIX. Jahrgang vom November 1891 bis zum Februar 1892 in's Deutsche übersetzt erschienen unter dem Titel: — Mr. *Myer's* Vertheidigung der Erscheinungen Verstorbener mit ausführlichen Beispielen vom Herausgeber der 'Psych. Studien'." — Der Fall *Duvanel* in „Psych. Stud." Januar-Heft 1892 S. 22 ff. und der Fall *von Korf* im Februar-Heft 1892 S. 73 ff. — Der Uebersetzer.

einfachen Grunde, weil es keinen sympathetischen Rapport gab zwischen *Duvanel* und *Emma*; und wenn wir annehmen, dass die Kundgebung durch einen Act „intensiven Willensinteresses" von Seiten *Duvanel's* allein erfolgt sei, so würde der Rapport sich nur einige Augenblicke vor seinem Tode haben herstellen können, und er würde sich alsdann durch irgend eine Wirkung des zweiten Gesichts von Seiten des Mediums haben äussern müssen; aber davon geschah nichts. — Hier folge noch eine Definition des Hellsehens, welche nicht mehr und nicht weniger als den ganzen Inhalt der Ewigkeit umfasst: — „Die Allwissenheit des absoluten Geistes umspannt implicite im gegenwärtigen Weltzustande die Zukunft ebenso gut wie die Vergangenheit; darum kann das Individuum vermöge eines intensiven Willensinteresses ebensowohl die Einzelheiten zukünftiger Ereignisse aus dem unbewussten Wissen des absoluten Geistes unbewusst herausschöpfen, wie es die Einzelheiten der gegenwärtigen Weltlage an räumlich von ihm entfernten Punkten aus demselben zu entnehmen vermag." (S. 79.) — Diese Erklärung taugt hier auch nicht, denn es fehlt ebenfalls in unserem Falle das Wesentliche: — „das intensive Willeninteresse" von Seiten des andern, überlebenden Individuums. Als das Medium sich zur Séance begeben hatte, befand sich sein Interesse auf dem gewöhnlichen Niveau, es gab kein Motiv, keinen Grund, um es „intensiv" zu machen; und wir wissen ausserdem, dass Mademoiselle *Emma* nicht allein keine Sympathie für *Duvanel*, sondern im Gegentheil eine starke Antipathie gegen ihn hegte; mithin trieb kein Interesse ihre unbewussten Fähigkeiten in diese Richtung. Und schliesslich, „der Uebelstand dabei ist nur der", dass, nach Herrn *von Hartmann*, „das völlig reine Hellsehen immer in hallucinatorischer Gestalt, wenn auch häufig in symbolischer Einkleidung auftritt" (S. 78). Nichts dergleichen in dem Falle, von dem wir sprechen. Das Medium im normalen Zustande; die Communikation durch Schrift, ganz prosaisch, ebenso einfach wie bestimmt, ohne den geringsten Symbolismus.

Die Theorie des Herrn *v. H.* läuft darauf hinaus: —

Sobald das Medium in Communikation mit seinem Bruder *Louis* getreten ist und *Louis* zu ihm von *A.*, *B.*, *C.* u. s. w. spricht, so ist alles dieses nur ein Spiel des somnambulen Bewusstseins des Mediums; aber wenn *Louis* zu ihm von dem plötzlichen Tode *Duvanel's* spricht, dann befinden wir uns in directem Rapport mit dem Absoluten, mit dem Göttlichen, mit der ganzen Vergangenheit, Gegenwart und Zukunft des Weltalls!! — Wenn man unter Hypothesen zwischen diesem metaphysischen und wahrhaft übernatürlichen Rapport mit dem Absoluten und dem Rapport mit „*Louis*" zu wählen hat, so zeigt sich dieser letztere als der weit einfachere, natürlichere, und es scheint vernunftgemässer, ihn dem ersteren vorzuziehen.

Alles, was als letztes Auskunftsmittel übrig bleibt, ist, sich eine Erklärung aufzubauen auf dem **alleinigen Rapport**, welcher zwischen dem Medium und dem verstorbenen *Duvanel* existirt, — ein Rapport, welcher in der Thatsache besteht, **dass das Medium die in Rede stehende Person kannte**. Wenn dieser Rapport für irgend eine Theorie genügt, welche diese Thatsache erklärt, um so besser.

Inzwischen will ich zu den **Thatsachen** übergehen, **bei denen selbst dieser Rapport nicht mehr existirt**.

Einen ausgezeichneten Fall finden wir in den ergänzenden Details eines Factums, welches wir bereits mitgetheilt haben. Der Leser wird sich hoffentlich noch erinnern, dass die zum Medium gewordene Tochter des Richters *Edmonds*, Miss *Laura*, sich mehrere Male mit einem Griechen, Herrn *Evangelides*, in seiner Geburtssprache unterhielt, die sie niemals erlernt hatte. In dem (auf vorherg. S. 425 ff.) citirten Artikel erklärt Richter *Edmonds* nicht, was denn eigentlich Herrn *Evangelides* in dieser Unterhaltung mit Miss *Laura* so tief bewegt hatte. Ich finde diese Details in einem Privatbriefe des Richters *Edmonds*, welcher von Dr. med. *J. M. Gully* zu London veröffentlicht worden ist in „The Spiritual Magazine", May 1. 1871, p. 239, und ich gebe hier das in der Masse von Journalen vergessene kostbare Dokument ausführlich in deutscher Uebersetzung wieder; ich erlaube mir nur, an Stelle der Gedankenstriche den Namen der Miss *Laura Edmonds* zu setzen, denn von ihr ist offenbar die Rede: —

„Ich habe eine sehr starke Neigung gehabt seit unserer Zusammenkunft in vergangener (Anfang März-)Woche, Ihnen noch deutlicher, als ich es damals that, die eine Erwägung vorzuführen, welche mir von genügender Bedeutung erscheint, um ein wenig Zeit auf sie zu verwenden.

„Ich erzählte Ihnen, dass *Laura* in verschiedenen Sprachen geredet, und ich glaube Ihnen gesagt zu haben, dass sie in vierzehn verschiedenen Zungen gesprochen hat. Als Beispiel gestatten Sie mir einen Fall zu erwähnen.

„Ein griechischer Herr kam eines Abends in mein Haus, und binnen kurzer Zeit geriethen er und *Laura* in eine griechische Unterhaltung, während welcher er sehr heftig bewegt ward und Thränen vergoss. Es waren etwa sechs oder sieben Herren zugegen, und der Eine von ihnen befragte ihn, was ihn denn in eine solche Rührung versetzt habe. Er bat um Entschuldigung, dies nicht sagen zu können, da es seine Privatangelegenheit sei.

„Am nächsten Tage sprach er wieder vor und traf *Laura* und mich allein an, bei welcher Gelegenheit er mir mittheilte, was seine tiefe Bewegung verursacht habe. Er berichtete, dass die durch *Laura* mit ihm sprechende Intelligenz vorgab, der Geist eines nahen Freundes zu sein, welcher in seiner Heimath in Griechenland gestorben war, ein Bruder des griechischen Patrioten *Marco Bozarris*; und dann habe er ihm durch *Laura* den Tod eines seiner Söhne angekündigt, den er lebend und gesund verlassen hatte, als er von Griechenland nach Amerika gereist war.

„Er sprach später wiederholt in meinem Hause vor; und in ungefähr zehn Tagen nach seiner ersten Besprechung theilte er uns mit, dass er so eben einen Brief von Hause erhalten hätte, welcher ihn vom Tode jenes Sohnes benachrichtigte, — welcher Brief schon auf dem Wege in dieses Land gewesen sein muss zur Zeit jener ersten Unterredung.

„Was ich nun wünsche, dass Sie mir sagen, ist: Was beabsichtigen Sie damit zu thun? oder vielmehr: Was soll ich damit anfangen?

„Es wird nicht genügen, die Thatsache zu leugnen; sie war zu wohl begründet, um diese Zufluchtnahme zu gestatten. Ich könnte ebenso gut leugnen, dass die Sonne scheint.

„Es wird nicht genügen, zu sagen, dass es eine Täuschung war; denn es lag in seinem wirklichen Aussehen nichts Verschiedenes von jeder anderen Wirklichkeit, die jeden Moment unseres Lebens begleitet.

„Und es waren gegen acht bis zehn Personen zugegen, — wohl erzogene, intelligente, scharfsichtige Männer von Welt und gewiss ebenso fähig, wie irgend Jemand, zwischen einer Wirklichkeit und einer Täuschung zu unterscheiden.

„Es wird nicht genügen, zu behaupten, dass es eine Reflexion unserer Gemüther war, denn der Mann war ein uns ganz Fremder, an jenem Abend bloss eingeführt durch einen unserer gemeinsamen Freunde; und wie konnten unsere Gemüther, selbst wenn sie die Todesnachricht seines Sohnes ihm hätten mittheilen können, *Laura* Griechisch reden und verstehen machen, welches sie niemals in ihrem Leben hatte sprechen hören?

„Nun frage ich Sie: Was soll ich mit diesen und zahlreichen anderen verwandten Fällen von 'Reden in vielerlei Zungen' beginnen?

„Wenn in den Tagen der Apostel ein solcher Vorfall wunderbar war und als solcher ein Beweis für den göttlichen Ursprung des Christenthums, was ist er jetzt?

„Ich bitte, denken Sie darüber nach; und bei unserer nächsten Zusammenkunft sagen Sie mir, was ich damit anfangen soll.

„Ich habe meine eigenen Schlussfolgerungen gezogen; aber ich bin mit ihnen nicht so eng verbunden, dass ich sie nicht ändern könnte; und vor allen Stücken wünschte ich, ein Ereigniss richtig zu beurtheilen, welchem so viele Jahrhunderte hindurch so grosse Bedeutung beigelegt worden ist. — Ihr wahrhaft ergebener

*„J. W. Edmonds."* —

Der Fall ist zum Verzweifeln, und wenn jemals das Hellsehen zu Hilfe gerufen werden muss, so ist es hier! Aber ach! alle Fäden reissen! Es giebt keine Möglichkeit der Anknüpfung! Das Medium sah Herrn *Evangelides* zum ersten Male in seinem Leben; es hatte keine Idee von dessen in Griechenland wohnender Familie, noch von dessen verstorbenem Freunde, dem Bruder von *Marco Bozarris*; wo ist also das mächtige Interesse, der grosse Beweggrund, der es plötzlich hellsehend machen konnte? Und wie „intensiv" auch dieses Hellsehen gewesen sein mag, es hätte *Laura* niemals zum Griechisch reden bringen können! Es ist nicht logisch, die Kenntniss des Griechischen der einen Quelle und das Wissen vom Tode des Kindes einer anderen Quelle zuzuschreiben. Es ist klar, dass diese beiden Quellen des Wissens nur eine bilden.

Da sind noch zwei Fälle von **Todesnachrichten**, welche ich den „**Spiritual Tracts**" des Richters *Edmonds* entlehne, die wir bereits (schon von Seite 423 her) kennen, und ebenfalls auf das Zeugniss des sehr skeptischen Mr. *Young* (siehe Seite 435—437 dieses Bandes) hin: —

„1) Eines Abends wurde in unserm Cirkel meine Frau durch den Geist einer *Marie Dabiel* zu Glasgow in Schottland beeinflusst und uns durch sie deren Geburt in die Geisterwelt mitgetheilt. Diese junge Dame, welche ich sehr gut kannte, während ich in Glasgow lebte, war, als ich diese Stadt verliess, in ein Irrenhaus des Ortes eingesperrt, und ganze fünf Jahre hörte ich nichts mehr von ihr; da ich 'Alles zu prüfen' begehrte, schrieb ich an einen Freund, der jetzt in New-York und dessen Vater noch in Glasgow lebt, um Nachforschungen über diese junge Dame anstellen, und mich deren Resultat wissen zu lassen. Etwa drei Monate nach diesem erhielt ich eine Nachricht von meinem Freunde, welcher in allen Stücken die mir durch Mrs. *Young* gemachte geistige Mittheilung bestätigte; da nun kein einziges Mitglied des Cirkels das geringste Wissen von ihrem Tode hatte, so war in Folge dessen die sich mittheilende Intelligenz über und unabhängig von unserem Bewusstsein, — überdies waren die angegebenen Charakterzüge der jungen Frau überaus zutreffend.

„2) Bei einer anderen Gelegenheit beherrschte ein neuer geistiger Einfluss Mrs. *Young*, und in breitestem schottischen Dialekt gab derselbe seinen Namen an als Mrs. —, aus Paisley in Schottland, behauptend, sie wäre vor einigen Tagen in dieser Stadt gestorben. Der Geist war derjenige der Grossmutter eines jungen Mannes, welcher Mitglied unseres Cirkels und erst ein Jahr oder etwas darüber in diesem Lande war. Drei oder vier Abende nachher kam derselbe Geist durch eine Miss *Scongall* aus Rockford in Illinois, eine junge Dame, welche durchaus kein Schottisch verstand, und derselbe breite, dem betreffenden Geiste eigenthümliche Dialekt wiederholte sich mit derselben Geschichte ihres Todes; ausserdem gab sie noch viele andere Details über das Haus ihres früheren Wohnorts, über den Garten, die Fruchtbäume, die Beerensträucher u. s. w. nebst ihrem genauen Standorte. Dieses Medium war bei der ersten Manifestation nicht anwesend, und Niemand aus dem Cirkel hatte sie von dieser Thatsache unterrichtet. Der junge Mann, an den die Mittheilung erging, stellte verschiedene Fragen in Betreff der Identität des Geistes und der seiner Freunde in Schottland, und erhielt in allen Fällen befriedigende Antworten. Eine von diesen Fragen war höchst bedeutungsvoll und überzeugend, da der junge Mann sich dieselbe nicht selbst mehr hätte beantworten können. Sie lautete: — 'Kannst Du mir sagen, welches die letzten Worte waren, die Du sprachst, als ich Dir Lebewohl sagte, ehe ich mich nach Amerika einschiffte?' — Der Geist wiederholte dieselben Worte, welche zwischen ihnen gewechselt wurden, und deren sich der junge Mann sofort wieder erinnerte, als er sie hörte; ausserdem wurde noch der besondere Theil des Hauses, wo die Beiden standen, wahrheitsgetreu angegeben und anerkannt. Eine Reihe auf einander folgender Nächte gab dieser Geist durch Miss *Scongall* (welche jetzt als Sprecherin auftritt) unverkennbare Beweise ihrer Identität und liess keinen Raum zum Zweifel mehr übrig. So sicher war der junge Mann über die Wahrheit dessen, wovon er Zeuge gewesen, dass er sofort an seine Freunde heim schrieb und sie von dem Ableben seiner Grossmutter benachrichtigte, dabei aber auch die Quelle angab, aus der er seine Kenntniss schöpfte. Hierauf eintreffende Briefe bestätigten bedauernd die Wahrheit des Mitgetheilten und dienten als neuer Beweis gegen die, welche glaubten, dass 'Gedankenlesen' die Quelle aller durch Medien erhaltenen Kenntnisse sei." (*Edmonds*, „Der Amerikanische Spiritualismus" S. 222—224.)

Hier haben wir die nämliche unter denselben Bedingungen gegebene Thatsache: den Tod einer dem Medium vollständig unbekannten Person, und ebenso auch in einer ihm unbekannten Sprache angekündigt, aber nur demjenigen bekannt, welchem sie ihren Tod angekündigt hat.

Die durch Schrift oder Trance mediumistisch angekündigten Todes-Fälle sind zahlreich im Spiritismus. Da ist einer von einer anderen Art, in welchem das Medium die ihren Tod ankündigende Person sieht und deren Worte überträgt. Der General-Major *Drayson* („Psychische Studien" August-Heft 1888 Seite 352 ff. und Seite 731 der 1. Ausgabe dieses Bandes, vergleiche Seite 402 der 2. Ausgabe dieses Bandes) theilt in einer vor der Londoner „Spiritual Alliance" über — „Die Wissenschaft und die als spirituell bezeichneten Phänomene" — gehaltenen Vorlesung die folgende Thatsache als Beweis mit, dass die „*Mary Jane*-Theorie" — dass nämlich „nihil est in medio, quod non prius fuerit in praesentibus", (d. h. nichts im Medium sich offenbart, was nicht vorher in den Anwesenden gelegen hat,) — nicht immer haltbar sei: —

„Vor vielen Jahren erhielt ich eines Morgens ein Telegramm, welches mir den Tod eines sehr guten Freundes von mir, eines Geistlichen im Norden Englands, vermeldete. An demselben Tage besuchte ich eine befreundete Dame, welche den Anspruch auf die Gabe erhob, Geister sehen und mit ihnen sprechen zu können. Als ich bei dieser Dame eintraf, war mein Gemüth erfüllt von Gedanken über meines geistlichen Freundes Tod. Nach einiger Unterhaltung mit der Dame fragte ich sie, ob sie irgend einen Geist mir nahe sähe, welcher so eben erst diese Welt verlassen hätte. Sie versetzte, dass ein solcher da wäre, welcher erst kürzlich gestorben sei. Mein geistlicher Freund lag mir in Gedanken. Die Dame sagte hierauf, dass dieser Geist in einer militärischen Uniform erschiene, dass er ihr erzähle, er sei eines gewaltsamen Todes gestorben, und sie nannte mir hierauf seinen Tauf- und Zunamen, und dazu noch einen vertraulichen Namen, mit welchem ich, wie auch andere seiner ihm verbrüderten Mitoffiziere, ihn anzureden pflegten. Auf Nachfragen um weitere Details über seinen Tod wurde mir mitgetheilt, dass ihm sein Kopf abgeschnitten und sein Körper in einen Kanal geworfen worden sei, und dass dies im Osten, aber nicht in Indien geschah. Es waren drei Jahre her, dass ich diesen Offizier gesehen, und zuletzt hatte ich von ihm gehört, dass er sich in Indien befand.

„Bei meinen Nachforschungen nach meiner Rückkehr von diesem Besuche wurde mir zu Woolwich gesagt, dass der in Rede stehende Offizier in Indien gewesen, aber wahrscheinlich im Begriffe war, nach China zu gehen. Einige Wochen nach diesem traf die Nachricht ein, dass dieser Offizier von den Chinesen gefangen genommen worden sei. Eine grosse Summe Lösegeldes wurde für ihn angeboten, aber er wurde niemals aufgefunden.

„Viele Jahre später begegnete ich in Indien dem Bruder dieses Offiziers und frug ihn, ob irgend etwas über den Tod seines Bruders in China jemals ermittelt worden sei. Er erzählte mir, dass sein Vater in China gewesen wäre und Beweise erhalten hätte, dass ein Tartaren-Häuptling, welcher über den Verlust eines seiner Freunde wüthend gewesen sei, befohlen habe, den Kopf seines Gefangenen auf dem Damme eines Kanals abzuhauen, und dass sein Körper in den Kanal geworfen wurde.

„Dieses ist einer unter einigen Dutzend Fällen ähnlicher Art, welche zu meiner persönlichen Kenntniss gekommen sind, und ich wünschte zu wissen, ob die *Mary Jane*-Theorie die Thatsachen erklären wird. Ich möchte auch gern wissen, welches unter den bekannten Gesetzen sie erklären wird. Diese und andere ähnliche Thatsachen existiren, und jede Theorie, welche sie nicht mit einschliesst und erklärt, ist werthlos. Es ist der alte Irrthum, über unvollständige Daten zu theorisiren." – („Light", Oktober 24., 1884, p. 448.)

Hier ist ebenfalls nicht das geringste Motiv für einen dem Hellsehen unterworfenen Vorfall.

In anderen Fällen wird nicht bloss die Thatsache des Todesfalls angegeben, sondern die Communication enthält Einzelheiten über die Privat-Angelegenheiten des sich Mittheilenden, welche den Lebenden unbekannt geblieben sind. Wir haben einen interessanten Fall in folgender Thatsache: — „Eine mysteriöse Geschichte," — berichtet im „Light" 1885, p. 315: —

„Der Bericht, welcher folgt, erschien zuerst in *Felix Farley*'s 'Bristol Journal' vom 10. October 1863 und wurde wieder abgedruckt in 'The Spiritual Magazine' vom November desselben Jahres, woselbst der Name des 'Dr. —' angegeben wurde als Dr. *James G. Davey* in *Norwood*'s Irren-Asyl in der Nähe von Bristol. Durch die Freundlichkeit eines Correspondenten sind wir jetzt im Stande, Dr. *Davey*'s Bestätigung der Sache sammt einem Bericht über den folgenden Verlauf der Ereignisse beizufügen. Der Bericht lautet, wie folgt: —

„'Wir haben oft gelesen, dass Untersuchungen über Geistererscheinungen angestellt worden sind, und es ist ganz möglich, dass wieder eine solche stattfindet, in Folge von angeblichen Enthüllungen eines unsichtbaren Geistes. Folgendes sind die Thatsachen, wie wir sie vernommen haben; wir geben sie so wieder, wie wir sie von Denen erhielten, welche nach unserem Dafürhalten keinen Wunsch zu betrügen hegten, überlassen es jedoch dem Leser, seine eigene Schlussfolgerung daraus zu ziehen: - Dr. , welcher in der Nähe von Bristol wohnte, hatte einen in seinem eigenen Stande erzogenen Sohn, welcher einen ärztlichen Ruf ins Ausland erhielt. Vor einigen Monaten beschloss der Sohn, nach England zurückzukehren, und segelte mit einem britischen Schiffe, das nach dem Hafen von London bestimmt war, indem er seine Dienste als Arzt an Stelle des Fahrgeldes zu Gebot stellte. Als jedoch das Schiff auf seinem Heimwege begriffen war, starb der junge Wundarzt nach einer kurzen Krankheit; der Capitän des Schiffes theilte dies bei seiner Ankunft in London dem Dr. — mit und gab ihm einen Bericht von seines Sohnes Tode, wobei er ihm 22 Livres Sterling überhändigte, die, wie er behauptete, der letztere zur Zeit seines Hinscheidens bei sich gehabt hätte; er gab auch dem Dr. — eine angebliche Abschrift vom Schiffs-Journal, in welchem alle Umstände regelrecht angegeben waren. Dr. --- war so erfreut über des Capitäns Benehmen, dass er ihm einen goldenen Bleistiftshalter als Zeichen seiner Dankbarkeit für die seinem Sohne erwiesene Freundlichkeit zum Geschenk machte. Einige Monate nachher war Dr. —, welcher früher ein vollständiger Skeptiker an Spiritualismus und Geisterklopfen war und gegenwärtig an beides glaubt, mit seiner Ehegattin bei einer Séance von Spiritualisten in London, als eine grosse Bewegung unter dem Zimmergeräth und noch andere Symptome von Störungen durch Geister beobachtet wurden, worauf das Medium, welches eine Dame ist, constatirte, dass das Zimmer voll von Geistern wäre, und dass die unsichtbaren Besucher offenbar den Wunsch hätten, irgend Einem aus der Gesellschaft eine Mittheilung zu machen. Das Medium wurde hierauf ersucht, zu bitten, dass der Geist oder die betreffenden Geister eine Andeutung hinsichtlich der anwesenden Person geben möchten, der sie sich mitzutheilen wünschten. Hierauf wurde ein grosser Tisch ohne eine ersichtliche Wirkungskraft heftig von der anderen Seite des Zimmers herbeigerückt und fiel dicht vor Dr. — auf seine Oberfläche um. Der Geist wurde hierauf nach der gewöhnlichen Weise aufgefordert, zu sagen, wer er wäre, worauf der Name von Dr: --'s verstorbenem Sohne hervorgeklopft wurde, welcher auf der See starb, und der zum Schrecken aller Anwesenden andeutete, dass er an Gift gestorben wäre. Dr. —, welcher zu ermitteln wünschte, ob er getäuscht würde oder nicht, bat den Geist um einen Beweis seiner Identität, worauf der unsichtbare Besucher die Art des Geschenkes angab, welches Dr. — dem Capitän verehrt hatte, und das nach seinem Dafürhalten keinem der Anwesenden bekannt gewesen sein konnte. Dr. -- fragte hierauf, ob die Vergiftung eine absichtliche war, und der Geist klopfte hervor, dass es eine solche gewesen, oder auch nicht gewesen sein könnte; ein selbstverständlicher Widerspruch, welcher von

mehr als einem der Anwesenden herausgefunden wurde.
Der Geist fuhr jedoch fort, zu berichten, dass er 70 Livres
Sterling hinterlassen habe, als er starb, wohingegen Dr. —
nur 22 Ls. St. erhielt; noch auf andere Einzelheiten wurde
eingegangen, und zuletzt war Dr. — von den Enthüllungen
so eingenommen, dass er der Gattin des Schiffs-Capitäns,
welche in London zurückgeblieben war, einen Besuch abstattete und ihr entlockte, dass ihr Gatte zu ihr geäussert
habe, er fürchte, dass des Dr.—'s Sohn vergiftet wurde,
und dass er, anstatt Pfefferminze mit Castor-Oel zu bekommen, als er krank war, preussische (Berliner) Blausäure
erhielt. Eine Abschrift des Schiffsbuches wurde von den
Eigenthümern des Schiffes erhalten, und Dr. — fand, dass
sie ganz wesentlich von derjenigen abwich, welche ihm
von dem Capitän des Fahrzeuges überhändigt worden war.
Es waren noch andere mysteriöse Umstände mit der Angelegenheit verknüpft, welche wir nicht mittheilen dürfen,
und zuletzt verlauteten solche sonderbare Geheimnisse, und
es war etwas so Unbefriedigendes mit dem vom Capitän
gegebenen Berichte, als er zur genauen Durchforschung
kam, dass Dr. —, wie wir hören, dahin gelangt ist, einen
Kriminal-Gelehrten zu befragen im Hinblick auf ein
strengeres Verfahren.

„'Wir geben die Umstände wieder, ohne irgend eine
eigene Meinung auszusprechen. Wir können jedoch hinzufügen, dass Dr. —, welcher in der Nachbarschaft von
Bristol wohnt, ein Mann von der höchsten professionellen
und persönlichen Achtbarkeit ist.' —

„Dr. *Davey*, an den wir im Oktober 1884 geschrieben
haben, antwortete uns folgendermaassen: —

„'4, Redland-road, Bristol.
Oktober 31., 1884.

„'Geehrter Herr! -- Es war, wie ich glaube, im
Jahre 1863, dass mir ein Sohn zur See an Gift starb
während seiner Heimkehr von der Westküste Afrikas.
Der Fall wurde mir, wie ich glaubte, vom Capitän des
Schiffes wahrheitsgetreu berichtet; aber innerhalb jenes
Jahres bekam ich zufällig etwas vom (sogenannten) Spiri-

tualismus zu erfahren, und in einer Séance zu London erfuhr ich (von meinem verstorbenen Sohne), dass der Bericht über seinen Tod, wie er mir von Seiten des Capitäns zuging, unwahr sei, dass sein Tod thatsächlich dem Steward (Aufwärter) des Schiffes zur Last fiele, welcher ihm eine Quantität von bitterer Mandel-Essenz in Castor-Oel, anstatt Pfefferminze, welche letztere mein Sohn erbeten hatte, eingab. Von der in Rede stehenden Geldangelegenheit wusste ich niemals etwas, aber unter meines Sohnes Effecten waren nur einige Kupfermünzen, obgleich gute und triftige Gründe zu der Annahme vorhanden waren, dass er einige 70 Pfund Sterling in seinem Besitz gehabt hatte, als er starb. Der 'Spiritualismus' ist eine grosse Thatsache; von 1863 bis zu dieser Zeit habe ich Vieles zu meiner ersten Kenntnissnahme von ihm hinzugefügt, und seit 1863 habe ich auch viele Zusammenkünfte von einem **persönlichen Charakter** mit meinem Sohne gehabt.

„'Die von ihm im Jahre 1863 angegebenen Thatsachen bewahrheiteten sich in der Folge sämmtlich zum offenbaren Kummer und Missvergnügen des Capitäns, welcher mir nach einiger Zeit auswich und sich zur See beeilte, damit er nicht, wie ich glaube, zur Rechenschaft gezogen werden könnte wegen seiner falschen Darstellungen vor dem Sekretär des Handels-Gerichts. —

„'Ihr treu ergebener
„*'J. G. Davey.'*" —

Einen guten Fall dieser Art hätte Herr *von Hartmann* in dem — „**Berichte über den Spiritualismus von Seiten des Comité's der Dialektischen Gesellschaft in London**" — finden können; er fand statt im vertraulichen Cirkel der eigenen Mitglieder eines der Unter-Comité's, ohne ein professionelles Medium. Der Stiefbruder der Wirthin, (in deren Hause die Séance gehalten wurde), welcher vor vierzehn Jahren gestorben war, kam, um Folgendes mitzutheilen: — „‚Ich liebe die mir theure *M* — (der Taufname unserer Wirthin) gar sehr, obgleich ich sie ver . . .' An diesem Punkte rieth unsere Wirthin, die sich erinnerte, wie sie uns mittheilte, dass ihr Bruder ein sehr unregelmässiger Correspondent gewesen sei, auf das Wort: 'vergass'. — ‚Nein.' — 'Vielleicht will der Geist selbst fortfahren?' fragte der Leiter. 'Nachdem wir ‚ver' als letzte Silbe erhalten, werden wir sehr erfreut sein, den nächsten Buchstaben zu bekommen.' Der unterbrochene Satz wurde weitergeführt: ‚nachlässigte, als ich noch' — 'lebte?' rieth Einer. — ‚Nein.' — 'Im Körper war?' — ‚Nein.' Es erfolgte hierbei ein klarer und deutlicher Klopflaut, als ob er die Belästigung abwehren wolle, welche der Geist über die Unterbrechung seiner Mittheilung empfand. Der Leiter wiederholte den Satz, so weit er gegeben worden war, und dieser wurde nun durch Klopflaute dahin vervollständigt und weitergeführt: — ‚auf Erden war; sie hätte eigentlich erhalten sollen' — 'Einen Brief?' rieth die Wirthin, deren Gedanken nur bei ihres Bruders allzu kurzen Correspondenzen weilten. ‚Nein.' Das nächste Wort war ‚all'. — 'Wir haben jetzt ‚all',' sagte der Leiter. 'Der Satz, wie ich ihn habe, lautet: — ‚Ich liebe die mir theure $M$ — gar sehr, obgleich ich sie vernachlässigte, als ich noch auf Erden war; sie hätte eigentlich erhalten sollen all' — ‚mein Eigenthum', wurde demnächst hervorgeklopft. ‚Es bestand in Geld. $X$ —, mein Testamentsvollstrecker, hat es;' — und auf die Frage: — 'Warum hast Du uns diese Mittheilung gemacht?' — gab er folgenden Grund an: — ‚Als einen Beweis der geistigen Existenz und als ein Zeichen meiner Liebe für $M$ —'." — (Bericht der Dialektischen Gesellschaft" 1. Theil, S. 37—41, deutsch bei *Oswald Mutze* in Leipzig, 1875.) — Die den dabei Interessirten ganz unbekannte, enthüllte Thatsache wurde für richtig befunden.

Ich kenne persönlich den folgenden Fall: — Mein Freund und Studiengenosse am Lyceum, der Geheimrath Baron *Konstantin K.*, hatte mir vor ca. 20 Jahren mitgetheilt, dass man zur Zeit des Todes seines Onkels, des Barons *Paul K.* zu Warschau, trotz aller Nachforschungen sein Testament nicht zu finden vermochte, und dass lediglich in Folge einer durch den Fürsten *Emil Wittgenstein* erhaltenen Communikation dieses Testament in einem geheimen Fache, welches in derselben beschrieben war, gefunden wurde.*)

In anderen Fällen sind die unbekannten Thatsachen Ereignisse, Unglücksfälle, welche nahen Verwanden widerfahren sind oder passiren könnten, und die Mittheilung ist ein Ruf um Hilfe, eine Bitte um Unterstützung, auf verschiedene Arten formulirte Benachrichtigungen, zuweilen sogar ausserhalb jeder Séance, und selbst ohne ein als solches anerkanntes Medium.

So haben wir bereits in der 7. Rubrik (der gemischten Fälle, S. 450 ff. dieses Bandes) den Bericht des Mr. *Brittan* gebracht, nach welchem bei einer Séance mit *Home* die in Mittheilung befindliche Botschaft unterbrochen wurde, um der folgenden Platz zu machen: — „Du wirst nach Hause begehrt; dein Kind ist sehr krank; gehe sofort, oder du wirst dich verspäten!" — („Light" 1881, p. 260.) Welcher vernünftige Beweggrund, welches ausnahmsweises Interesse für das Kind des Mr. *Brittan* konnte so plötzlich die Thätigkeit des somnambulen Bewusstseins des Mediums, welches bereits in Anspruch genommen war, eine Communikation durch Klopflaute zu geben, unterbrechen, um es mit einem Mal in den Zustand des Hellsehens hinsichtlich der Gesundheit dieses Kindes zu versenken? . . . .

Ein Fall ist mir von dem General *P. Melnikow*, ehemaligem Minister der Communikationswege, mitgetheilt worden; durch die Hand eines Privat-Mediums wurde ihm der Name und die Adresse eines Unglücklichen (den er mir nannte) angegeben, welcher sich in einer grossen Verlegenheit befand, und von dem weder das Medium, noch er selbst irgend eine Kenntniss hatten.

Richter *Edmonds* erwähnt die Thatsache, welche ihm von Mrs. *French*, einem zu ihrer Zeit sehr wohl bekannten Medium, mitgetheilt wurde: — „Sie wurde von dem Geiste einer italienischen Frau angeredet und

---

*) Ich habe soeben diese Thatsache bei einer Zusammenkunft mit meinem Freunde von diesem wiederum bestätigt erhalten, und er versprach mir, gewisse Dokumente aufzusuchen, welche den Fall beweisen könnten. Ich werde später nochmals darauf zurückkommen. (Vergl. Note Seite 495 dieses Bandes und Seite 687 der 1. Aufl. dieses Werkes.

von ihm zu einem Stadttheile hingeleitet, wo sich etwa vierzehn Italiener in einem Zimmer zusammengedrängt befanden, die in einem Zustande grosser Herabgekommenheit und Krankheit waren, und zu denen durch sie Italienisch mit grosser Leichtigkeit gesprochen wurde." — („Der Amerikanische Spiritualismus" S. 173.)

Wir lesen im „Light" 1886 p. 147: — „Bei einer anderen Gelegenheit gab der Geist einer im Erdenleben armen und dem Cirkel ganz unbekannten Frau ihren Namen an und bat, eine Botschaft an ihre Tochter zu senden, deren Namen sie ebenfalls mit ihrer Adresse in Old-Kent-road angab. — Bei Nachforschung wurden Name und Adresse richtig befunden; die Tochter hatte dort bei ihrer Mutter Tode gewohnt, war aber später weggezogen."

Oder wir haben auch Fälle folgender Art, ohne dass das Medium dabei als solches erkannt wird: — Der Capitän *C. P. Drisko* erzählt, wie er im Winter 1865, als er das Schiff Harry Booth commandirte, welches von New-York nach Dry Tortugas bestimmt war, aus einem Schiffbruche errettet wurde. Ich citire den wesentlichen Theil des Berichtes: — „Nachdem ich auf Deck Alles in Ordnung gefunden, verliess ich den Hauptmast, Mr. *Peterson*, einen sorgfältigen und vertrauenswürdigen Offizier, an meiner Stelle zurücklassend, und begab mich nach unten, um ein wenig zu ruhen.

„Ungefähr zehn Minuten nach 11 Uhr hörte ich eine klare und deutliche Stimme sagen: — ‚Geh' auf Deck und wirf Anker!' — 'Wer bist Du?' — Ich stand auf und sprang auf das Deck, denn ich war nicht der Mann, um Befehle von Jemandem anzunehmen. Ich fand das Schiff auf seinem richtigen Cours und Alles, wie ich es nur wünschen konnte. Ich befragte Mr. *Peterson*, ob er irgend eine Person in meine Cajüte habe eintreten sehen, aber weder er, noch der Mann am Steuerruder hatten etwas gesehen, noch gehört.

„Da ich glaubte, es könnte eine Sinnestäuschung gewesen sein, so ging ich wieder hinab. Ungefähr zehn Minuten nach 12 Uhr trat ein Mann in einem grauen, grossen Rock und breitem Schlapphut in meine Cajüte und befahl, mir gerade ins Gesicht blickend, auf Deck zu gehen und Anker zu werfen. Er verliess die Cajüte langsam. Ich hörte seinen schweren Tritt, als er vor mir herschritt. Noch einmal sprang ich auf Deck und fand das Schiff ganz in Ordnung. Sicher in meinem Cours, war ich nicht geneigt, selbst nicht auf diese zweite Warnung hin, irgend einem Menschen oder sonst Etwas, gleichviel welches Aussehen es haben möchte, zu gehorchen. Wieder ging ich nach unten, aber nicht, um zu schlafen, denn ich hatte Alles an, bereit zu einem Sprung auf Deck.

„Ungefähr zehn Minuten nach 1 Uhr v. M. trat derselbe Mann in die Cajüte, und weit gebieterischer als vorher rief er: — ‚Geh' auf Deck und wirf Anker!' — Ich erkannte auf einen Blick, dass der Sprecher mein alter verstorbener Freund, Capitän *John Barton* war, mit dem ich schon als Knabe gesegelt war, und der mich stets mit grosser Freundlichkeit behandelt hatte. Ich sprang auf's Deck, drehte das Schiff bei und legte es bei 50 Faden Tiefe an die Ankerkette. Alle Mann wurden herbeigerufen und die Segel eingereftt." Und das Schiff war gerettet vor dem Untergang an den Felsenriffen der Bahama-Bänke. („Light" 1882 p. 303). —

Das ist nun wohl ein **Fall des Hellsehens** nach Herrn *von Hartmann*, denn „das reine Hellsehen tritt immer in hallucinatorischer Gestalt auf," (s. „Der Spiritismus" S. 78); aber da es in vielen der vorhergehenden Fälle nichts Hallucinatorisches giebt, und da ihnen auch die „sine qua non"-Bedingung des „intensiven Willeninteresses" fehlt, — „weder für einen Telephonanschluss mit anderen Individuen im Absoluten", noch für Herausschöpfung „zukünftiger Ereignisse aus dem unbewussten Wissen des absoluten Geistes", — so haben wir keinen Grund gefunden, darin Fälle des Hellsehens anzuerkennen; das giebt uns das Recht, auch in dem gegenwärtigen Falle nicht darauf zurückzugreifen. Obgleich die hallucinatorische Gestalt (nach Herrn *v. H.*) sich dabei befindet, dahingegen aber „das intensive Willensinteresse" von Seiten des hellsehend werdenden Subjekts total fehlt, so kann dieses Interesse nur von Seiten des verstorbenen Freundes aus zugegeben werden, und die „spiritische" erhält das Uebergewicht über die metaphysische Erklärung. Es gehört nicht zu meinem Gegenstande, auf die Werthschätzung dieser Manifestationen in Betreff ihres inneren Gehalts einzugehen: ob es eine objective oder subjective Vision war; sehr wahrscheinlich war es diese letztere. Ich behaupte nur, dass die „causa efficiens" oder die die Vision oder die Suggestion bewirkende **Ursache** eine aussermediumistische ist, welche ihre Manifestationsweisen je nach den Bedingungen des Augenblicks und des Organismus, auf welchen sie einwirkt, (durch Schreiben, Sprechen, Hören, Sehen) abändert.

Da wir in allen vorhergehenden Fällen, in denen Thatsachen durch Vermittelung eines Mediums, welches die Personen nicht kennt, auf welche diese Thatsachen sich beziehen, mitgetheilt werden, es nicht für nöthig befunden haben, sie durch das „Uebernatürliche", durch eine Zufluchtnahme zum Absoluten, zu erklären, so ist es vernunftgemäss, auch eine weit einfachere Erklärung ebenso für andere **einfachere Thatsachen vorzuziehen, welche dem Medium unbekannt sind, obgleich die Person, auf welche die Thatsache sich bezieht, ihm bekannnt sein mag.**

Ich nehme als Beispiel einen Fall, welcher **mir persönlich bekannt ist.**

Vor einigen Jahren beschäftigten sich zwei Damen meiner Bekanntschaft, Mademoiselle *Marie Pal-ow* und Mad.lle *Barbara Pribitkow*, zwei Freundinnen, die zu Moskau lebten, häufig mit der Planchette. In der ersten Zeit erhielt Mad.lle *Marie P.* viele sehr gute Communikationen im Namen ihres Bruders *Nicolas*; aber bald hörten sie auf, und der Charakter der Mittheilungen veränderte sich vollständig; man sagte ihr stets sehr unangenehme Dinge, man warf ihr ihre Gebrechen in der gröbsten Weise vor, man sagte ihr alle Arten von Unglück voraus, was sie beständig beunruhigte und aufregte. Hierauf rieth ihr Mad.lle *B. Pr.*, diese Beschäftigung aufzugeben, welche offenbar schädlich für sie wäre, und ihre Freundin gab ihr das Versprechen, an den Séancen nicht mehr Theil nehmen zu wollen. Bald darauf reiste Mad.lle *Pr.* nach Petersburg;

zwei Monate verflossen; die Freundinnen standen nicht in Correspondenz und wussten somit nichts von dem, was sich bei ihnen zutrug; Mad.lle *Pr.*, welche von Zeit zu Zeit mediumistisch schrieb, erhielt einmal bei einer Séance, ohne im geringsten an ihre Freundin zu denken, ohne irgend eine Frage in Bezug auf sie zu stellen, und nach einer Reihe von Mittheilungen über religiöse Fragen, die folgende Communikation im Namen ihres gewöhnlichen geistigen Führers: — „Schreibe an *Marie,* dass sie aufhöre, sich mit der Planchette zu beschäftigen; ihr Bruder *Nicolas* bittet sie darum. Sie befindet sich unter einem üblen Einfluss, und es ist gefährlich für sie, fortzufahren." — Hierauf erwiederte Mad.lle *Pr.*, dass *Marie* diese Beschäftigung schon lange aufgegeben und ihr das Versprechen gemacht hätte, nicht ferner Theil zu nehmen an den Séancen. „In der letzten Zeit hat man sie überredet, und sie nimmt von Neuem Theil," lautete der Einwurf. — In Erwiederung auf den Brief, welcher ihr sogleich nach Moskau zugeschickt wurde, gestand *Marie* zu, dass sie wirklich ihr Wort nicht gehalten, und dass sie auf Bitten einer Freundin vor etwa zwei Wochen von Neuem an den Séancen Theil genommen hätte, welche auf sie wieder in erregender Weise einzuwirken begannen. — Ich habe hierüber das schriftliche Zeugniss der Mad.lle *Marie P.* und das der Mad.lle *B. Pr.*

Diese Thatsache gehört wohl eigentlich zu derselben Kategorie, wie die Neuigkeit des Todes *Duvanel's.* Ich habe bereits gesagt, weshalb, nach Herrn *von Hartmann,* die Erklärung durch Gedankenübertragung und Hellsehen hier nicht passt. In dem gegenwärtigen Falle ist doch nur die Sympathie zwischen beiden Freundinnen die einzige Basis, auf die man würde haben das Hellsehen begründen können. Aber da wir ähnliche Fälle gefunden haben, wo keine Sympathie stattfand aus dem einfachen Grunde, weil das Medium die Person selbst, von der die Rede war, gar nicht kannte, so haben wir, ich wiederhole es, keinen hinreichenden Grund, auch für diesen einfachen Fall auf das Hellsehen zurückzugreifen. Mad.lle *B. Pr.* ist niemals somnambul, niemals im Trance gewesen, sie schrieb immer im normalen Zustande; bei der in Rede stehenden Séance waren ihre Gedanken auf abstrakte Gegenstände gerichtet, sie dachte keineswegs daran, was ihre Freundin machte, und siehe da! sie befindet sich plötzlich in Rapport mit dem Absoluten!

Das ist der Grund, weshalb wir auch keine Nothwendigkeit einsehen, dem Hellsehen die ganze Reihe von analogen Thatsachen zuzuschreiben, wenn sich diese auf mediumistischem Wege erzeugen. Solche sind z. B. die Thatsachen, welche vom Richter *Edmonds* berichtet sind, wie folgt: — „Ich will als Beispiel die Thatsache nehmen, dass meine Freunde zu New-York in Bezug auf mich während meiner Abwesenheit im vergangenen Winter über meine Reise nach Central-Amerika unterrichtet wurden. Als sie das erste Mal von mir hörten, war ich vier Tage lang in einem Dampfer zur See gewesen. Wir waren achthundert englische Meilen von Hause entfernt und befanden uns unter 73⁰ 2' westlicher Länge in der Nähe der Küste von Florida. Wir hatten keine Fahrzeuge angesprochen, seitdem wir unsern Hafen verliessen, so dass es auf irdischem Wege nicht möglich war, dass die Leute in New-York hätten wissen können, wie ich mich damals befand, und was ich zur Zeit that; und um halb zehn Uhr an jenem Abende stellte der versammelte Cirkel, dessen Mitglied ich gewesen war, die Frage: — 'Kann uns ein Geist über das Befinden des Richters *Edmonds* unterrichten?' worauf er die Antwort erhielt: — 'Dein Freund befindet sich wohl und handelt gut. Seine Fahrt ist soweit günstig, und sein Gemüthszustand ist gleichmässig heiter gewesen. Er denkt jetzt soeben an unseren Kreis und erfreut sich eines Gespräches über Euch. Ich sehe ihn lachen und sich mit den Passagieren unterhalten', u. s. w. — Ich wusste nichts hiervon, bis ich vier Monate später heimkehrte und dann, nachdem es mir mitgetheilt worden war, diese Darstellung mit den Notizen in meinem Tagebuch verglich, woselbst ich fand, dass sie buchstäblich wahr sei und selbst bis auf die Stunde stimmte. Vier Tage später, während ich noch immer zur See, und noch kein Schiff angesprochen worden war, wurde durch dasselbe Medium mit voller Wahrheit die Mittheilung gemacht: — 'Euer Freund, der Richter, befindet sich nicht so wohl wie sonst, und er wünscht sich wieder in seine eigene Heimath zurück. Er hat ziemlich viel geschrieben, und dies hat seine alte Traurigkeit erweckt.' — Drei Tage später hörten sie wieder von mir, dass ich 'das Schiff verlassen hätte, mich auf festem Lande befinde und von der Reise erhole' u. s. w. Unsere Fahrt hatte am vorhergehenden Tage geendet, und ich war ungefähr neunzig englische Meilen in's Innere weiter gereist. Zweiundzwanzig Tage später hörten sie wiederum von mir, unter Anderem: — 'Er wandert jetzt langsam, da er noch nicht hinlänglich an die Beschwerden eines sehr schnellen Gehens gewöhnt ist. Sein Kopf schmerzt ihn jetzt.' — *Als ich mein Tagebuch nachschlug, fand ich, dass ich in den zwei vorhergehenden Tagen am ersten vier Meilen und am anderen Tage acht Meilen gewandert war, und dass ich zur selben Stunde, da dieses in New-York mitgetheilt wurde, an mein Bett gefesselt war in Folge eines heftigen Kopfschmerzes, in einer Entfernung von mehr als 2000 englischen Meilen.''* (*Edmonds*: — „Der Amerikanische Spiritualismus", Leipzig, *O. Mutze*, 1873, S. 49 und 50.)

Unter den ähnlichen Fällen meines Registers will ich noch deren zwei andeuten: — Mr. *John Cowie* zu Dumberton in Schottland ist beunruhigt durch das lange Ausbleiben des Schiffes „Brechin Castle", auf welchem sich sein Bruder befand, der von Australien kam; er arrangirt eine Familien-Séance und erhält die Communikation: — „Brechin Castle ist in Trinidad eingetroffen. Alles wohl. Ihr werdet von dem Schiffe am Freitag in dieser Woche hören." — Und das Telegramm des „Glasgow Herald" bestätigte am folgenden Freitag (dem Tage des Eintreffens der Post) diese Nachricht. („Light" 1881, p. 407.)

Desgleichen erhält Mr. *J. H. M.*, welcher sich über das Schicksal seines Sohnes *Herbert* beunruhigte, der England verlassen hatte, um sich nach Adelaide in Australien behufs einer Stellungsnachsuchung zu begeben, am 16. August 1885 durch den Mund seiner Frau im Namen der Schwester seiner Frau die folgende Communikation: — „Ich bin in Adelaide gewesen, um *Herbert* zu sehen. Er befindet sich ganz wohl und gesund und ist erfolgreich gewesen, eine

Anstellung zu erhalten." — Und auf die Frage: — „Bei wem?" — wurde hinzugefügt: — „Bei der Adelaider Müller-Gesellschaft." — Am 30. August traf ein Brief des Sohnes ein, welcher diese Nachricht bestätigte. („Light" 1887, p. 248.) —

Der wesentliche Theil dieser Rubrik war, die Mittheilung bestimmter, allen Theilnehmern an der Séance unbekannter Thatsachen zu beweisen, selbst in Bezug auf Personen, welche das Medium nicht kannte, und dass diese Kundgebungen nicht erklärlich seien durch Gedankenübertragung oder Hellsehen; aber man wird vielleicht noch ein Auskunftsmittel finden, um an diesen Theorien festzuhalten. Dieses Auskunftsmittel besteht darin, dass die unbekannte Thatsache eine Person betrifft, welche das Medium zwar nicht kennt, aber welche von einem der Sitzung Beiwohnenden gekannt ist. Und das ist nun wohl jene Person, welche als doch „eine sinnliche Vermittelung" (v. Hartmann „Der Spiritismus" S. 74), die da wirkt „auf das sensitive Gefühl, dessen Wahrnehmungen dann erst durch das somnambule Bewusstsein in Gesichts-, oder Gehörs- oder Gedanken-Vorstellungen umgesetzt werden" (S. 75), betrachtet werden kann. Das ist der Zug zur Vereinigung zwischen dem Medium, der Person und den unbekannten Thatsachen, um die Phänomene dieser Kategorie mit dem Hellsehen in Verbindung zu bringen. Obgleich dabei die anderen charakteristischen Bedingungen des Hellsehens fehlen, die Formeln: Hallucination, intensives Willensinteresse u. s. w., — und wiewohl diese „Sinnes-Vermittelung" hier nur ein Wort ist, welches nichts erklärt, so ist das doch ganz gleich; es ist immer ein Auskunftsmittel „in extremis" oder äusserster Noth, zum „Absoluten" seine Zuflucht zu nehmen, welches weit näher und viel „natürlicher" zu sein scheint, als jedes denkbare, menschliche Wesen.

Somit erübrigt uns noch die Vorführung von: —

9) **Kundgebungen von Persönlichkeiten, welche ebensowohl dem Medium, als den Theilnehmern der Sitzung vollständig unbekannt sind.**

Als Prototyp oder Muster von Communikationen dieser Art und vielleicht als das erste, welches auf eine befriedigende Weise bezeugt worden ist, will ich hier den Bericht wieder geben, der in dem damals von Mr. *Brittan* edirten „The Spiritual Telegraph" von 1853 darüber veröffentlicht wurde. Ich entnehme ihn dem Werke von *Capron*: — „Modern Spiritualism: its Facts and Fanaticisms" (1855), — welcher ihn auf p. 284—287 bringt.

„Waterford, New-York, den 27. März 1853.

„An Mr. *Brittan*: — Geehrter Herr! — In einem am 5. d. M. an diesem Orte abgehaltenen Cirkel fanden einige 'Manifestationen' statt, welche sich so direct auf den in Betreff der jetzt so vorherrschenden seltsamen Phänomene entbrannten Streit beziehen, dass ein kurzer Bericht für Ihre Leser nicht uninteressant sein möchte.

„Mehrere Medien in verschiedenen Entwickelungs-Stadien waren anwesend, und eine grosse Mannigfaltigkeit von Manifestationen fand statt, hauptsächlich in der Form von 'Besessenheit'. Im Verlauf des Abends befand sich Mr. *John Prosser*, ein in Waterford wohnender Herr, welcher dieser Besessenheit in ihrer vollkommensten Form unterworfen ist, unter der Controlle eines Geistes, welcher erklärte, dass Niemand im Zimmer jemals von ihm hörte, oder ihn kannte, dass er aber durch starke Anziehung in den Cirkel gezogen wurde. Er behauptete, über hundert Jahre alt gewesen zu sein, als er die Form verliess; er wäre Soldat im Revolutionskriege gewesen und hätte *Washington* oft gesehen, von dem er mit grosser Ehrerbietung sprach. Er hiess uns, als Resultat seiner langen Erfahrung, unser eigenes Denken anzustrengen und das grosse Buch der Natur zu unserer Anleitung zu lesen; aber wir sollten nicht 'fechten' gegen die Kirche oder die Geistlichkeit, denn ihre Kämpfe unter einander würden sich selbst mehr Nachtheil zufügen, als Andere, und nur ihr herannahendes und lange voraus beschriebenes Verhängniss befördern helfen. Er fügte hinzu, dass die Wahrheit des Spiritualismus jetzt hinausstrahlen würde ohne jegliche Beihilfe bilderstürmenden Eifers. Ich sollte vielleicht, um ihm Gerechtigkeit widerfahren zu lassen, sagen, wie er von der Kirche sprach, dass sie ihr Werk vollendet habe und nun im Begriffe sei, eines natürlichen Todes zu sterben, nachdem ihre grosse Mission erfüllt worden.

„Ich will seine Schlussbemerkungen wörtlich und buchstäblich wiedergeben: —

„'Nun, jedes dieser Worte ist wahr, die ich Euch sage. Ich will sie Euch sagen, so dass, wenn Ihr gesonnen wäret, Euch ein wenig Mühe zu geben, Ihr herausfinden könntet, dass dies ganz genau so ist, wie ich es Euch sage. Ich lebte zu Point Pleasant, New Jersey, und wenn Ihr's zu wissen wünscht, so könnt Ihr genau nachfragen, ob Onkel *John Chamberlain* nicht die Wahrheit geredet hat.' —

„Er hielt inne mit Sprechen, und die gewöhnlichen Zeichen eines Wechsels in der Besessenheit erfolgten, worauf ein Anwesender bemerkte, wie schade es wäre, dass er nicht mehr Einzelheiten angegeben hätte, da dies unter diesen Umständen einen recht vollkommenen Prüfungsbeweis (test) geliefert hätte. Es wurde bald offenbar, dass Mr. *Prosser*'s Grossvater (welcher in einem gewissen Sinne sein 'Schutzgeist' ist) Besitz ergriffen hatte. Er wendete sein gutmüthiges Gesicht rings im Kreise herum und bemerkte, dass, da er sähe, wie Viele wünschten, von dem alten Manne mehr zu hören, dieser für eine kleine Weile zurückkehren würde. Nach einer kurzen Ruhepause veränderte sich Mr. *Prosser*'s ganze Manier in diejenige, welche er gezeigt hatte, während der frühere Sprecher von ihm Besitz ergriffen hatte, und folgende waren seine Worte: —

„'Meine Freunde, ich erwartete nicht, wieder mit Euch zu sprechen, aber ich wünsche, Euch dieses als einen Prüfungsbeweis (test) zu geben. Ich starb am Freitag den 15. Tag des Januar 1847, und ich war der Vater von elf Kindern. Nun, wenn Ihr gesonnen seid, Euch ein wenig Mühe zu nehmen, so werdet Ihr ausfindig machen, dass dies Alles genau so ist, wie ich es Euch sage. Ich rede nicht, wie Ihr redet; aber wenn Ihr es gern habt, einen alten Mann zu hören, so will ich wieder kommen. Lebt wohl, — ich muss gehen.' —

„Es würde unmöglich sein, einen angemessenen Begriff von der schlichten, unverfälschten Wahrhaftigkeit zu geben, welche aus jedem Worte und jeder Gebärde dieser Unterredung hervorleuchtete. Noch andere 'Manifestationen' ähnlichen Charakters folgten, und der Cirkel brach auf.

„Am folgenden Abend wurde ein Cirkel in einem anderen Hause gehalten, aber einige von den Mitgliedern des früheren Cirkels waren mit einigen anderen Personen anwesend. Mr. *Prosser* war das einzige anwesende Medium. Der alte Onkel *John Chamberlain* erschien abermals und wiederholte den **statistischen** Theil seiner Mittheilung, wobei herausgefunden wurde, dass der Schreiber *Pleasant Point* anstatt *Point Pleasant* geschrieben hatte.

„Nachdem man gefunden, dass es eine so benannte Poststation in New Jersey gab, und dass der 15. Januar auf einen Freitag im Jahre 1847 gefallen war, schrieben wir an den Postmeister und wurden benachrichtigt, dass der 'alte Mann' ganz genau in seinem Berichte über sich selbst gewesen war. Wir senden Ihnen Auszüge aus den erhaltenen Briefen, welche genügen werden, die merkwürdige Treue von des Geistes Behauptungen über die Thatsachen seiner persönlichen Geschichte nachzuweisen." —

„'Wir, die Unterzeichneten, waren in dem ersten oben erwähnten Cirkel zugegen und erachten den Bericht über ihn für richtig. Wir behaupten auch, dass wir niemals, bei genauester Rückerinnerung, etwas gewusst oder gehört haben von *John Chamberlain*, oder von irgend einer mit seinem Leben oder Tode verknüpften Thatsache; noch auch wussten wir, dass es einen solchen Ort gäbe wie Point Pleasant in New Jersey.

„'*John Prosser.*      „'*E. Waters.*
'*Sarah S. Prosser.*    '*N. F. White.*
'*Juliet E. Perkins.*    '*Mrs. N. D. Ross.*
'*A. A. Thurber.*      '*N. D. Ross.*
'*Letty A. Boyce.*     '*J. H. Rainey.*
'*Albert Kendrick.*    '*Mrs. J. H. Rainey.*'" —

„**Brief an den Postmeister von Point Pleasant.**

„'Troy, den 23. Februar 1853.

„'Geehrter Herr! — Würden Sie so freundlich sein, mich benachrichtigen zu wollen, ob in Ihrer Stadt innerhalb weniger Jahre ein alter Mann Namens *Chamberlain* starb? Wenn dies der Fall ist, bitte, so geben Sie mir die näheren Daten von der Zeit seines Todes, Alters, u. s. w.; desgleichen geben Sie mir den Namen eines seiner Familienglieder, damit ich mit ihm correspondiren kann.

„'Ihr ganz ergebener „'*E. Waters.*'

„Die Antwort.

„'An *E. Waters:* — Freund!\*) — Ich erhielt Dein Schreiben vom 28. v. M. mit der Bitte um Auskunft über *John Chamberlain*. Mit Vergnügen will ich Dir eine richtige Auskunft geben, denn ich habe ihn 50 Jahre lang gut gekannt und mit ihm als Nachbar gelebt. Er verschied am 15. Januar 1847 im Alter von ein Hundert und vier Jahren. Er hatte sieben Kinder, welche bis ins heirathsfähige Alter lebten; drei von ihnen sind gestorben und haben Kinder hinterlassen. Er hat vier Töchter, die zur Zeit noch leben; drei von ihnen sind meine Nachbarinnen; die älteste Tochter ist eine Wittwe, acht und siebenzig Jahre alt; drei haben Ehemänner; eine von ihnen lebt zwanzig (engl.) Meilen von mir entfernt. Da sie sehr wenig Schulkenntnisse besitzen, so bitten sie Dich, mit mir zu correspondiren. Mit Vergnügen will ich Dir jede Auskunft geben, die in meiner Macht liegt.

„'Treulichst Dein

„'*Thomas Cook.*'

„'P. S. — Er war ein Revolutions-Soldat; diente im Kriege und bezog eine kleine Pension.

„'*T. C.*'" —\*\*)

Das zu Boston veröffentlichte „Banner of Light", welches seit 1857 wöchentlich erscheint, hat aus Mittheilungen dieser

---

\*) Der hier antwortende Postmeister ist nach dem Stil seines Briefes jedenfalls ein Quäker. — Der Uebersetzer *Gr. C. Wittig*.

\*\*) „Freund *Brittan*! — Nachdem ich die beifolgende Antwort erhalten, schrieb ich zurück und forschte nach der Zahl der Kinder, die er hatte, und erhielt zur Antwort, dass er deren elf gehabt; dass zwei in der Kindheit starben, und dass die übrig bleibenden neun im Leben alt wurden. Treulichst der Ihre. *E. Waters*."

Art eine Spezialität gemacht. In jeder Nummer befindet sich eine Seite, betitelt: — „Message Department" (Abtheilung für Botschaften), — worin die mannigfaltigsten Communikationen erscheinen, welche öffentlich im Cirkel der Redaction durch den Mund des Mediums der Redaction Mrs. *Conant* im Zustande des Trance übermittelt werden. Diese Botschaften kommen mit seltenen Ausnahmen gewöhnlich von dem Medium und den Cirkelmitgliedern ganz unbekannten Personen; aber da sie mit den vollen Namen und Vornamen, und mit Andeutungen über die Oertlichkeit, wo der Verstorbene mehr oder weniger bekannt war, und über andere Details ihres Privatlebens erscheinen, so ist ihre Bewahrheitung durch dabei interessirte Personen auf der Stelle möglich. Und das findet auch statt: man findet im „Banner" unter der Rubrik: — „Verification of Spirit-messages" (Bewahrheitung von Geister-Botschaften) — Briefe, welche die Wahrheit von Botschaften durch befreundete Personen oder Verwandte des Urhebers der Botschaft bestätigen. Jüngst hat sich eine Controverse erhoben im „Light" über die Echtheit dieser bewahrheitenden Briefe durch die Bemerkung des Mr. *C. C. Massey*, welcher, so sehr er auch den Werth solcher „Botschaften" einräumt, da sie als Beweis einer ausserhalb des Cirkels und des Mediums befindlichen Intelligenz dienen können, (die Hypothesen des Hellsehens und der Telepathie [Gabe des Fernfühlens] „erheischen eine spezielle Directive von individuellen, oder durch irgend welches Interesse angeregten Verwandtschaften",) — dennoch findet, dass diese bestätigenden Briefe keine genügenden Beweise darbieten; denn man ersehe aus dem Journal nicht, „dass irgendwelcher regelmässiger und systematischer Versuch angestellt wurde, um die Behauptung zu bewahrheiten." („Light" 1886, p. 63, 100, 160, 172, 184.)

Der Herausgeber des „Banner" antwortete hierauf in folgender Weise in der Nr. vom 27. Februar 1886: — „Während des ersten Jahres der Publikation des 'Banner' prüften wir alle durch die Vermittelung des Trance-Mediums Mrs. *Conant* ertheilten Botschaften vor ihrer Veröffentlichung, — thaten also genau das, wovon *C. C. Massey* sagt, dass es hätte geschehen sollen. Wir schrieben an die in den Botschaften genannten Parteien, welche in entfernten Theilen des Landes wohnten, und von denen wir bestimmt versichert waren, dass unser Medium sie nicht im entferntesten kannte, und in neun Fällen von zehn kamen höchst befriedigende Bestätigungen zurück. Dies ermuthigte uns, in dem guten Werke weiter fortzufahren. — Mit den fortschreitenden Jahren stellten wir selten persönliche Nachforschungen an, da unsere Zeit uns das nicht gestatten wollte; aber an Stelle dessen inserirten wir eine feststehende Aufforderung mit der Bitte um Bestätigungen; und wir haben Tausende von solchen Anerkennungen von Zeit zu Zeit seit damals veröffentlicht von zuverlässigen Personen über unser ganzes Land und zuweilen auch aus fremden Ländern, welche zu beweisen geeignet waren, dass individuelle Geister, von denen wir nichts während dieses irdischen Daseins wussten, Zeugnisse lieferten für ihre Identität an ihre irdischen Verwandten und Freunde." — Hierauf berichtet der Herausgeber einen Fall, in welchem der Professor *Gunning*, ein Geolog, welcher die Wahrheit dieser Botschaften bezweifelte, in die Redaction kam, um den Beweis dafür zu fordern; und da er immer noch zweifelte, wollte er die Thatsache selbst bewahrheiten; als er in einer Nr. "eine von einem Schottischen Geiste an seine Gattin in Glasgow ertheilte Botschaft" fand, kündigte er an, dass er sich selbst nach England begeben wolle, und reiste express nach Schottland, um sich der Thatsache zu vergewissern, wobei er drohte, im gegentheiligen Falle die Sache "als einen Betrug" bloss zu stellen. Einige Monate später fand er sich abermals bei der Redaction ein und erzählte seine Zusammenkunft mit der fraglichen Wittwe unter vollständiger Bestätigung der Botschaft.

In der "Biographie" der Mrs. *Conant*, welche von *Allen Putnam* zu Boston im Jahre 1873 geschrieben ist, findet man interessante Details über den Beginn der Veröffentlichung dieser Botschaften im "Banner", welche alles das bestätigen, was sein Redacteur so eben gesagt hat (p. 105 ff.). Schwierigkeiten erhoben sich von einer Seite, von der man sie nicht erwartete: von Seiten der Ver-

wandten der in dem „Message Department" (der Abtheilung
für Botschaften) erwähnten Personen, welche darin einen
dem Gedächtniss ihrer Verstorbenen zugefügten Schimpf
erblickten. Ein indignirter Vater verklagte sogar das
„Banner" bei einem Gerichtshofe wegen Entehrung!
(p. 108—109.) Am Ende des Buches stehen Fälle von
sehr merkwürdigen Bestätigungen, z. B. derjenige der Botschaft von „*Harriet Sheldon*", welcher Fall durch ihren
Gatten in eigener Person bestätigt wurde zehn Jahre nach
der Veröffentlichung der Botschaft. (p. 238—239.)

Die Fabrikation falscher Bestätigungs-Briefe
würde, wie mir scheint, sehr schnell entdeckt worden sein;
denn die Feinde der Sache schlafen nicht! Die Bewahrheitung der „bestätigenden Briefe" ist ganz einfach; ihre
Urheber geben ja ihre Namen und Adressen an, nichts
ist leichter, als sich über ihre Existenz zu vergewissern,
sei es auf der Stelle persönlich, oder schriftlich.

Fälle dieser Art finden sich da und dort in der
ganzen Litteratur des Spiritismus zerstreut; ich habe von
ihnen schon einen in der vorhergehenden Rubrik ganz
kurz und ganz einfach ohne Details vorgeführt; und ich
werde schliesslich noch einen ausführlichen Fall mittheilen,
welcher in England durch die Mediumität einer Person
vorgekommen ist, deren Ehrenhaftigkeit in der spiritistischen Welt wohl bekannt ist, und dessen Bestätigung
erst in Amerika hat erfolgen müssen. In „The Spiritualist" vom 11. December 1874, p. 285, lesen wir folgenden
Brief: —

„Eine Benachrichtigung wird aus Amerika gewünscht.

„Geehrter Herr! — Sie würden mich durch Aufnahme
folgender Darlegung verpflichten, weil ich die Hoffnung
hege, dass einige Ihrer amerikanischen Leser im Stande sein
dürften, mir zur Identificirung des sich mittheilenden Geistes
und zur Bewahrheitung seiner Operationen zu verhelfen.

„Im vergangenen Monat August cr. befand ich mich

mit Dr. *Speer*\*) zu Shanklin auf der Insel Wight. Wir
hielten eine Anzahl Sitzungen, und bei einer derselben
theilte sich ein Geist mit, welcher seinen Namen als
*Abraham Florentine* (vgl. S. 682 d. 1. Aufl.) angab. Er
sagte, er wäre im Kriege von 1812 mit thätig gewesen und
kürzlich ins Geisterleben eingegangen zu Brooklyn, U. S. A.,
am 5. August, im Alter von 83 Jahren, 1 Monat und 17
Tagen. Wir hatten anfangs einige Schwierigkeit, herauszubekommen, ob der Monat und die Tage sich auf das
Alter, oder auf die Länge seiner Krankheit bezögen; aber
er kehrte am folgenden Abend wieder und klärte die
Schwierigkeit auf. — Unter der grossen Zahl ähnlicher
Fälle, welche in unserem Cirkel vorkamen, kenne ich
keinen, der sich nicht buchstäblich genau in jeder besonderen Einzelheit erwiesen hätte. Kein Irrthum oder
keinerlei falsche Darstellung ist vorgekommen, und ich
habe deshalb allen Grund, vorauszusetzen, dass dieser Fall
auch wahr sei. Ich werde Jedem dankbar sein, welcher
mich in Stand setzen wird, bestimmt zu behaupten, dass
es so ist.

Die Art, in welcher diese Communikation gemacht
wurde, war ganz eigenthümlich. Wir sassen, drei an Zahl,
rings um einen schweren Spieltisch, welchen zwei Personen nur schwer bewegen konnten. Anstatt der Klopflaute, an die wir gewöhnt waren, begann der Tisch zu
kippen. So eifrig war der sich mittheilende Geist, dass
der Tisch sich wenige Sekunden, ehe der verlangte Buchstabe an der Reihe war, empor hob. Um T zu bezeichnen,
pflegte er, auf eine vollkommen unbeschreibliche Weise
vor Erregung erzitternd, sich über K zu erheben und
dann auf T sich herabzusenken mit einem Donnerschlage,
welcher den Fussboden erschütterte. Dieses wiederholte
sich, bis die ganze Botschaft zu Ende war; aber so eifrig
war der Geist und so ungestüm in seinen Antworten, dass
er den Dr. und Mrs. *Speer* (ich befand mich in tiefem

---

\*) Derselbe, dessen plötzlichen Tod am 9. Februar 1889 **wir** im
vorigen März-Hefte 1889 der „Psychischen Studien" S. 159 unseren
Lesern **mittheilten.**

Trance) vollständig bestürzt machte und dies die ganze Sitzung hindurch so fortsetzte. Wenn ich eine Vermuthung wagen darf, so möchte ich behaupten, dass *Abraham Florentine* ein guter Soldat, ein Kämpe war, dem zu begegnen nicht gut sein mochte, und dass er genug von seinem alten Ungestüm beibehielt, um sich über seine Befreiung von dem Körper zu freuen, der (wenn ich weiter vermuthen darf) für ihn eine Last geworden war durch eine schmerzliche Krankheit.

„Wollen die Amerikanischen Zeitschriften dies abdrucken und mich dadurch in den Stand setzen, meine Thatsachen und Vermuthungen zu bewahrheiten?

„*M. A. (Oxon).*"

In „The Spiritualist" vom 19. März 1875, I. p. 137, finden wir folgende Fortsetzung dieses Falls: —

„Mr. *Epes Sargent*, welchem ich die Thatsachen des Falles privatim mitgetheilt hatte, war so freundlich, in das „Banner of Light" vom 12. Dezember 1874 einen Paragraphen für mich zu inseriren, welcher dieselbe Nachfrage enthielt. Das Resultat war, herauszulocken, was das 'Banner' als 'einen der seltsamsten und best bezeugten Fälle der Rückkehr eines Geistes' bezeichnet, 'den es jemals während einer langen Erfahrung zu verzeichnen das gute Glück gehabt hat.' Die Sache kann am besten dargestellt werden in den vom Schreiber in 'The Banner of Light' vom 13. Februar 1875 gebrauchten Worten. Man wird bemerken, dass ein Missverständniss zuerst in Betreff der Bedeutung der Worte 'einen Monat und 17 Tage' obwaltet; aber dieses wird später aufgeklärt, wiewohl nach dem Bericht der Wittwe das Alter 83 Jahre, 1 Monat, 27 Tage hätte lauten sollen. Dies beeinflusst jedoch nicht den Identitätsfall. Die ursprüngliche Frage im 'Banner' war folgende, und das Resultat derselben wird hiermit direct aus dieser Zeitung mitgetheilt: —

„'In einer Séance in England wurde jüngst eine Geister-Mittheilung vermittelst Kippens durch einen schweren Tisch erhalten. Der ganze Tisch schien lebendig, und als ob er in den innersten Fasern seines Holzes erbebte. Der Inhalt der Communikation war, dass der Geist sich *Abraham Florentine* nannte und zu Brooklyn, N. Y., am 5. August 1874 gestorben sei. Er behauptete, im Kriege von 1812 mit gewesen zu sein, und fügte dann nach einer Zwischenpause bei: ‚einen Monat und 17 Tage'. Kann Jemand von unseren Freunden in Brooklyn uns benachrichtigen, ob sie jemals von *Abraham Florentine* hörten?" —

„Kaum hatte diese Ausgabe unseres Blattes ihren Weg in die Oeffentlichkeit gefunden, als wir mit umgehender Post folgende Antwort erhielten, welche für sich selbst spricht: —

„'An den Herrn Herausgeber des Banner of Light.'

„'In dem heut hierselbst erhaltenen ‚Banner' befindet sich ein Paragraph über einen Geist, der sich durch das Medium eines Spieltisches an einem Orte in England manifestirte und den Namen *Abraham Florentine* angab als denjenigen eines Soldaten aus dem Kriege von 1812. Sie stellen die Frage, ob Jemand von *Abraham Florentine* hörte? Ich kann diese Frage nicht speziell beantworten; aber da ich seit 14 Jahren angestellt bin, die Ansprüche der Soldaten von 1812 im Staate New-York zu vernehmen, so bin ich im Besitz der Berichte von allen, welche Ansprüche für ihre Dienste in jenem Kriege erhoben haben. In diesen Berichten erscheint der Name *Abraham Florentine* zu Brooklyn, N. Y., und ein vollständiger Bericht über seine Dienstleistung kann erhalten werden in dem General-Adjutanten-Bureau des Staates New-York aus dem Aktenstück Nr. 11,518 vom Kriege 1812. Ich glaube jedoch, dass er für eine längere Dienstzeit, als die er in England angab, Ansprüche erhob, da ihm 58 Dollars bewilligt wurden.

„,Washington, D. C., d. 13. December 1874.

„'***Wilson Millar***,
„'Agent für Pensionsansprüche.'

„Den Rath unseres legalen Correspondenten befolgend, richteten wir ein Schreiben an das General-Adjutanten-Bureau von New-York und ersuchten um Mittheilung der Thatsachen, ohne jedoch einen Grund für unsere Bitte anzugeben, und erhielten folgende höfliche Antwort: —

„‚General-Haupt-Quartier, Staat New-York,
'General-Adjutanten-Bureau,
'Albany, den 25. Januar 1875.
„‘An
„die Herren *Colby* and *Rich* (Herausgeber des
'Banner of Light'),
Nr. 9, Montgomerry Place, Boston.

„‘Geehrte Herren! — In Erwiederung auf Ihre Zuschrift vom 22. Januar cr. habe ich Ihnen nachfolgende Auskunft aus den Berichten dieses Amtes zu ertheilen: — *Abraham Florentine*, Gemeiner in Capitain *Nicole*'s Compagnie, 1. Regiment der New-Yorker Miliz, Hauptmann *Dodge*, trat ein als Freiwilliger zu New-York am oder gegen den 2. September 1814, diente drei Monate und wurde ehrenvoll entlassen. Er erhielt eine Anweisung auf Land Nr. 63,365 für 40 Acres (Acker). Das Obige ist entnommen aus der beschworenen Aussage von Soldaten, und nicht aus einem officiellen Berichte.
„‘Achtungsvollst
„‘*Franklin Townsend*, General-Adjutant.' —

„Als diese Darlegung erschien, war mein Freund, Dr. *Crowell*, so gütig, Schritte zu thun, um eine neue Bestätigung von *Florentine*'s Wittwe zu erhalten. Ich füge seinen Brief bei, welcher in 'The Banner of Light' vom 20. Februar 1875 erschien: —

„‘An den Herausgeber des „Banner of Light‘.
„‘Geehrter Herr! — Nachdem ich im „Banner‘ v. 13. d. M. den Artikel mit der Ueberschrift: — ‚*Abraham Florentine* — Bestätigung seiner Botschaft‘ — gelesen, forschte ich nach in meinem Brooklyner Adressbuche und fand dort den Namen *Abraham Florentine* mit der Adresse 119, Kosziusko-Strasse. Da ich zur Zeit frei von Geschäften und an der Verfolgung des Gegenstandes interessirt war, suchte ich sofort die angezeigte Strasse und Hausnummer auf, und auf mein Klopfen an der Thür wurde von einer älteren Dame geöffnet, welche ich fragte, ob Mr. *Abraham Florentine* hier wohne. Ihre Antwort lautete: — ‚wohnte hier, aber ist jetzt todt.‘

„'Frage: — ‚Darf ich bitten, mir zu sagen, ob Sie Mrs. *Florentine*, seine Wittwe sind?' — Antwort: — ‚Die bin ich!'

„'Auf meine Bemerkung, dass ich erfreut sein würde, eine Auskunft über ihren verstorbenen Gatten zu erhalten, lud sie mich in ihr Empfangszimmer und zum Sitzen ein, worauf unser Gespräch weiter geführt wurde.

„'Fr. ‚Darf ich bitten, mir zu sagen, wann er starb?' — Antw. ‚Im vergangenen August.'

„'Fr. ‚An welchem Tage in diesem Monat?' — Antw. ‚Am fünften.'

„'Fr. ‚Welches war sein Alter zur Zeit seines Hinscheidens?' — Antw. ‚Drei und achtzig.'

„'Fr. 'Hatte er seine 83 Jahre überschritten?' — Antw. 'Ja, sein 83. Geburtstag war am vorhergehenden 8. Juni.'

„'Fr. ‚War er an irgend einem Kriege mitbetheiligt?' — Antw. ‚Ja, im Kriege von 1812.'

„'Fr. ‚War er von Natur thätig und voll Selbstvertrauen, oder das Gegentheil?' — Antw. ‚Er hatte seinen Eigenwillen und war ziemlich heftig.'

„'Fr. ‚War seine letzte Krankheit von langer oder kurzer Dauer, und litt er viel?' — Antw. ‚Er war über ein Jahr an sein Bett gefesselt und litt ein gutes Theil.'

„'Ich habe hier die Fragen und Antworten in ihrer auf einander folgenden Ordnung und in ihrem genauen Wortlaut aus Notizen angeführt, welche ich mir damals gemacht hatte. Während einer kleinen Pause, welche auf die letzte Antwort folgte, fragte mich Mrs. *Florentine*, die eine höchst achtbare Dame von ungefähr 65 Jahren und von amerikanischer Geburt zu sein schien, um den Zweck meiner Fragenstellung, worauf ich ihr den Artikel im ‚Banner' vorlas, der sie sichtlich frappirte und zugleich auch interessirte, und dann ging ich auf eine volle Erklärung seiner Bedeutung ein, was sie höchst in Erstaunen setzte. Sie bestätigte hierauf jede Zeile davon, und ich verliess sie mit Dank und dem auf ihre Bitte hin gegebenen Versprechen, ihr ein Exemplar der letzten Nummer Ihres Journals zuzusenden.

„'Man wird bemerken, dass, während der Geist des Mr. *Florentine* sein Alter auf 83 Jahre, 1 Monat und 17 Tage angiebt, dasselbe nach dem Berichte seiner Wittwe 27 Tage lauten müsste; aber diese Verschiedenheit ist kaum der Beachtung werth, da sowohl er als sie in diesem Falle sich gleich sehr irren könnten. Wie die Sache lag, ehe diese neue Bestätigung ihrer Wahrheit erhalten wurde, war sie gewiss schon eine merkwürdige Bewahrheitung einer Geisterbotschaft; aber wie sie sich jetzt darstellt, scheint mir der Beweis dafür ein zwingender.

„'Ich möchte hinzufügen, dass ich einigermaassen bekannt bin mit ,*M. A. Oxon.*', dem Herrn in London, welcher in ,The Spiritualist' um Auskunft über *Abraham Florentine* bat, und ich kann Ihre Leser versichern, dass er eine sehr hohe litterarische Stellung einnimmt, und dass sein Charakter eine Garantie ist gegen heimliche Verabredung und Betrug, und ich bin erfreut, dass ich zur Begründung der Identität der Geistermittheilung habe beitragen können. —

„'Brooklyn, N. Y., d. 15. Februar 1875.

„'Ihr treu ergebener
„'***Eugene Crowell, M. Dr.***'

„Für mich persönlich ist es von ausserordentlichem Interesse, meine Fragen durch Thatsachen bewahrheitet zu finden. Ich zweifelte niemals, dass der Fall, wie so viele andere, sich als wahr erweisen würde; aber der für mich interessante Beobachtungspunkt war die Richtigkeit der aus der sonderbaren Art, in welcher die Communikation gemacht wurde, gezogenen Schlussfolgerungen. Die Heftigkeit des Tischkippens und Klopfens, die (uns) neue Art der Mittheilung und der augenscheinliche Ernst des Geistes und sein Eifer bei dem Versuche, 'seine Gelegenheit zum Sichaussprechen zu erhalten', waren ganz überraschend. Ohne Zweifel ist es die eigenthümlich zwingende Natur des Beweises für die wirkliche Rückkehr der Verstorbenen, was Ihre Leser mehr fesseln wird. Ganz zweifellos hat Keiner von uns jemals von *Abraham Florentine* gehört, noch hatten wir irgend welche Freunde in Amerika, die uns hätten Nachrichten geben können von dem, was dort vorging, noch auch hätten sie, wenn dies der Fall gewesen, uns eine solche Thatsache vorbringen können, an der wir kein Interesse empfanden. Und dies ist nur einer unter vielen Fällen in meiner eigenen Erfahrung, die ich noch zu sammeln und am geeigneten Orte mitzutheilen gedenke.

„Den 10. März 1870.

„*M. A. (Oxon.)*." —

Dieser Fall ist mit mehreren anderen in einer speziellen Broschüre des Mr. *M. A. (Oxon.*) unter dem Titel: — „Spirit-Identity" (London, 1879) — wieder abgedruckt worden. (Vgl. S. 524 dieses Bandes u. S. 682 der 1. Aufl.)

Welche mögliche Erklärung ähnlicher Fälle giebt es nach den Theorien des Herrn *von Hartmann*? Es ist unnöthig, im Detail zu wiederholen, dass das keine Gedankenübertragung auf weite Entfernung sein kann, denn die wesentliche Bedingung, „der gemüthliche Rapport" (S. 63), kann zwischen Personen, welche sich nicht kennen, nicht existiren. So bleibt von Neuem das Hellsehen; aber die einzige Zuflucht, die allein mögliche „sinnliche Vermittelung" für die Wahrnehmungen des sensitiven Gefühls (S. 75), welche wir in einer bei der Séance anwesenden und den Verstorbenen kennenden Person noch voraussetzen konnten, existirt nicht mehr. Mithin kann man nur zum reinen Hellsehen greifen; aber jeder Fall des Hellsehens hat seinen Daseinsgrund, und in allen diesen Fällen ist die wesentliche Bedingung, das „intensive Willensinteresse", auch nicht vorhanden, um, sei es einen „Telephonanschluss im Absoluten" zwischen dem Medium und den Lebenden (den Freunden des Verstorbenen, und nicht dem Verstorbenen selbst, welcher = 0 ist), sei es einen directen Rapport des Mediums mit dem „absoluten Wissen des absoluten Geistes" (S. 79), herzustellen.

In der That, giebt es die geringste vernünftige Möglichkeit, zuzugeben, dass das Medium — nehmen wir den Fall der Mrs. *Conant* — an einem bestimmten Tage und zu einer bestimmten Stunde der Woche seinen Platz in der Redaction des „Banner" einnehmen kommt, um einige Augenblicke später in Rapport mit dem Absoluten zu treten, wovon das Resultat ist, durch den Mund des im unbewussten Zustande befindlichen Mediums ein Dutzend Verstorbener nach einander sprechen zu lassen? Würde man damit das Absolute nicht Comödie spielen lassen? Denn „das absolute Wissen" muss doch wohl nach dieser Theorie wissen, dass diese Verstorbenen nicht mehr existiren, und die Rolle, welche es sie so vor dem Medium spielen liesse, würde nur eine lächerliche Lüge sein, die mit der Idee des Absoluten selbst sich nicht vertrüge.

Wie sehr die Sache ausserdem undenkbar ist, hat Herr *von Hartmann* sich die Mühe genommen, uns selbst zu erklären: —

„Uebrigens scheint das eigentliche Hellsehen bei professionellen Medien nur deshalb nicht vorzukommen, weil die Anwesenden sich meist fremd und ohne tiefere Gemüthstheilnahme gegenüberstehen, und deshalb das Willensinteresse zur Anknüpfung der wurzelhaften Kommunikation fehlt. Für die Vorstellungsübertragung, an welcher die Medien ein Interesse haben, reicht die Induction der Hirnschwingungen aus, so dass gar kein Bedürfniss zur Herstellung einer rückwärtigen Telephonverbindung vorliegt; für die vergangenen und künftigen Schicksale der Sitzungstheilnehmer und ihres Verwandten- und Freundeskreises kann aber noch viel weniger ein so tiefes Interesse erwachen, dass der unbewusste Wille aus dem absoluten Wissen seines absoluten Grundes zu schöpfen sich gedrungen fühlte. Was von den Spiritisten an ihren Medien für Hellsehen gehalten wird, ist keines; das eigentliche Hellsehen, die zarteste, wenngleich krankhafte Blüthe des unbewussten Geisteslebens der Menschheit, lernen die Spiritisten an ihren Medien bis jetzt nicht einmal kennen, weil diese ihr Geschäft viel zu handwerksmässig betreiben." (S. 82—83.) —

So ist es also klar, dass weder die Gedankenübertragung in die Ferne, noch das Hellsehen, vom Gesichtspunkte des Herrn *von Hartmann* aus betrachtet, die Thatsachen dieser Rubrik erklären können. Nichtsdestoweniger existiren diese Thatsachen. Also müssen sie auch erklärt werden. Und sie lassen sich gerade durch diese beiden Hypothesen erklären, wenn sie weder von einem metaphysischen, noch von einem übernatürlichen, sondern von einem natürlich-menschlichen Gesichtspunkte aus betrachtet werden. Was ist denn in Wirklichkeit eine **Gedankenübertragung in die Ferne?** Sie ist ein Austausch bewusster oder unbewusster Eindrücke zwischen zwei Centren von psychischer Thätigkeit. Bei den gewöhnlichen Experimenten der Gedankenübertragung auf magnetischem, hypnotischem oder anderem Wege wissen wir, von welchem Centrum psychischer Thätigkeit die Eingebung ausgeht. Bei den mediumistischen Experimenten haben wir, wenn wir die Mittheilung einer Thatsache erhalten, die uns persönlich, oder auch einem der Mitsitzenden bekannt ist, das Recht, dieselbe einem unbewussten Eindrucks-Austausch zwischen den psychischen Thätigkeiten der anwesenden Personen zuzuschreiben. Aber wenn es sich um die Mittheilung einer Thatsache handelt, welche den anwesenden Personen unbekannt ist, so müssen wir sie natürlich einer die Thatsache kennenden abwesenden Person zuschreiben; doch hierbei ist ein sympathetischer Rapport nöthig. Wenn dieselbe nicht zwischen den Lebenden aufgespürt werden kann, sondern zwischen einem Lebenden und einem Verstorbenen, und wenn dieser Verstorbene dabei ein Interesse hat, die in Rede stehende Thatsache einem Lebenden mitzutheilen, — und zwar eine Thatsache, die Niemand anders als nur er kennen kann, — ist es da nicht natürlich und logisch zugleich, die Kommunikation dieser Thatsache der Individualität zuzuschreiben, welche sich als solche ankündigt? Hier vollzieht sich der Prozess der Gedankenübertragung direct, auf eine natürliche Weise, ohne zum Uebernatürlichen, zum Telephonanschluss mit dem Absoluten seine Zuflucht zu nehmen. Das **Hellsehen** bestätigt diese Art der Erklärung noch besser. Was ist denn das Hellsehen nach Herrn *v. Hartmann?* Es ist das Percipiren von „thatsächlichen objectiven Erscheinungen als solchen, ohne die normale Vermittelung der Sinneswerkzeuge" (S. 74). So z. B. sieht der Hellsehende in einer grossen Entfernung einen Brand, einen Todesfall u. s w.; das sind „objective Erscheinungen", die man

„als solche" aufnimmt; wenn aber dieser selbige Hellsehende einen „Geist" sieht, so ist das nichts weiter als eine „subjective Erscheinung". Das ist also nicht mehr Hellsehen! Aber weshalb heisst es dann, dass „das eigentliche Hellsehen" Theil nimmt „am somnambulen Bewusstseinsinhalt" (S. 60)? Man müsste besser nicht davon sprechen!... Und ferner: — „Es gehört der Individualseele das Vermögen des absoluten Wissens" . . . „man bedarf keiner Beihilfe von aussen und keiner Zwischenglieder mehr, am wenigsten von den Geistern Verstorbener" (S. 78). Da ist ein Medium im Trance, durch dessen Mund sich ein Verstorbener dokumentirt, welcher allen anwesenden Personen unbekannt, aber denjenigen bekannt ist, die der Verstorbene selbst andeutet, und welche die Wahrheit aller Details bestätigen, die er über sich selbst und sein öffentliches wie Privatleben angegeben hat. Das ist noch Hellsehen: sein Name, Vorname und alle diese Details sind „aus dem absoluten Wissen des absoluten Geistes" (S. 79) geschöpft worden; nur die Thatsache seiner überirdischen Existenz ist falsch! Hier ist das absolute Wissen nicht mehr zuverlässig, nicht mehr absolut. Also nimmt dieses Hellsehen nicht weiter und nicht anders am somnambulen Bewusstsein Theil, als wir es nehmen lassen wollen.

Ist es nicht weit vernünftiger, für diese Ausnahmefälle ein **Centrum psychischer Thätigkeit ausserhalb des Mediums** einzuräumen? Die geheimnissvolle Thatsache der Individuation ist einmal gegeben; die durch einen Sensitiven gemachte Wahrnehmung eines von einem lebenden, aber in Entfernung befindlichen Individuum ausgehenden Eindrucks ist nicht wunderbarer, als die Wahrnehmung eines von einem als todt angenommenen Individuum, welches doch das Gegentheil davon durch die Thatsache dieses Eindrucks selbst beweist, kommenden Eindrucks; ein Sensitiver vermag sogar die Anwesenheit eines solchen Individuums, ohne hellsehend zu sein, durch die Kraft des Absoluten, zu sehen und zu fühlen; dieses Centrum überirdischer Thätigkeit zugegeben, wird sich der Sensitive allen ihren Einflüssen unterwerfen, wie er sich denjenigen unterwirft, welche aus irdischen Thätigkeits-Centren hervorgehen, wie wir es bei den Experimenten des Magnetismus und Hypnotismus sehen; das wird nur eine Erweiterung der Arten und Grade der psychischen Reaction zwischen den gegebenen Bewusstseins-Centren sein, ohne Berufung auf die Metaphysik oder auf das Absolute. Dass solche Thätigkeits-Centra nicht bloss eingebildete Centra sind, das ersieht man nicht allein aus den durch die Photographie gelieferten Beweisen, sondern auch aus den Manifestationsweisen ihrer Thätigkeit, welche man keineswegs psychische nennen kann, und welche keine Beziehung mit dem Hellsehen haben. Man sehe den Fall des *Abraham Florentine*: das Medium befand sich während der Manifestation im Trance; nicht durch seinen Mund, oder durch seine Hand manifestirt sich die Intelligenz, sondern durch Tischbewegungen von einer ausserordentlichen Kraft, — eine für das Medium ganz ungewohnte Manifestationsweise; also durch den Tisch, durch Bewegungen und durch Aufschlagen desselben hätte hier dieser sogenannte Vorgang des Hellsehens stattgefunden? Eine für jede Logik unauflösliche Beziehung von Ursache und Wirkung! Noch weit unlöslicher für eine Theorie, welche das Hellsehen nur unter der Form von Hallucinationen zugiebt!

Wir kommen jetzt zu einer Rubrik von Thatsachen, welche als Bindeglieder dienen zwischen den **psychischen** Manifestationen und den **physischen** Erscheinungen derselben handelnden Ursachen, — Manifestationen, bei denen die Nothwendigkeit, einzuräumen, dass diese Ursachen aussermediumistische, selbstständige Thätigkeits-Centren oder das, was Herr Dr. *von Hartmann* „transscendentale Ursachen" nennt, seien, handgreiflich wird.

10) **Uebertragung von Botschaften auf grosse Entfernungen.** (Vgl. S. 648 d. 1. Aufl.)

Wir lesen bei Herrn *von Hartmann*: — „Bisher bieten die spiritistischen Sitzungen für Vorstellungsübertragung aus grösserer Ferne noch kein Material, weil vorläufig nur immer das Medium der aktive Theil ist, anstatt sich, wie es bei solchen Versuchen nöthig ist, zum passiven Verhalten gegen ein anderes Medium an einem fernen Ort herabzusetzen." (S. 73.) — Hier finden sich die negative Behauptung und die Theorie gleichmässig von den Thatsachen widerlegt. Die Fälle der Uebertragung von Botschaften auf weite Entfernungen existiren, wiewohl selten, aber dennoch im Spiritismus. Die erste Stelle gehört gewiss dem Experiment des Professors Dr. *Hare* selbst an, welchem er nicht ohne Grund hohen Werth beilegte, indem er es für einen absoluten Beweis einer auswärtigen Wirkungskraft ansah. Wir lesen nun Folgendes in seinem von mir deutsch herausgegebenen Buche: — „Experimentelle Untersuchungen über Geister-Manifestationen" (Leipzig, *O. Mutze*, 1877): —

„§. 115. Als ich mich zu Cap May (Island) befand, war einer meiner Schutzgeister sehr häufig bei mir. — 116. Am 3. Juli 1855 ersuchte ich um 1 Uhr Nachmittags das erwähnte treue Wesen, zu meiner Freundin Mrs. *Gourlay*, Nr. 178 North Tenth street in Philadelphia, zu gehen und sie zu bitten, dass sie den Dr. *Gourlay* veranlasse, auf die Bank von Philadelphia zu gehen, um daselbst zu ermitteln, zu welcher Zeit ein Wechsel fällig sei, und ihr zu sagen, dass ich um halb vier Uhr an dem Instrumente sitzen würde, um die Antwort zu erhalten. Demnach kündigte sich mein geistiger Freund um diese Zeit wieder an und gab mir das Resultat meiner Nachfrage. — 117. Bei meiner Rückkehr zur Stadt erfuhr ich von Mrs. *Gourlay*, dass mein geistiger Bote eine Mittheilung unterbrochen habe, welche gerade durch das Spiritoskop stattfand, um ihr meine Botschaft mitzutheilen, und dass in Folge davon ihr Gatte und ihr Bruder auf die Bank gingen und ihre Nachforschung anstellten, deren Resultat das um halb vier Uhr von meinem geistigen Freunde mir mitgetheilte war." (S. 28 und 29). — „247. Der betreffende Bankbeamte erinnerte sich der Anfrage, scheint sich aber nicht gemüssigt gefühlt zu haben, erst das Register nachzuschlagen, welches zur Zeit nicht zu seinen Händen war. Daher war der von den Fragestellern erhaltene Bescheid nicht richtig, entsprach aber dem von meinem Schutzgeiste mir gegebenen Berichte, welcher sich von dem in meinem Gedächtniss befindlichen Eindrucke unterschied und daher selbstverständlich nicht aus meinem Geiste stammen konnte. — Dieses Ereignisses wurde von mir nicht eher Erwähnung gethan, als bis nach meiner Rückkehr nach Philadelphia, wo ich Mrs. *Gourlay* erst in ihrer Wohnung fragte, ob sie während meiner Abwesenheit keine Botschaft von mir erhalten hätte. In ihrer Antwort stellte sich heraus, dass, während gerade vom Geiste ihrer Mutter ihrem anwesenden Bruder eine Mittheilung gemacht wurde, mein Geisterbote dieselbe unterbrach, um sie zu bitten, ihren Gatten zur Bank zu senden, um die gewünschte Nachfrage zu halten: dass auch in Folge dessen die Nachfrage bei der Bank stattgefunden habe." (S. 66.) —

Hier liegt nun ein Fall vor, bei dem behufs Erklärung desselben durch eine psychische Theorie (entweder „Gedankenübertragung" oder „Hellsehen") alle Stricke reissen! In der That: die Entfernung ist gross, beinahe 100 englische Meilen; es waltet kein „gemüthlicher Rapport" (S. 63), kein „Willensinteresse" („starke Liebe oder Freundschaft" S. 76), um einen „Telephonanschluss zwischen zwei Individuen (hier Prof. *Hare* und Mrs. *Gourlay*) im Absoluten" (S. 79) herzustellen, keine „hallucinatorischen Gesichtsbilder" (S. 65), keine „mimischen Bewegungen der eingepflanzten Hallucination" (S. 65), — sondern im Gegentheil „ein abstracter Gedanke" (S. 65), ein wechselgeschäftlicher Auftrag; das zweite Medium ist nicht „im passiven Verhalten gegen das andere Medium", wie Herr *v. Hartmann* S. 73 verlangt; im Gegentheil, das Medium befand sich in voller psychischer Thätigkeit, es gab eine Communikation, welche durch eine andere ganz unerwartet unterbrochen wurde, die sich ihm mit Gewalt aufdrängte; und die beiden Medien waren obendrein im vollen normalen Zustande! Und noch mehr, es geschieht nicht durch ihr Gehirn, dass die Depesche übertragen wurde, sondern durch ein Instrument! Welches ist also die Erklärung, die uns Herr Dr. *von Hartmann* geben wird? Ich finde keine weiter. Ah! ich lese zwischen den Zeilen: — „Das ist eine Wirkung der Nervenkraft in die Ferne", — wird er versetzen, — „denn der Austausch der Botschaften ist durch physische Mittel bewirkt worden, vermittelst eines Spiritoskops"! — „Aber", sage ich dagegen, „Verzeihung! das ist nur eine Verwickelung der Frage; denn das Spiritoskop ist nur das äussere Mittel gewesen, um den Gedanken zu übertragen; das ist es ja gerade, was man nicht begreifen kann: warum denn das Spiel der Spiritoskopen, wenn es nur eine Gedankenübertragung ist?" — Also ist es doch vor Allem der Gedanke, welcher übertragen worden ist. Die Schwierigkeit bleibt dieselbe, und obendrein mit Verwicklungen: denn die Nervenkraft muss doch auch hellsehend sein, um das Spiritoskop, die Buchstaben u. s. w. in der Ferne zu sehen!! Es bleibt Herrn *v. H.* nichts weiter übrig, als die Bedingungen seines Appells an das Absolute, an den grossen *Allah*, zu modificiren, welcher sein Factotum in letzter Zuflucht ist.

Da ist noch ein anderer, ganz ähnlicher Fall, welchen ich ebenfalls dem Buche des Professors *Hare* (§§ 1485—1492) entnehme, und zwar einem Briefe, der an ihn gerichtet und nicht in meine deutsche Ausgabe mit aufgenommen wurde: —

„Philadelphia, den 6. September 1855.

„Geehrter Herr! — Bei unserer letzten Zusammenkunft wünschten Sie einige Thatsachen aus meiner Erfahrung. Nachdem ich Ihre Darstellung der von Ihnen durch Ihre geistige Schwester von Cap May aus im vergangenen Juli in diese Stadt übermittelten Botschaft gelesen, bin ich auf den Gedanken gekommen, dass ein Bericht einer ähnlichen Botschaft von mir durch meine geistige Gattin an einen Cirkel dieser Stadt annehmbar sein möchte.

„Am Abend des 22. Juni 1855, als ich bei Mrs. *Long* (einem Schreib-Medium, das Nr. 9 Thompson Str., New-York, wohnte), am Tische sass, erklärte meine verstorbene Gattin, sich mir mittheilen zu wollen. Zu jener Zeit war ich von den Geistern zum Leiter eines Cirkels ernannt worden, welcher jeden Mittwoch Abend in der Wohnung des Mr. *H. C. Gordon*, Nr. 113 North Fifth Str., Philadelphia, zusammenkam. Ich befragte meine Gattin, ob sie eine Botschaft an den damals in Philadelphia versammelten Cirkel übermitteln könnte? Sie antwortete: — 'Ich will es versuchen'. — Ich bat sie hierauf, dem Cirkel meinen Gruss zu überbringen und ihn zu benachrichtigen, dass ich wunderbaren Erfolg in meiner Untersuchung hätte und in der glorreichen Wahrheit des Geister-Verkehrs immer befestigter würde. Nach dem Verlaufe von siebzehn Minuten kündigte der Geist wiederum seine Gegenwart an und benachrichtigte uns, dass er die Botschaft ausgerichtet hätte. Am nächsten Mittwoch Abend war ich im Cirkel zu Philadelphia anwesend und wurde von allen gegenwärtigen Mitgliedern benachrichtigt, dass meine Mittheilung richtig erhalten worden war. Man sagte mir, ein anderer Geist war gerade sich mittheilend, als eine Unterbrechung stattfand, worauf meine Gattin ihren Namen angab und im Wesentlichen die Communikation durch die Hand des Mr. *Gordon* mittheilte.

„Es waren ungefähr zwölf Personen von hoher Achtbarkeit zugegen, unter denen sich Mr. und Mrs. *Howell*, Mr. und Mrs. *Laird*, Mr. *Aaron Comford*, Mr. *William Knapp* u. s. w. befanden.

„Bei Mrs. *Long* waren drei bis vier Personen anwesend, unter ihnen, wie ich glaube, Mr. *Ira Davis*.

„Ich bin kein Medium, deshalb ist der Einwand von Sympathie mit dem Medium nicht zutreffend.
„Ihr ergebener
„*W. West*.
„George Str., 4 th house, west of Broad." —
(S. *Hare*: „Experimental Investigation of the Spirit Manifestations", New-York, 1858, pag. 294—295.)

Hier folge noch ein guter Fall, den wir einer ganz zuverlässigen Quelle, Mr. *S. B. Brittan*, entnehmen. In seinem Buche: — „A discussion on the facts and philosophy of ancient and modern Spiritualism", by *S. B. Brittan* and Dr. *Richmond*, (New-York, 1853) — d. h. „Eine Erörterung über die Thatsachen und die Philosophie des alten und neueren Spiritualismus u. s. w." — lesen wir auf pag. 289: —

„Mr. *B. Mc. Farland* (vgl. S. 648 d. 1. Aufl.), welcher bis jüngst in **Lowell**, Mass., lebte, hat eine begabte Tochter, welche anscheinend von 'geistigen Besuchern' weit häufiger begünstigt wird, als das alte Sprichwort zu erwarten uns gestatten will. Diese junge Dame verbrachte den Winter von 1851–1852 im Staate Georgia, und während dieses ihres Aufenthaltes im Süden geschah es, dass eine interessante Thatsache sich ereignete. Der folgende Bericht ist aus einem unveröffentlichten Briefe genommen, welchen ich jüngst von Mr. *Mc. Farland* erhielt.

„'An Mr. *S. B. Brittan*. — Geehrter Herr! — Am Abend des 2. Februar 1852, während ein Cirkel in unserer Wohnung zu Lowell versammelt war, stellte meine Gattin die Frage, ob *Louisa* (unsere verstorbene Tochter) bei uns wäre, und erhielt eine bejahende Antwort. In Erwiderung auf die Frage: — ‚Bist Du oft bei *Susanne*?' (unserer einzigen überlebenden Tochter, welche damals zu ihrer Freundin in Georgia gereist war), — antwortete der Geist bejahend. Meine Gattin ersuchte hierauf den Geist, ‚hinzugehen und bei *Susanne* zu verweilen, und sie von allem Harm fernzuhalten, während sie fern wäre', worauf *Louisa* durch Klopfen antwortete, dass sie das thun würde. Man erinnere sich, dass dieses am Abend des 2. Februar stattfand. In ungefähr einer Woche darauf erhielten wir einen Brief von *Susanne*, datirt aus Atalanta, Georgia, vom 3. Februar 1852, in welchem folgende Thatsache stand: — ‚In der vergangenen Nacht hatten wir eine Sitzung, und *Louisa* kam und klopfte nach dem Alphabet, und buchstabirte mir folgenden Satz heraus: — ‚Die Mutter wünscht, dass ich komme und bei Dir verweile, und Dich von allem Harm fern halte, so lange Du von Hause fern bist. — *Louisa*.'' — Hieraus ersehen Sie, dass eine unsichtbare Wirkungskraft, welche meine Tochter zu sein beansprucht, die Communikation in Lowell, Mass., empfing und sie Wort für Wort in der Stadt Atalanta, Georgia, überlieferte, und zwar dies Alles innerhalb des Zeitraumes einer Stunde.

„Ihr ergebener

„'*B. Mc. Farland*.'" —

Ich habe nur zu bemerken, das Lowell sich in einer Entfernung von 1000 engl. Meilen von Atlanta befindet und die Botschaft ebenfalls durch ein physisches Mittel, durch Klopflaute, übertragen worden ist.

Ich beschliesse diese Rubrik 10, indem ich einer Thatsache erwähne, deren Besonderheit darin liegt, dass die Botschaft übertragen wurde ohne Ansagung der Person, an welche sie zu richten war, wobei die Wahl der Person dem Belieben der sich manifestirenden Intelligenz überlassen wurde. Wir schöpfen diese Thatsache aus einem Briefe des Mr. *G. D. Featherstonhaugh* im „Religio-Philosophical Journal", wieder abgedruckt in „The Light" 1886, p. 603—604: —

„Da ich sowohl den Standpunkt kenne, den Sie eingenommen haben, und dem Sie anhängen, den einer unversöhnlichen Gegnerschaft wider alle Arten von Zweideutigkeit, als auch Ihre ernsten Bestrebungen, den Gegenstand von Betrügereien und Thorheiten zu befreien, die ihn umringen, so fühle ich mich angeregt, in Uebereinstimmung mit Ihrer veröffentlichten Bitte, Ihnen einige exacte Experimente mit Mrs. *Maud Lord* zuzusenden, bei denen die Handlung in Uebereinstimmung mit einem unausgesprochenen Wunsche geschah und ein ganzer grosser Theil davon sich in Allem von blosser Gedanken-Uebertragung unterschied. . . . . Es befand sich in meinem Besitz ein Miniaturbild, vor ungefähr 80 Jahren gemalt, und da es eine sehr lange Zeit unter Siegel gelegen hatte, so beabsichtigte ich, dasselbe in einer Reihe von Experimenten im Dunkeln bei verschiedenen Medien zu benutzen. Da ich zur Zeit die Adresse eines Mediums, auf das ich mich verlassen konnte, nicht kannte, so schöpfte ich, wie es schien, den vergeblichen Wunsch, dass eine Intelligenz, welche sich *S.* nannte und stets meine Gedanken zu kennen erklärte, ein Medium besuchen und es veranlassen sollte, mir seine Adresse einzusenden. In einigen Tagen erhielt ich einen Brief von Mrs. *Lord*, datirt aus 200 Meilen Entfernung, mit der Aussage: — '*S*— erschien in einer meiner Séancen und ersuchte mich, Ihnen auf Ihr Verlangen meine Adresse zu senden, was ich hiermit thue.'...." („Light" vom 18. Dezember 1886.)

11) **Die Uebertragung von Gegenständen auf grosse Entfernung.**

Wir haben so eben gesehen, dass die die spiritistischen Phänomene hervorbringende Kraft nicht beschränkt ist auf die blosse Person des Mediums selbst, noch auf das Séance-Zimmer, sondern auf eine grosse Entfernung sich manifestiren und eine Botschaft übertragen kann; dass eine dergleichen Manifestation nicht eine Uebertragung von Gedanken zwischen zwei Gehirnen, noch eine Wirkung des Hellsehens ist, haben wir aus der Abwesenheit der Bedingungen schliessen müssen, welche Herr *von Hartmann* ähnlichen Manifestationen der psychischen Kraft auferlegt, und auch aus der Thatsache, dass diese Kraft sich physisch auf Entfernungen äussert, durch Klopflaute und Bewegungen des Tisches; wir werden jetzt sogleich sehen, dass diese physische Wirkung in die Ferne nicht einfach ein Rückprall oder eine Umwandlung des von dem in der Ferne sich befindenden Medium erhaltenen psychischen Eindruckes ist, sondern dass sie hervorgeht aus einem selbstständigen Kraft-Centrum; und dass das keine einfache physische Kraft ist, welche Töne und Bewegungen träger Körper erzeugt, sondern etwas weit Substantielleres und Complicirteres; denn sie kann nicht allein eine Botschaft übertragen, sondern auch einen materiellen Gegenstand; und zwar nicht allein unter Bedingungen, unter denen der Transport nur bedingt ist durch die Grösse der Raumentfernung, (was, da es durch menschliche Mittel thunlich ist, unsere physikalischen Vorstellungen nicht verletzt und nicht absolut ein Verfahren in sich schliesst, welches wir „übernatürlich" nennen würden), — sondern auch unter Bedingungen, unter welchen der Transport stattfindet vermittelst eines Mittenhindurchdringens durch dichte Materie, was schon unsere physikalischen Kenntnisse verletzt und uns nicht mehr „natürlich" erscheint.

Somit sind wir allmählich zu einer Reihe von Phänomenen gelangt, welche wir nach Herrn *von Hartmann's* selbsteigener Ansicht „übernatürliche" oder „transscendentale" nennen müssen; da er sie durch natürliche Ursachen, durch irgend eine Thätigkeit des Mediums selbst nicht hat erklären können, so müssen wir daraus schliessen, dass sie die Zugebung einer anderen Kraftordnung, welche ausserhalb des Mediums existirt, zwingend erheischen.

Gehen wir zu Beispielen über. **Transport einer Photographie von London nach Lowestoft auf eine Entfernung von 175 Kilometern.** Das ist ein ausgezeichneter Fall, welchen wir aus guter Quelle erhalten. Professor *W. F. Barrett* verbürgt sich für ihn. Er berichtet darüber, wie folgt: —

„Es ist mir nicht gestattet, den Namen, noch auch die richtigen Anfangsbuchstaben des Schreibers der folgenden merkwürdigen Erzählung zu geben. Aber ich bin persönlich mit ihm bekannt, und er ist wohlbekannt und hochgeachtet von Allen, welche mir über ihn gesprochen haben; besonders von einem Nonconformisten-Geistlichen von hohem Rufe, welcher zufällig auch ein persönlicher Freund von mir ist... Als Resultat meiner Nachforschungen, Beobachtungen und Kreuz- und Querfragen verblieb kein Zweifel mehr in meinem Geiste über die gänzliche Vertrauenswürdigkeit des Erzählers... Ich gebe bloss seine über den Fall handelnden Briefe. Ich erhielt sie am Schlusse des Jahres 1876." —

Hier folgen nun einige Auszüge aus diesen Briefen: —

„Mein verehrter Herr! — Ich schliesse die Notizen über meine Erfahrungen bei, die ich Ihnen versprochen habe. Sie wurden aus von mir zur Zeit gemachten Memorandis niedergeschrieben und sind in jeder Beziehung genau und zuverlässig. Erachten Sie mich für Ihren treu ergebenen

„*W. D.*"

„Vor etwa acht Jahren (1868) hielt ich einige experimentelle Sitzungen in meinem eigenen Hause mit etlichen Freunden, wobei wir die gewöhnlichen Resultate, Tischrücken, Emporhebungen, Klopflaute u. s. w. erhielten. Dies bestimmte mich, eine gründliche Untersuchung des Gegenstandes vorzunehmen, und ich hielt eine Anzahl von

Séancen mit Freunden und auch mit professionellen Medien. Diese wurden an verschiedenen Orten und unter einer Mannigfaltigkeit von Bedingungen abgehalten, deren Resultate folgende waren: —

„Ich wurde fest überzeugt, dass die gewonnenen Resultate fern von jeder directen Einwirkung des Mediums waren, welches gar keine Controle über die Natur der Manifestationen, oder die elektrischen oder zu ihrer Erzeugung erforderlichen anderweitigen Bedingungen hatte. Ich war jedoch nicht von dem übernatürlichen Charakter der Manifestationen überzeugt und fühlte, dass es unmöglich wäre, eine gründliche Ueberzeugung von dem Wirken des Mediums zu gewinnen, wenn ich nicht ähnliche Resultate in meinem eigenen Cirkel erhielte ohne die Anwesenheit eines professionellen Mediums und unter Bedingungen, welche den Betrug unmöglich machten. Eine solche günstige Gelegenheit fand sich vor nun sechs Jahren [was im Jahre 1870 gewesen sein würde].

„Ich verweilte damals an der Seeküste (zu Lowestoft) mit meiner Gattin, einer jungen Dame und einem Herrn, einem alten und intimen Freunde. Alle diese, besonders meine Frau, waren ungläubig und verlachten die ganze Sache. Wir entschieden uns jedoch dahin, den Versuch anzustellen, welche Resultate wir erhalten könnten.

„Wir sassen in einem Gesellschaftszimmer im ersten Stock bei verschlossener Thür, zu der ich den Schlüssel in meiner Tasche hatte. Wir drehten das Gas aus, aber es lag voller Mondenschein auf den Fenstern, und im ganzen Zimmer war es hell genug für uns, uns einander zu sehen und thatsächlich auch alle Dinge, welche rings umher und im Zimmer sich befanden. Der Tisch war ein länglich viereckiges, schweres Möbel aus Wallnussholz. Ich will meinen Freund *F.* und die junge Dame *A.* nennen." ...

Hierauf folgt die Beschreibung mehrerer Séancen, bei denen sich Manifestationen physikalischer Ordnung erzeugten, als z. B. Bewegungen von Gegenständen, Lichter, Berührungen, Erscheinungen von Gestalten, Apports von Blumen; diese letztere Art von Manifestationen giebt den Gedanken ein, den Apport (das plötzliche Herbeibringen) eines zu Hause zurückgelassenen bekannten Gegenstandes zu erhalten.

„*F.* bittet um Etwas von zu Hause, wird gewaltsam hin und her bewegt, in den Trancezustand geworfen, und eine Photographie von einer jungen Dame liegt auf dem Tische vor ihm. Meine Frau nimmt sie auf, und bei seinem Wiederzusichkommen nach etwa fünfzehn Minuten zeigt sie ihm dieselbe. Er steckt sie in seine Tasche, bricht in Thränen aus und sagt: — 'Ich würde das um keinen Preis gewünscht haben!' —

„Die Photographie war die einzig existirende Copie vom Portrait einer jungen Dame, mit der er einst verlobt gewesen war. Sie befand sich in einem Album, in einer Schublade, mit zwei Schlössern davor, in seinem Hause im West End von London. Bei unserer Rückkehr in die Stadt war sie verschwunden, und seine Gattin, welche gar nicht wusste, dass wir Séancen gehabt hatten, erzählte uns, dass zur selben Stunde ein schrecklicher Krach in seinem Schlafgemache erfolgt sei und Jedermann im Hause herbeigeführt habe, um nach der Ursache zu forschen." — („Light", 1883, p. 30–31.) —

Es folge noch ein zweiter höchst interessanter Fall: — **Ein Apport von hölzernen Nadeln auf 20 Meilen Entfernung** —, mitgetheilt im Londoner „Light", 1883, p. 117: —

„Vor nicht gar langer Zeit war ich Zeuge von einem höchst erstaunlichen Beweise der Uebertragung eines Gegenstandes durch übermenschliche Kraft aus einer Lokalität in eine andere auf eine Entfernung von mehr als zwanzig engl. Meilen.

„Ich will meinen Bericht so viel als möglich über dieses seltsame Phänomen zusammenzudrängen suchen, aber ich möchte vorerst einige Worte über den Cirkel erwähnen.

„Wir haben nur sechs Sitzer, fünf von uns sind alte ausgebildete Spiritualisten, aber der sechste ist ein Neubekehrter von der Wesleyanischen Glaubenspartei, der schon eine Zeit lang vorher mit grossem Eifer für die

Verbreitung des Methodismus und die Zerstörung des Spiritualismus thätig gewesen war.

„Er hat sich jetzt von dieser Sekte getrennt, nachdem er mehr Licht im Geister-Cirkel gefunden, und er hat sich sehr zur eigenen Ueberraschung zu einem verheissungsvollen Sprech-Medium im Trance ausgebildet.

„Eine oder zwei Wochen vor dieser merkwürdigen Séance kam einer meiner Freunde, (ein Schullehrer und Spiritualist), den ich Mr. *H.* nennen will, nach York, um einen kurzen Feiertag zu verbringen, und während dieser Zeit war er ein Mitsitzer unseres Cirkels. Während der letzten Sitzung, welche wir mit einander hatten, schlug Mr. *H.* den Geistern vor, dass sie **nach seiner Heimkehr** uns nach York irgend einen Artikel aus seinem Hause bringen sollten, worauf sie versetzten: — '**Wir wollen es versuchen.**'

„Die beiden folgenden Séancen waren vollständig frei von irgend welcher Art von Manifestationen, eine ganz ungewöhnte Sache bei uns; aber bei Gelegenheit der dritten hatten wir von acht bis halb zehn Uhr gesessen, als mit beinahe Blitzesgeschwindigkeit dicht an meinem Rücken zwei hölzerne Stricknadeln von ungefähr einem Fuss Länge niederfielen. Dieses ereignete sich bei nur wenig gedämpftem Lichte.

„Das Medium, durch welches dieses Phänomen stattfand, ist eine Dame von unbezweifelbarem Charakter, welche niemals einen Penny aus dem Spiritualismus herausschlägt. Sie war während der Séance im Trancezustand und sass mir gegenüber. Nachdem die Nadeln gefallen waren, wurde sie zu sprechen beeinflusst, und Folgendes ist ungefähr das, was sie sagte: — 'Die Nadeln, die wir Euch gebracht haben, wurden aus einem Kästchen auf Mr. *H.*'s Vorsaal entnommen. Wir bemerkten auf dem Deckel der Kiste einige Flaschen mit Saft. Wir hatten ein wenig Schwierigkeit, die Nadeln herauszubekommen. Während des Tages ist Mr. *H.* auf den Berghängen umhergeklettert, um Beeren zu sammeln, u. s. w.'

„Ich schrieb sofort an meinen Freund, erwähnte alle Einzelheiten, und er antwortete umgehend, Alles als streng wahr bestätigend. Er benachrichtigte mich, dass er und seine Frau um halb zehn Uhr in der Nacht, in welcher wir die Nadeln erhielten, sich zur Ruhe begaben. Nachdem sie kaum ihr Schlafzimmer betreten hatten, bemerkte Mrs. *H*, dass sie ein Geräusch auf dem Vorsaal vernommen, aber da sie es nicht wieder gehört, habe sie keine weitere Notiz davon genommen. Die Nadeln wurden aller Wahrscheinlichkeit nach in diesem Augenblick aus der Kiste genommen, denn das war die Zeit, in der die Nadeln hinter meinem Rücken herabfielen. — Ich verbleibe

„Ihr achtungsvoll ergebener
„*A. R. Wilson.*

„Nachschrift. — Mr. *H*. ist in York selbst gewesen, hat die Nadeln besehen und sie als sein Eigenthum anerkannt.

„20, Orchard-street, York, den 27. Februar 1883." —

Noch einen Fall entlehnen wir dem „Spiritualist" vom Jahre 1876, I., pag. 177: — „**Eine Haarlocke wird von Portsmouth nach London durch eine unsichtbare Wirkungskraft eine Entfernung von 60 engl. Meilen geführt.**" —

„Ein Geistlicher zu Portsmouth benachrichtigte uns, dass ein merkwürdiger, geistigen Zwischenverkehr beweisender Fall sich jüngst ereignet hat, indem eine Haarlocke von einer jungen mediumistischen Dame, privatim zu Portsmouth lebend, an Dr. *Monck*, zur Zeit in London der Gast eines zu Bow wohnhaften Herrn, übergeführt wurde. Er berichtet: —

„Aus London schreibt Mr. *F.*, unmittelbar nach dem Sichereignen der zu erzählenden Geschichte: — 'Früh am Abend sagte *Samuel*: — ‚Es ist Zeit, ich muss nach Portsmouth.' — Dieses geschah, während ich und Dr. *Monck* uns über allgemeine, dem Spiritualismus fremde Gegenstände unterhielten.' —

„Der Anblick dieses Falls zu Portsmouth in Betreff dieses Punktes war, dass um neun Uhr am selben Abend in einem ganz harmonischen Familiencirkel die erwähnte junge Dame in Trance verfiel und *Samuel* zuerst Controlle über sie erhielt. Er ist durch beide Medien ganz dasselbe

Individuum — in Stimme, Manieren, Intonation, Art und Weise der Anreden, Satzbildung, Gemüthlichkeit und Gedankenzügen, was Alles darauf hinausläuft, seine Identität zu beweisen.

„Nun, nach dem Verlauf von etwa zwanzig Minuten, während welcher Zeit noch andere vertraute Controllgeister uns begrüssten und angenehm plauderten, kehrte *Samuel* zurück und verlangte eine Scheere; da keine im Zimmer war, so wurde zu einem Messer gegriffen, mit dem er ein wenig von seines Mediums Haaren abschnitt, wobei er sagte, er wäre im Begriff, hinzugehen und sie seinem anderen Medium Dr. *Monck* mitzunehmen; und so sprechend, verliess er uns sofort und kehrte nicht eher wieder, als bis gegen den Schluss unserer verlängerten und recht erfolgreichen Sitzung. Hierauf kam er heiter lächelnd, als ob er ungemein mit sich selbst zufrieden wäre, und *Daisy*, ein damals das Medium controllirender Indianischer Geist, sprach in gebrochenem Englisch, er (*Samuel*) wäre zum Erstaunen gescheidt und hätte wirklich gethan, was, wie wir geglaubt hätten, er nur im Scherze thun zu wollen vorgegeben habe.

„Und man ermesse unsere Ueberraschung, als am nächsten Tage mit der 2 Uhr Nachmittags-Post ein kurzes eiliges Briefchen, von Dr. *Monck* in der Nacht, unmittelbar nachdem die Erscheinung stattgefunden, geschrieben, und noch dazu ein Bericht jenes Herrn eintraf, bei dem Dr. *Monck* auf Besuch war, und von dem ein Theil oben mitgetheilt wurde. Der Bericht des Mr. *F.* fährt also fort: — 'Nachdem ungefähr zwei Stunden vergangen waren, wurde von mir und der Familie bemerkt, dass des Mediums Hand plötzlich zum Schreiben controllirt (gelenkt) wurde, und augenblicklich, während es noch mit uns redete, seine Augen vom Papiere abgewendet, schrieb es folgenden Satz: — ‚Guten Abend, ich bin so eben von — aus Portsmouth gekommen. Ich schnitt ein wenig von ihren Haaren ab als Beweis und habe sie hierher mitgebracht. Schickt und erzählt es ihrem Vater. Das Haar ist direct von ihrem Kopfe zu meinem Medium gekommen. Sehet! — *Samuel*.‘ — Wir erhoben unsere Augen zu seinem Kopfe; das hier beigeschlossene Haar sahen wir aus der Südwest-Ecke des Zimmers schweben und sich auf sein Haupt niederlassen, und dann auf den Fussboden niederfallen, von dem ich es aufhob. Ich kann hinzufügen, dass all dies nicht stattfand in einer formellen Séance, sondern ganz unerwartet, und bei vollem Gaslicht, und während eine meiner Töchter des Mediums Hände die ganze Zeit über sicher festhielt.'" —*)

Uebrigens ist es uns für den Zweck, den wir in diesem Kapitel verfolgen, gleichgültig, ob der Gegenstand aus der Nähe oder Ferne herbeigebracht wird; das Wesentliche ist, die Realität des im Spiritismus unter dem Namen der „Durchdringung der Materie" gekannten Phänomens zu erweisen, dem gegenüber die „natürlichen" Erklärungen ohnmächtig sind. Ich halte es für unnütz, mich mit dem Beweise aufzuhalten, dass die Phänomene der **Knotenschürzung** und des **Verschwindens und Wiedererscheinens eines Kammerdieners (Tischchens)** — wie solche von Professor *Zöllner* beschrieben worden sind — vom Gesichtspunkte des Dr. *von Hartmann* aus keine „natürlichen" Phänomene seien; es geschah nicht ohne hinreichenden Grund, wie man annehmen muss, dass *Zöllner* sich gezwungen gesehen hat, zu ihrer Erklärung nicht allein die Hypothese der vierten Raumdimension, sondern auch das Vorhandensein von über diesen Raum gebietenden Wesen einzuräumen.

Unter den besterwiesenen Thatsachen dieser Art will ich hier noch eine von denen erwähnen, welche auch von Mr. **William Crookes** constatirt worden sind. Folgendes erzählt er in seinen „Notizen einer Untersuchung

---

\*) Hier dürfte sich wohl auch die Erzählung des Königs *Friedrich Wilhelm IV.* von Preussen anreihen lassen, welche General *von Pfuel* seinem Leib-Arzte Dr. *Loewe-Calbe* als vor 1818 geschehen und von einem schwedischen Bischofe stammend berichtete, dass ein finnischer Zauberer dem Bischof aus grosser Entfernung von seiner Ehefrau den Trauring zum Zeichen überbracht habe, dass er in seinem Trance-Zustande wirklich im Geiste leiblicherweise bei ihr gewesen sei. (S. „Psych. Studien" September-Heft 1888, S. 389—391.)

Der Uebersetzer *Gr. C. Wittig.*

über die sogenannten spirituellen Erscheinungen während der Jahre 1870—1873": —

"Miss *Fox* hatte versprochen, mir in meinem Hause eines Frühlingsabends im vergangenen Jahre eine Sitzung zu geben. Während ich auf sie wartete, sass eine verwandte Dame mit meinen zwei ältesten Söhnen im Alter von 14 und 11 Jahren in dem Speisezimmer, wo die Sitzungen gewöhnlich gehalten wurden, und ich sass für mich und schrieb in dem Studirzimmer. Als ich eine Droschke vorfahren und die Hausglocke schellen hörte, öffnete ich selbst Miss *Fox* die Thüre und führte sie direct in das Speisezimmer. Sie sagte, dass sie nicht erst eine Treppe hoch steigen wollte, da sie sich nicht sehr lange aufhalten könnte, sondern legte ihren Hut und Shawl auf einen Stuhl im Zimmer. Ich ging dann an die Speisezimmerthür und hiess die beiden Knaben, in mein Studirzimmer zu gehen und dort mit ihren Lectionen fortzufahren; ich machte die Thür hinter ihnen zu, schloss sie ab und steckte (nach meiner gewöhnlichen Sitte bei Sitzungen) den Schlüssel in meine Tasche.

"Wir setzten uns, Miss *Fox* zu meiner rechten Hand und die andere Dame zu meiner linken. Alsbald wurde eine alphabetische Botschaft gegeben, das Gas auszudrehen, und wir sassen darauf in totaler Finsterniss, wobei ich der Miss *Fox* beide Hände in einer der meinen die ganze Zeit über hielt. Sehr bald wurde eine Botschaft mit folgenden Worten gegeben: — "Wir gehen, Etwas herbeizuholen, um unsere Kraft zu zeigen"; und fast unmittelbar darauf hörten wir Alle das Klingeln einer Schelle, nicht auf einem und demselben Punkte, sondern sich in allen Theilen des Zimmers umherbewegend, das eine Mal an der Wand, das andere Mal in einer entfernten Ecke des Zimmers, jetzt mich auf dem Kopfe berührend und dann wieder auf dem Fussboden hintappend. Nachdem die Schelle auf diese Weise volle fünf Minuten im Zimmer umher geklingelt, fiel sie auf den Tisch dicht bei meinen Händen nieder.

"Während der Zeit, dass dieses von Statten ging, bewegte sich Niemand, und Miss *Fox*'s Hände waren vollkommen ruhig. Ich bemerkte, dass es nicht meine kleine Handschelle sein könnte, welche so klingelte, denn ich hatte diese im Studirzimmer gelassen. (Kurz vorher, ehe Miss *Fox* kam, hatte ich mich zufällig auf ein Buch zu beziehen, welches in einer Ecke eines Bücherspindes lag. Die Schelle stand auf diesem Buche, und ich stellte sie zur Seite, um das Buch zu ergreifen. Dieser kleine Vorfall hatte meinem Geiste die Thatsache eingeprägt, dass die Schelle sich im Studirzimmer befand.) Das Gas brannte hell in dem Gemache vor der Speisezimmerthür, so dass diese nicht geöffnet werden konnte, ohne Licht in das Zimmer einzulassen, selbst wenn ein Mitverschworener im Hause mit einem Doppel-Schlüssel gewesen wäre, den es sicher nicht gab.

„Ich zündete ein Licht an. Da lag sicher genug meine eigene Schelle auf dem Tische vor mir. Ich ging direct in das Studirzimmer. Ein Blick daselbst zeigte mir, dass die Schelle nicht war, wo sie hätte sein sollen. Ich sagte zu meinem ältesten Knaben: — ‚Weisst du, wo meine kleine Schelle ist?' — ‚Ja, Papa', versetzte er, ‚dort ist sie,' — und er zeigte dahin, wo ich sie gelassen hatte. Er sah auf, als er dieses sagte, und fuhr dann fort: — ‚Nein, sie ist nicht da, aber sie war noch vor einer kleinen Weile dort.' — ‚Wie meinst du das? — ist Jemand hereingekommen und hat sie weggenommen?' — ‚Nein', sagte er, ‚Niemand ist hereingekommen; aber ich bin gewiss, dass sie dort war, weil, als du uns aus dem Speisezimmer hier hereinschicktest, *J.* (der jüngste Knabe) sie zu klingeln begann, so dass ich mit meiner Lection nicht fortfahren konnte und ich ihm das untersagte.' — *J.* bestätigte dieses und sagte, dass, nachdem er mit der Schelle geklingelt, er sie wieder hingestellt, wo er sie gefunden hatte." („Psychische Studien" Mai-Heft 1874, Seite 210–212.) —

Wegen der übrigen von Mr. *Crookes* constatirten Fälle sehe man sein Experiment mit Mrs. *Fay* in „Psychische Studien" 1875 S. 356 ff. — Vgl. 1891 S. 6 ff., S. 49 ff., S. 152 ff.

Bei allen diesen Fällen ist das Herbeibringen (der Apport) des Gegenstandes mehr oder weniger unerwartet gewesen. Hier mögen noch zwei Thatsachen folgen, welche das Verdienst eines vorher überlegten Experimentes an sich tragen. Mrs. *Thayer* war ein in Amerika wohl bekanntes Medium, deren Spezialität gerade das Herbeibringen von Blumen und anderen Dingen war. Colonel (Hauptmann) *Olcott* machte daraus ein spezielles Studium, indem er sie jeder Art von Prüfungsbedingungen unterwarf; wir wollen hier nur die folgenden erwähnen, welche wir einem Artikel des „Light" December 21, 1881, pag. 416–417 entnehmen: —

Nicht zufrieden mit dem, was er erfahren hatte, begab er sich selbst ans Werk, um einen persönlichen Beweis zu erhalten. Eines Nachmittags besuchte er ohne Vorherüberlegung den Forest Hills-Kirchhof, und in einem flüchtigen Moment ersann er einen ausgezeichneten Prüfungsbeweis. „Als ich durch die Gewächshäuser schritt, wurde meine Aufmerksamkeit von einer seltenen Pflanze mit langen, schmalen, weiss und blassgrün gestreiften Blättern gefesselt. Es war die Dracaena Regina. Mit einem Blaustift zeichnete ich auf eins der Blätter das kabbalistische Zeichen der in einander geschlungenen Dreiecke und ersuchte die Geister am folgenden Abend, mir dasselbe in den Cirkel zu bringen. Absichtlich setzte ich mich zu Mrs. *Thayer's* rechter Hand und hielt ihre Hände fest, als ich plötzlich etwas kühl und feucht auf meine Hand fallen fühlte, und als das Licht angezündet war, **fand ich das von mir gezeichnete Blatt vor. Ich ging in das Gewächshaus und fand, dass das von mir ausgewählte Blatt wirklich abgebrochen war.**" (Aus Col. *Olcott's* Bericht in „The New York Sun" vom 18. August 1875.) —

Das folgende Experiment des Mr. *Robert Cooper*, welcher im Spiritismus durch seine langen und gewissenhaften Untersuchungen wohl bekannt ist, lässt für einen absoluten Beweis nichts weiter zu wünschen übrig: —

„Ich wohnte häufig Mrs. *Thayer's* Séancen bei und hatte jede Gelegenheit, mich von der Echtheit der Phänomene zu überzeugen. Endlich fiel mir ein, dass, wenn die Geister Blumen u. s. w. in ein verschlossenes Zimmer, zu welchem gar keine Oeffnung führte, hineinbringen konnten,

sie auch noch einen Schritt weiter gehen und dieselben
in ein verschlossenes Kästchen hineinlegen könnten. Demzufolge
fragte ich Mrs. *Thayer*, ob sie glaubte, dass dies
geschehen könnte. Sie erklärte, sie wisse es nicht, aber
wenn ich lieber ein Kästchen wünschte, so hätte sie keinen
Einwand, es damit zu versuchen. Hierauf verschaffte ich
mir ein Kästchen in einem Spezereiwaaren-Geschäft. Es
war ein gewöhnliches Packkistchen, ein wenig über einen
Fuss lang und breit auf allen Seiten und zu drei Viertheilen
aus fest zusammengenageltem Fichtenholz verfertigt.
Um das Oeffnen der Kiste nicht nöthig zu haben,
hatte ich eine kleine viereckige Glasscheibe auf der Unterseite
des Deckels fest anbringen lassen, so dass, wenn die
Kiste geschlossen, es unmöglich war, dieselbe zu entfernen.
Ungefähr ein Dutzend Personen waren eingeladen, dem
Experiment beizuwohnen, welches, so viel ich wusste, das
erste derart versuchte war. Nachdem durch die Gesellschaft
eine gehörige Einsicht von der Kiste genommen
war, verschloss ich sie mit einem Vorlegeschloss, das ich
für diesen Zweck gekauft hatte, und dessen Schlüssel niemals
aus meinem Besitz gekommen war. Ueberdies klebte
ich einen Streifen gummirtes Papier von dem Deckel aus
über die Seite und legte Siegel an beide Enden. Als das
Licht ausgelöscht werden sollte, sagte Mrs. *Thayer*, sie
hätte ihr Taschentuch zu Hause gelassen, welches sie über
ihren Kopf während der Manifestationen hängt, um sich,
wie sie behauptet, vor den waltenden elektrischen Einflüssen
zu schützen. Hierauf nahm ein Herr aus seiner
Reisetasche ein Packet von chinesischen Papier-Servietten
und offerirte ihr eine davon. Mrs. *Thayer* sagte, sie wäre
nicht zu gebrauchen, da sie nicht von Seide wäre, und
so blieb sie auf dem Tische liegen. Das Licht wurde
hierauf ausgelöscht, und wir begannen zu singen. Nach
Verlauf einer kurzen Zeit wurde uns befohlen, dass wir
in die Kiste blicken und nachsehen sollten, ob etwas stattgefunden
hätte. Als wir durch die Scheibe blickten, sahen
wir Etwas, das wir für Blumen hielten, aber beim
Oeffnen der Kiste erwies es sich als die Papier-Serviette,
welche auf dem Tische liegen geblieben war, indem wir

das punktirte Muster irrthümlich für Blumen gehalten hatten.

„Dies ermuthigte uns, eine neue Prüfung anzustellen, und eine Gesellschaft von acht Personen kam etwa eine Woche später zu diesem Zwecke zusammen, unter ihrer Anzahl auch General *Roberts*, der Herausgeber von 'Mind and Matter'. Die Kiste wurde auf dieselbe Weise wie das vorige Mal 'verschlossen', und alle Anwesenden waren überzeugt, dass weiter nichts darin war als die chinesische Papier-Serviette, welche in der vorhergehenden Séance hineingekommen war. Nachdem das Licht ausgelöscht worden war, begannen wir zu singen und fuhren damit etwa zehn Minuten lang fort, als eine Aufeinanderfolge von lauten, lebhaften Klopftönen an der Kiste vernommen ward, worauf ich fragte: — 'Sollen wir weiter singen?' — Drei deutliche Klopfzeichen erfolgten. Wir sangen weiter und fühlten bald darauf einen ganz entschieden kühlen Wind durch das Zimmer dringen, welcher sehr bemerkbar wurde, da es ein ausserordentlich heisser Nachmittag war. Hierauf wurde ein lauter Krach vernommen, als ob die Kiste in Stücken zerbrochen wäre. Ein Licht wurde entzündet, und bei Untersuchung fanden wir die Kiste in vollkommenem Zustande und das Siegel unverletzt, und im Innern derselben, gut beobachtet, mehrere Blumen und andere Gegenstände, von denen später eine Liste angefertigt wurde, die also lautet: Vier Tiger-Lilien; drei Rosen, weiss, blassroth und gelb; eine Schwertlilie; ein Stück Farnkraut und verschiedene kleine Blumen; desgleichen eine Nummer des 'Banner of Light' und von 'Voice of Angels' (Die Stimme der Engel), schliesslich eine Photographie von Mr. *Colby*. Die Blumen waren ganz vollkommen und schienen frisch gepflückt zu sein, und die Journale waren wie zum Verkauf zusammengefaltet. Nach der Kisten-Manifestation kam noch eine grosse Anzahl schöner Scharlach-Rosen auf den Tisch, und die grösste war in das Haar des Mediums gesteckt. Die Blumen kamen auf dieselbe Weise wie bei der vorhergehenden Séance. Bei jeder Gelegenheit wurde ein die Thatsachen bestätigendes Protokoll angefertigt und von

allen Anwesenden ohne Zögern unterschrieben. In der
That, nichts hätte befriedigender oder zwingender sein
können. Colonel *Olcott*, welcher zu dieser Zeit nach Boston
kam, sprach den Wunsch aus, Zeuge einer Séance mit der
Kiste zu sein. Er that es und befestigte ein den Deckel
mit der Seite verschmelzendes Siegel, und drückte ihm
seinen Siegelring auf. In wenigen Minuten fand man die
Kiste halb voll Blumen, unter denen sich ein Stück Leinwand von ungefähr einer Elle Länge befand. Der Hauptmann war vollkommen überzeugt.

„Eastbourne, den 14. November 1881.

„*Robert Cooper.*"

(„Light" v. 19. November 1881, pag. 366—367.) —

Das Geräusch, „der laute Krach" dabei, welcher im
Moment des Hineinbringens der Blumen ertönte, ist sehr
charakteristisch und analog dem „Krache", welcher bei
Gelegenheit des Herausbringens der Photographie aus
einem mit einem Schlüssel verschlossenen Kasten vernommen wurde (s. S. 544 d. B.).

12) **Materialisationen als anschauliche Träger
der wirkenden Kräfte.**

Der Uebergang zu dieser letzten Rubrik ergiebt sich
von selbst als natürliche Ergänzung der vorhergehenden
Phänomene. Wir haben gesehen, dass wir die Uebertragung von Botschaften und den Transport von Gegenständen auf Entfernungen derselben Ursache zuschreiben
mussten; dass die denkende Kraft und die physisch wirkende
Kraft nur eine einzige ausmachen, und schlossen daraus,
dass diese Einheit ein unabhängiges Wesen ausserhalb des
Mediums bilde. In der gegenwärtigen Rubrik findet sich
dieser Schluss vollkommen gerechtfertigt durch das directe
Zeugniss der Sinne. Der Träger dieser Kraft und der
Träger des materiellen Gegenstandes erscheint vor unseren
Augen unter der Gestalt eines menschlichen Wesens. Es
ist bekannt, dass jede Gestaltenmaterialisation den Apport
oder das Herbeibringen von materiellen Gegenständen
unter der Form der Verhüllung in sich schliesst. Wenn
der Apport dieser Verhüllung eine unbestreitbare That-

sache ist, so ist es logisch, zu schliessen, dass dieser Apport durch die geheimnissvolle körperliche Gestalt, auf welcher die Verhüllung erscheint, bewirkt worden ist; und es ist ganz ebenso logisch, die Beziehung zwischen diesem Apport und dieser Gestalt auch auf Fälle von Apports auszudehnen, bei denen der handelnde Thäter unsichtbar bleibt; die Behauptung dieses Thäters, welcher in diesen beiden Fällen das Phänomen sich gleichmässig zuschreibt, erwirbt die Kraft eines **augenscheinlichen** Beweises. Wenn wir die Leiter der in diesen 12 Rubriken vorgebrachten Fälle immer höher hinaufsteigen, so muss die Behauptung dieses in Betreff seiner selbstständigen Individualität unsichtbaren Thäters mehr und mehr Glauben gewinnen und zu Gunsten einer eben so einfachen als vernünftigen Hypothese sprechen.

Was die Thatsache der unerklärlichen Erscheinung einer **Verhüllung** bei Materialisations-Séancen betrifft, so ist sie durch die sorgfältigsten Untersuchungen bewahrheitet und bestätigt worden. Bei mehreren Experimenten wurde das Medium vollständig **entkleidet** mit Einschluss der Strümpfe und in von den Experimentatoren gelieferte Leinewandkleider gesteckt. Man lese die Berichte des Mr. *Barkas* in „The Medium and Daybreak" 1875, pag. 266; in „The Spiritualist" 1876 I, p. 192; des Mr. *Adshead* in „The Medium" 1877 p. 186. Und besonders die Experimente des Mr. *Massey* mit einem Privat-Medium, beschrieben in „The Spiritualist" 1878, II, p. 294.

Aber kehren wir zu Herrn Dr. *von Hartmann* zurück, welcher in den Materialisationen nichts sieht, was die Hypothese eines aussermediumistischen Thäters in sich schliesst. Sehen wir zu, in wie weit das richtig ist. Es ist für Herrn *v. H.* sehr bequem gewesen, sich die Schwierigkeit dadurch vom Halse zu schaffen, dass er das Phänomen der Materialisation und alles, was sich darauf bezieht, als eine **Hallucination** betrachtet. Aber diese Theorie hat einen verwundbaren Punkt. Die Frage der Materialisation kann nicht getrennt werden von der Frage der Verhüllung; für diejenigen Fälle, in denen die Gestalt **mit ihrer Hülle** erscheint und verschwindet, triumphirt die Hallucination. Aber zum Unglück für diese Hypothese giebt es auch Fälle, bei denen Theile der Hüllen in den Händen der Cirkelsitzer zurückgeblieben sind. Herr *v. H.* hat diese Fälle nicht ignoriren können. Er sagt dazu: die Verhüllung ist ein „Apport". Aber was ist denn nun ein „Apport"? Herr *v. H.* ist uns diese Antwort schuldig geblieben. Auf diese Weise ist die Hälfte des Phänomens ohne Erklärung geblieben. Also hat Herr *v. H.* durch sein Stillschweigen heimlich zugestanden, dass sich wenigstens ein Theil des Phänomens nicht durch die Mittel erklären lässt, welche er „natürliche" nennt. Quod erat demonstrandum (was zu beweisen war). Seine Hallucinationstheorie, welche das Ganze des Phänomens für einen gegebenen Fall nicht zu erklären vermag, ist also zu seiner Lösung für ungenügend erfunden. Unnütz, darauf zurückzukommen.

Aber Herr *v. H.* hat sich eine Replik vorbehalten für den Fall, dass seine Hallucinations-Theorie sich unhaltbar erweisen sollte. Er sagt: — „Uebrigens selbst gesetzt den Fall, die Spiritisten hätten Recht mit ihrer Annahme, dass das Medium einen Theil seiner organischen Materie abgebe und daraus eine Gestalt von zuerst dünner, nach und nach aber dichter werdender Materialität bilde, so würde doch nicht bloss die gesammte Materie dieser objectiv realen Erscheinung aus dem leiblichen Organismus des Mediums, sondern ebenso auch ihre Form aus der somnambulen Phantasie des Mediums, und die etwa von ihr entfalteten dynamischen Wirkungen aus der Nervenkraft des Mediums stammen; sie würde nichts sein, thun und wirken, als was die somnambule Phantasie des Mediums ihr vorzeichnet und vermittelst der ihr zur Verfügung stehenden Kräfte und Stoffe seines Organismus verwirklicht." (S. 105.) — Wie man sieht, findet sich kein Platz, noch Grund für das Uebernatürliche. Und die Verhüllung? Dieselbe Schwierigkeit, das nämliche Stillschweigen, — folglich derselbe Schluss.

Aber wenn einmal Herr *v. H.* sich zur Annahme herbeilässt, dass die materialisirte Gestalt eine reale Erscheinung sein könne, so müssen wir sie näher betrachten, um etwas tiefer in die Natürlichkeit dieses Phänomens nach Herrn *v. H.* einzudringen. Sehen wir uns also die Attribute dieses Phänomens an, wie es von Denjenigen gekannt ist, welche es beobachtet haben, und von dem die Leser des Herrn *v. H.* eine ziemlich unvollkommene Vorstellung haben müssen. Eine „materialisirte" Gestalt ist für den Anblick ein vollkommen menschlicher Körper hinsichtlich aller Details der anatomischen Gestalt; sie gleicht mehr oder weniger dem Medium, oder sie gleicht ihm überhaupt gar nicht, sowohl im Geschlecht wie an Alter; sie ist ein lebendiger, mit Vernunft und Willen begabter Körper, welcher sich frei bewegt, sieht und spricht ganz wie ein anderes lebendes Wesen; sie hat eine gewisse Dichtigkeit und eine bestimmte Schwere; sie bildet sich, wenn die Bedingungen gut sind, im Zeitraum einiger Minuten; diese Gestalt erscheint stets mehr oder weniger verhüllt; diese Hülle ist nach der Aussage der Gestalt selbst von irdischer Erzeugung, „herbeigebracht" (apportirt) durch ein unerklärliches Verfahren, oder auf der Stelle materialisirt, (was die Gestalt dadurch beweist, dass sie sich einige Mal unter den Augen der Zuschauer materialisirt, oder dass sie diese Hülle vor ihnen erzeugt, nachdem sie sich materialisirt hat); diese so verhüllte Gestalt hat die Fähigkeit, während der Séance direct vor den Augen der Zuschauer wie durch die Dielung oder in die umgebende Luft plötzlich zu verschwinden und wieder zu erscheinen. Ein Theil des also materialisirten Körpers kann sogar dauernd zurückbleiben; von dergleichen Gestalten abgeschnittene Haare sind aufbewahrt worden. Das steht unbestreitbar fest durch das Experiment des Mr. *Crookes*, welcher der Gestalt *Katie's* eine Haarlocke abschnitt, „nachdem er dieselbe vorerst bis zur Kopfhaut verfolgt und sich überzeugt hatte, dass sie wirklich dort wuchs." („Psych. Stud." 1875, S. 22.)

Das sind die sehr schwer zu verdauenden Wunder, welche uns das Phänomen der Materialisation darbietet! Nicht weniger, als eine zeitliche Schöpfung eines menschlichen Körpers, ausserhalb aller Gesetze der Erzeugung! Eine morphologische (gestaltenbildende) Manifestation des bewussten individuellen Lebens, ebenso unverkennbar wie geheimnissvoll! Und nichtsdestoweniger findet Herr v. *H*. das Phänomen ganz natürlich, als nur eine Wirkung der „somnambulen Phantasie des Mediums"!! Wenn aber die Materialisation stattfindet, wenn das Medium sogar nicht im Trance ist, — sind es zwei Bewusstseine und zwei Willen und zwei Körper, welche zu gleicher Zeit functioniren? Ist es immer die „somnambule Phantasie", welche dieses Wunder bewirkt? Und wenn zwei und drei Gestalten auf einmal erscheinen, — wie zieht sich die „somnambule Phantasie" alsdann aus der Verlegenheit? Sie vermehrt die Körper und die Bewusstseine, nicht wahr?

Aber das ist noch nicht Alles: es handelt sich dabei noch um ein kleines Detail, das ich meinen Lesern hervorheben muss. Man darf nicht vergessen, dass Herr v. *H*. das in uns wohnende Vorhandensein einer selbstständigen psychischen Wesenheit, eines transcendentalen Subjects als eines organisirenden, individuellen Prinzips nicht anerkennt; er sieht die Nothwendigkeit nicht ein, einen „Metaorganismus", einen Astral- oder psychischen Leib als ein Substrat des physischen Organismus zuzugeben; nichts von alledem! Das somnambule Bewusstsein, welches bei Herrn *v H*. alle Wunder des Mediumismus verrichtet, ist nur eine Function der mittleren Hirnpartien, der subcorticalen Centren. Mithin ist das Phänomen der Materialisation nur eine Wirkung der unbewussten Functionen des Gehirnes des Mediums, eine Wirkung derjenigen seiner Gehirntheile, in denen der Sitz des somnambulen Bewusstseins sich befindet! Das ist Alles! Das ist, wie die Franzosen sagen, „à prendre ou à laisser".

Hierbei wird die Hinweisung des Herrn *von Hartmann* auf den in den „Psych. Stud" 1880 veröffentlichten Artikel des Realschuldirectors Dr. *Janisch* vorzugsweise interessant. Die Annahme fortsetzend, welche ich vorher citirt habe, fährt Herr v. *H*. fort: — „Auf eine andere Ursache als das Medium zurückzugehen, dazu würde selbst in diesem Falle schlechterdings kein Vorwand gegeben sein, wie dies von *Janisch* in umfassender und überzeugender Weise nachgewiesen worden ist." (S. 105). — Man könnte daher glauben, dass Herr v. H. vollkommen solidarisch mit Herrn *Janisch* sei. Aber welche Ueberraschung erwartet uns! — Vor allem, Herr *Janisch* giebt die selbstständige Individualität der Seele, ihre Präexistenz zu; er betrachtet unseren Körper als ihre erste Incarnation oder „Materialisation". („Psych. Stud." April-Heft 1880 S. 178.) — „Die Seele aber kann — mit Bedürfniss, oder durch Verirrung des Triebes auch ohne Bedürfniss, — getrieben werden, sich bei Leibesleben noch weiterhin zu materialisiren" (daselbst S. 179), - und das ist das mediumistische Phänomen der „Materialisation"; das ist auch die Ursache der Aehnlichkeit zwischen der materialisirten Gestalt und dem Medium, (wofür die „somnambule Phantasie" des Herrn v. *Hartmann* weder jemals einen hinreichenden Grund liefern kann, noch jemals können wird! — *A. A.*). — „Der weitere Schritt wäre der, dass die Seele sich einen zweiten Leib gäbe, der bloss noch den allgemein menschlichen Typus bewahrt, im übrigen von dem ersten völlig verschieden ist" (daselbst Mai-Heft 1880 S. 209). — Alle verschiedenen materialisirten Gestalten können reine „Phantasiebilder" sein, also subjectiven Ursprungs; der erzeugende Trieb kann aber auch seine Entstehung einer objectiven Quelle verdanken. Denn die Möglichkeit eines Verkehrs mit der Geisterwelt ist ja doch eine ausgemachte Wahrheit. Es kann sich also der Fall ereignen, dass das Medium vermittelst einer der Personen des Cirkels mit einem Verstorbenen, der zu jener Person eine Beziehung hat, in Rapport gesetzt wird. Nunmehr kann das Medium, durch Eingebung von Seiten jenes Verstorbenen, das Bild erschauen, in welchem derselbe auf Erden gewandelt, und sich in diesem Bilde materialisiren. Dann haben wir eine Erscheinung, in welcher eine Person des Cirkels eine ihr bekannte Person wieder erkennt. (Daselbst S. 211.). —

Jetzt wissen wir, ob wirklich Herr *Janisch* „in umfassender und überzeugender Weise," wie Herr v. *Hartmann* sagt, nachgewiesen hat, dass, „auf eine andere Ursache als das Medium zurückzugehen, kein Vorwand gegeben ist." (v. *Hartmann*: „Der Spiritismus" S. 105.)

Welches ist nun der Schluss, den wir aus Allem, was in diesem Kapitel gesagt worden ist, ziehen können?

Es scheint uns, dass, nachdem wir alle methodologischen Regeln, welche Herr v. *Hartmann* in seiner Schrift: „Der Spiritismus" angeführt, und die er in den sieben erwähnten Punkten in seinem „Nachwort" („Psych. Studien" 1885 S. 505) zu dieser Schrift behufs einer möglichen Erklärung der mediumistischen Phänomene wiederholt hat, in Erwägung gezogen haben, und nachdem wir einen grossen Theil dieser Phänomene durch verschiedene, den sieben methodologischen Leitersprossen entsprechende Siebe hindurchgeschüttelt haben, nichtsdestoweniger grobe Körner übrig bleiben, welche durch die Siebe der vorerwähnten Methodik nicht hindurch gehen; diese Körner sind von mir in diesem Kapitel gesammelt und bieten, so viel ich davon verstehe, eine Reihe solcher Thatsachen dar, auf Grund deren „man von einer Grenze reden wollen kann, jenseits welcher die Summe dieser Erklärungsprinzipien versagt und das Bedürfniss nach Heranziehung anderweitiger Hypothesen geboten scheint." („Psych. Stud." 1885, S. 506.)

**Wenn der Spiritismus nur physikalische Phänomene und allein Materialisationen ohne intellectuellen Inhalt darböte, so würden wir dieselben logischerweise einer besonderen Entwickelung „der Leistungsfähigkeiten des menschlichen Organismus"** (s. daselbst S. 583) **zuschreiben müssen;** und selbst das schwierigste dieser Phänomene — **die Durchdringung der Materie** — würden wir nach derselben Logik gezwungen sein, einem magischen Vermögen unseres Willens über die Materie in einem Zustande aussergewöhnlicher und anormaler Aufregung beizumessen. **Da aber die physikalischen Phänomene des Mediumismus unzertrennlich von intellectuellen Phänomenen sind, und da diese letzteren uns kraft derselben Logik zwingen, für gewisse Fälle einen dritten Factor ausserhalb des Mediums anzunehmen,** — so ist es naturgemäss und logisch, auch in demselben Factor die Ursache gewisser aussergewöhnlicher, physikalischer Phänomene zu erblicken; wenn einmal dieser Factor existirt, so ist es klar, dass er sich ausserhalb der Bedingungen der Zeit und des Raumes befindet, welche uns bekannt sind, — dass er einer **übersinnlichen Existenz-Sphäre** angehört; in Folge dessen ist es logisch anzunehmen, dass dieser Factor über unsere Materie eine Gewalt besitzt, über welche der Mensch gewöhnlich nicht verfügt.

Mithin können wir auf die an der Spitze dieses Kapitels aufgeworfene Frage die Antwort ertheilen: — Auf dem Gipfel der gewaltigen Pyramide, welche uns die Masse von spiritistischen Thatsachen aller Arten darstellt, erscheint ein geheimnissvoller Factor, welchen wir ausserhalb des Mediums suchen müssen. Wer ist es? Nach seinen Attributen müssen wir schliessen, dass dieser Factor ein individuelles, menschliches Wesen ist.

Dieser Schluss stellt uns folgenden drei Alternativen gegenüber: —

Dieses menschliche Wesen kann sein: —

1) Ein lebendes menschliches Wesen auf dieser Erde;
2) Ein menschliches Wesen, welches auf Erden gelebt hat;
3) Ein überirdisches menschliches Wesen von einer Art, welche wir noch nicht kennen.

Diese drei Alternativen, unter welchen wir zu wählen haben, erschöpfen die Möglichkeiten, welche für uns denkbar sind, und wir werden uns mit ihnen in dem folgenden und letzten Kapitel beschäftigen.

In jedem Falle erspart uns der Schluss, zu welchem wir gekommen sind, die Nothwendigkeit, auf die Metaphysik, auf das „Uebernatürliche", auf das „Absolute" zurückzugreifen, und wir glauben, indem wir diesen Schluss annehmen, den methodologischen Gesetzen, welche Herr *v. Hartmann* aufgestellt hat, weit treuer geblieben zu sein, als Herr *v. Hartmann* selbst, welcher sich gezwungen gesehen hat, sie zu übertreten.

## IV. Die Geister-Hypothese.

### A. Der Animismus

(das ausser-körperliche Wirken des lebenden Menschen) als Uebergangsstufe zum Spiritismus.

Das vorhergehende Kapitel hat uns das, wie mir scheint, hinreichend motivirte Recht gegeben, zu schliessen, dass für gewisse Fälle der mediumistischen Phänomene die Annahme eines ausser-mediumistischen Thäters zulässig wird. Unter den drei denkbaren Hypothesen, welche sich für die nächste Definition dieses Thäters darbieten, wollen wir die dritte bei Seite lassen, die sich uns nur vom Gesichtspunkte der logischen Möglichkeit aus darstellt und keineswegs in diese Rubrik sich einreihen lässt; wir haben uns daher speziell mit der Prüfung der ersten und zweiten Hypothese zu beschäftigen.

Halten wir uns jetzt an die erste, — ignoriren wir die Thatsachen, welche herbeigezogen werden könnten, um die zweite zu rechtfertigen, versuchen wir, uns darüber hinweg zu setzen, — und sehen wir zu, welche Schlüsse wir absolut gezwungen sind, aus allen vorhergehenden Thatsachen zu ziehen, indem wir uns dabei an die von Herrn Dr. *von Hartmann* angedeuteten methodologischen Prinzipien halten, (d. h. auf den Grundlagen beharren, welche er „natürliche" nennt). Wir wollen hier keine Definition über das Wesen der Phänomene, — keine auf eine Theorie, eine Lehre oder eine Erklärung abzielende Definition abgeben; wir wollen uns auf Schlussfolgerungen in allgemeinen Bezeichnungen beschränken, auf Schussfolgerungen, welche für jeden Forscher, der auf einer bedingungsweisen Basis urtheilen will, d. h. die Controverse über die objective Realität der Thatsachen bei Seite lässt, wie Herr *von Hartmann* thut, logisch unbestreitbar sein würden.

Das erste Kapitel, welches Materialisationen behandelt, hat uns genug Materialien geliefert, um daraus zu schliessen, dass die Phänomene dieser Art nicht Hallucinationen sind, sondern reelle, objective Erscheinungen. Folglich müssen wir schliessen, dass der menschliche Organismus die Fähigkeit hat, in gewissen Zuständen aus sich hervor, auf eine unbewusste Weise, plastische Gestalten zu erzeugen, welche seinem eigenen Körper mehr oder weniger ähnlich, oder im Allgemeinen mit irgend einer menschlichen Form und mit verschiedenen Attributen der Körperlichkeit ausgestattet sind, (was auch Herr *von Hartmann* zuzugeben bereit ist, sobald nur erst die Thatsache der Materialisation auf eine unbestreitbare Weise erwiesen sein wird. S. 105).

Das zweite Kapitel, welches physikalische Wirkungen behandelt, zwingt uns ebenfalls, gemeinschaftlich mit Herrn *v. H.* zuzugeben, dass der menschliche Organismus die Fähigkeit hat, in gewissen Zuständen physikalische Wirkungen (besonders Bewegungen träger Körper) ausserhalb der Grenzen seines Körpers (d. h. ohne Berührung mit seinen Gliedmaassen und ohne den gewöhnlichen Gebrauch derselben) hervorzubringen, — Wirkungen, welche nicht seinem bewussten Willen und Denken, sondern einem gewissen Willen und einer bestimmten Vernunft, deren er sich nicht bewusst ist, gehorchen. Herr *von Hartmann* schreibt diese Fähigkeit einer physischen Nervenkraft zu, aber wir lassen sie dahin gestellt bleiben.

Das dritte Kapitel, welches intellectuelle Phänomene behandelt, zwingt uns, mit Herrn *v. H.* einzuräumen, dass der menschliche Organismus ein **inneres Bewusstsein** besitzt, dem ein Wille und eine Vernunft für sich eigen, welche auf für das **äussere Bewusstsein**, das wir kennen, unbewusste Weise thätig sind; dass dieses innere

Bewusstsein nicht beschränkt ist durch die Sphäre unseres Körpers, sondern mit dem Vermögen eines intellectuellen passiven wie aktiven Verkehrs mit lebenden menschlichen Wesen begabt ist, d. h. dass dieses innere Bewusstsein nicht nur die Fähigkeit besitzt, in sich zu reflectiren (oder sich anzueignen) die Eindrücke des intellectuellen Inhalts eines fremden (inneren oder äusseren) Bewusstseins, sondern auch ohne die gewohnte Vermittelung der körperlichen Sinne seine eigenen von sich aus zu übertragen (Gedankenlesen, Gedankenübertragung); und mehr als das, dass dieses innere Bewusstsein ein Erkenntniss-Vermögen besitzt für das Existirende in der Gegenwart wie in der Vergangenheit, sowohl in der physischen wie in der intellectuellen Welt, — ein Erkenntniss-Vermögen, das weder durch die Zeit, noch durch den Raum, noch durch irgend eins der bekannten Mittel der Erkenntniss beschränkt ist (Hellsehen). Ganz dieselben Schlussfolgerungen waren bereits von mir formulirt in meiner Antwort an Herrn *D'Assier*, die ich auf Russisch in dem Journal „Der Rebus" im Jahre 1884 noch vor dem Erscheinen von *Hartmann's* Werk veröffentlicht habe.

Es würde nicht in den Gang meiner Replik passen, mich über die elementaren mediumistischen Phänomene der physikalischen und intellectuellen Ordnung zu verbreiten, auf welche die hier formulirten Schlussfolgerungen sich speziell anwenden liessen; es wird vorausgesetzt, dass sie dem Leser schon hinreichend bekannt sind, oder wenigstens hat er von ihnen bereits eine gewisse Kenntniss durch die Schrift des Herrn *von Hartmann*, welche von ihnen ein ziemlich vollständiges Resumé giebt; und zum Theil auch durch die von mir beigebrachten zahlreichen Beispiele.

Wenn wir unsere Schlussfolgerungen noch weiter verallgemeinern und zusammenfassen, so zwingt uns das Studium der mediumistischen Phänomene ausserhalb jeder spiritistischen Hypothese, folgende zwei Thatsachen anzuerkennen: —

1) Die Existenz eines inneren, vom äusseren Bewusstsein scheinbar unabhängigen Bewusstseins, welches begabt ist mit einem Willen und einer Vernunft für sich und mit

einem aussergewöhnlichen Erkenntniss-Vermögen, welches das äussere Bewusstsein nicht kennt und beherrscht, und welches nicht eine Manifestationsweise des äusseren Bewusstseins ist, denn diese zwei Bewusstseinsarten handeln nicht immer abwechselnd, sondern auch sehr häufig gleichzeitig. (Nach Herrn *von Hartmann* ist es ein Vermögen der mittleren Hirntheile; nach Anderen ist es eine Persönlichkeit, eine Individualität, ein transscendentales Wesen. Wir gehen auf diese Definitionen nicht ein. Es genügt uns, anzuerkennen, dass die psychische Thätigkeit des Menschen eine **gedoppelte** — eine bewusste und eine unbewusste — eine äussere und eine innere ist, und dass die Fähigkeiten dieser letzteren um vieles die der ersteren übersteigen).

2) Die Möglichkeit einer ausserkörperlichen (oder Fern-)Wirkung des menschlichen Organismus, — einer nicht nur intellectuellen und physischen, sondern selbst plastischen Wirkung, welche **allem Anschein nach** speziell einer Function des inneren Bewusstseins angehört. Diese Wirkungskraft ausserhalb des Körpers scheint nach Allem vom äusseren Bewusstsein unabhängig zu sein, denn dieses letztere kennt sie nicht und lenkt sie auch nicht.

Was die Möglichkeit einer intellectuellen, den Körper überschreitenden Wirkungskraft des äusseren Bewusstseins betrifft, so geht dieselbe ebenfalls, aber nicht speziell aus mediumistischen Phänomenen von Statten, denn sie ist schon lange Zeit ausserhalb des Spiritismus durch die Experimente des Somnambulismus und erst jüngst durch die Erfahrungen der Telepathie (des Fernfühlens) erwiesen worden.

Das ist bereits ein unermesslicher Gewinn, welcher dem Spiritismus zu verdanken ist! Herr *v. Hartmann* findet es für möglich und nothwendig, diese zwei Schlussfolgerungen oder diese zwei Thatsachen anzunehmen, wobei man nach ihm ganz auf dem wissenschaftlichen Terrain verharrt und den methodologischen Prinzipien, die er aufgestellt hat, treu verbleibt. Und die diesen Prinzipien folgende Wissenschaft wird eines Tages ebenfalls diese grossen Wahrheiten anerkennen und verkündigen müssen;

sie ist schon auf dem Wege dahin, denn selbst in unseren Tagen rehabilitirt sie zum grossen Theile die von den Magnetiseuren seit 100 Jahren gewonnenen Thatsachen; sie beschäftigt sich endlich mit dem Somnambulismus, mit dem Doppel-Bewusstsein, mit der ausserkörperlichen oder übersinnlichen Wirkungskraft des Denkens u. s. w. Alles das war noch vor wenig Jahren für die Wissenschaft ein verrufenes Gebiet. Es ist der nächste Schritt zum Hellsehen; dieses klopft bereits an die Pforten des wissenschaftlichen Heiligthums.

Der Kürze halber schlage ich vor, durch das Wort „Animismus" zu bezeichnen alle intellectuellen und physikalischen Phänomene, welche eine ausserkörperliche oder Fern-Wirkung des menschlichen Organismus in sich schliessen, und besonders alle mediumistischen Phänomene, welche sich durch eine Wirkungskraft des lebenden Menschen ausserhalb der Grenzen seines Körpers erklären lassen. Die Bezeichnung durch das Wort „Spiritismus" wird nur auf Phänomene angewendet werden dürfen, welche, nachdem sie der Sichtung durch alle vorhergehenden Hypothesen unterworfen gewesen waren, hinreichende Anhaltspunkte darbieten, um die Hypothese eines Verkehrs mit Verstorbenen zu erheischen. Wenn diese Hypothese mit ihren Ansprüchen gerechtfertigt sein sollte, so wird das Wort „Animismus" sich auf eine besondere Art von durch das seelische Prinzip (als ein unabhängiges, denkendes und organisirendes Wesen), sofern es mit dem Körper verbunden ist, erzeugten Phänomenen anwenden lassen; und unter „Spiritismus" wird man die durch eine Manifestation desselben vom Körper befreiten Prinzips erzeugten Phänomene verstehen. Die Bezeichnung mit dem Worte „Mediumismus" wird alle Phänomene des Animismus und des Spiritismus ohne Unterscheidung der Hypothesen umfassen.

Unser Thema lässt sich demnach in folgender Weise fassen: — Ist es wirklich nothwendig, die Erklärung der mediumistischen Phänomene bis zur Einräumung der spiritistischen Hypothese zu treiben? Würde man nicht alles, was für diese Erklärung nöthig ist, in der unbewussten inner- und ausserkörperlichen Wirksamkeit des lebenden Menschen finden, welche alle mediumistischen Phänomene von der intellectuellen und physikalischen Ordnung umfassen würde?

Um diese Frage zu beantworten, müssen wir uns mit besonderer Aufmerksamkeit bei der ausserkörperlichen Wirkungskraft des lebenden Menschen aufhalten. Dieser Gegenstand ist von Hauptwichtigkeit für die Lösung des uns beschäftigenden Problems. Er ist so neu für das ausserhalb dem Spiritismus stehende Publikum und sogar von den Spiritisten selbst so wenig studirt, dass ich es für nöthig erachte, wenigstens einen Ueberblick davon zu geben, indem ich die Phänomene, welche sich darauf beziehen, in einige allgemeine Gruppen zusammenordne und sie ebenfalls innerhalb wie ausserhalb des Spiritismus sammele. Es ist unerlässlich, dass wir uns auf diesem Gebiete hinreichend orientiren, um wohl zu verstehen, um was es sich handelt, und um daraus die Schlüsse ziehen zu können, welche sich vom Gesichtspunkte der Frage, die wir so eben gestellt haben, für uns ergeben.

Es scheint mir genügend für meinen beabsichtigten Zweck der Gruppirung und Darstellung der Phänomene des Animismus, dieselben unter die folgenden vier Rubriken zu fassen: —

I. Das ausserkörperliche Wirken des lebenden Menschen, welches sich durch psychische Wirkungen verräth, (telepathische Phänomene — Eindrucksempfänglichkeit auf Entfernungen);

II. Das ausserkörperliche Wirken des lebenden Menschen, welches sich durch physikalische Wirkungen verräth, (telekinetische Phänomene — Bewegungen in der Ferne);

III. Das ausserkörperliche Wirken des lebenden Menschen, welches sich durch die Erscheinung seines Ebenbildes verräth, (telephanische Phänomene — Erscheinungen in der Ferne);

IV. Das ausserkörperliche Wirken des lebenden Menschen, welches sich durch die Erscheinung seines Ebenbildes mit gewissen

Attributen der Körperlichkeit verräth, (telesomatische Phänomene — Verkörperungen [Körperwerden] in der Ferne).

Da der Gegenstand unermesslich ist, so will ich mich für jede Rubrik auf nur einige Beispiele beschränken und auf nur einige Quellenandeutungen, ohne auf deren Details einzugehen, — denn sonst würde das meine Replik noch weiter in die Länge hinaus ziehen, und es ist wohl Zeit, ihr ein Ende zu setzen.

## I.

**Das ausserkörperliche Wirken des lebenden Menschen, welches sich durch psychische Wirkungen verräth, (telepathische Phänomene — Eindrucksempfänglichkeit auf Entfernungen).**

Als Typus von Manifestationen dieser Art will ich die folgende citiren, welche ich aus erster Quelle von meiner Freundin Fräulein *Barbara Pribitkoff* erhalte. Folgendermaassen lautet ihr mir schriftlich überhändigtes Zeugniss: —

„Im Jahre 1860 verbrachte ich den Sommer im Dorfe Belaya Kolp (nahe bei Moskau), welches dem Fürsten *Schahofskoy*, gehört. Seine Stiefmutter, die Fürstin *Sophie Schahofskoy*. hatte die Gewohnheit, die kranken Bauersleute der Umgegend, welche man ihr zuführte, homöopathisch zu behandeln. Eines Tages führt man ihr ein kleines krankes Mädchen vor. Nicht recht wissend, was sie ihm geben sollte, hatte die Fürstin den Einfall, vermittelst des Tisches um einen Rath bei *Hahnemann* anzufragen; dagegen protestirte ich energisch, indem ich betonte, dass man eine Kranke nach den Anweisungen eines uns Unbekannten zu behandeln nicht riskiren könne. Nichtsdestoweniger setzte man mich an den Tisch mit einer Ziehtochter der Fürstin — Mademoiselle *Kowalew*. Zur damaligen Zeit glaubte ich nicht an die Homöopathie und war der Meinung, dass ein ernstlich Kranker in die Stadt zu einem Arzte geschickt werden müsse. Trotz meiner inneren Opposition — Anwendung von meinen Händen gestattete ich mir nicht zu machen — wurde der Name *Hahnemann* durch die Klopftöne des Tischfusses hervorbuchstabirt. Das ging mir sehr wider Wunsch und Willen, und ich wünschte aus allen meinen Kräften, dass er keinen Rath geben möchte; und wirklich, die erste Redewendung lautete: — dass er keinen Rath ertheilen könne. Die Fürstin ärgerte sich und sagte, dass ich ihn verhinderte, und hiess mich den Tisch verlassen. Wer mich ersetzte, — ob die Fürstin selbst, oder eine andere Person, — erinnere ich mich nicht mehr. Ich selbst nahm Platz nahe bei dem Fenster, 5—7 Fuss vom Tische entfernt, und ich wendete alle Kraft meines Willens auf, damit der Tisch den Satz gebe, den ich bilden würde. Nach meiner Entfernung vom Tische fragte die Fürstin: — 'Warum konnte *Hahnemann* keinen Rath ertheilen?' — Der Tisch antwortete durch Klopflaute mit seinem Fusse: — ‚Weil ich als Arzt zum Narren geworden bin, seit ich die Homöopathie erfand.' — Ich diktirte diesen Satz, indem ich meinen ganzen Willen und mein ganzes Denken auf jeden folgenden Buchstaben concentrirte; ich erinnere mich, dass es in der Communikation keinen Fehler gab, der Tisch hielt genau bei jedem geforderten Buchstaben inne. Kaum war das Diktat beendet, als ich von einem sehr heftigen Kopfschmerz ergriffen wurde." —

Hier haben wir den positiven Beweis, dass eine der gewöhnlichsten intellectuellen Manifestationen des Spiritismus — das Tischrücken — beeinflusst zu werden vermag durch die intellectuelle Einwirkung eines lebenden Menschen; denn sie ist hervorgerufen worden durch ihr äusseres Bewusstsein, d. h. auf eine vollkommen bewusste Weise im normalen Zustande; während diese Manifestationen sich gewöhnlich erzeugen durch eine Wirkung des inneren Bewusstseins, von dem das äussere Bewusstsein keine Kenntniss hat. —

Jetzt will ich mehrere Fälle eines während ihres Schlafes hervorgerufenen Verkehrs lebender Personen vorführen. Ich will auch mit einer Thatsache beginnen, welche ich aus erster Quelle — von einem unserer wohlbekannten Schriftsteller, Herrn *Wsewolod Solomiew* erhalte, und welche er mir ebenfalls schriftlich mitgetheilt hat. Sein Bericht lautet: —

„Es war noch im Beginn des Jahres 1882. Um diese Zeit stellte ich Experimente im Spiritismus und Magnetismus an, und während mehrerer Monate empfand ich eine seltsame Nöthigung, einen Bleistift in meine linke Hand zu nehmen und damit zu schreiben, wobei die Schrift stets mit grosser Schnelligkeit und Nettigkeit verkehrt von der Rechten zur Linken sich erzeugte, derart, dass man sie nur in einem Spiegel lesen konnte. Als ich mich eines Abends bei meinen Freunden befand, verlängerte sich die Unterhaltung bis nach Mitternacht; es war schon sehr spät, beinahe zwei Uhr des Morgens, als plötzlich meine Hand einen Trieb zum Schreiben verspürte; ich ergriff den Bleistift und ersuchte eine mir befreundete Dame, Frau *von P.*, den Bleistift mit mir zusammen zu halten; und wir begannen zu Zweien zu schreiben. Es schrieb: — 'Wera'. — Wir fragten: — ‚Welche *Wera?*‘ — Darauf schrieb es den Namen der Familie einer jungen Verwandten von mir, mit deren Familie ich nach einer langen Unterbrechung jüngst von Neuem in Beziehung getreten war. Wir erstaunten sehr und fragten: — ‚Ist es etwa *Wera M.*‘? — Die Antwort lautete: — 'Ja. Ich schlafe, aber ich bin hier, und ich bin zu sagen gekommen, dass wir uns morgen im Sommergarten sehen werden. — Hierauf liess ich den Bleistift fallen, und wir trennten uns. Am folgenden Tage gegen ein Uhr kam unser Dichter *A. N. Maykow* mich besuchen, und nachdem er bis 2½ Uhr dageblieben, wollte er sich verabschieden; ich machte ihm den Vorschlag, ihn begleiten zu wollen; wir gingen mit einander aus und setzten unser Gespräch fort. Mechanisch nahm ich den Weg, den er verfolgte. Ich befand mich dann Ecke der Spasskaya- und Znamenskaya-Strasse. Als wir durch die Panteleymonskaya-strasse gingen und die Kettenbrücke passirt hatten, sah Herr *M.* nach der Uhr, bemerkte, dass es Zeit wäre und er eine Droschke nehmen müsste. Wir sagten uns Adieu, und ganz ebenso mechanisch trat ich in die geöffneten Thorflügel des Sommergartens, (welcher an der Seite der Kettenbrücke liegt,) in welchem ich während des Winters niemals spazieren ging. Ich muss bemerken, dass ich die spiritistische Episode der Nacht vollständig vergessen hatte.

Beurtheilen Sie mein Erstaunen, als ich, kaum in den Garten eingetreten, mich *Wera M.* und ihrer Gesellschaftsdame gegenüber befand! Mich erblickend, wurde *W.* ganz verwirrt und bestürzt; auch ich, denn ich erinnerte mich der nächtlichen Communikation. Wir reichten uns gegenseitig die Hand und trennten uns eilig, ohne ein Wort zu sprechen. Am Abend ging ich zu ihnen, und die Mutter *Wera's* begann sich über die phantastische Einbildung ihrer Tochter zu beklagen; sie theilte mir mit, dass die junge Person, von ihrer Promenade in dem Sommergarten an diesem Morgen zurückgekehrt, sich in einem Zustande aussergewöhnlicher Aufregung befand und von ihrer Begegnung mit mir wie von einem Wunder gesprochen habe; sie habe erzählt, sie sei im Traume bei mir gewesen und habe zu mir gesagt, dass sie mir im Sommergarten um drei Uhr begegnen würde. — Einige Tage später ereignete sich von neuem ein ähnlicher Fall unter denselben Bedingungen. Meine Hand schrieb: — '*Wera*' — und darauf, dass sie morgen um 2 Uhr zu uns kommen würde; und wirklich, um 2 Uhr machte sie uns mit ihrer Mutter ihren Besuch." — Ich muss meinerseits, um die Thatsache zu vervollständigen, noch hinzufügen, dass vor diesen Ereignissen Fräulein *Wera* schon Séancen des Herrn *Solowiew* beigewohnt, dass er sie magnetisirt hatte, und dass also ein gewisser „Rapport" zwischen Beiden schon hergestellt war. —

Manifestationen dieser Art sind in der spiritistischen Litteratur hie und da zerstreut; so lesen wir in einem Artikel des Professors *Max Perty*: — „Neue Erfahrungen aus dem Gebiete der mystischen Thatsachen mit Hinsicht auf verwandte ältere. (Bilocation oder Fernwirkung der Lebenden.)" — abgedruckt in „Psych. Stud." Juli-Heft 1879 S. 295 ff., den folgenden Fall: — „Am Abend des 20. Juli 1858 sass Fräulein *Sophie Swoboda* innig vergnügt, aber ermüdet von den Arbeiten des Tages, indem am darauf folgenden ein Familienfest stattfinden sollte, mit den Ihrigen bei einem Glase Punsch. Da fiel ihr plötzlich ein, dass am nächsten Morgen früh ihre Sprachlehrerin *V.* kommen würde und sie ihre Aufgabe (eine Uebersetzung aus dem Französischen ins Deutsche) zu machen vergessen habe. Es war 10 Uhr vorüber und sie hierzu nicht mehr fähig, weshalb sie verstimmt die Gesellschaft verliess und sich im nächsten Zimmer in eine Ecke setzte, fortwährend über das Unliebsame des Verhältnisses nachdenkend. Da war es ihr plötzlich, als befände sie sich der Frau *V.* gegenüber, und ohne im mindesten darüber zu staunen, sprach *S.* sogleich zu Frau *V.* in scherzhaftem Tone von ihrem Missmuth und der Ursache desselben, worauf die Vision plötzlich, wie sie gekommen war, schwand, *S* beruhigt zur Gesellschaft zurückkehrte und dieser den Vorfall erzählte. Am nächsten Morgen kam Frau *V.* und sagte unmittelbar nach der Begrüssung, sie wisse schon, dass die Aufgabe nicht gemacht sei. Hierauf erzählte sie in Gegenwart der Mutter *Sophien's*, sie habe gestern Abend nach 10 Uhr einen Bleistift zur Hand genommen, um psychographisch mit ihrem verstorbenen Manne sich zu unterhalten, was ihr schon oft gelungen sei. Aber diesmal schrieb der Stift nicht den gewünschten und erwarteten Namen, sondern mit fremder Schrift, welche sie sogleich als die *Sophien's* erkannte, komische Worte der Unzufriedenheit über die nicht gemachte Aufgabe auf das Papier. Frau *V.* zeigte nun dieses, und *Sophie* überzeugte sich, dass es ihre Schrift und auch die von ihr gebrauchten Ausdrücke waren, wobei sie versichert, dass Frau *V.* eine wahrheitsliebende, jeder Täuschung abgeneigte Frau sei." —

Weiter finden wir einen anderen Fall von während einer Séance zu Mödling durch den Geist der *Sophie Swoboda* erzeugter mediumistischer Schrift, während ihr Körper zu Wien schlief. Folgendes sind die Details, wie sie uns *Perty* berichtet: —

„Sehr lehrreich durch die Combination von Versetzung des Geistes nach einer räumlich entfernten Scenerie und thätiger, psychographischer Beeinflussung eines daselbst befindlichen Mediums wäre folgender Vorgang, wenn man, wie ich glaube, ganz treue Berichterstattung annehmen darf. Am Pfingstmontag, 21. Mai 1866, Mittags, kam *S.* von dem Besuch der landwirthschaftlichen Ausstellung im Prater ermüdet und mit Kopfschmerz nach Hause und suchte, nur Weniges geniessend, etwa um 3 Uhr im Schlafe Erholung. Noch nicht eingeschlummert, fühlte sie sich heute besonders befähigt, 'ihren Körper zu verlassen und selbstthätig zu sein.' Müde schlossen sich ihre Augen, und sie fand sich sogleich in ein ihr bekanntes Zimmer versetzt, woselbst es ihr aber nicht gelang, der daselbst befindlichen Person sich, wie sie wünschte, sichtbar zu machen, daher sie sich zurückzog und, weil sie sich stark genug fühlte, Herrn *Stratil*, den Schwiegervater ihres Bruders *Anton*, zu besuchen gedachte, um demselben eine Freude zu machen. Mit der Schnelligkeit des Gedankens, im Vollgefühl der freien Bewegung, nur flüchtig auf Wien und den Wienerberg niederblickend, fand sie sich in der schönen Gegend von Mödling und dem ihr wohlbekannten Schreibzimmer an der Seite Papas und noch eines anderen Herrn *Gustav B.*, den sie sehr achtete und ihm, der stets zweifelte, einmal einen greifbaren Beweis geistigen Wirkens geben wollte. (Ich schalte hier ein, dass häufig auch im magnetischen Schlaf dieses Gefühl der Schmerzlosigkeit, Leichtigkeit und Freiheit eintritt.) Sie war erfreut durch die schnelle Reise, fühlte sich ganz wohl und zum Muthwillen aufgelegt, richtete ihre Ansprache hauptsächlich an *B.* und setzte gegen ihn gewendet das Gespräch fort, als sie plötzlich (in Wien) durch das Geschrei ihrer Neffen und Nichten im Nebenzimmer unangenehm erweckt wurde. Sie schlug auf ihrem Bette verdriesslich die Augen auf und hätte sich an das Detail des in Mödling geführten Gespräches nicht mehr ganz erinnert; aber glücklicherweise hatte es der leutselige Herr *B.* protokollirt, (zu dem sie sich also, wie die Spiritualisten das nennen, als controlirender Geist verhalten hatte), und der hier mitgetheilte Bericht ist in *Stratil*'s Sammlung aufbewahrt.

„Den nächsten Tag, 22. Mai, richtete Herr *Stratil* an seine Tochter *Karoline* in Wien vier Fragen, betreffend *Sophien*'s Leben und Thun am 21. Mai, und ob sie an diesem Tage Nachmittags von 3—4 Uhr geschlafen, und ob und was sie geträumt habe? Dass *Sophie* in dieser Stunde sich wegen Kopfschmerz niedergelegt und geschlafen habe, war bekannt; wegen des Träumens wurde *Sophie* von ihrem

Bruder *Anton* befragt, ohne dass derselbe ihr von *Stratil*'s Schreiben etwas sagte. Es war aber, abgesehen davon, dass es ihr überhaupt am Willen fehlte, sehr schwer für sie, von jenen 'Träumen' viel zu sagen; sie gab an, hauptsächlich nur sich daran zu erinnern, dass sie vom Körper weg an andere Orte versetzt gewesen war. Bloss der erste Besuch stand vollkommen klar vor ihrer Erinnerung, aber sie fand denselben schon damals (wie auch jetzt) zur Mittheilung vorläufig nicht geeignet. Die Erinnerung an den zweiten Besuch war durch das Kindergeschrei verdunkelt worden, und sie vermochte über denselben anfangs wenig auszusagen. Aber auf die fortwährenden Fragen erinnerte sie sich nach und nach, dass sie mit zwei Herren, einem älteren und einem jüngeren, in Gegenwart ihres, von diesen nicht bemerkten, vor vier Jahren verstorbenen Vaters heiter sich unterhalten, und dass diese über das von ihr Gesprochene verschiedener Meinung waren, was sie unangenehm berührt habe.

„Ihr Bruder berichtete dies nach Mödling und erhielt mit der Antwort des Herrn *Stratil* ein verschlossenes Packet, das erst zu eröffnen wäre, nachdem *Sophie* einen Brief von Herrn *B.* erhalten und sich auch über diesen ausgesprochen haben würde. Diese Correspondenz und ihr Zweck blieben *S.* verborgen, der Zweck auch *Anton* und ihren Schwägerinnen *Rosa* und *Karoline*; sie konnten nur Vermuthungen hegen und befolgten Herrn *Stratil*'s Weisung pünktlich. Bei der Vielgeschäftigkeit im Hause war die Sache in wenig Tagen fast vergessen, als *Sophie* am 30. Mai durch die Post ein zierliches anonymes Briefchen erhielt mit der Photographie des Herrn *Gustav B.* des wörtlichen Inhalts: — 'Mein Fräulein, hier bin ich, kennen Sie mich? Im bejahenden Falle weisen Sie mir ein trauliches Plätzchen auf dem Boden (Estrich) oder im Holzgewölbe an. Ist es thunlich, mich nicht aufzuhängen, so werden Sie mich sehr verbinden. Lieber noch lasse ich mich einsperren, sei es in ein Album, oder in Ihr Gebetbuch, wo ich recht gut für einen der Heiligen gelten kann, deren Gedächtniss die Kirche jährlich am 28. Dezember feiert (Kindleintag). Sollten Sie mich aber nicht erkennen, so kann das Bild ohnedies keinen Werth für Sie haben, und ich erwarte es dann von Ihrer Güte wieder zurück. Mit Hochachtung etc. *N. N.*' — Der Wortlaut dieses Briefes kam *Sophie* sehr bekannt vor, und sie erinnerte sich allmählich, dass derselbe zum Theil ihre eigenen Worte anführe, doch war ihr das Ganze noch etwas dunkel. Sie sprach hierüber mit *Anton* und den beiden Schwägerinnen, und nun eröffnete *Anton* in Aller Gegenwart jenes Packet. Es enthielt ein psychographisches Protokoll, wo Herr *J. Stratil* Fragender war, Herr *Gustav B.* als Medium ihr Gespräch mit einem Geiste aufgezeichnet hatte." („Psych. Studien" Juli-Heft 1879 S. 299—301.) —

Und schliesslich lese man, um diesen „lehrreichen Fall" zu vervollständigen, das Protokoll derselben Séance durch, welches wir auf den Seiten 344—346 der „Psychischen Studien" August-Heft 1879 finden: —

„Protokoll, Mödling, 21. Mai 1866, Nachmittags 3¼.

1. *Stratil*: 'Da wir nun ganz allein sind, rufen wir heute noch einmal jenen weiblichen Geist, der uns am 6. dieses Monats versprach, zu Pfingsten wiederzukommen, Dich *Louise T.* . . . . . .'

‚Lieber *Gustav*, ich schlafe und träume von Dir und bin glücklich. Weisst Du, wer ich bin?'

2. *Gustav B.* 'Ich habe keine Ahnung davon, sei daher so gut und erkläre Dich näher?'

‚Das kann und will ich nicht, Du sollst mich er-‚rathen.'

3. *Gustav B.* 'Ich glaube also, dass möglicherweise mir die grosse Ueberraschung zu Theil wird, . . . . . . hier zu finden.' —

‚Du irrst, ich weiss aber, wen Du meinst. — Ich bin ‚allerdings eine Dame, der Du einst Dein Contrefait ver-‚sprochen, und ich komme nun, Dich an Dein Versprechen ‚zu mahnen. Glücklich bin ich im Traume, aber nicht, Du ‚Eitler! weil ich von Dir träume, das ist nur ein zufälliges ‚Zusammentreffen.'

4. *Gustav B.* 'Ich bin nicht so eitel, zu glauben, dass es Jemand glücklich machen kann, von mir zu träumen, oder mein Porträt zu besitzen, — wie kommst Du aber, unbe-

kannte Dame, jetzt hierher und erinnerst mich an etwas, was ich allenfalls mehreren Personen versprochen haben kann?'

‚Weil jetzt die beste Gelegenheit ist, Dein Wort zu ‚halten, ohne dass es Dir Mühe oder Kosten verursacht; ‚warum drei Bilder anfertigen lassen und zwei davon ver-‚nichten? Warum soll ich nicht eins der der Ver-‚nichtung geweihten erhalten?'

5. *Gustav B.* 'Nun gut, weil Du dieses schon weisst, sollst Du ein Exemplar erhalten, selbst wenn ich mich nochmal aufnehmen lassen müsste; doch musst Du mir sagen, erstens, warum Du immer mit lateinischen statt deutschen Lettern schreibst; zweitens, wer Du bist, liebe Dame, damit ich nicht mein Geschenk an eine unrichtige Person abliefere und mich vielleicht damit blamire!'

‚Die lateinischen Lettern waren eine kindliche Caprice, ‚die ich fallen lasse. Wer ich bin? Hier meine Adresse, ‚die Du auf nachfolgenden Brief schreiben sollst, denn ich ‚will sehen, ob ich mich auch im Wachen erinnere, was ich geträumt; der Brief soll lauten . . . . . .'

6. *Gustav B.* 'Nun schreibe, wie soll der Brief lauten, damit wir die Controlle Deines Traumes besitzen?'

‚Mein Fräulein, hier bin ich! Kennen Sie mich? Im ‚bejahenden Falle u. s. w. (Hier folgt der Wortlaut des ‚*Sophie* zugekommenen anonymen Schreibens.) Adresse: ‚Fräulein *S. S. M. G.*, Alservorstadt, Haus No. 19.'

7. *Gustav B.* 'Du musst doch die Gasse auch benennen, sonst würde die Adresse nicht vollständig sein!'

‚Du, Schelm, weisst sie schon! Du hast Dich auch ‚recht gut erinnert, dass Du mir Dein Antlitz auf Papier ‚gezaubert versprochen. Alles Uebrige ist Ueberfluss, sende ‚nur bald Dein Bild, auf das ich mich freue.'

8. *Gustav B.* 'Ist also doch die Mariannengasse die richtige?'

‚Ja, und die beiden *S. S.* weisst Du ohnehin zu deuten.'

9. 10. *Stratil.* 'Ja wohl, und ein drittes *S.* lässt Dich als seine liebe Norne schönstens grüssen.' (Hier folgte ein Scherz des alten Herrn und *Sophien*'s Gegenrede darauf.)

11. *Stratil.* 'Aber trotz der kleinen Zurechtweisung nimmst Du doch seinen Gruss an und zürnst ihm nicht?'

‚Wie könnte ich meinem lieben väterlichen Freunde ‚zürnen? Aber es ist Zeit, diese Unterredung zu schliessen; ‚ich höre im Halbtaumel die Kinder im Nebenzimmer spielen ‚und lärmen, und fühle, dass ich meine Gedanken nicht ‚mehr recht zusammen fassen kann. Lebe wohl, schicke ‚mir den Brief und Deine Gesichtsabschrift.'

12. *Gustav B.* 'Nun, wir grüssen Dich freundlichst, danken Dir für Deinen Besuch und hoffen, dass Du Dich unser auch beim Erwachen erinnern wirst. Brief und Photographie erhältst Du nächster Tage. Schlummere sanft und lebe wohl! — '

‚Adieu, ich erwa — — —‘

(Schluss punkt 4 Uhr.) —

„Als dieses Protokoll *Sophie* vorgelesen wurde, kam ihr nach und nach die ganze Reihe der durch die gewaltsame Erweckung verwischten Einzelheiten in die Erinnerung, und sie rief beim Vorlesen öfter unwillkürlich: — ‚Ja, Ja!‘ — Ihr Bruder äusserte, die im Protokoll mit ‚Latein-Cursivschrift‘ geschriebenen Stellen glichen sehr der Schrift in ihren französischen Uebungen, was *S.* nicht widersprechen konnte. In den Geisterprotokollen von *Gustav B.* bei *Stratil* ist auch die Schrift der Antworten eine wesentlich andere, als in den von ihm als Medium geschriebenen Fragen. Das Ergebniss von *Sophien's* Vernehmung durch Bruder *Anton* wurde an Herrn *Stratil* genau berichtet und findet sich ebenfalls in seiner reichen Sammlung psychographischer Mittheilungen aufbewahrt. (Herrn *Stratil's* ist in meinem Buche „Der Spiritualismus etc." S. 345 gedacht.)" —

In dem Werke der Baronin *Adelma von Vay*, „Studien über die Geisterwelt", finden wir ein Kapitel: — „Medianimische Aeusserung des Geistes eines Lebenden" (S. 327 ff.) —, des Cousins der Baronin, des **Grafen** *Wurmbrand*, der sich in der Schlacht bei Königgrätz befand und am Tage nach der Schlacht ihr durch ihre Hand (die Baronin schrieb medianimisch) während seines Schlafes mittheilte, dass er nicht getödtet worden sei, was sich auch als richtig bestätigte trotz der Aufführung seines Namens „in den Verlustlisten."

Mr. *Thomas Everitt*, dessen achtbarer Ruf den Spiritualisten Londons wohl bekannt, und dessen Gattin ein ausgezeichnetes Medium ist, berichtet in einer vor der „British Association of Spiritualists" im November 1875 gelesenen Abhandlung unter dem Titel: — „**Beweise für die zwiefältige Natur des Menschen**" — unter anderen Dingen Folgendes: —

„Es ist nichts Ungewöhnliches für Spiritualisten, dass sie Communikationen von Personen erhalten, welche versichern, dass sie noch auf dieser Welt leben. Dieses ist eine Erfahrung, welche wir häufig in meiner Heimath machten, und besonders geschah dies während unserer ersten Bekanntschaft mit dem Spiritualismus. Sie pflegten Botschaften zu buchstabiren oder zu schreiben, welche vollkommen charakteristisch waren in Sprache und Schreibweise der Personen, die zu sein sie bestimmt versicherten. Ein besonderer Freund von uns, der mediale Gaben besass, pflegte uns häufig zu besuchen und uns für seine Person vollkommen charakteristische Botschaften zu ertheilen, und er hat oft an uns geschrieben, um zu erfahren, ob die Botschaften, welche ihrerseits vorgaben, ihm von Mrs. *Everitt* zu kommen, wahr wären; nicht selten waren von Beiden, von Mrs. *Everitt* wie von Mr. *B.*, erhaltene und entweder mit den Lippen, oder durch Klopflaute oder Schrift mitgetheilte Kundgebungen genau richtig." — Und weiterhin erzählt er detaillirt, wie er bei einer Séance durch die Hand der Mrs. *Everitt* eine Communikation seines Freundes, Mr. *Mëers* (eines Mediums), einen Monat nach seiner Abreise nach Neu-Seeland erhielt. („The Spiritualist" 1875, II, p. 244—245.) —.

Die bekannte englische Schriftstellerin *Florence Marryat* bezeugt, wie folgt, die Thatsache einer durch ihre eigene Hand erhaltenen Communikation einer lebenden Person während des Schlafes derselben: —

„Vor einigen Jahren erfreute ich mich der Freundschaft eines Herrn, welcher eine Lieblingsschwester verloren hatte, ehe wir uns begegneten. Er sprach zu mir jedoch oft von ihr, und ich vernahm alle Eigenthümlichkeiten ihres Lebens und Sterbens. Umstände trennten mich von meinem Freunde, und eilf Jahre lang herrschte kein Verkehr zwischen uns. Am Ende dieser Zeit sass ich eines Tages am Tische wegen geistiger Communikationen mit einer Dame, als der Name der Schwester dieses Herrn hervorgeklopft wurde, — es war das erste Mal, dass sie jemals versucht hatte, mit mir in Verkehr zu treten. Die folgende Unterhaltung eröffnete sich zwischen uns: — 'Was wünschen Sie von mir, *Emilie?*' — ‚Ich bin gekommen, um Ihnen zu sagen, dass mein Bruder sich in England befindet und von Ihnen gern etwas hören möchte. Schreiben Sie an ihn nach dem Club zu C — — und·sagen Sie ihm, wo er Sie finden kann.' — 'Ich möchte das schwerlich thun, *Emilie.* Es ist lange Zeit her, dass ich von ihm hörte, und er möchte vielleicht die Bekanntschaft nicht zu erneuern wünschen'. — ‚Ja, er wünscht es. Er denkt oft an Sie. Schreiben Sie ihm.' — 'Ich muss zuvor einen Beweis haben, dass er dies wirklich wünscht.' — ‚Er wird es Ihnen auf diesem Wege selbst sagen. Sitzen Sie wieder um 12 Uhr. Er wird dann eingeschlafen sein, und ich will seinen Geist an den Tisch bringen.' — Dem entsprechend hielt ich um 12 Uhr abermals Sitzung, und *Emilie* kehrte wieder. ‚Ich habe meinen Bruder mitgebracht! Er ist hier. Befragen Sie ihn selbst.' — Ich fragte: — 'Spricht *Emilie* die Wahrheit, wenn sie sagt, dass Sie von mir zu hören wünschen?' Die Antwort lautete: — ‚Ja. Holen Sie einen Bleistift und Papier.' — Als ich sie gebracht hatte, fuhr er fort: — ‚Schreiben Sie nieder, was ich Ihnen diktire.' — Ich that das. Die diktirten Worte lauteten: — ‚Lange Jahre sind in der That vergangen, seit wir uns das letzte Mal begegneten; aber Jahre, wie lang sie auch immer sind, können die Erinnerung an die Vergangenheit nicht auslöschen. Ich habe niemals aufgehört, an Sie zu denken, und ich bete für Sie!' — Dann fügte er hinzu: — ‚Bewahren Sie das Blatt, und schreiben Sie mir nach dem Club zu C — —.' — So zweifelhaft bin ich jedoch stets hinsichtlich der Manifestationen durch meine eigene Mediumschaft, dass zehn **Tage** ver-

gingen, ehe ich Muth fasste, einen Brief an den in Rede
stehenden Freund zu senden, über dessen Anwesenheit in
England ich nicht gewiss war, und dessen Adresse ich
zuvor niemals vernommen hatte. Mein Brief wurde jedoch
mit wendender Post erwidert, und die Antwort enthielt
dieselben Worte, welche mir vor zehn Tagen am
Tische diktirt worden waren. Kann die 'gewöhnlich gebildete Welt' erklären, wie durch einen Tisch in London
am 5. December hervorbuchstabirte Sätze durch eine natürliche Wirkungskraft übertragen worden sein können auf
das Gehirn einer in 400 engl. Meilen Entfernung lebenden
Person, um von dieser am 15. d. M. genau nachgeschrieben
zu werden? Die mir mitgetheilten Thatsachen waren nicht
nur 'unbekannt', sie waren sogar in höchstem Grade un-
wahrscheinlich. Und es waren nicht Thatsachen, welche
stattgefunden hatten, sondern welche erst zehn Tage
später stattfinden sollten. Dieses ist nicht der einzige
Fall von vielen, in denen die Geister von noch lebenden
Personen an meinen Tisch gekommen sind und sogar durch
ein Trance-Medium zu mir gesprochen haben, und ich
wünschte gern zu wissen, ob irgend einer Ihrer Leser
ähnliche Erfahrungen gemacht hat, obgleich ich nicht
finden kann, dass jedes Medium die Gabe hat, diese
Manifestationen zu erzeugen." — („Light" 1886, p. 98.)

Miss *Anna Blackwell*, in der spiritistischen Literatur
wohl bekannt, erzählt mit allen Details sogar die Thatsache
der Hervorrufung des Geistes eines Mannes während seines
Schlafes, welcher durch die Hand des Mediums den Dieb-
stahl eingestand, den er begangen hatte. („Human Nature"
1877, p. 348.)

Ein ander Mal sind die Communikationen wörtlich durch den Mund eines Mediums im Trance
gegeben worden. Ein positives Zeugniss darüber finden
wir beim Richter *Edmonds*, welcher in seinem „Spiritual Tract Nr. 7: Intercourse with the spirit of
the living etc." (Verkehr mit dem Geiste der Lebenden)
sagt: —

„Während ich eines Tages zu West Roxbury mich
befand, kam zu mir durch meine Tochter *Laura* als Medium

der Geist eines Mannes, mit dem ich einst gut bekannt gewesen war, aber von dem mich seither fünfzehn Jahre trennten. Er war ein recht sonderbarer Charakter, ungleich dem jedes anderen Menschen, den ich jemals kennen lernte, und so stark markirt, dass es nicht leicht war, die Identität desselben zu verkennen. Ich hatte ihn viele Jahre lang nicht gesehen; er schwebte mir zur Zeit gar nicht in Gedanken, und dem Medium war er unbekannt. Dennoch identificirte er sich unverkennbar nicht nur durch seine besonderen Charakteristiken, sondern durch Beziehung auf nur ihm und mir bekannte Gegenstände.

„Ich nahm es für ausgemacht an, dass er gestorben sei, und war nachträglich überrascht, zu erfahren, dass er es nicht war. Er lebt noch jetzt. Ich kann bei dieser Gelegenheit nicht auf alle Einzelheiten einer gegenseitigen Unterredung eingehen, welche länger als eine Stunde dauerte. Ich war gewiss, es war keine Täuschung dabei, und ebenso sicher, dass es genau eine eben solche Geister-Manifestation war, als ich von irgend einer jemals Zeuge war, oder gehört habe. Doch wie konnte das stattfinden? war die Frage, welche lange meinen Geist bewegte. Ich habe seit damals viele ähnliche Manifestationen kennen gelernt, so dass ich die Thatsache nicht länger bezweifeln kann, dass zuweilen unsere Communikationen sowohl von den Geistern der Lebenden, wie von denen der Todten stammen." (Pag. 4).

Wir sehen in der „Biographie" des berühmten Mediums Mrs. *Conant*, dass bei ihr Communikationen von als noch lebend erkannten Personen ertheilt wurden; oder dass sie selbst als bei Séancen durch andere Medien sich manifestirend erkannt wurde. (pag. 91, 107.)

Ein anderes Medium und eine wohlbekannte Schriftstellerin Mrs. *Emma Hardinge Britten* erzählt in ihrem Artikel über den „Double" oder geistigen Doppelgänger, welcher in „The Banner of Light" vom 6. November und 11. Dezember 1875 veröffentlicht wurde, wie sie im Jahre 1861 zu Memphis durch einen Geist controlirt wurde, welcher vollkommen als lebend anerkannt wurde.

Sie citirt in demselben Artikel einen Fall, bei dem im

Jahre 1858 in einem Cirkel zu Cleveland bei Mr. *Cutler* eine mediumistische Dame beeinflusst wurde, deutsch zu sprechen, obgleich sie diese Sprache gar nicht kannte. „Der Geist, welcher durch sie zu sprechen vorgab, beanspruchte, die Mutter des Fräuleins *Mary Brant*, einer zur Zeit anwesenden deutschen Dame, zu sein." ... „So weit sie eine Kenntniss von dem Befinden ihrer Mutter hatte, bestätigte Fräulein *Brant* ihren Glauben, dass sie noch am Leben und gesund wäre." — Einige Zeit später brachte ein aus Deutschland kommender Freund die Nachricht, dass die Mutter der Miss *Brant*, welche sehr krank und nach einer langen Lethargie wieder zu sich gekommen war, meldete, sie hätte ihre Tochter in Amerika in einem grossen Zimmer mit anderen Personen gesehen und mit ihr gesprochen. (Diese beiden Fälle sind auch citirt in dem Artikel des *M. A. (Oxon.)*: — „Ueber die ausserkörperliche Wirksamkeit des Geistes", — veröffentlicht in „The Human Nature" 1876, p. 106, 107.)

Mr. *Damiani* erzählt, dass bei den Séancen der Baronin *Cerrapica* (einem Trance-Medium) zu Neapel der Cirkel oft Communikationen erhalten habe, welche von lebenden Menschen ausgingen, und unter Anderem sagt er: — „Vor ungefähr sechs Wochen manifestirte sich durch unser weibliches Medium der incarnirte Geist unseres gegenseitigen Freundes Dr. *Nehrer*, welcher gegenwärtig in seinem Geburtslande Ungarn verweilt. Die Personifikation desselben konnte nicht befriedigender sein: die Haltung, die Stimme, die Aussprache wurden durch das Medium vollkommen dargestellt, und wir konnten nicht umhin, zu empfinden, dass wir uns in Gegenwart des Dr. *Nehrer* befänden. Er sagte, er schlummere nach seinem Tagewerk, und erzählte viele Einzelheiten privater Natur, welche jedem Sitzer im Cirkel gänzlich unbekannt waren. Den folgenden Tag schrieb ich an den Doktor.... In seiner Erwiderung benachrichtigte er mich, dass die von seinem Geiste angeführten Einzelheiten in jedem Punkte vollständig richtig waren." („Human Nature" 1875, p. 555.)

Hinsichtlich direkter Experimente, welche

im Gebiete des Spiritismus angestellt wurden, um diese Art der Phänomene festzustellen und zu studiren, vermag ich nur eine Stelle aus der vorher erwähnten Abhandlung (Tract 7) des Richters *Edmonds* (vgl. S. 424 ff. und 501 ff. dieses Werkes) beizubringen, worin er sagt: —

„Vor ungefähr zwei Jahren erhielt ich ein ganz merkwürdiges Beispiel dafür. Ein Cirkel wurde zu Boston gebildet, und ein anderer hier, und sie kamen in demselben Zeitmoment in den beiden Städten zusammen und verkehrten durch ihre betreffenden Medien mit einander. Der Bostoner Cirkel pflegte durch sein Medium eine Communikation vom Geiste des New-Yorker Mediums zu erhalten, und der New-Yorker Cirkel pflegte eine solche durch sein Medium vom Geiste des Bostoner Mediums zu bekommen. Dieses währte mehrere Monate hindurch, und die Protokolle der Cirkel wurden sorgfältig geführt. Eines Tages beabsichtige ich der Welt einen vollen Bericht über diese Angelegenheit vorzulegen, denn sie war interessant als ein Versuch, eine neue Art von Telegraph zu erhalten, dessen Möglichkeit auf diese Weise und damals erwiesen wurde. Für mich war die Sache noch besonders interessant in einer anderen Hinsicht. Denn aus seinen Ereignissen und Lehren kam für mich viel zu Tage, was darauf berechnet war, mir das Vernunftgemässe davon zu erklären." (Pag. 5.) —

Es ist sehr zu bedauern, dass diese Absicht des Richters *Edmonds* nicht realisirt worden ist.

Lange vor dem Auftauchen des Spiritismus ist die Möglichkeit des ausserkörperlichen, intellectuellen Wirkens zwischen den Lebenden behauptet und bewiesen worden durch die Thatsachen des animalischen Magnetismus (durch Gedankenlesen und Gedankenübertragung). Als ich mich im Jahre 1878 zu Paris befand, erhielt ich dank der Vermittelung des Herrn *Donato* und seines ausgezeichneten Mediums ein Experiment von Gedankenübertragung in die Ferne auf eine Weise, die nach Allem, was ich kenne, vorher noch niemals ausgeführt worden war. Der Bericht darüber steht gedruckt in „La Revue Magnétique" vom 16. Februar 1879; ich habe darüber auch in den „Psychischen Studien" vom März 1879 Mittheilung gemacht. Herr Dr. *Ochorowicz* hat in seinem Hauptwerke: — „De la Suggestion Mentale" (Ueber geistige Eingebung), Paris, 1887 — mir die Ehre erwiesen, dieses Experiment ausführlich zu citiren. Im Jahre 1883 haben die Arbeiten der „Society of Psychical Research" zu London über Gedankenübertragung begonnen, und sie haben diese Thatsache auf eine unbestreitbare Weise festgestellt; die Experimente des Herrn *Richet* zu Paris und mehrerer anderer französischer Gelehrten bestätigen dieselbe Thatsache durch andere Methoden. (Siehe „Revue Philosophique", 1884 und folg.)

So bieten also die eben mitgetheilten Thatsachen nur eine andere Seite dar vom Phänomen des intellectuellen Verkehrs, welcher vom Spiritismus behauptet wird; sie beweisen uns, dass effectiv gewisse gewöhnliche Phänomene des Spiritismus — Communikationen durch den Tisch, durch Schrift und durch Worte — einer Ursache ausserhalb des Mediums zugeschrieben werden können, und dass diese Ursache erkannt wird in der ausserkörperlichen, bewussten oder unbewussten Wirkungskraft eines lebenden Menschen, der sich ausserhalb des Cirkels befindet. Diese Thatsachen sind kostbar, denn wir können hierbei die Ursache mit der Wirkung vermittelst directer Beobachtung verknüpfen.

## II.

**Das ausserkörperliche Wirken des lebenden Menschen, welches sich durch physikalische Wirkungen kundgiebt, (telekinetische Phänomene — Bewegungen in der Ferne).**

Die physikalischen Manifestationen des Spiritismus (deren objectivste und zwingendste die Bewegungen materieller Objecte auf Entfernungen sind) nöthigen uns unstreitig, wenn einmal anerkannt, im Menschen die Fähigkeit einer physikalischen Wirkungskraft in die Ferne anzunehmen. Da die physikalische Wirkung keinen persönlichen Charakter an sich trägt, so ist es unmöglich, festzustellen, dass eine gewisse physikalische Manifestation — z. B. die von selbst erfolgende Bewegung eines materiellen Gegenstandes — von *A.* oder von *B.* erzeugt worden ist. Man schreibt sie gewöhnlich der speziellen Anwesenheit einer gewissen Person zu, welche man „Medium" nennt, und im Wesentlichen bestätigt sich uns diese Wahrheit; das Uebrige wird nur eine Frage der Quantität und der Qualität sein; was für *A.* möglich ist, kann auch mehr oder weniger für *B.* möglich sein, — sei er nun an- oder abwesend von der Séance —, und was für *A.* auf eine kleine Entfernung möglich ist, kann für *B.* auf eine grosse Entfernung möglich sein; *B.* könnte sich auf diese Weise durch seine eigene Mediumität oder durch die Mediumität von *A.* manifestiren; in diesem Falle würden wir eine nicht bloss ausserkörperliche, sondern auch noch eine aussermediumistische, physikalische Manifestation erhalten. Wenn einmal die Thatsache der intellectuellen Manifestation in die Ferne gegeben ist, so ist auch die physikalische Wirkungskraft in die Ferne nur ihre Begleiterscheinung, oder umgekehrt. Sobald wir nur eine physikalische Wirkung haben, schreiben wir sie gewiss dem Medium zu; aber das ist nichts weiter als ein logischer Wahrscheinlichkeitsschluss; den Beweis dafür werden wir in der IV. Rubrik erhalten, wo wir sehen werden, dass die physikalische Wirkung erzeugt worden ist durch den „double" oder den „Doppelgänger" des Mediums, welcher im Moment der Wirkungskraft selbst sichtbar wird.

Die Experimente zum Zweck, die ausserkörperliche Wirkungskraft durch eine physikalische Wirkung in die Ferne ausserhalb des Spiritismus zu erweisen, sind nicht zahlreich.

Mr. *W. Harrison*, der Herausgeber des „Spiritualist" in London, hat selbst ein Experiment dieser Art angestellt, welches wir in dem Buche finden, das er unter dem Titel: — „Spirits before our eyes" (Geister vor unseren Augen), London, 1879 — veröffentlicht hat; daselbst steht pag. 215: —

„Vor einigen Abenden besuchte ich Mr. und Mrs. *Loomis*, 2 Vernon Place, Bloomsbury, und nachdem wir eine kurze Zeit im Empfangszimmer geplaudert hatten, bei verschlossener Thür und während Niemand sonst zugegen war, fragte ich, ob sie ein mesmerisches Experiment für mich versuchen wollten. Sie sagten bereitwillig zu, und Mr. *Loomis* warf durch Handstriche seine Gattin in einen mesmerischen Zustand, wie er oft zu thun pflegt, und eine Intelligenz, welche der Geist ihrer Mutter zu sein beanspruchte, sprach durch ihre Lippen. Bis zu diesem Moment hatte ich nichts zu einer lebenden Seele über die Natur meines geplanten Experimentes geäussert; aber ich fragte hierauf die unsichtbare Intelligenz, ob sie zur Zeit in das Haus der Mrs. *Makdougall Gregory*, 21 Green Street, Grossvenor Square, London, hingehen und einen schweren körperlichen Gegenstand in deren Gegenwart in Bewegung setzen könne. Die Antwort lautete: — 'Ich weiss es nicht, ich will es versuchen'. — Etwa drei Minuten später, um $8^h\ 40^m$ Nachm., erklärte die Intelligenz, dass Mrs. *Gregory* sich in ihrem Empfangszimmer mit einer Freundin befände, und fügte hinzu: — „Ich habe Mrs. *Gregory* ein prickelndes Gefühl im Arme verursacht, vom Elbogen an bis hinab zur Hand, als ob eine Person den Arm stark gequetscht hätte, und sie hat zu ihrer Freundin darüber gesprochen." — Ich machte mir eine schriftliche Notiz von dieser Behauptung, zur Zeit da sie gemacht wurde.

„Wenige Minuten später verliess ich Mr. und Mrs. *Loomis*, und ohne ihnen meine Absicht, dies zu thun, zu verrathen, ging ich geradenwegs in das Haus der Mrs. *Gregory* in etwa anderthalb engl. Meilen Entfernung. Ich hatte Mrs. *Gregory* für dieses Experiment auserwählt, weil sie sich nicht scheut, ihren Namen in Verbindung mit psychischen Wahrheiten zu veröffentlichen, und weil ihr Wort Gewicht hat, besonders in Schottland, woselbst sie und ihre Familie gut bekannt sind; sie ist die Wittwe des Professors *Gregory* an der Edinburger Universität und stammt direkt ab vom Lord *of the Isles*.

„Ich erzählte damals zum ersten Male Mrs. *Gregory* von dem Experiment. Sie versetzte, dass sie zwischen halb neun und neun Uhr an diesem Abend Piano gespielt und sich plötzlich zu ihrer Freundin Miss *Janewicz* aus Upper Norwood umgewendet habe, sprechend: — 'Ich weiss nicht, was mit mir los ist; ich fühle mich ganz erstarrt und habe einen solchen Schmerz in meinem rechten Arm, dass ich nicht weiter spielen kann!"

"Miss *Janewicz*, welche nicht an Spiritualismus oder an die Wunder der Psychologie glaubte, empfand ein lebhaftes Interesse, als sie von dem Experimente in Kenntniss gesetzt wurde. Sie sagte mir, dass sie sich klar an Mrs. *Gregory's* Worte erinnere, dass sie nicht weiter spielen könne wegen eines Schmerzes in ihrem rechten Arm." (pag. 215—216.) —

Mr. *H. Wedgwood* (s. S. 625 d. 1. Aufl.) bezeugt ebenso, dass ein Experiment derselben Art durch Mrs. *De Morgan* (die Gattin des Professors *De Morgan*, Verfassers des Werkes: — "From Matter to Spirit" [Von der Materie bis zum Geiste]) — erhalten wurde: —

"Die Kraft des ausserkörperlichen Geistes, bei gewissen Gelegenheiten physikalische Wirkungen hervorzubringen, mag weiter erläutert werden durch eine Geschichte, die ich wiederholt von Mrs. *De Morgan* gehört habe. Sie hatte einmal ein hellsehendes kleines Mädchen unter mesmerischer Behandlung, und sie pflegte gelegentlich dessen hellsehende Gabe dadurch zu prüfen, dass sie dasselbe im Geiste an verschiedene Orte gehen und beobachten liess, was dort gerade vorginge. Bei einer solchen Gelegenheit wünschte sie, das kleine Mädchen möchte in das Haus gehen, in welchem sie wohnte. 'Gut', sagte das Mädchen, 'ich bin dort angekommen, — und ich habe einen Donnerschlag an die Thüre gethan.' Als am nächsten Tage Mrs. *De Morgan* nachforschen ging, was sie um dieselbe Stunde gemacht hätten, wurde ihr erzählt, wie beschäftigt sie gewesen seien; 'und', sagte die Frau, 'etliche bösartige Kinder kamen und donnerten laut an die Thür, worauf sie davon rannten." ("Light" 1883, October 20., pag. 458. — Vergl. "Human Nature" 1877, p. 264.)

Das Seitenstück zu ähnlichen Experimenten werden wir in der IV. Rubrik finden, woselbst der Doppelgänger eines mesmerisirten Subjectes ebenfalls gesehen worden ist, während er eine physikalische Wirkung hervorrief.

Folgendes finden wir bei *Perty* über die berühmte Seherin von Prevorst: — "Frau *Hauffe* konnte anderwärts wohnenden Freunden sich durch nächtliches Ausklopfen kund thun, welches hohl und doch hell war, und wie in der Luft geschah. Am nächsten Tage, nachdem sie in der Nacht bei *Kerner* geklopft, wovon aber nichts gegen sie erwähnt wurde, fragte sie, ob sie wieder klopfen solle?" (*Perty* „Mystische Erscheinungen" 1872 II, S. 124.)

Wir finden auch ausserhalb des Spiritismus und Mesmerismus analoge Fälle. Folgendes lesen wir weiterhin bei *Perty*: — „Ein zu Basel studirender Schweizer besuchte so häufig ein dortiges Haus, dass man sein Kommen schon an der Art, wie er die Glocke zog, erkannte. Später in Berlin an den Masern erkrankt, dachte er mit Sehnsucht an seine Freunde in Basel. In der gleichen Stunde nun wurde dort in dem befreundeten Hause die Glocke ganz nach seiner Art gezogen, so dass Alle sich sehr über seine Rückkehr wunderten. Als man aber öffnete, war Niemand da, auch Niemand gesehen worden. Dieser Vorfall veranlasste, dass man in Berlin Nachfrage nach ihm hielt. 'Magikon' V, 495." (*Perty,* „Myst. Ersch." 1872, II, S. 125.) — *Perty* citirt auch noch andere Beispiele von „Fernwirkung von Lebenden."

Hier folge ein Beispiel von aus der Ferne geklopften Schlägen durch eine kranke Person, welche schläft und träumt, dass sie geklopft hat; Mr. *Harrison* entlehnt es dem Werke von *Henry Spicer*: — „Sights and Sounds" (Gesichte und Töne): —

„Mrs. *Lauriston* (der Name ist etwas verändert), eine in London wohnende Dame, hat eine Schwester, welche in Southampton lebt. Eines Nachmittags, als die letztere bei der Arbeit in ihrem Zimmer sass, wurden drei leichte Klopflaute an der Thüre vernommen. 'Herein!' sagte die Dame. Niemand trat ein; aber da das Klopfen sich wiederholte, erhob sie sich und öffnete die Thür. Niemand war sichtbar. In einem genau dem Klopfen entsprechenden Augenblick hatte Mrs. *Lauriston*'s Krankheit die Krisis erreicht. Eine Art von Trance überkam sie darauf, und als sie sich daraus wieder erholte, erzählte sie, dass sie, von dem eifrigen Wunsche beseelt, ihre Schwester zu sehen, bevor sie sterbe, geträumt habe, sie ginge nach Southampton und klopfe an ihre Zimmerthür; dass beim zweiten Klopfen ihre Schwester erschien, aber dass das Unvermögen, sie anzureden, ihr eine Unpässlichkeit zugezogen habe, welche sie zu sich selbst zurückrief." (*Harrison* „Spirits before our eyes", pag. 146.) —

Hier reihen sich zahlreiche Berichte an von geklopften Schlägen, die man sterbenden Personen an ihre Verwandten oder Freunde in der Ferne zuschreibt, denn diese Klopflaute hat man übereinstimmend gefunden mit den letzten Augenblicken dieser Personen.

So z. B. wurde Mr. *Boswell* zu Edinburg drei Mal während der Nacht von starken Klopflauten an der Eingangspforte aufgeweckt, erhob sich vom Lager, um nachzusehen, fand aber Niemanden. Später erhielt er die Nachricht vom Tode seines Bruders in Calcutta und fand, dass die Stunde, in der die Klopflaute vernommen wurden, der Zeit entsprach, in welcher sein Bruder gefährlich verwundet wurde. (Man sehe wegen der Details „Light" 1884, pag. 505.)

Professor *Perty* citirt zahlreiche Fälle dieser Art in demselben Werke, Band II, in dem Kapitel, welches betitelt ist: — „Fernwirkung von Sterbenden" S. 125 ff. — In seinem Werke: — „Der jetzige Spiritualismus" — citirt er nach Prof. *Daumer* „einen Fall, wo ein sterbender Grossvater die an seinem Bette weilende, anderwärts wohnende Tochter auffordert, ihren Sohn zu holen, um für ihn zu beten, da er selbst das nicht mehr könne, und zugleich sich geistig selbst zu ihm verfügt, sehr stark an das Treppengeländer klopft, den Enkel beim Namen ruft und zum Kommen auffordert, worauf dieser sich ankleidet und auf der Treppe der Mutter begegnet, die ihn eben holen will, worauf beide zum Grossvater gehen, der den Enkel mit Lächeln empfängt, ihn zum Beten auffordert und nach zwei Stunden sanft stirbt." (S. 209.) —

Diese letzteren Thatsachen haben wohl einen anekdotischen Charakter; aber jetzt, wo die mediumistischen Phänomene auf eine unbestreitbare Weise die Thatsache der ausserkörperlichen, physikalischen Wirkungskraft begründen, können die Berichte ähnlicher Vorfälle, die sich von Jahrhundert zu Jahrhundert fortpflanzen, als unsere Rubrik vervollständigend in Erwägung gezogen werden.

Man kann noch sagen, dass die Thatsachen dieser letzteren Art nur Hallucinationen des Gehörs und Gefühls seien. Vielleicht; aber in jedem Falle werden es wahrhaftige, telepathische Hallucinationen sein, d. h. Erzeugnisse durch die ausserkörperliche, psychische Wirkungskraft eines in die Ferne Wirkenden, — was das Wesentliche dabei ist; aber wenn man die mediumistischen Thatsachen unter den Händen hat, kann man das Fehlen jeder physikalischen Wirkung selbst bei dieser Art von Manifestationen nicht bestimmt behaupten.

Man hat Grund, anzunehmen, dass ein Theil der sogenannten „Spukgeschichten" sich unter diese Rubrik einreihen lassen könnte. Das würde ein sehr interessantes Studium sein, und ich erinnere mich nicht, dass es schon jemals von diesem Gesichtspunkte aus unternommen worden wäre. So z. B. lese ich in *Görres'* „Mystik" (s. Vol. III, p. 325, französische Uebersetzung „La Mystique") in dem Kapitel — „Das Geisterklopfen zu Tedworth" — dass nach dem Geständniss des ins Gefängniss geworfenen Bettlers\*) er selbst es gewesen, der zu Tedworth im Hause Monpesson allen Lärm und alle Unordnung zuwege brachte, von denen uns *Glanvil* umständlichen Bericht in seinem „Sadducismus triumphatus" giebt, was ihn zu einem klassischen Fall gestempelt hat. Aber ich habe dieses Buch nicht zu Händen, um den Auszug von *Görres* zu bewahrheiten. *Perty* thut dieses Falles in seinen „Mystischen Erscheinungen" Bd. II, S. 96 Erwähnung. —

Bevor wir zum folgenden Abschnitt übergehen, muss eine Frage beantwortet werden, welche sich naturgemäss aufdrängt: — Wenn die mediumistischen Phänomene in vielen Fällen nichts als Wirkungen der ausserkörperlichen Thatkraft des lebenden Menschen sind, weshalb doch

---

\*) Etwas Aehnliches steht „Psych. Stud." August-Heft 1886 S. 352 ff. in dem von Herrn *R. Wiesendanger* in Hamburg mitgetheilten Falle eines taubstummen Bettlers in der dortigen Diakonissen-Anstalt. — Vgl. Ausführliches über obigen Fall daselbst August-Heft 1890 S. 354 ff. —

Der Uebersetzer *Gr. C. Wittig.*

kündigen sich diese Phänomene, die mit einer
ihnen eigenen Intelligenz begabt sind, welche den Beweis
für ein ihnen eigenes Bewusstsein liefert, **nicht selbst
als solche an?** Diese Fälle existiren, aber ich glaube
dass sie im Allgemeinen vernachlässigt worden sind, wie
man aus der folgenden Beobachtung des Mr. *Harrison*,
des Herausgebers des „Spiritualist", ersehen kann: —

„Am Sonnabend den 12. September 1868 ging ich allein
zu einer Privat-Séance mit Mr. und Mrs. *Marshall*, um
eine lange Conversation mit *John King* zu haben. Zuerst
sassen wir bei Licht, worauf die Klopflaute sagten: — 'Ich
bin Dein guter Familien-Geist.' — ‚Dann sage mir gefälligst,
wer Du bist.' — ‚Ja. Ich bin Du selbst.' — Ich wandte
mich an Mrs. *Marshall* und fragte, welches die Meinung
dieser Botschaft wäre. Sie erklärte, dies nicht zu wissen;
sie hätte etwas Aehnliches zuvor nicht gehört; vielleicht
wäre es 'mein Doppelgänger', da von manchen Leuten
gesagt würde, dass sie Doppelgänger von sich in der
Geisterwelt hätten. Dieses war das erste Mal, dass ich
überhaupt von einem menschlichen Doppelgänger hörte,
und es war eine zu grosse Hypothese, um sogleich angenommen zu werden, so dass ich zu dem Schlusse gelangte, die Botschaft wäre wahrscheinlich ein Scherz von
*John King*. Ich sagte: — ‚Willst Du mir in einem Dunkelzimmer mehr sagen?' — Das Klopfen antwortete: — 'Ja.'
— Wir gingen in das Dunkelzimmer, woselbst in kurzer
Zeit einige leuchtende, kometenähnliche Körper von ungefähr einem Fuss Länge, am vorderen Ende dick und bis
zu einem feinen Punkte am hinteren Schweife dünner
werdend, gelegentlich in krummlinigen Richtungen umher
flogen. Nach einer kleinen Weile sagte eine Stimme ganz
nahe bei mir: — 'Ich bin Dein Geist selber. Ich sprach
zu Dir im anderen Zimmer'. — Noch immer hielt ich es
für wahrscheinlich, dass dies ein Scherz von *John King*
wäre, und setzte deshalb die Unterhaltung nicht fort, ein
Umstand, den ich stets bedauert habe, nun ich jetzt weiss,
welch eine wichtige Rolle die Doppelgänger oder den
Doppelgängern ähnliche Wesen in einer ungemein grossen

Zahl von Geister-Manifestationen spielen." — („The Spiritualist" 1875, I. p. 129.)

Ich erinnere mich, etwas Aehnliches in *Hornung's* „Neue Geheimnisse des Tages" gelesen zu haben, aber ich habe die Stelle nicht wieder auffinden können.

## III.

**Das ausserkörperliche Wirken des lebenden Menschen, welches sich durch die Erscheinung seines Ebenbildes verräth, (telephanische Phänomene — Erscheinungen in der Ferne).**

Unter diese Rubrik reihen sich zahlreiche, zu allen Zeiten beobachtete Thatsachen, welche unter dem Namen der Erscheinung von Doppelgängern (doubles) bekannt sind. Die Wissenschaft hat sie niemals anders, denn als rein subjektive Hallucinationen betrachtet. Aber dank den Arbeiten der „Society of Psychical Research" in London, — welche sich ein ewig dauerndes Monument in ihrem Hauptwerk: — „Phantasms of the Living" („Phantasmen der Lebenden") — errichtet hat, ist diese oberflächliche Erklärung nicht mehr haltbar. Die Hunderte von mit aller möglichen Sorgfalt von dieser Gesellschaft gesammelten und bewahrheiteten Thatsachen, — ganz neuen, von den Zeugen selbst erhaltenen Facta, — beweisen auf unbestreitbare Art den innigen Zusammenhang, welcher zwischen der Erscheinung des Doppelgängers und der lebenden Person, die er darstellt, besteht, so dass, wenn das eine Hallucination ist, dies nichtsdestoweniger — wie sich die Verfasser des Werkes ausdrücken — eine wahrhaftige („veridical") Hallucination ist, d. h. eine einer psychischen Wirkungskraft entsprechende, welche zum Theil ausserhalb desjenigen, der die Erscheinung sieht, stattfindet. Es ist deshalb vollständig unnütz, dass ich mich hier damit aufhalte, Beispiele dieses Phänomens anzuführen, um so mehr, als die Beispiele, welche ich in dem folgenden Kapitel gebe, noch besser diesem Zweck entsprechen. Aber ich muss mich bei folgender Betrachtung aufhalten. — Jetzt, wo wir die Phänomene der Materialisation kennen, haben wir das Recht, einzuräumen, dass in gewissen Fällen die Erscheinung kein rein psychisches

Phänomen sein kann, sondern dass sie auch eine gewisse Objectivität, ein gewisses Substratum von Materialität oder stofflicher Unterlage zu haben vermag, was eine besondere Art von Doppelgängern daraus machen würde, die den Uebergangspunkt zwischen dieser Rubrik und der folgenden bilden könnten. Wir haben einige Thatsachen, welche beweisen können, dass diese Annahme nicht grundlos ist. — Die kostbarste und lehrreichste Thatsache, welche wir in dieser Art besitzen, ist ganz bestimmt die **Thatsache der gewohnten Verdoppelung der** *Emilie Sagée*. welche monatelang durch ein ganzes Pensionat beobachtet wurde, während *Emilie* selbst ebenfalls sichtbar blieb. Wir verdanken diese Thatsache *Robert Dale Owen*, welcher sie aus erster Quelle (von der Baronin *Julie von Güldenstubbe*) erhielt und davon eine kurze Notiz in seinem Buche: — **„Footfalls on the Boundary of another World"** (Wiederhallende Fusstritte an der Grenze einer anderen Welt) — gegeben hatte, welche *Perty* in seiner Broschüre: — **„Realität der magischen Kräfte"** — S. 67 zu citiren nicht verfehlt hat; aber später wurden ausführlichere Darstellungen, nach der Baronin *v. Güldenstubbe* eigenen Mittheilungen, im Londoner „Light" 1883 p. 366 veröffentlicht, und da dieser Fall höchst merkwürdig und wenig bekannt ist, so citire ich ihn hier vollständig: —

„**Erscheinung der Doppelgängerin der Mademoiselle Emilie Sagée.**

„Es existirte im Jahre 1845, und besteht noch, in **Livland**, ungefähr 36 englische Meilen von **Riga** und anderthalb Meilen von der kleinen Stadt **Wolmar**, ein Institut von hohem Rufe hinsichtlich der Erziehung junger Damen, genannt das Pensionat von **Neuwelcke**. Es steht unter der Oberaufsicht mährischer Directoren; der zur Zeit der hier zu berichtenden Vorfälle an seiner Spitze stehende Leiter hiess *Buch*.

„Es wohnten in jenem Jahre 42 junge Damen als Kostgängerinnen dort, hauptsächlich Töchter edler Livländischer Familien; unter ihnen befand sich Fräulein *Julie*, die zweite Tochter des Barons *von Güldenstubbe*, welche damals im Alter von 13 Jahren stand.

„In diesem Institute war eine der weiblichen Lehrerinnen zu jener Zeit Mademoiselle *Emilie Sagée*, eine französische Dame, aus Dijon. Sie war von nordischem Typus, — eine Blondine mit sehr schöner Hautfarbe, hellblauen Augen, kastanienbraunem Haar, etwas über Mittelgrösse und von schlanker Gestalt. Von Charakter war sie liebenswürdig, ruhig und gut gelaunt; durchaus nicht zornig oder ungeduldig; aber von einer ängstlichen Gemüthsart und in Betreff ihres physischen Temperaments ziemlich nervös erregbar. Ihre Gesundheit war gewöhnlich eine gute; und während der anderthalb Jahre, dass sie zu Neuwelcke als Lehrerin lebte, hatte sie nur eine oder zwei leichte Unpässlichkeiten. Sie war intelligent und von vollendeter Erziehung; und die Directoren waren während der ganzen Periode ihres Aufenthaltes vollkommen zufrieden mit ihrer Führung, ihrem Fleisse und ihren Fertigkeiten. Sie war zur Zeit 32 Jahre alt.

„Einige Wochen, nachdem Fräulein *Sagée* eingetroffen war, begannen sonderbare Gerüchte unter den Zöglingen zu cursiren. Wenn eine gelegentliche Nachfrage stattfand, wo sie sich augenblicklich befinde, pflegte die eine junge Dame zu erwidern, dass sie selbige in dem oder jenem Zimmer gesehen hätte; worauf eine Andere zu sagen pflegte: — „O nein! sie kann nicht dort sein; denn ich bin ihr so eben erst auf der Treppe begegnet"; oder vielleicht auch in einem entfernten Korridor. Zuerst vermutheten sie natürlich, dass es ein blosses Versehen wäre; aber als das Nämliche sich immer wieder ereignete, begannen sie es für recht sonderbar zu halten, und sprachen schliesslich mit den anderen Erzieherinnen darüber. Wenn auch die Lehrer zu dieser Zeit eine Erklärung hätten liefern können, oder nicht, sie gaben keine; sie sagten den jungen Damen bloss, es wäre das Alles Phantasterei und Unsinn, und baten sie, nicht weiter acht darauf zu geben.

„Aber nach einiger Zeit wurden die Dinge weit ausserordentlicher, und etwas, das nicht der Einbildung oder einem Versehen zugeschrieben werden konnte, begann sich zu ereignen. Eines Tages ertheilte die Erzieherin einer Klasse von dreizehn Mädchen, unter denen sich Fräulein *von Güldenstubbe* befand, eine Lektion und demonstrirte mit Eifer einen Lehrsatz, den sie zur Erklärung mit Kreide an eine schwarze Tafel schrieb. Während sie dies that und die jungen Damen auf sie blickten, sahen sie plötzlich zu ihrer Bestürzung zwei Mademoisellen *Sagée*'s, die eine an der Seite der anderen. Sie waren einander genau gleich; und sie gebrauchten dieselben Gebärden, nur dass die wirkliche Person ein Stück Kreide in ihrer Hand hielt und wirklich damit schrieb, während die Doppelgängerin keine Kreide hatte und die Schreibbewegung nur nachahmte.

„Dieser Vorfall erregte natürlich eine grosse Sensation in der Anstalt. Es wurde auf Befragen ermittelt, dass jede von den dreizehn jungen Damen in der Klasse die zweite Gestalt gesehen hatte, und dass sie sämmtlich in ihrer Beschreibung dieser Erscheinung und ihrer Bewegungen übereinstimmten.

„Bald nachher, als eine von den Zöglingen, ein Fräulein *Antonie von Wrangel*, mit einigen Anderen die Erlaubniss erhalten hatte, einem ländlichen Feste in der Nachbarschaft beizuwohnen, und mit Vollendung ihrer Toilette beschäftigt war, war ihr Mademoiselle *Sagée* gutmüthig und von freien Stücken zu Hilfe geeilt und hakte ihr hinten das Kleid zu. Als die junge Dame sich zufällig umwendete und in einen dahängenden Spiegel blickte, bemerkte sie zwei Mademoisellen *Sagée*'s, welche ihr Kleid zuhakten. Diese plötzliche Erscheinung brachte eine solche Wirkung auf sie hervor, dass sie ohnmächtig wurde.

„Monate verstrichen, und noch immer wiederholten sich ähnliche Phänomene. Zuweilen erschien beim Diner die Doppelgängerin, hinter der Lehrerin Stuhl stehend und deren Bewegungen nachahmend, wie sie ass, — nur dass ihre Hände kein Messer und keine Gabel hielten, und dass keine Nahrung dabei erschien; nur die Gestalt allein wiederholte sich. Alle Zöglinge und bei Tische aufwartenden Diener waren Augenzeugen davon.

„Es ereignete sich jedoch nur gelegentlich, dass die Doppelgängerin erschien, um die Bewegungen der wirklichen Person nachzuahmen. Zuweilen, wenn die letztere sich von einem Stuhl erhob, pflegte die Gestalt sitzend auf ihm zu erscheinen. In dem einen Falle, als Mademoiselle *Sagée* wegen eines heftigen Schnupfens an's Bett gefesselt war, sass die bereits erwähnte junge Dame, Fräulein *von Wrangel*, an ihrer Bettseite und las ihr vor. Plötzlich wurde die Erzieherin starr und bleich; und da sie ohnmächtig zu werden schien, befragte die erschreckte junge Dame sie, ob ihr noch übler würde. Sie erwiderte, dass das nicht der Fall sei, aber mit einer ganz schwachen und ersterbenden Stimme. Einige Augenblicke darauf blickte Fräulein *von Wrangel* sich zufällig um und sah ganz deutlich die Gestalt der Erzieherin in dem Zimmer auf und niedergehen. Dieses Mal hatte die junge Dame hinreichende Selbstbeherrschung, um sich ruhig zu verhalten und nicht einmal eine Bemerkung gegen die Patientin zu machen. Bald nachher kam sie die Treppe ganz blass herab und erzählte, wovon sie Zeugin gewesen war.

„Aber der merkwürdigste Fall dieser anscheinend von einander unabhängigen Thätigkeit der beiden Gestalten ereignete sich folgendermaassen: —

„Eines Tages waren alle jungen Damen des Institutes, an Zahl 42, in demselben Zimmer versammelt und mit Stickereien beschäftigt. Es war eine geräumige Halle in dem ersten Stockwerk des Hauptgebäudes, welche vier grosse Fenster oder vielmehr Glasthüren hatte, denn sie öffneten sich auf den Flur und gestatteten den Eintritt in einen ziemlich geräumigen Garten vor dem Hause. Es stand ein langer Tisch in der Mitte des Zimmers, und an ihm waren die verschiedenen Klassen gewohnt, sich zu Nadelarbeiten oder ähnlichen Beschäftigungen zu vereinigen.

„Bei dieser Gelegenheit sassen die jungen Damen alle an dem besagten Tische, von dem aus sie deutlich sehen konnten, was im Garten vorging; und während sie mit ihrer Arbeit beschäftigt waren, hatten sie Mademoiselle *Sagée* daselbst, nicht weit entfernt vom Hause, Blumen pflückend bemerkt, was sie sehr liebte. Am oberen Ende des Tisches sass in einem Armstuhl (von grünem Maroquin, dessen sich meine Berichterstatterin noch ganz deutlich erinnern will,) eine andere Lehrerin zur Beaufsichtigung der Zöglinge. Nach einiger Zeit hatte diese Dame zufällig das Zimmer zu verlassen, und der Armstuhl blieb leer. Er blieb dies jedoch nur für kurze Zeit; denn plötzlich erschien dort die Gestalt der Mademoiselle *Sagée* auf ihm sitzend. Die jungen Damen blickten sofort in den Garten und sahen sie dort noch immer wie zuvor beschäftigt; nur bemerkten sie, dass sie sich sehr langsam und matt bewegte, wie dies eine schläfrige oder erschöpfte Person thun würde. Wiederum sahen sie auf den Armstuhl, und dort sass sie schweigend und regungslos, aber für das Auge so greifbar wirklich, dass, hätten sie selbige nicht draussen im Garten gesehen und nicht gewusst, dass sie im Armstuhl erschienen war, ohne dass sie in das Zimmer hereinschritt, sie alle vermuthet haben würden, dass es die Dame selbst wäre. Da sie so, wie die Sache lag, ganz gewiss waren, dass es nicht eine wirkliche Person sei, und da sie bis zu einem gewissen Grade mit diesem sonderbaren Phänomen vertraut geworden waren, näherten sich zwei der kühnsten und versuchten, die Gestalt zu berühren. Sie behaupteten, einen leichten Widerstand zu empfinden, welchen sie mit dem eines Gewebes von feinem Muslin oder Crepp für das Gefühl verglichen. Die eine von den Beiden schritt hierauf bis dicht vor den Armstuhl und thatsächlich **durch** einen Theil der Gestalt hindurch. Die Erscheinung jedoch blieb, nachdem sie dies gethan hatte, noch einige Zeit länger sitzen, wie zuvor. Zuletzt verschwand sie allmählich; und dann wurde beobachtet, dass Mademoiselle *Sagée* mit all ihrer gewohnten Lebhaftigkeit ihre Arbeit des Blumenpflückens wieder aufnahm. Jede von den 42 jungen Damen sah dieselbe Gestalt auf die nämliche Weise.

„Einige von den jungen Damen befragten nachher Mademoiselle *Sagée*, ob sie irgend etwas Besonderes bei dieser Gelegenheit in sich empfunden hätte. Sie versetzte, dass sie sich nur des Folgenden erinnere: dass, als sie zufällig aufblickte und der Lehrerin Armstuhl leer sah, sie bei sich gedacht hätte: — „Ich wünschte, sie wäre nicht weggegangen; diese Mädchen werden gewiss ihre Zeit vertändeln und irgendwelches Unheil anrichten." —

„Dieses Phänomen dauerte unter verschiedenen Modifikationen die ganze Zeit über fort, in der Mademoiselle *Sagée* ihre Stellung in Neuwelcke behielt, nämlich durch einen Theil der Jahre 1845 und 1846, und im Ganzen etwa anderthalb Jahre; jedoch mit Zwischenpausen, — zuweilen eine Woche lang, zuweilen mehrere Wochen zugleich aussetzend. Es schien sich hauptsächlich bei Gelegenheiten zu zeigen, in denen die Dame sehr ernst oder eifrig in ihrem Thun war. Es wurde stets bemerkt, dass, je deutlicher und materieller die Doppelgängerin für das Gesicht war, desto starrer und hinfälliger befand sich die lebende Person; und in dem Verhältniss, in welchem die Doppelgängerin dahin schwand, nahm das wirkliche Individuum an Kräften wieder zu.

„Sie selbst jedoch war des Phänomens sich total unbewusst; sie war zuerst nur aus dem Berichte Anderer darüber benachrichtigt worden; und sie entdeckte es gewöhnlich aus den Blicken der anwesenden Personen. Sie sah niemals selbst die Erscheinung, noch auch schien sie die Art von apathischer Starrheit zu bemerken, welche sie überfiel, sobald die Erscheinung von Anderen gesehen wurde.

„Während der achtzehn Monate, durch welche meine Gewährsmännin Gelegenheit hatte, Zeugin von diesem Phänomen zu sein und durch Andere von ihm zu hören, kam kein Fall zu ihrer Kenntniss von dem Erscheinen der Gestalt in einer beträchtlichen Entfernung — z. B. von mehreren Meilen — von der wirklichen Person. Zuweilen erschien sie, aber nicht weit entfernt, während ihrer Spaziergänge in der Nachbarschaft; häufiger jedoch innerhalb von Thüren. Jede Dienerin im Hause hatte sie gesehen. Sie war anscheinend für alle Personen ohne Unterschied des Alters oder Geschlechts sichtbar.

„Es wird leicht zu vermuthen sein, dass ein so aussergewöhnliches Phänomen sich nicht länger als ein Jahr fortdauernd zeigen konnte in einem solchen Institute ohne Nachtheil für dessen Gedeihen. Sobald im Punkte des Thatsächlichen vollständig erwiesen war durch die doppelte Erscheinung der Mademoiselle *Sagée* vor der Klasse und nachher vor der ganzen Schule, dass keine blosse Einbildung in dem Falle vorlag, begann die Sache vor die Ohren der Eltern zu gelangen. Einige der furchtsameren unter den Mädchen wurden gewaltig aufgeregt und schlugen stets einen grossen Lärm, sobald sie gelegentlich Zeuginnen einer so sonderbaren und unerklärlichen Sache wurden. Das natürliche Resultat war, dass ihre Eltern Bedenken zu tragen anfingen, ob sie dieselben unter einem solchen Einflusse weiter belassen sollten. Eine nach der anderen, welche zu den Ferien heimkehrten, blieb bei der Rückkehr aus; und obgleich den Directoren der wahre Grund nicht angegeben wurde, so kannten sie ihn doch sehr gut. Da sie jedoch streng aufrichtige und gewissenhafte Männer und nicht Willens waren, dass eine wohlerzogene, fleissige und fähige Lehrerin ihre Stellung verlieren sollte auf Grund einer Eigenthümlichkeit, welche gänzlich ausserhalb ihrer Selbstbeherrschung lag, — ein Unglück, nicht ein Fehler war, — so behielten sie dieselbe weiter bei, bis am Ende von achtzehn Monaten die Anzahl der Schülerinnen sich von 42 auf 12 herabgemindert hatte. Es wurde dann augenscheinlich, dass entweder die Lehrerin, oder das Institut geopfert werden müsste; und mit grossem Bedauern und vielen Mitleidsbezeugungen von Seiten Derjenigen, denen sie durch ihre liebenswürdigen Eigenschaften theuer geworden war, wurde Mademoiselle *Sagée* verabschiedet.

„Das arme Mädchen war in Verzweiflung. — ‚Ach!‘ — hörte Fräulein *von Güldenstubbe* bald nach Empfang ihrer Entlassung sie ausrufen, - Ach! schon das neunzehnte Mal! Es ist sehr, sehr hart zu ertragen!" — Als sie gefragt wurde, was sie unter diesen Worten meinte, bekannte sie widerstrebend, dass sie vor ihrem Engagement zu Neuwelcke bereits Lehrerin an achtzehn verschiedenen Schulen gewesen sei, von denen sie in die erste im Alter von kaum sechzehn Jahren eingetreten war, und dass sie bei Kundwerdung des sonderbaren und aufregenden Phänomens, welches sich an sie heftete, nach einem stets verhältnissmässig kurzen Aufenthalte eine Stellung nach der anderen verloren hatte. Da jedoch ihre Directoren in jeder anderen Hinsicht gut zufrieden mit ihr waren, so erhielt sie in jedem Falle günstige Zeugnisse über ihre Führung und ihre Fähigkeiten. Wegen ihres Lebensunterhalts ganz auf ihre Thätigkeit angewiesen, war das arme Mädchen gezwungen gewesen, sich dieser Zeugnisse beim Suchen nach einer Stellung an Orten zu bedienen, wo die Ursache ihrer Entlassung nicht bekannt war; obgleich sie bereits aus Erfahrung wusste, dass einige Monate nicht verfehlen würden, sie wieder zu enthüllen.

„Nachdem sie Neuwelcke verlassen, ging sie eine Zeit lang in die Nachbarschaft in Stellung zu einer Schwägerin, welche mehrere ganz junge Kinder hatte. Fräulein *von Güldenstubbe*, welche sie dorthin besuchen ging, erfuhr, dass die Kinder im Alter von drei bis vier Jahren Alles von ihr wussten; sie pflegten nämlich zu sagen, dass ‚sie zwei Tanten *Emilien* sähen.'

„Später begab sie sich in das Innere von Russland, und Fräulein *von Güldenstubbe* verlor sie ganz aus dem Gesicht.

„Diese Dame war nicht im Stande, mir zu sagen, ob die Erscheinung sich bereits während Mademoiselle *Sagée*'s Kindheit, oder vor ihrem sechzehnten Jahre gezeigt hätte, noch ob bei Jemandem ihrer Familienangehörigen oder ihrer Vorfahren eine ähnliche Eigenthümlichkeit erschienen wäre.

„Ich erhielt die obigen Mittheilungen von Fräulein *von Güldenstubbe* selbst; und sie ertheilte mir die freundliche Erlaubniss, sie mit allen Einzelheiten der Namen, des Ortes und Datums zu veröffentlichen. Sie blieb als Schülerin zu Neuwelcke während der ganzen Zeit, dass Mademoiselle *Sagée* als Lehrerin dort war. Niemand hätte daher eine bessere Gelegenheit haben können, den Fall in allen seinen Details zu beobachten.

„Im ganzen Verlaufe meiner Lectüre über diesen Gegenstand — und sie ist ziemlich ausgedehnt gewesen — bin ich nicht einem einzigen Beispiele von der **Erscheinung eines Lebenden** begegnet, welches so unbestreitbar authentisch (echt) ist, wie dieses. Das Institut zu Neuwelcke existirt noch, da es sich allmählich seine frühere Stellung wieder erobert hat, nachdem Mademoiselle *Sagée* es verlassen hatte; und bestätigende Zeugnisse können leicht erhalten werden, indem man sich an seine Directoren wendet.

„Diese Erzählung beweist über allen Zweifel oder jede Leugnung, dass unter besonderen Umständen die Erscheinung oder der Doppelgänger einer lebenden Person bis zu einer gewissen Entfernung von dieser Person dem gewöhnlichen menschlichen Auge zu erscheinen vermag, und zwar als ebenso materiell, dass er von einem wirklichen Körper nicht zu unterscheiden ist; ferner, dass diese Erscheinung von einem Spiegel reflectirt werden kann. Wenn die jungen Damen, welche muthig genug waren, das Experiment des Berührens derselben zu versuchen, nicht durch ihre Einbildung getäuscht wurden, so beweist dies weiter, dass eine solche Erscheinung eine zwar schwache, aber doch bestimmte Dichtigkeit haben kann.

„Es scheint auch zu beweisen, dass Sorge oder Eifer auf Seiten der lebenden Person die Erscheinung (wenn ich mich so ausdrücken darf) auf eine bestimmte Stelle zu projiciren vermag. Doch war sie auch zuweilen sichtbar, wenn keine solche Veranlassung bezeichnet werden konnte.

„Es beweist ferner, dass, wenn die Erscheinung sich von dem natürlichen Körper (wofern dieses der richtige Ausdruck ist) trennte, sie einen gewissen Theil von dieses Körpers gewöhnlichem Leben und Streben mit sich nahm. Es scheint nicht, dass in diesem Falle die auf eine solche Trennung folgende Schwäche jemals den Zustand des Trance (der Verzückung) oder des Coma (Tiefschlafes) erreichte, oder dass die zu gleicher Zeit beobachtete Starrheit bis zur Katalepsie (Starrsucht) ging; dennoch ist es offenbar, dass die Neigung auf diese beiden Zustände hinauslief, und dass diese Neigung verhältnissmässig grösser war, sobald die Erscheinung deutlicher wurde.

„Zwei merkwürdige Eigenthümlichkeiten kennzeichnen diesen Fall: die eine ist die, dass die Erscheinung, ohne Ausnahme für Jedermann sichtbar, dem Subjecte selbst unsichtbar blieb; die andere, dass, obgleich man die zweite, gleich einem Bilde in einem Spiegel reflektirte Gestalt die Gebärden und Handlungen der ersten zuweilen nachahmen sah, dennoch zu anderen Zeiten die zweite

Gestalt ganz unabhängig von der ersten zu handeln schien; denn sie schien auf und ab zu wandeln, während die wirkliche Person im Bette lag, und im Hause zu sitzen, während ihr Gegenpart (oder wirklicher Körper) sich im Garten umher bewegte.

„Er unterscheidet sich von anderen berichteten Fällen in Folgendem: dass die Erscheinung sich nicht in beträchtlicher Entfernung von der wirklichen Person gezeigt zu haben scheint. Es ist möglich (aber dies nur in der Theorie), dass, wenn sie dies gethan hätte, die Wirkung auf Mademoiselle *Sagée* die gewesen wäre, während ihrer Dauer einen Trance-Zustand zu erzeugen." — —

Wir sehen in diesem Falle, dass der Doppelgänger der *Emilie Sagée* nach Aussage der Schülerinnen, welche ihn zu berühren wagten, sogar eine gewisse Widerstandsfähigkeit besass. Ich habe allen Grund anzunehmen, dass die Photographie die objective Realität dieser Verdoppelung bewiesen haben würde. Ich habe bereits in meinem **ersten Kapitel** (S. 106—107) erwähnt, dass mehrere Fälle von transcendentalen Photographien von Doppelgängern existiren. Der letzte der drei Fälle, welche ich als von Mr. *Glendinning* mitgetheilt citirt habe, findet eine unverhoffte Rechtfertigung durch den Fall der *Emilie Sagée*. Mr. *Glendinning* erzählt: — „In einem Falle erhielten wir ein Portrait des Mediums in derselben Haltung, welche es ungefähr zehn bis fünfzehn Minuten inne gehabt hatte, bevor die Platte exponirt wurde, und als es halbwegs zwischen der Camera und dem Hintergrunde sich befand." Und weiterhin, als die Planchette über das Geheimniss befragt wurde, erhielt man die Antwort: — „dass das Medium seinen Einfluss an der Stelle zurückgelassen hätte, und dass, wenn ein Hellsehender in dem Zimmer gewesen wäre, er es dort gesehen haben würde." — Und was lesen wir in dem Falle der *Emilie Sagée*? — „Zuweilen, wenn sie sich von einem Stuhl erhob, pflegte die Gestalt auf ihm sitzend zu erscheinen." — Die Aehnlichkeit ist merkwürdig! Diese zwei Zeilen dienen als Schlüssel für einen anderen Fall der Photographie eines Doppelgängers, den *Pierart* in seiner „**Revue**

spiritualiste" 1864 p. 84 berichtet: — Herr *Curzio
Paulucci*, praktischer Photograph zu Chiavari bei Genua,
nahm das Bild einer Gruppe von drei Personen auf; als
die Platte entwickelt wurde, erschien eine vierte Person
hinter der Gruppe, — der Doppelgänger eines Photographen-
Gehilfen, welcher einige Augenblicke vor der Exposition
der Platte sich hinter der Gruppe befand und sie die nothwendige Stellung einnehmen liess. Herr *Guido*, ein Ingenieur,
Freund des Herrn *Paulucci*, welcher diese Thatsache Herrn
*Pierart* mitgetheilt hat, beschreibt dabei alle die chemischen
Manipulationen, vermittelst deren er sich vergewisserte,
dass das Bild wohl auf dem Collodion, aber nicht — in
Folge irgend eines Versehens — auf der Glasplatte sich
befand.

Als Seitenstück zur I. Rubrik (S. 105) kann ich folgenden Fall anführen, bei dem die von einem Lebenden erhaltene Communikation noch dazu begleitet ist von der
Erscheinung seines Ebenbildes. Folgende zwei Fälle sind
dem Journal „Human Nature" 1867 (p. 509) von Mr.
*A. Baldwin* aus Birmingham über die Erscheinung seines
selbsteigenen Doppelgängers mitgetheilt worden: —

„An einem der letzten Tage im September, als Miss
*D*— in ihrem Zimmer allein sass, in Gedanken bemüht,
einen Geist Namens „*James*", mit dem sie als Medium in
Verbindung steht, an sich zu ziehen, um ihm eine wichtige
Frage zu stellen, stand, anstatt Geist „*James*", eine lebende
Person Namens *Baldwin* vor ihr. Da sein Körper in Geschäften entfernt war, so kam ihr dies selbstverständlich
sonderbar vor; aber sie entschloss sich sofort, an ihn die
Frage zu richten, auf welche er intelligent mit dreimaligem
Nicken seines Kopfes antwortete, was 'Ja' bedeutete; auf
dieselbe Weise beantwortete er verschiedene andere Fragen
mit 'Ja' und 'Nein' durch dreimaliges und respective ein-
maliges Kopfnicken Sie beschrieb ihm nachher die Kleidung, die er an hatte, selbst bis zu einem Loche in der
Schürze, die er trug, welche genau der Kleidung entsprach,
die er zur Zeit trug... Ich habe noch mitzutheilen, dass die

von Mr. *Baldwin*'s Doppelgänger auf die für den Geist 'James' beabsichtigte Frage einen vom Medium in einem gewissen Hause zu machenden Besuch erforderte, auf welchen hin die erledigte Angelegenheit genau der ertheilten Antwort entsprach; die Sache ist privater Natur, weshalb ich sie mitzutheilen unterlasse." (Pag. 509—510.)

„Bei einer anderen Gelegenheit, etwa vierzehn Tage zuvor, als Miss *Taylor* zu Hause mit ihrer Tante und ihrem Cousin beim Thee sass, erzählte sie diesen, sie könnte Mr. *Baldwin* ganz deutlich an der Ecke des Tisches stehen sehen, an welchem sie sassen. Es ist klar, dass, wenn sie nicht gewusst hätte, er wäre nicht da, sie geglaubt haben würde, es sei sein leibhaftiger Körper gewesen. Bei dieser Gelegenheit fand sich kein Anzeichen von Intelligenz mit Ausnahme eines Lächelns. Zur Zeit lagen alle Gegenstände im Zimmer klar vor ihrem Gesicht da, und sie sah nichts, als seinen Körper augenscheinlich im Zimmer dastehend, daher, wie ich schliessen muss, ihn ganz von einem Falle des Hellsehens unterscheidend. Genau einige Tage später, als dieselben Personen daheim Sitzung für spirituelle Manifestationen hielten, sagte Miss *Taylor* abermals, sie könnte Mr. *Baldwin* im Hause sehen, worauf Miss *Cross*, ihre Cousine, einen Beweis für seine Identität verlangte. Unmittelbar darauf schritt er quer durch das Zimmer, ergriff Miss *Taylor*'s Arm (welche ein Schreib-Medium ist) und schrieb seinen Namen voll aus; wiederum begehrte Miss *Cross* einen anderen Beweis und sagte, wenn er es wäre, solle er vollständig eine Bitte niederschreiben, die er an sie gestellt hätte, deren letzte Worte er in vergangener Nacht gesprochen habe, und sofort wurde sie wörtlich niedergeschrieben." (Pag. 510.)

Wegen noch einiger ergänzenden Details sehe man den Artikel des Mr. *Baldwin* im „Human Nature" 1868, p. 151.

Die Thatsachen des Experimentirens in dieser Richtung sind nicht zahlreich, aber sie existiren. So bezeugt uns Mr. *Coleman*, dass die Tochter des Richters *Edmonds*, Miss *Laura* (s. S. 497), „bisweilen willkürlich ihren Geist projiciren (aus sich hinausstellen) konnte, wobei er in Gestalt erschien und Botschaften an mit ihr in Sympathie befindliche Freunde überliefern konnte," und Miss *Mapes*, die Tochter des Professors *Mapes*, bestätigte dem Mr. *Coleman* ihrerseits, dass „ihre Freundin, Miss *Edmonds*, ihr erschienen wäre und Botschaften überbracht hätte, obgleich sie Beide körperlich 20 engl. Meilen getrennt von einander lebten." Und Mr. *Coleman* citirt noch einen Fall dieser Art. (S. „Spiritualism in America", p. 4 und „The Spiritualist" 1873, p. 470.) — Man sehe auch „Psych. Studien" 1877, S. 193—200.

Fälle von neueren Experimenten werden erwähnt in den „Phantasms of the Living" vol. I, p. 103—109, vol. II, p. 671--676. — Man sehe auch das Kapitel: — „Majavi Rupa" in dem Werke *Du Prel's*: — „Die monistische Seelenlehre" 1888 —, und im Allgemeinen alle Kapitel dieses Werkes, welche der philosophischen Würdigung des Phänomens der Doppelgängerei gewidmet sind.

In den Biographien der Medien finden wir zahlreiche Fälle von Erscheinungen ihrer Doppelgänger (z. B. in der „Biography of Mrs. *Conant*" p. 112), und das führt uns naturgemäss zur folgenden Rubrik.

### IV.

**Das ausserkörperliche Wirken des lebenden Menschen, welches sich durch die Erscheinung seines Ebenbildes mit gewissen Attributen der Körperlichkeit verräth, (telesomatische Phänomene — Verkörperungen [Körperwerden] in der Ferne).**

In dieser Rubrik gewinnt die ausserkörperliche Wirkungskraft des lebenden Menschen die Höhe ihrer Objectivität, denn sie zeigt sich hier intellectuell, physisch und plastisch. Und im Spiritismus allein finden wir den absoluten Beweis dafür. Wenn die Thatsache der Materialisation einmal gegeben ist; so muss sie auch natürlich sein und in Uebereinstimmung mit den methodologischen Prinzipien als ein Erzeugniss des menschlichen Organismus anerkannt werden, und wenn man überdies als allgemeine Regel die grosse Aehnlichkeit der materialisirten Gestalt mit dem

Medium feststellt, so muss man naturgemäss auch schliessen, dass man hier ein Phänomen körperlicher Verdoppelung vor sich habe. Die Thatsache dieser Aehnlichkeit ist unzählige Mal durch die Augenzeugen von Séancen mit Materialisationen und physikalischen Wirkungen constatirt worden. Die Entstehungszeit anlangend, glaube ich, dass die erste Beobachtung dieser Art bis ungefähr auf das Jahr 1855 zurückreicht, wo sie zufällig bei einer der mit physikalischen Wirkungen auftretenden Dunkel-Séancen der Gebrüder *Davenport* gemacht wurde. Ein Polizei-Beamter „öffnete, während Alles in vollem Spiel war, eine Blendlaterne und liess einen vollen Lichtstrahl in das Zimmer strömen. Und nun begann eine sonderbare Scene; denn *Davenport* (der Vater der Knaben) sprang auf seine Füsse und erklärte aufgeregt, dass er *Ira*, seinen Sohn, in der Nähe eines Tisches stehen und auf einem der Tambourins spielen sah, als das Licht einfiel; und er habe ihn auf seinen Sitz zurückgleiten sehen." – Der Vater war wüthend vor Unwillen; aber wie gross war sein Erstaunen, „als, sobald Stillschweigen eintreten konnte, nicht weniger als zwanzig Personen feierlich versicherten, dass sie nicht nur deutlich die Gestalt am Tische – den Doppelgänger oder das Phantom von *Ira Davenport* – erblickt, sondern auch den nach ihrer Annahme aus Fleisch und Blut bestehenden Knaben zu gleicher Zeit ruhig in seinem Stuhl haben sitzen sehen. Das Phantom war zum Knaben hingeglitten, hatte ihn aber sichtbar gar nicht erreicht; denn es schwand innerhalb einer ungefähren Entfernung von 6 Fuss von dem Orte, wo der Knabe sass, ins Unsichtbare dahin." – S. „The *Davenport* Brothers, a Biography", by *Randolph*. (Boston, 1869.) pag. 198, 199. – Auch citirt in „The Spiritualist" 1873, p. 154, 470.

Wir lesen auch in demselben Buche, wie Professor *Mapes* sich vergewisserte, dass die physikalischen Phänomene durch die Doppelgänger der *Davenports* hervorgebracht würden: — „Als die Guitarre zu mir kam, fühlte ich sorgfältig, was ich für den jungen *Ira Davenport* hielt, den ich vom Kopf bis zu Fusse nach Musse untersuchte, den ich aber nicht festhalten konnte, da er, oder sein

Phantom, durch meine Hände hindurch schlüpfte oder mit der anscheinend äussersten Leichtigkeit hinweg schmolz."
— Gerade an dem ganz besonderen Kleide des jungen *Davenport* fand *Mapes* sich vergewissert, dass er ihn in der Dunkelheit erkannt hätte; aber das sofort begehrte Licht bewies, dass der junge *Ira* auf seinem Stuhle fest gebunden sass, wie der Professor selbst ihn gebunden hatte. Bei einer Séance in seinem eigenen Hause vergewisserten sich der Professor und seine Tochter noch einmal der Verdoppelung der Arme und der Aermel an der Kleidung der Medien. (Daselbst pag. 185, 186.)

Sr. Ehrwürden *J. B. Ferguson*, welcher die *Davenports* nach England begleitete und sie dort einführte, und sie sehr genau studirt hat, bezeugt desgleichen: — „Ich habe mit meinem natürlichen Sehorgan die Arme, die Büste und, bei zwei Gelegenheiten, die ganze Person von *Ira Davenport* verdoppelt gesehen in einer Entfernung von zwei bis fünf Fuss von dem Orte, an dem er auf seinem Sitze fest gebunden war." — Und weiterhin: — „In gewissen, bis jetzt noch nicht klar begriffenen Zuständen verdoppeln sich die Hände, die Arme und die Kleider der Gebrüder *Davenport* wie des Mr. *Fay* sowohl für das Gesicht, wie für das Gefühl." — (S. „Supramundane Facts in the Life of Rev. *J. B. Ferguson*, A. M., LL. D." [Ueberweltliche Thatsachen im Leben von Sr. Ehrw. *J. B. F.*, Dr. phil. & theol.] London, 1865, pag. 109.)

Dieselben Beobachtungen sind in England an noch anderen Medien unzählige Mal gemacht worden, und sehr oft ist in den eigenen Journalen die Frage darüber debattirt worden. Man sehe die Artikel des Mr. *Harrison* in „The Spiritualist" 1876 I. p. 205; 1879 I. p. 133; des *M. A.* (*Oxon.*) im „Light" 1884, p. 351; des Mr. *Keulemans* im „Light" 1884, p. 351 und 1885, p. 509. Ich habe davon auch schon früher Seite 120 ff. dieses Werkes gesprochen. Da das Experiment des Mr. *Crookes* mit Miss *Fay*, welche ich daselbst erwähne, unter den vollkommensten Testbedingungen, welche die Wissenschaft nur fordern kann, angestellt worden ist und das Phänomen der Verdoppelung des Mediums sich dabei erzeugt hat, so können wir dieses

Experiment als einen der besten Beweise für dieses Phänomen betrachten. Folgendes steht ausführlich von Richter *Cox*, welcher bei der Séance zugegen war, berichtet: —

„Mr. *Crookes* constatirt in seinem ausgezeichneten Bericht, dass die volle Gestalt von mir und einem Anderen gesehen wurde. Es war so. Als mir mein Buch überhändigt wurde, war der Vorhang so weit geöffnet, dass er mich in den Stand setzte, die Umrisse der Gestalt, von der es mir überreicht wurde, deutlich zu sehen. Es war die vollkommene Gestalt der Mrs. *Fay* — ihr Haar, ihr Gesicht, ihr blaues Seidenkleid, ihre vom Elbogen ab blossen Arme und ihre Perlen-Armbänder. In diesem Augenblicke gab das Instrument kein Signal von irgend einer Contakt-Unterbrechung mit den Drähten, welche ihre Hände hielten, und die Gestalt erschien an der Seite des Vorhangsflügels, entgegengesetzt dem Platze, wo sie gesessen hatte, und war wenigstens acht Fuss von ihrem Stuhle entfernt, so dass, wenn er von ihr selbst bei Seite gezogen worden wäre, sie zu diesem Zwecke von den Drähten hätte weggehen müssen. Und doch verriethen sie keine Spur eines unterbrochen gewesenen Contakts. Ein anderer Zeuge sah auch das blaue Kleid und die Armbänder, als ihm sein Buch überhändigt wurde; und Keiner von uns sagte dem Anderen, was er gesehen hatte, eher, als bis nach der Sitzung, so dass es deutliche, auf jedes Gemüth besondere Eindrücke waren." („The Spiritualist" 1875, I. p. 151.) —

Wir haben auch das Zeugniss der Photographie über diese Thatsache. Man weiss, dass *Katie King* auf eine frappante Weise ihrem Medium Miss *Florence Cook* glich; und die Photographien von *Katie*, welche von Mr. *Crookes* aufgenommen wurden, bezeugen es auf eine unbestreitbare Weise.

Wir haben auch noch die Feststellung dieser Thatsache durch das Verfahren mit auf **rauchgeschwärztem Papier erhaltenen Abdrücken**; sowie schliesslich den vollkommenen Beweis vermittelst **Abformung durch Gypsabgüsse**. Ich habe bereits vorher das Experiment mit *Eglinton* angeführt, welcher einen Gypsabguss von seinem Fusse gegeben hat, während der Fuss sich vor den Augen des Comité's befand (s. S. 207 ff. dieses Werkes). Mr. *Harrison* behauptet dieselbe Thatsache für die Handabgüsse. („The Spiritualist" 1876 I. p. 298.)

Da die ausserordentliche Thatsache der Verdoppelung des menschlichen Organismus den ganz unbestreitbaren Abschluss der Materialisations-Phänomene bildet, so haben wir das Recht, auch den Berichten ausserhalb des Spiritismus Glauben zu schenken, in denen die Rede von Erscheinungen von Doppelgängern ist, welche physikalische Wirkungen erzeugen, ohne dass wir nöthig haben, absolut zur Hypothese der Hallucinirung des Gesichts, Gehörs und Gefühls unsere Zuflucht zu nehmen. Wenn das Grundphänomen existirt, sollte sich doch diese Art von Doppelgänger nur als eine Varietät in Betreff des Grades der zur Erscheinung gehörigen Körperlichkeit und in Betreff der ihn von dem lebenden Menschen trennenden Raumgrösse darstellen. Die Verschiedenheit des Grades der Körperlichkeit ist auch sehr oft bei Materialisations-Séancen beobachtet worden; so z. B. bezeugt Mr. *Crookes*, physikalische Wirkungen erzeugende Phantome gesehen zu haben: —

„In der Abenddämmerung sah man, während einer Sitzung mit Mr. *Home* in meinem Hause, die Fenstervorhänge, ungefähr 8 Fuss von Mr. *Home* entfernt, sich bewegen. Hierauf sahen alle Anwesenden eine dunkle, schattige, halbdurchsichtige Gestalt, ähnlich derjenigen eines Mannes, in der Nähe des Fensters stehen und den Vorhang mit seiner Hand hin und her bewegen. Als wir scharf hinsahen, schwand die Gestalt hinweg, und die Vorhänge hörten auf sich zu bewegen.

„Folgendes ist ein noch schlagenderes Beispiel. Wie in dem vorigen Falle war Mr. *Home* das Medium. Eine Phantom-Gestalt kam aus einer Ecke des Zimmers, nahm ein Accordeon in ihre Hand und glitt dann, das Instrument spielend, im Zimmer umher. Die Gestalt war allen Anwesenden einige Minuten lang sichtbar, während zur selben Zeit auch Mr. *Home* deutlich gesehen wurde. Als sie einer Dame, welche von der übrigen Gesellschaft etwas entfernt sass, allzu nahe kam, that diese einen kleinen Schrei, worauf die Gestalt verschwand." („Psych. Stud." 1874, S. 160.) —

Man kann vernünftigerweise annehmen, dass der Dichtigkeitsgrad der Erscheinung eines Doppelgängers sich im Verhältniss seiner Entfernung vom Organismus, der ihm als Operationsbasis dient, vermindert.

Als Seitenstück zu dem vorhergehenden Falle, den ich (S. 587) citirt habe, und bei dem ein **mesmerisirtes Subject in die Ferne** gewirkt hat, ohne gesehen zu werden, will ich das Folgende anführen, bei dem die **Einwirkung auf das Gesicht gleichzeitig mit einer physikalischen Wirkung** hervorgebracht worden ist. Mr. *Desmond G. Fitzgerald*, Telegraphen-Ingenieur, theilt dem „**Spiritualist**" folgende Thatsache mit unter dem Titel: —

### „Von dem Geiste eines mesmerischen Sensitiven erzeugte physikalische Wirkung.

„Der kraftvollste Mesmerist, den ich jemals gekannt habe, war *H. E. Lewis*, ein Neger, durch welchen *Lord Lytton (Bulwer)* viele seiner halb-spiritualistischen Experimente erhielt. Die durch die Vermittelung von *Lewis* erhaltenen Experimente hatten häufig einen wichtigen Einfluss auf die jetzt vollkommener entwickelten Thatsachen des Spiritualismus. Ich wurde vor nun etwa zwanzig Jahren bei ihm eingeführt durch Mr. *Henry Thompson* zu Fairfield, der selbst ein sehr kräftiger Mesmerist war. Ich war damals ein glühender Erforscher der Phänomene des Mesmerismus und legte zugleich auch die Grundlage meiner gegenwärtig gesicherten Ueberzeugungen in Bezug auf den Spiritualismus. Entschlossen, die Echtheit gewisser oben berichteter Phänomene bis auf den Grund zu prüfen, nahm ich ein Zimmer in *Lewis'* Hause in Baker-street und traf selbst Anordnungen für mehrere Vorlesungs-Excursionen an Orten, mit denen *Lewis* unbekannt war.

„Im Februar 1856 gingen wir nach Blackheath, woselbst sich ein Vorfall ereignete, der, wie ich glaube, von Interesse für Sie sein wird. Wir setzten uns in einem

Gasthause fest, in dem am Abend *Lewis* eine Anzahl von Personen im Kaffee-Zimmer mesmerisirte, einige treffende Beispiele von Elektro-Biologie gab und den Erfolg hatte, einige Bewohner des Ortes gewaltig zu interessiren. Es war angeordnet, dass eine Halle für eine am folgenden Tage zu haltende Vorlesung genommen werden sollte, deren Zuhörerschaft durch die Besucher des in Rede stehenden Kaffee-Zimmers garantirt erschien. Die Vorlesung fand statt, und nachdem die gewöhnlicheren Experimente des Mesmerismus und der Elektro-Biologie recht erfolgreich ausgeführt worden waren, schritt *Lewis* dazu fort, einige Phänomene des Hellsehens und Somnambulismus an der Person eines — für ihn vollkommen fremden — jungen Mädchens darzustellen, welche mit Anderen aus der Zuhörerschaft auf die Platform herauf gekommen war. Während sie in ‚tiefem Schlafe' lag, hiess er sie, ‚heimzugehen' und zu beschreiben, was sie dort sähe. Sie beschrieb eine Küche, in der zwei Personen mit häuslichen Arbeiten beschäftigt waren. — 'Glauben Sie, dass Sie die Ihnen dort zunächst befindliche Person berühren könnten?' — fragte sie *Lewis*. Die einzige Antwort bestand, wie ich glaube, in einem undeutlichen Murmeln. Die eine Hand auf ihr Haupt und die andere über die Gegend ihres Sonnengeflechtes legend, sagte er hierauf: — 'Ich will, dass Sie diese Person an der Schulter berühren, Sie müssen, Sie sollen das thun!' — Jetzt lachte das Mädchen und sagte: — 'Ich habe sie angerührt, sie sind so erschrocken!' — Sich zur Zuhörerschaft wendend, fragte *Lewis*, ob irgend Jemand in der Halle das junge Mädchen kenne, und ersuchte nun auf eine bejahende Antwort, es möchte eine Deputation in ihre heimische Wohnung gehen und die Wahrheit oder Falschheit ihrer Aussage ermitteln. Die Personen, welche auf diese Botschaft ausgingen, kehrten später in die Halle zurück und constatirten, dass alles von dem Mädchen Beschriebene wirklich so stattgefunden hätte, und dass der in Rede stehende Haushalt in grosser Verstörung sei, da eines seiner weiblichen Mitglieder erkläre, dass es, während es in der Küche beschäftigt gewesen, von einem Geiste an der Schulter berührt worden sei.

"Das junge Mädchen, welches bei dieser Gelegenheit die ‚Sensitive' war, befand sich in Diensten bei Mr. *Taylor*, einem Schuhmacher zu Blackheath. In meinem Notiz-Buche finde ich gleichzeitig den Namen des Mr. *Bishop*, eines Dentisten, ebenfalls zu Blackheath, welcher sich zur Zeit erbot, für die Wahrheit des hier mitgetheilten Vorfalls als Zeuge einzustehen." — („The Spiritualist" 1875, I, p. 97.)

Professor *Daumer* citirt in seinem Werke: — „Das Geisterreich" (Dresden, 1867) — in dem Kapitel: — „Die geisterhaften Erscheinungen der Lebenden" — aus dem „Magikon" von *Justinus Kerner* den Fall der Autosomnambulen *Susette B.*, deren Doppelgänger dem Dr. *Ruffli* sichtbar erschienen ist und die Kerze ausgelöscht hat. (Band I, S. 167.)

Hier folgt ein neuerer Fall, von einem guten Zeugen, Mr. *H. Wedgwood*, mitgetheilt: —

„Das Phantom eines Lebenden klopft an der Thür.

"Gegen Ende September 1883 besuchte ich eine mediumistische Freundin, Mrs. *T.*, deren Gatte täglich in sein Geschäft zu Birmingham, zwanzig engl. Meilen entfernt, reist. Eines Sonnabends, etwa 14 Tage vor meinem Besuche, und etwa eine bis zwei Minuten früher, als ihr Gatte von der Station kommen musste, stand Mrs. *T.* an ihrem Schlafzimmer-Fenster, welches auf die Strasse hinaus geht, als sie ihren Gatten die Gartenthür öffnen und den Pfad heraufkommen sah. Sie bemerkte mehrere Packete, die er trug, und war neugierig, was es für welche wären. Sie eilte die Treppe hinunter, um ihm die Thür zu öffnen, als ihr Schwager sie anrief und sie sich umwendete, um mit ihm zu sprechen. Sie sagte ihm, dass sie so eben ihren Mann durch die Gartenthür mit einigen Packeten hätte kommen sehen. Während sie noch mit einander redeten, hörte sie ihren Gatten an der Vorderthür klopfen, und es klang so deutlich, dass sie vermeinte, ihr Schwager müsse es auch gehört haben, was aber bei ihm nicht der Fall war. Das in der dem Hausflur angrenzenden Küche befindliche Dienstmädchen jedoch hörte das Klopfen, welches sie für dasjenige ihres Herrn hielt, und durchschritt bereits den Hausflur, wo ihr Mrs. *T.* zuvor kam, welche die Thür vor ihr erreichte. Sie öffnete die Thür, und da sie Niemand davor fand, rannte sie um dieselbe herum, um zu sehen, ob ihr Gatte zum Speisezimmer-Fenster an der vorderen Seite des Hauses gegangen wäre. Sie schickte auch das Dienstmädchen an die Seitenthür im Hofe. Als sie von ihrem fruchtlosen Suchen zurückkehrte, rief das Dienstmädchen ihr zu, Mr. *T.* komme ja so eben durch die Vorderthüre herein. Sie eilte ihm entgegen und fragte ihn sogleich, weshalb er hereingekommen und wieder hinausgegangen sei. Er sagte, dass er nichts derartiges gethan habe, sondern er wäre diesen Augenblick direkt von der Station gekommen. Sie sagte: — 'Ei, ich hörte Dich doch an der Thüre klopfen und sah, wie Du mit zwei Packeten in Deinen Armen hereinkamst'. — Er war ganz erstaunt, da sie genau so sprach, als ob sie ganz gewiss wäre, dass er ihr einen lustigen Streich gespielt hätte. Er trug in der That die Packete genau so, wie sie dieselben in der Vision gesehen hatte. Der Schwager blickte aus seinem Fenster heraus und hörte das Dienstmädchen sagen, dass sie zur selben Zeit, wo Mrs. *T.* ihren Gatten gesehen hatte, selbst sein gewöhnliches Klopfen vernahm. Ich habe auch ihre bestimmte Versicherung über denselben Vorgang, und er wird noch durch die Thatsache bestätigt, dass sie herauskam, um die Thüre zu öffnen. Sonach ist es gewiss, dass das Klopfen insofern objectiv war, als es von zwei Personen in verschiedenen Theilen des Hauses gehört wurde, welche in jenem Augenblick nicht in Verbindung mit einander standen.

„Ich erhielt den vorhergehenden Bericht von den betreffenden Personen kaum vierzehn Tage nach dem Vorfall und besitze ein geschriebenes Protokoll über ihre Erinnerungen von ihnen allen." („Light" 1883, p. 458.) —

Mr. *Wedgwood* fährt mit Vorführung einer anderen Thatsache fort, welche zwar zur II. Rubrik S. 587 d. B. gehört, aber, da es sich um die nämlichen Personen handelt, am besten hier als Seitenstück zur vorhergehenden mitgetheilt wird: —

„Es will scheinen, dass auch bei einer früheren Gelegenheit Mr. *T.*'s geistige Gestalt seiner wirklichen Ankunft vorausgeeilt sei und sinnlich wahrnehmbaren Beweis für seine Anwesenheit im Hause gegeben habe, obgleich er nicht wirklich von Jemand gesehen wurde. Es waren zwei Züge, mit denen Mr. *T.* zum Diner heimkehren konnte, von denen der eine um 5.30 und der andere um 6.30 eintraf. Am 12. Juli 1883 sagte er zu Mrs. *T.*, er wisse sicher, dass er nur mit dem letzteren Zuge kommen könne. Demzufolge befand sie sich um 5.30 in ihrem Zimmer mit Anlegung ihrer Sachen beschäftigt, um hinzugehen und ihn an der Station abzuholen, als sie unten im Zimmer zwei bis drei Saiten auf dem Piano anschlagen hörte; hierauf folgte ein rasches Abspielen von ein bis zwei Octaven, und zuletzt ward eine Melodie in einzelnen Noten wie mit einem Finger hervorgeklimpert. Mr. *T.* thut dies nicht selten, so dass Mrs. *T.* sofort daraus schloss, dass er bereits heimgekommen wäre, indem er nach allem den früheren Zug gewonnen habe; und ihren Hut auf das Bett werfend, eilte sie sofort hinab, um das Speisezimmer leer, das Piano geschlossen und weiter Niemand im Hause als sich selbst zu finden, da das Dienstmädchen im Waschhause auf der anderen Seite des Hofes beschäftigt war. Als ihr Gatte heimkehrte, befragten sie die Planchette, welche ihnen sagte, dass die Noten physikalisch erklungen, und von ihr nicht bloss auf hellhörendem Wege vernommen worden wären." („Light" 1883, p. 458.) —

Es folge hier noch ein anderer, weit zwingenderer Fall, welcher ebenfalls von einem ganz achtbaren Zeugen, Mr. *George Wyld*, Med. Dr., mitgetheilt wird: —

„Miss *J.* und ihre Mutter waren fünfzehn Jahre lang meine intimsten Freundinnen; sie waren Damen von höchster Intelligenz und vollkommen wahrhaft, und ihre Geschichte wurde von einer ihrer Dienerinnen bestätigt; die andere Dienerin konnte ich nicht ausfindig machen.

„Miss *J.* beschäftigte sich einige Jahre zuvor, ehe ich ihre Bekanntschaft machte, sehr viel damit, die Armen zu besuchen, als sie eines Tages, wie sie heimwärts ging, sich erkältet und ermüdet fühlte und danach sehnte, zu Hause zu sein, um sich am Küchenfeuer zu wärmen. Zu oder nahe der diesem Wunsche entsprechenden Minute, als die zwei Dienerinnen in der Küche waren, sahen sie den Thürdrücker sich bewegen, die Thüre sich öffnen und Miss *J.* hereintreten, zum Feuer hingehen und ihre Hände darüber ausstrecken und sich wärmen, wobei die Dienerinnen ein Paar grüner, ziegenlederner Handschuhe an ihren Händen erblickten. Sie verschwand plötzlich vor ihren Augen, worauf die beiden Dienerinnen in grosser Aufregung die Treppen hinauf eilten und der Mutter erzählten, was sie mit Einschluss der grünen, ziegenledernen Handschuhe gesehen hatten.

„Die Mutter befürchtete, es sei etwas dabei nicht richtig, versuchte aber, die Dienerinnen zu beruhigen, indem sie dieselben daran erinnerte, dass Miss *J.* stets **schwarze** und niemals grüne Handschuhe trüge, und dass deshalb der erschienene Geist nicht derjenige ihrer Tochter gewesen sein könne.

„Ungefähr eine halbe Stunde darauf trat die wirkliche Miss *J.* in das Haus und ging in die Küche, um sich am Feuer zu wärmen, und hatte ein Paar **grüne, ziegenlederne Handschuhe** an, welche sie sich auf ihrem Heimwege gekauft hatte, da sie ein passendes schwarzes Paar nicht hatte bekommen können." („Light" 1882, p. 26.)

In einem kurzen Ergänzungs-Artikel fügt Mr. *Wyld* hinzu: —

„Es giebt viele leicht hingeworfene Berichte von spirituellen Thatsachen, aber ich habe mich stets bemüht, so genau als möglich bei solchen Fällen zu sein; und da ich in dem erwähnten Falle die Nothwendigkeit einer strengen Genauigkeit der Thatsachen erkannte, stellte ich sehr sorgfältige Forschungen an, und Miss *J.* und ihre Mutter versicherten mich wiederholt, dass von den beiden Dienerinnen, welche sich in der Küche befanden, nur die eine den Thürdrücker sich bewegen, beide aber die Thüre sich öffnen sahen." („Light" 1882, p. 50.) —

In dem „Spiritualist" von 1877 (II., p. 283) hat Dr. *Wyld* des Längeren seine Theorie auseinander gesetzt, welche genau durch den Titel des Artikels formulirt ist:

— „Der Mensch als Geist, und die spirituellen (spiritistischen) Phänomene von den Geistern der Lebenden erzeugt." —

Mrs. *Emma Hardinge-Britten* erzählt in ihrem „Mémoire" über die Erscheinungen des Doppelgängers, veröffentlicht in „The Banner of Light" 1875 (vom 6. Nov. und 11. Dec.), folgende Thatsache, welche von *M. A. (Oxon.)* in seinem Artikel — „Ueber die ausser-körperliche Wirkungskraft des Geistes" — im „Human Nature" 1876, p. 118 wiedergegeben ist, dem wir denselben entlehnen: —

„Zur Zeit, als der berühmte Wunder-Cirkel seine Sitzungen in New-York hielt, nahm der jüngst verstorbene hochberühmte und wahrhaft ehrwürdige *Thomas Benning* häufig Theil an diesen merkwürdigen Séancen. Als Mr. *Benning* an einem bestimmten Sonnabend engagirt war, für die „Spiritual Society" von Troy, N.-Y., zu predigen, fand er sich von einem so schweren Halsübel befallen, dass es ihm unmöglich wurde, seine Verpflichtung für morgen zu erfüllen. Er fertigte deshalb ein Schreiben an den Vorsitzenden der Gesellschaft ab, in welchem er sich auf Grund seines Unwohlseins entschuldigte. Als er am Abend fand, dass die Heftigkeit des Anfalls sich vermindert hatte, beschloss er, in dem Cirkel, welcher zur Zeit Sitzung hielt, plötzlich zu erscheinen. Während er dort war, begann er darüber nachzusinnen, ob sein Brief zufällig auch zur rechten Zeit erhalten worden sei, um die Gesellschaft in Stand zu setzen, seinen Stellvertreter zu berufen. Alle Umstände erwägend, kam er in seinen Gedanken zu der Entscheidung, dass sein Brief nicht zu rechter Zeit eingetroffen sein könne, und seine freundliche und gewissenhafte Natur war darüber sehr verstört. Er wusste, es gab keine Abhilfe dafür, aber dennoch dauerte seine Besorgniss fort, was ihn in seinem Verhalten wie abwesend und als zu viel mit seinen Gedanken beschäftigt sein liess, als dass er den Vorgängen der Séance mit Aufmerksamkeit gefolgt wäre. In diesem selbigen Wunder-Cirkel war die Manifestation der 'Doppelgängerei' eine ganz gewöhnliche Erscheinung, M. *Benning* fiel dies plötzlich ein, und er wurde neugierig, zu sehen, ob er, wenn er ernsthaft seinen Geist auf seine fernen Freunde in Troy richten würde, nicht Erfolg haben könnte, sie mit der Natur seiner Verlegenheit zu beeindrucken. Er empfand nicht wirklich ein Resultat dieses Wunsches über das vage und verstörte Gefühl der ausschliesslichen Beschäftigung seiner Gedanken hinaus, welche ihn den ganzen Abend ergriffen hatte. Plötzlich verschwand dieser umwölkte Zustand, und von dieser Zeit an ging er auf die Verhandlungen des Cirkels mit seinem gewohnten Interesse und klaren Blicke ein.

„Doch jetzt zur Scene, welche in Troy sich abspielte. Hier, wie in New-York, war ein Cirkel begründet worden, von dem Sr. Ehrw. *Thomas Benning* Mitglied war. Der Cirkel zählte 18 Personen, und da Mr. *Benning* oft Troy zu dem Zwecke besuchte, Sabbath-Vorlesungen zu halten, so ward beschlossen, am Sonnabend Séance zu halten, zu welcher Zeit es für Mr. *Benning* ganz bequem sein musste, derselben beizuwohnen. An dem in Rede stehenden Abend versammelten sich 17 Mitglieder zur Sitzung, aber Mr. *Benning*, welcher vertrauensvoll wegen der Thatsache erwartet wurde, dass er engagirt war, morgen in Troy Vorlesung zu halten, erschien nicht.

„Die für den Beginn der Séance bestimmte Zeit war schon über 30 Minuten verstrichen, als das gewöhnliche Klopfzeichen, welches die Ankunft eines Mitgliedes ankündigte, vernommen ward. Der Cirkel sass in einem gemietheten Zimmer im zweiten Stockwerk. Es war die Gewohnheit der Mitglieder, an der Hausthür ein Klopfzeichen zu geben, so dass Niemand ausser ihnen zugelassen würde, oder die Treppe heraufkäme. Als daher das wohlbekannte Signal ertönte, ging Derjenige, dessen Amt es an diesem Abende war, Thürhüter zu sein, die Treppen hinab, schloss auf und öffnete die Hausthür, und da sah er im hellen Mondlicht Mr. *Thomas Benning* stehen. Mr. *A.*, der Thürhüter, begann sofort, den Schuldigen wegen seiner Verspätung zu tadeln, und drängte ihn, schnell herein zu kommen, da er ungeduldig erwartet würde. Zu seiner Ueberraschung jedoch machte Mr. *Benning* keine Miene zum Eintreten, sondern blieb an der Thürschwelle stehen, als ob er sowohl zu gehen, als zu bleiben unschlüssig wäre, und murmelte mit tiefer Stimme einige Worte über seine Unfähigkeit, am nächsten Tage Vorlesung zu halten. Etwas gereizt durch diese befremdliche Zurückhaltung, ergriff Mr. *A.* des Andern Schulter, zog ihn gewaltsam herein, indem er gleichzeitig die eindringende, übergrosse Kälte beklagte, welche die offene Thür verursacht hatte, die er hierauf schloss, und stiess oder drängte Mr. *Benning* ziemlich barsch die enge Treppe vor ihm hinauf. Ehe sie emporstiegen, verschloss Mr *A.* eilig die Thür und steckte, wie es Gewohnheit war, wenn alle achtzehn Mitglieder versammelt waren, den Schlüssel in seine Tasche; inzwischen schickte der Cirkel droben, welcher über die lange und ungewöhnliche Verzögerung ungeduldig war, zwei seiner Mitglieder ab, um nachzuforschen, was los wäre. Diese Personen begegneten Beide Mr. *Benning* auf dem Treppenabsatze und begannen ihn gleichzeitig wegen seines so spät Kommens zu tadeln. Gegenüber Beiden entschuldigte sich Mr. *Benning* in denselben tief gemurmelten Tönen; aber anstatt sich für den gegenwärtigen Fall zu vertheidigen, sagte er undeutlich genug, aber doch hinlänglich klar, um von allen drei seiner Gesellschaftsgenossen gehört zu werden, dass er morgen nicht Vorlesung halten könne. 'Gut, kommen Sie herein, treten Sie ein, Mensch!' — rief die heitere Stimme des Mr. *W.:* 'Sie haben uns lange genug warten lassen.' — Indem er diese Worte sprach, streckte er seine Hand aus und legte sie auf den Arm des Abwesenden; aber zu seiner grossen Ueberraschung zog ihn Mr. *Benning* hastig hinweg und, seine beiden andern Gefährten zur Seite stossend, rannte er die Treppe hinunter und gelangte zur Vorderthür hinaus, sie heftig hinter sich zuwerfend. Erstaunen über das unerklärliche Benehmen ihres hoch geschätzten Freundes bildete nun den herrschenden Gegenstand der Unterhaltung unter den Mitgliedern des Cirkels während des übrigen Theiles des Abends. Die ganze Scene wurde in das Protokoll ihrer Verhandlungen geschrieben, aber Keiner von ihnen konnte den geringsten Schatten einer Erklärung dafür finden. Erst dann, als sie ihre Séance abbrachen und die Treppe hinunter gingen, und die Thür noch so verschlossen fanden, wie Mr. *A.* sie verlassen hatte, stieg eine ganz leise Ahnung in ihren Gemüthern auf, dass etwas von einem geheimnissvollern Charakter als der eines Sterblichen unter ihnen sich befunden haben müsse.

„Am nächsten Tage begaben sich mehrere von der Gesellschaft in die Vorlesungs-Halle mit der Hoffnung, von Mr. *Benning* selbst irgend einen Aufschluss zu erhalten, um damit das Geheimniss zu ergründen. Selbstverständlich trug die Abwesenheit des guten Predigers nur dazu bei, 'die Verwirrung noch verworrener' zu gestalten. Hier erfuhren sie, dass in Folge der Verspätung eines Zuges der Brief des Mr. *Benning* bis nach 10 Uhr Nachts verzögert worden war; da aber die Worte: 'Eilig und sofort!' auf dem Couvert standen, hatte ihn der Postmeister freundlicher Weise bis in die Halle am Sonntag Morgen herumgeschickt. Doch wurde er nicht früher ausgeliefert, als etwa 12 Stunden, nachdem der mysteriöse Besucher von der vorhergehenden Nacht die Nachricht, die der Brief enthielt, vorausverkündigt hatte. Die Verfasserin hörte nicht bloss diese Erzählung von dem ehrlichen und wahrheitliebenden Mr. *Benning* selbst, sondern sie hat auch die Bestätigung derselben erhalten von zwei der Herren, welche den Geist auf der Treppe sahen, erkannten und berührten; und von diesen wurde ihr versichert, dass, wie geistig auch immer der Charakter ihres Besuches gewesen sein mochte, sein Griff doch kräftig genug war, um den Einen aus seinem Wege zu stossen und den Andern beinahe die Treppe hinabzuwerfen." —

Dr. med. *S. B. Brittan* führt in seinem Buche: — „Man and his relations" (Der Mensch und seine Verwandtschaften), New-York, 1864, p. 449 den folgenden Fall nach einem Briefe an, der ihm von Mr. *E. V. Wilson* mitgetheilt wurde; aber da Mrs. *Hardinge-Britten* den Brief selbst in ihrem Artikel mittheilt, so geben wir das Dokument danach wieder: —

„Am Freitag den 19. Mai 1854 befand ich mich an meinem Schreibpult; plötzlich schlief ich ein, legte meinen Kopf nieder und verharrte so eine halbe bis drei Viertelstunden. Während ich mich in dieser Lage befand, glaubte ich mich in der Stadt Hamilton, 40 engl. Meilen westlich von Toronto zu befinden und dort bei verschiedenen Personen in Hamilton (wie ich gedachte) Geld einzukassiren. Nachdem ich die Geschäftssachen erledigt hatte, beschloss ich, eine Freundin zu besuchen, welche ein tiefes Interesse an spirituellen Manifestationen nahm. Sofort träumte mir, dass ich an ihrem Hause wäre und die Glocke zöge, worauf eine Dienerin an die Thüre kam und mich benachrichtigte, dass Mrs. *D—s* ausgegangen wäre und vor einer Stunde nicht zurück sein würde. Ich bat um einen Trunk Wasser, welchen die Dienerin mir gab, hinterliess meine Empfehlung an ihre Herrin und fuhr, wie ich glaubte, nach Toronto ab. Hierauf erwachte ich, und mein Traum entschwand aus meinem Gedächtniss. Einige Tage nachher erhielt eine in meinem Hause in dieser Stadt wohnende Dame eine Mittheilung von Mrs. *D—·s* zu Hamilton, aus der ich folgenden Auszug gebe: — 'Sagen Sie Mr. *Wilson*, dass er ein sonderbarer Mensch sei und das nächste Mal, wo er in meinem Hause vorspricht, seine Adresse abgebe und mich nicht alle Hotels in der Stadt durchrennen und mich dann ihn nicht finden lasse. Mr. *W.* machte in meinem Hause am Freitag seinen Besuch, bat um einen Trunk Wasser und hinterliess nur seinen Namen und seine Empfehlung. Ich denke doch, er hätte den Abend bei uns verbringen können, da er das Interesse kennt, das ich an spirituellen Manifestationen nehme. Ich werde ihn das nächste Mal, wo ich ihn sehe, tüchtig dafür ausschelten; und dann waren auch unsere Freunde so enttäuscht darüber, dass er nicht über Nacht bei uns geblieben ist.' —

„Als Mrs. *J—* (die Dame, welche mich über Obiges benachrichtigte,) mir diese Darstellung gab, lachte ich darüber und bemerkte, dass Mrs. *D · s* und ihre Freunde falsch berichtet oder geistesverwirrt sein müssten, da ich einen Monat lang nicht in Hamilton gewesen wäre, und dass ich zu der von Mrs. *D—s* erwähnten, bestimmten Zeit an meinem Pult in meinem Laden eingeschlafen wäre. Mrs. *J—* versetzte, dass da irgendwo ein Irrthum walten müsste; denn Mrs. *D—s* wäre eine Dame, auf die man sich verlassen könnte. Da ich mich ganz plötzlich meines

Traumes erinnerte, so bemerkte ich halb lachend, dass es mein Geist gewesen sein müsse. Hierauf ersuchte ich Mrs. *J—*, an Mrs. *D—s* zu schreiben, dass ich in einigen Tagen nach Hamilton kommen würde, dass mehrere andere Personen mich begleiten, und dass wir in ihrem Hause vorsprechen würden; dass es auch mein Wunsch wäre, sie möchte ihren Hausleuten nicht sagen, dass sie mich, oder eine Gesellschaft aus Toronto erwarte, und dass sie, wenn wir ankämen, ihre Dienerinnen anregen möge, nachzusehen, ob einer von der Gesellschaft der Mr. *Wilson* wäre, welcher sie am 19. d. M. aufgesucht habe.

„Am 29. Mai ging ich in Gesellschaft mit mehreren Anderen nach Hamilton. Wir sprachen in Mrs. *D—s'* Hause vor, wurden an der Thür von der Dame selbst empfangen und in das Sprechzimmer eingeführt. Ich ersuchte sie sofort, ihre Dienerinnen zu rufen und zu sehen, ob sie sich meiner erinnern könnten. Mrs. *D—s* befahl ihren Dienerinnen, hereinzukommen und zu sehen, ob einer der Herren derjenige wäre, welcher sie aus Toronto besucht hätte. Zwei von den Dienerinnen identificirten mich als die Person, welche am 19. vorsprach, und gaben meinen Namen Mr. *Wilson* an. Ich sah niemals eine von diesen Mädchen zuvor in meinem Leben; und jedes Wort des Obigen kann durch das Zeugniss der Mädchen unterstützt werden, so wie durch das der Dame, in deren Hause der Vorfall stattfand. —

„Ihr

„in Wahrheit ergebener

„*E. V. Wilson*.“

(„Human Nature“ 1876, p. 112–113.)

Da ist noch ein anderer Fall, den ich dem „Spiritual Magazine“ 1862, p. 535 entnehme: —

„Ich will einen Vorfall berichten, welcher mir vor kurzem durch eine an diesem Orte mir befreundete Dame, deren Redlichkeit und Wahrhaftigkeit ausser allem Zweifel stehen, mitgetheilt worden ist. Diese Freundin hatte vergangenen Winter und hat noch jetzt in ihren Diensten ein deutsches Mädchen, dessen Eltern mit ihren übrigen

Kindern in Deutschland verblieben. Seit ihrer ersten Ankunft in diesem Lande correspondirte sie mit ihren Freunden in ihrem 'Vaterlande', wobei die junge Dame der Familie, in der sie lebte, als Schreiberin Dienste leistete. Während des vergangenen Winters wurde *Barbara* vom Wechselfieber ergriffen und war gezwungen, das Bett zu hüten. Wenn sie in leichten Delirien zu liegen schien, pflegte die junge Dame häufig während der Nacht eine in der Familie lebende, ebenfalls in demselben Zimmer schlafende „Amme" zu besuchen. Fünfzehn Nächte hindurch währte dieser Zustand, in dem das Mädchen häufig ihrer jungen Herrin zurief: — 'O, Miss *M*-, alle Nächte bin ich in Deutschland bei den Meinigen.' — In zwei Nächten besonders war sie ganz wild – einmal stand sie auf und trug ihre ganze Bettbedeckung in ein anderes Zimmer, und bei einer andern Gelegenheit versuchte sie, die kleine Amme aus dem Bette zu ziehen.

„Sie genas jedoch wieder, und es ward nicht weiter an ihre Krankheit gedacht, bis ein Brief von ihren Freunden aus Deutschland eintraf, welcher mittheilte, dass ihre Mutter um sie halb von Sinnen wäre, da sie aus ihrer fernen Heimath fünfzehn Nächte hindurch an die Thüre geklopft und Einlass gefunden hätte, von jedem Mitgliede der Familie und von ihrer Mutter gesehen und erkannt worden sei, welche letztere geschrieen habe: — 'O, meine arme *Barbara* ist todt!' — dass sie das eine Mal gesehen worden sei, wie sie ihre Bettbedeckung in ein anderes Zimmer geschleppt habe, und in einer anderen Nacht habe sie ihre Arme um den Nacken einer Schwester geschlungen, welche gerade krank lag, und sie aus ihrem Bett zu ziehen versucht. Dieser Brief erfüllte das Mädchen mit Bestürzung. Sie sagte, dass man sie in Deutschland eine Hexe nennen würde, und bis zum heutigen Tage enthält sie sich so viel als möglich jeder Anspielung darauf. Als meine Freundin mir diesen Vorfall erzählte, hielt ich ihn für sonderbar und interessant genug, um einen Platz in der Geschichte ähnlicher, noch unerklärter Phänomene zu finden und weiter bekannt zu werden. Vielleicht können Sie, Freund *Davis*, oder irgend einer Ihrer Leser im Stande sein, mehr Licht

auf diesen Fall und andere sonderbare Seelenphänomene zu werfen. Ich will nur hinzufügen, dass ich die einfachen Thatsachen berichtet habe, wie sie von den Lippen der Dame kamen, in deren Familie sie sich ereigneten, und welche noch immer mit dem in Rede stehenden Mädchen eine Bewohnerin von Dayton in Ohio ist.
„Dayton, Ohio, d. 21. September 1862.
„Ihre treu ergebene
„*Laura Cuppy.*" —
„An den „Herald of Progress" zu New-York.

Mr. *Robert Dale Owen* erzählt in seinem Buche: — „Footfalls" („Wiederhallende Fusstritte") — p. 242, mit allen Details den Fall eines durch die ausserkörperliche Wirkungskraft (Erscheinung und gleichzeitig geschriebene Communikation) einer auf dem Schiffe schlafenden Person geretteten Fahrzeugs. Wir geben hier den Auszug, welcher von Professor Dr. *Perty* in den „Mystischen Erscheinungen" Bd. II, S. 142 davon gemacht worden ist: —

„Der Schottländer *Robert Bruce*, damals etwa 30 Jahre alt, diente 1828 auf einem Handelsschiffe als Unterschiffer, welches zwischen Liverpool und St. John in Neubraunschweig fuhr. Der Unterschiffer in seiner Cajüte, die an jene des Capitäns stiess, Mittags einst an der Küste von Neufundland in Berechnung der Länge vertieft und mit dem Resultat nicht zufrieden, rief nach der Cajüte des Capitäns, welchen er daselbst anwesend glaubte: — 'Wie haben Sie es gefunden?' — Ueber die Achsel blickend, glaubte er den Capitän in seiner Cajüte schreiben zu sehen und ging endlich, da keine Antwort folgte, hinüber, wo er, als der Schreibende den Kopf hob, ein völlig fremdes Gesicht erblickte, welches ihn starr betrachtete. *Bruce* stürzte auf das Verdeck und theilte dem Capitän dies mit; als beide hinabgingen, war Niemand zu sehen, aber auf der Tafel des Capitäns stand mit einer ganz unbekannten Handschrift geschrieben: — 'Steuert nach Nordwesten!' — Man verglich die Schriften Aller, die auf dem Schiffe schreiben konnten, es passte keine; man durchsuchte das ganze Schiff, es wurde kein Versteckter gefunden. Der Capitän, der im schlimmsten Fall einige Stunden verlieren konnte, liess das Schiff in der That nach NW steuern. Nach einigen Stunden begegnete man einem in einem Eisberg steckenden Wrack mit Menschen; es war ein verunglücktes, nach Quebec bestimmtes Schiff, Mannschaft und Reisende in grösster Noth. Als die Boote von *Bruce*'s Schiff die Verunglückten an Bord brachten, fuhr dieser beim Anblick von Einem zurück, der an Gesicht und Anzug ganz Dem glich, den er in der Cajüte schreiben gesehen. Der Capitän ersuchte ihn, dieselben Worte: — 'Steuert nach NW!' — auf die andere Seite der Tafel zu schreiben, und sieh! es war die gleiche Schrift. Der Capitän berichtete, dass der Schreiber um Mittag in einen tiefen Schlaf verfallen und, nach einer halben Stunde erwacht, gesagt habe: — 'Heute werden wir gerettet!' — Er hatte geträumt, er sei an Bord eines Schiffes, welches zur Rettung heransegle; er beschrieb das Schiff, und als es wirklich in Sicht kam, erkannten es die Verunglückten aus seiner Beschreibung. Und der Schreiber erklärte noch, es komme ihm Alles bekannt vor, was er auf dem Schiff sehe, das sie gerettet habe; wie es zugegangen, wisse er nicht."  —

Ich will nur noch hinzufügen, was *Dale Owen* sagt: — „Die obige Erzählung wurde mir von Capitän *J. S. Clarke* vom Schooner '*Julia Hallock*' mitgetheilt, der sie direct von *Bruce* selbst erhalten hat." —

Herr Dr. *v. Hartmann*, welcher diese Thatsache erwähnt, giebt **sechs Erklärungen** dafür, ohne auf die wahrscheinlichste eine Anspielung zu machen! („Der Spiritismus" S. 101.)

Es ist sehr zu bedauern, dass dieser merkwürdige Fall durch kein auf der Stelle verfasstes und von allen Zeugen unterschriebenes Dokument constatirt worden ist; aber auch so, wie es uns überkommen ist, ist es nichtsdestoweniger kostbar; denn die Details desselben sind genau und so aussergewöhnlich, dass es schwer ist, anzunehmen, dass das Alles erfunden worden sei! Im Uebrigen befindet sich der Fall in vollkommener Uebereinstimmung mit dem vorhergehenden.

Die Darlegung der Thatsachen, welche ich so eben unter diesen Rubriken vereinigt habe, erscheint mir, wiewohl unvollständig und unverarbeitet, denn sonst hätte es Stoff für ein ganzes Buch gegeben, dennoch genügend, um den Zweck zu erreichen, den ich mir vorgesetzt hatte: — nämlich mit noch grösserer Evidenz die beiden wichtigen Schluszsätze zu begründen, welche wir aus dem Studium des Mediumismus zu ziehen gezwungen waren, indem wir uns an den natürlichen Gesichtspunkt hielten. Wie man sieht, verketten sich alle Phänomene, welche ich so eben habe Revue passiren lassen, mit einander; es sind nur Variationen der Manifestationsweisen und Stärkegrade einer und derselben Fähigkeit des menschlichen Organismus. Wir wissen jetzt, dass der Mensch intellectuell über die Grenzen seines Körpers hinaus wirken, auf die psychische Thätigkeit eines anderen Organismus einwirken und in demselben seiner eigenen Persönlichkeit entsprechende Eindrücke erzeugen kann, — indem er Gedanken, Empfindungen, Visionen hervorruft; er vermag sogar körperlich in die Ferne, auf die träge Materie einzuwirken; diese ausserkörperliche Thätigkeit gelangt bis zu dem Punkte, wo der Organismus sich sogar zu verdoppeln, und ein Ebenbild des Organismus, welches für eine gegebene Zeit, auf eine von seinem Prototyp oder Urbilde unabhängige Weise wirkt, mit unbezweifelbaren Symptomen der Körperlichkeit zu gestalten im Stande ist.

Wir sind bei einer bis jetzt unerhörten Thatsache angelangt, die aber eines Tages einen der schönsten Gewinne der anthropologischen Wissenschaft bilden, und für die man dem verachteten **Spiritismus** verpflichtet sein wird. Diese Thatsache lautet: —

**Dass die psychische und physische Wirkungskraft des Menschen nicht an der Peripherie seines Körpers begrenzt ist.** —

Wir können jetzt zu der Frage zurückkehren, welche uns zu einer besseren Kenntnissnahme der Phänomene des Animismus geführt hat: — Ist es wirklich nothwendig, dass wir, um die mediumistischen Phänomene zu erklären, noch auf die **spiritistische Hypothese** zurückgreifen müssen? — Wir haben gesehen, dass, wenn wir die Nothwendigkeit einräumen, für gewisse Phänomene eine **ausser-mediumistische** (d. h. ausserhalb des Mediums wirkende) Ursache zuzugestehen, diese Ursache sich in der ausserkörperlichen psychischen und physischen Wirkungskraft des lebenden Menschen befinden könnte. Wenn diese Thatsache feststeht, so würden sich die Geheimnisse des Spiritismus „natürlich", ohne „Vermittelung der Geister" erklären. Wenn es einen „Geist" giebt, so würde das der „Geist" des lebenden Menschen sein — und nichts weiter.

Dieser Schluss scheint durch folgende Betrachtung geschwächt zu werden: —

Wenn wir annehmen, dass es im Menschen **zwei Bewusstseine** giebt, ein **äusseres**, normales, und ein **inneres**, welches der normale Mensch nicht kennt, das aber ganz ebenso einen Willen und eine Intelligenz für sich besitzt; dass dieses letztere Bewusstsein funktionirt oder sich offenbart nicht nur, wenn das erstere unterdrückt ist, sondern selbst wenn es in voller Thätigkeit ist, so dass die beiden Bewusstseine gleichzeitig und unabhängig von einander funktioniren; wenn wir annehmen, dass die ausserkörperliche Wirkungskraft des Menschen hauptsächlich mit der Wirkungskraft des inneren Bewusstseins verknüpft ist, denn für gewöhnlich ist es nicht den Vermögen des äusseren Bewusstseins unterworfen, und dass, ebenso wie das innere Bewusstsein, diese ausserkörperliche Thätigkeit gleichzeitig mit der normalen Thätigkeit des Körpers funktioniren und auch unabhängig vom Körper handeln kann; wenn wir annehmen, dass das innere Bewusstsein über Wahrnehmungsvermögen von Eindrücken der Aussenwelt (ein übersinnliches Gesicht, Gehör u. s. w.) verfügt, ohne nöthig zu haben, zu der gewöhnlichen Vermittelung der körperlichen Sinne seine Zuflucht zu nehmen: — dürfen wir da nicht aus dem Allen schliessen, dass die Natur des Menschen eine **gedoppelte** ist; dass er in sich zwei von einander unabhängige, bewusste Wesen besitzt: ein durch die normalen Funktionen unseres Körpers bedingtes **äusseres Wesen** und ein **inneres Wesen**, welches nicht von den Bedingungen des Körpers abhängig ist, —

welches ausserhalb dieses Körpers wollen, handeln und wahrnehmen kann? Dass folglich dieser Körper nicht die sine qua non-Bedingung seiner Manifestation ist, und dass demgemäss dieses innere Wesen, was seine Essenz oder eigenste Wesenheit betrifft, vollständig unabhängig vom Körper ist? Dass, wenn es eine gewisse Abhängigkeit dabei giebt, diese nur eine zufällige, eine anscheinende ist? Dass schliesslich nur eine zeitliche Coëxistenz oder ein nur zeitweiliges Zusammenbestehen beider vorhanden ist? Wenn dem so ist, so dürfte das innere Wesen, nachdem das Vorhandensein des Körpers einmal beseitigt ist, seine Unabhängigkeit bewahren.

Das ist die Argumentation oder Schlussfolgerung zu Gunsten der **Fortdauer der Seele**, die wir das Recht haben, auf den Grundlagen zu erbauen, welche uns die Thatsachen des Somnambulismus und des Animismus liefern. Indem wir uns auf diese Thatsachen stützen, könnte die Unabhängigkeit des inneren Wesens als eine **vorgeburtliche (pränatale)** oder **nachgeburtliche (postnatale)** angenommen werden; wenn es das innere Wesen ist, welches den Körper entwickelt und gestaltet, so ist es klar, dass es diesem **präexistirt** (schon vor ihm besteht), und dass es ihn auch **überleben** kann; wenn es der Körper ist, der das innere Wesen entwickelt, so ist es nicht unvernünftig, einzuräumen, dass dieser Kern ein Produkt der Entwickelung ist und als ein Mittelpunkt individualisirter Kräfte den Körper überdauert.

Aber alles dieses ist nur Spekulation. Wir haben in den beiden Schlussfolgerungen, welche wir am Anfang dieses Kapitels formulirten, gesagt, dass die Wirkungskraft des inneren Bewusstseins ebenso wie die ausserkörperliche Wirkungskraft des Menschen von dem äusseren Bewusstsein nur unabhängig zu sein **scheinen**. Diese Unabhängigkeit kann nur ein **Schein** sein. In Wirklichkeit dringt der Einfluss des äusseren Bewusstseins sehr häufig in die Thätigkeit des inneren Bewusstseins hinein; und da obendrein der intime Rapport oder die enge Beziehung und Verbindung des äusseren Bewusstseins mit dem Körper eine unbestrittene Thatsache ist, so sind wir, **vor dem**

Beweise des Gegentheils, gezwungen, diesen Körper auch als die wenngleich sehr entfernte, doch noch mehr geheimnissvolle Quelle der Thätigkeiten des inneren Bewusstseins zu betrachten, — und in Folge dessen sind wir auch genöthigt, die Existenz dieses inneren Bewusstseins als unauflöslich mit dem Körper verbunden zu betrachten. Die unbedingte Nothwendigkeit des Körpers ist nicht beseitigt.

Und da die Frage des Spiritismus im Grossen und Ganzen auf diese Frage der Unabhängigkeit des inneren Bewusstseins von dem äusseren hinausläuft, so folgt daraus, dass **bis zum Beweise des Gegentheils** die mediumistischen Phänomene ihre Erklärung in der unbewussten — psychischen, physischen und plastischen — Wirkungskraft des Mediums selbst oder anderer lebender — sei es anwesender oder abwesender — Personen, je nach dem vorliegenden Falle, suchen müssen. Gewiss darf das wissenschaftliche Studium der Thatsachen des Mediumismus auf dieser natürlichen Basis beginnen, und es wird dabei stehen bleiben **bis zum Beweise des Gegentheils**.

## IV. Die Geister-Hypothese.

### B. *Der Spiritismus*

(die medianimische Wirkung eines abgeschiedenen Menschen)
als weitere Stufe des Animismus.

> Motto: „Die Geister verkehren sogar jetzt
> selten mit den Menschen" . . . .
> „Der Prozentsatz des gegenseitigen
> Verkehrs ist noch immer recht klein."
> *Davis:* „Fountain", pp. 219, 187.

Es handelt sich also um die Möglichkeit, diesen Beweis zu liefern, — um den Beweis, dass die Auflösung des Körpers nicht die Unabhängigkeit und Selbstständigkeit dessen, was wir das innere Bewusstsein oder Wesen des Menschen genannt haben, beeinflusst. Ich glaube behaupten zu können, dass dieser Beweis durch gewisse Phänomene aus dem Gebiete des Mediumismus erbracht werden kann, welche alsdann im wahren Sinne des Wortes „spiritistische Thatsachen" sein werden.

Um welche Thatsachen handelt es sich demnach?

Sicher handelt es sich, um allgemein zu sprechen, nicht um physikalische Phänomene, mit Einschluss selbst der Materialisationen, oder jedenfalls dürfen wir nicht bei diesen letzteren beginnen. Schon vor zehn Jahren habe ich folgendermaassen darüber gesprochen: — „Zwischen der Feststellung einer Thatsache und ihrer Erklärung können Zeitalter vergehen. Der Gegenstand ist unermesslich und ausserordentlich verwickelt; sein Studium bietet

Schwierigkeiten, wie sie kein anderer Gegenstand liefert. So ist z. B. die merkwürdigste Thatsache der Reihe der objektiven mediumistischen Phänomene, die Thatsache der zeitweisen Bildung einer menschlichen Gestalt, uns bewiesen; aber daraus zu schliessen, was von erstem Anfang an sich als das Einfachste und Zwingendste darstellt, dass wir vor uns die Erscheinung einer abgeschiedenen Seele haben und damit den unwiderlegbarsten Beweis von der Unsterblichkeit der Seele, — das würde einen Schluss ziehen heissen, welchen ein kritisches und vertieftes Studium der Thatsachen noch nicht rechtfertigt. Ich will mich noch stärker ausdrücken: je mehr wir Materialisationen haben, desto mehr weicht diese Hypothese zurück — für mich wenigstens. Da wir nun, selbst nach der vollständigen Hervorbringung des Phänomens, welches Alles erklären zu müssen schien, noch zu keiner Lösung dieses Räthsels haben kommen können, so haben wir noch viel weniger das Recht, eine Menge anderer, sekundärer, mediumistischer Phänomene der Wirksamkeit der Seelen Verstorbener zuzuschreiben! Auch in meinem Journal habe ich mich niemals über die Theorie der **physikalischen** mediumistischen Phänomene ausgesprochen; ich habe niemals Doktrinen aufgestellt; ich habe die Thatsachen gehen lassen, indem ich mit gleicher Unparteilichkeit jeden Erklärungsversuch, jede Hypothese, jede die Wahrheit suchende Kritik aufnahm. Aber diese Phänomene bilden nur einen Theil, nur die Basis, nur das grobe Fundament einer ganz anderen Reihe von mediumistischen Phänomenen, welche man im Gegensatz zu der vorigen **intellectuelle Phänomene** nennen kann, und welche die wahre Kraft und Wesenheit der grossen sozialen und religiösen Bewegung bilden, die man den **modernen Spiritualismus** nennt." („Psych. Stud." 1878, S. 7—8.) —

Deshalb schliesse ich mich vollständig der Ansicht des Herrn *von Hartmann* an, wenn er sagt: — „dass die Streitfrage nach der Mitwirkung oder Nichtmitwirkung von Geistern nur aus dem **Vorstellungsinhalt** der Kundgebungen entschieden, oder doch der Entscheidung näher gerückt werden kann; dass dagegen alle unmittelbar durch den Organismus des Mediums hervorgerufenen physikalischen und Materialisations-Erscheinungen ihrer Natur nach hierzu schlechterdings ungeeignet und unbrauchbar sind." („Psych. Stud." November-Heft 1885, S. 506.) — Da diese Aeusserungen des — „Nachwortes zu der Schrift: 'Der Spiritismus'" — des Herrn *v. Hartmann* sich in Widerspruch mit dem Schlusse seines ganzen Werkes über den Spiritismus befinden, woselbst er sagt: — „Sobald man aber diese drei Erkenntnissquellen (somnambule Gedächtniss-Hyperästhesie, Gedankenlesen und Hellsehen) neben der sinnlichen Wahrnehmung einräumt, ist überhaupt kein Vorstellungsinhalt mehr denkbar, welcher seiner Natur nach unfähig wäre, aus ihnen geschöpft zu sein." („Der Spiritismus", S. 116–117) —, so muss man sie als eine Berichtigung, als eine zuletzt gefasste Meinung betrachten, die mir um so angenehmer ist, als sie der Frage entspricht, welche ich an Herrn *v. H.* zu richten mir vorgenommen hatte, und welche ich in folgender Weise formulirt haben würde: — Nehmen wir an, dass der Geist des Menschen den Körper überlebt; welches sind alsdann die Beweise, vermittelst deren man diese Thatsache constatiren könnte, wobei man alle von Herrn *v H.* angedeuteten methodologischen Gesetze beobachtet hätte? Oder aber, muss man trotzalledem behaupten, dass jeder Versuch, einen solchen Beweis herbeizuschaffen, vor der „Natürlichkeit" der drei Erkenntnissquellen, welche diese Methode uns an die Hand giebt, scheitern müsse, — kurz, dass dieser Beweis unmöglich ist?

Gegenwärtig stimmen wir darin überein, dass, **wenn dieser Beweis nur möglich ist, derselbe lediglich durch den intellektuellen Inhalt der mediumistischen Phänomene geliefert werden könne.** Und ich werde später zeigen, weshalb selbst das Phänomen der Materialisation ohne einen befriedigenden intellektuellen Inhalt dem geforderten Beweise nicht genügen kann.

Ich habe schon wiederholt gesagt, und ich wiederhole es noch einmal, dass das **Studium der intellektuellen Seite des mediumistischen Phänomens** uns vor

Allem anzuerkennen zwingt, dass ein grosser Theil dieser Phänomene, und zwar die gewöhnlichsten von ihnen, der unbewussten Thätigkeit des Mediums selbst zugeschrieben werden müssen.

Vor Kurzem (S. 584 ff.) habe ich erst angedeutet, dass eine andre Partie dieser Thatsachen auf eine zwar ausser-mediumistische, aber trotzdem „natürliche", irdische Ursache bezogen werden könne, welche aus der ausserkörperlichen Wirkungskraft anderer lebender Individuen hervorgeht, (die animistischen Phänomene).

Im III. Kapitel habe ich auch eine grosse Anzahl von Thatsachen gesammelt, welche uns ebenfalls zur Einräumung einer ausser-mediumistischen Ursache zwingen. Aber was ist das für eine?

Für eine gewisse Anzahl von Thatsachen könnte man versucht sein, sie ebenfalls animistischen Ursachen zuzuschreiben, und vor Allem gewiss die physikalischen Phänomene, von denen dabei die Rede ist; aber die Schwierigkeit ist, dass es beim grössten Theile dieser Phänomene auch eine intellectuelle Seite giebt, welche sich schwer in die animistische Hypothese einfügt. So z. B. könnte man, indem man das ausserkörperliche physische Vermögen des lebenden Menschen bis zu einem unbegrenzten Grade erweiterte, die Behauptung aufstellen, dass die „Verfolgungen durch mediumistische Phänomene" (von denen ich im 1. Abschnitt des III. Kapitels (S. 370 ff. dieses Bandes) gesprochen habe), durch ausserkörperliche, seien es nun bewusste oder unbewusste, Wirkungskräfte gewisser lebender Menschen verursacht worden seien. Diese Erklärung ist keine logisch unmögliche, aber sie hat keine genügende Berechtigung. Könnte man denn vernünftigerweise zugeben, dass die Verfolgungen, denen die Mitglieder der Familie *Fox* unterworfen gewesen sind, — Verfolgungen, welche die öffentliche Untersuchung der mediumistischen Phänomene zum Zweck hatten, — das Resultat einer animistischen Mystifikation gewesen seien, d. h. einer Mystifikation, welche aus einer unbewussten Wirkungsweise eines lebenden Menschen hervorging? Uebrigens darf man nicht vergessen, dass die Phänomene sich beständig und zu jeder Stunde des Tages oft auf Begehr dieses und jenes Individuums erzeugten; wie soll man da diese Uebereinstimmung der Wirkungskraft eines lebenden Menschen in die Ferne mit allen Erfordernissen eines gegebenen Augenblickes und mit der ganzen Umgebung der Mitte, wo sich diese animistische Manifestation erzeugen muss, erklären? Weshalb in vielen anderen Fällen dieses Bitten um Gebet, und dann das Nachlassen von Feindseligkeiten u. s. w.? Das will nicht besagen, dass man hypothetisch für gewisse Fälle der „Spukerei" oder von Belästigungen nicht habe zugeben können, dieselben seien durch animistische Ursachen zu Stande gebracht; wir haben gesehen, dass die animistischen Phänomene immer ihren Daseinsgrund in einer gewissen Beziehung unter den interessirten Parteien haben; diese selbe Beziehung müsste demnach auch für Fälle von Spuk existiren, wenn sie von derselben Ursache abhingen, und die wahre Quelle würde bald genug erkannt werden.

Im 11. Abschnitt desselben Kapitels habe ich mehrere Fälle physikalischer Ordnung — von Apports oder Herbeibringungen auf grosse Entfernungen mitgetheilt. Wenn man einräumt, dass die physikalische ausserkörperliche Wirkungskraft des Menschen eine unbegrenzte sei, nicht bloss in Bezug auf den Raum, sondern auch auf die Materie, (und das ist gerade die Entwickelung, welche Herr *von Hartmann* seiner Theorie zu geben gezwungen sein wird,) —: so könnte man diese physikalischen Fälle unter die Rubrik des Animismus einreihen, denn sie haben keinen intellectuellen Inhalt, welcher Schwierigkeiten darböte. Ich habe sie im III. Kapitel angesichts der **gegenwärtigen** Theorie des Herrn *v. Hartmann* erwähnt und besonders in Verknüpfung mit den Thatsachen des § 10, der „Uebertragung von Botschaften auf grosse Entfernungen". Wenn man diese letzteren ebenfalls durch die animistische Hypothese erklären wollte, so würden die Schwierigkeiten, welche ohnehin schon gross genug sind, noch grösser werden. Nehmen wir den **Fall des Professors** *Hare* (S. 534 ff.) welcher eine Botschaft von Cap May (bei New-York) durch das Spiritoskop nach

Philadelphia überträgt. Das Experiment hatte $2^1/_2$ Stunden gedauert; wenn während dieser Zeit der Prof. *Hare* sich im Trance befunden hätte, wie der Herr im § 11 zur Zeit der Herbeibringung der Photographie aus einer grossen Entfernung, so würde man voraussetzen können, dass der ganze Vorgang eine animistische Uebertragung von Seiten des Prof. *Hare* selbst gewesen sei. Aber die mediumistischen Fähigkeiten des Prof. *Hare* sind ganz unbedeutend gewesen; keinerlei animistisches Phänomen erzeugte sich bei ihm; er fiel nicht in Trance u. s. w. Um 1 Uhr Nachm. befand er sich in Communikation mit seiner Schwester vermittelst des Spiritoskops; er ertheilt ihr einen Auftrag für Dr. *Gourlay* zu Philadelphia mit der Bitte, ihm bestimmt um $3^1/_2$ Uhr Antwort zu geben. Nachdem der Auftrag ertheilt, kehrt er zum Spiritoskop erst um $3^1/_2$ Uhr zurück, um sich die Antwort zu holen. Wer also war während dieser Zeit in Philadelphia thätig? Er musste nicht allein die Botschaft dem Dr. *Gourlay* überbringen, sondern er musste auch die Antwort des Dr. *Gourlay* in Empfang nehmen, um sie dem Prof. *Hare* wieder zu überbringen. In dieser Weise hätte sich der Geist des Prof. *Hare* in Philadelphia zwei Mal (durch das Spiritoskop) manifestiren müssen, während er sich zu Cap May im normalen Zustande befand, — wir kennen nichts Analoges, was eine solche Erklärung rechtfertigen würde. Sonach war es also nicht der Geist des Professors *Hare* selbst, welcher unter dem Namen seiner Schwester diese Operation vollzogen hat, und noch weniger eine der Fähigkeiten der mittleren Partien seines Gehirns nach Dr. *v. Hartmann*.

Halten wir uns trotzdem noch einen Moment bei dieser negativen Behauptung auf und sehen wir zu, wie diese Operation vom Gesichtspunkte des Herrn *v. Hartmann* aus sich hätte vollziehen können. Da sitzt Prof. *Hare* am Spiritoskop; sein somnambules Bewusstsein spielt die Rolle seiner Schwester, und er ist in Communikation mit ihr vermittelst des Spiritoskops. Der Gedanke kommt ihm, ein Experiment zu versuchen, durch seine Schwester eine Botschaft nach Philadelphia an Mrs. *Gourlay* mit einem Auftrage für die dortige Bank zu senden. Wie benimmt er sich, um diese Botschaft zu ertheilen? Er hat sie mit lauter Stimme gegeben, wie wenn er zu seiner Schwester spräche. Sie antwortete ihm mit einem „Ja" durch das Spiritoskop, und damit war's zu Ende. So vollzieht sich die Sache im Spiritismus. — Wie hat sich die Scene in Philadelphia zugetragen? Mrs. *Gourlay* sass ebenfalls am Spiritoskop, und ihr somnambules Bewusstsein gab ihr eine Communikation im Namen ihrer Mutter. Diese Communikation wird plötzlich unterbrochen, und siehe da! das Spiritoskop beginnt Buchstabe für Buchstaben die Botschaft des Prof. *Hare* zu übermitteln. Wer also setzte die Nadel des Spiritoskops von einem Buchstaben zum andern in Bewegung, **nachdem** der Professor seinen Auftrag schon ertheilt hatte? Wer brachte ihn zur Ausführung? **Das eben ist die grosse und unüberwindliche Schwierigkeit für die Theorie des Dr. v.** *Hartmann***!** Wenn der Prof. *Hare* seine Botschaft Buchstabe für Buchstaben vermittelst des Spiritoskops angesagt hätte, so würde das eine andere Sache gewesen sein: man hätte eine telepathische Operation vermuthen können, — keine Gedankenübertragung, sondern eine Uebertragung von Buchstaben für Buchstaben von einem somnambulen Bewusstsein auf ein anderes. Aber das ist nicht der Fall gewesen. Man erhält die Communikationen der sogenannten „Geister" durch das Spiritoskop, aber von unserer Seite wird die Conversation mit lauter Stimme geführt. Dasselbe Verfahren, aber **umgekehrt**, fand statt zu Philadelphia, wo die Reihe an Mrs. *Gourlay* war, mit lauter Stimme eine Antwort dem unsichtbaren Auftraggeber des Prof. *Hare* zu ertheilen, welcher seinerseits diese Botschaft durch das Spiritoskop erhielt. Wer also setzte seine Nadel in Bewegung, als Mrs. *Gourlay* sich bereits mit anderen Dingen beschäftigte? Und obendrein, durch welche Art von Hellsehen machte sich das Sehen der Buchstaben des Spiritoskops von der einen und der andern Seite? Geschieht es noch durch einen Rapport mit dem Absoluten? (Ich will nur im Vorübergehen daran erinnern, dass nach Herrn *v. Hartmann* die Gedankenübertragung auf grosse Entfernung sich nur unter der hallucinatorischen Form vollziehen kann; man vergl. hierzu den 10. Abschnitt des III. Kapitels, S. 534 ff. dieses Werkes).

Behufs „natürlicher" Erklärung der Thatsache auf die unbewusste Intervention oder Einwirkung irgend eines andern lebenden Wesens zurückzugreifen, ist — für den gegebenen Fall — offenbar zu abgeschmackt, um uns dabei aufzuhalten.

Aber andererseits ist es auch wahr, dass nichts beweist, dass der unsichtbare Operateur wirklich die Schwester des Professors *Hare* gewesen sei. Alles, was wir vernünftigerweise vermuthen können, ist, dass es in diesem Falle einen intelligenten und selbstständigen Thäter, — einen um die Botschaft wissenden Träger gegeben hat, welcher den Auftrag ausführte, und dass dieser Thäter weder das Medium selbst, noch ein anderes lebendes Wesen gewesen sein kann.

Dieselben Schwierigkeiten und die nämlichen Schlussfolgerungen für den Fall der *Louisa Mac-Farland* (s. vorher S. 538 ff.), bei dem die Botschaft auf 1000 engl. Meilen durch Klopflaute übertragen wurde. Wer hat übrigens die Metamorphose der Persönlichkeit und der grammatischen Construktion der Botschaft dabei bewirkt? Die animistischen Communikationen tragen diese Besonderheit nicht an sich, — sie übertragen sich nicht im Namen des Anredenden, sondern durch diesen selbst.

Für gewisse andere Thatsachen des III. Kapitels, selbst wenn man annimmt, dass sie eine aussermediumistische Ursache haben, kann man sich wieder auf die animistische Hypothese stützen und, indem man sie bis zu den äussersten Grenzen treibt, behaupten, dass irgend Jemand irgendwo und auf irgend welche Weise, aber immer unbewusst, die in Rede stehende Manifestation erzeugt habe. Nehmen wir z. B. den *Cardoso*-Fall (s. S. 478 ff. und 483 ff.). Man kann immerhin behaupten, dass irgend ein menschliches Gehirn, das sich in unbewusstem Rapport mit meinen Medien befunden hat, die aktive oder passive Quelle des nicht ihren Hirnen entsprungenen Wissens gewesen sei. Oder man kann auch, wenn das Medium ganze Reden schreibt, oder zu uns in einer Sprache redet, die es nicht versteht, behaupten, dass die Ursache davon irdisch und nicht überirdisch sei, dass wir vor uns das unbewusste Spiel irgend eines somnambulen Bewusstseins haben, welches seine Rolle ausserhalb des Cirkels spiele. Das ist schwierig, das ist seltsam, der Faden, welcher zur Anknüpfung dienen soll, entschlüpft uns, aber es ist logisch nicht unmöglich. Es bedarf nur des Beweises; wir können den Lebenden nicht finden, welcher die Ursache der Manifestation gewesen ist.

Und es besteht genau dieselbe Schwierigkeit für den Beweis, dass es kein Lebender ist. Wodurch also sollen wir uns leiten lassen bei Ermittelung dieses Beweises? Die Antwort ist einfach: — sobald die Manifestation unpersönlich ist, haben wir keinen Grund, sie einer überirdischen Ursache zuzuschreiben. Wenn aber die Communikation persönlich ist, so ist das eine andere Sache, und wir können weiter gehen.

Hier ist es, wo die intellektuellen Thatsachen des Animismus uns zu Hilfe kommen als eine Basis für unsere weiteren Schlussfolgerungen. Deshalb muss das Studium des Animismus dem des Spiritismus vorangehen. Wenn die animistischen Phänomene erst einmal gut begründet sind, dann bietet der Uebergang zur spiritistischen Hypothese keine unüberwindlichen Schwierigkeiten mehr, sobald wir auf die Thatsache stossen, dass der Animismus allein nichts weiter zu erklären fähig ist; er bahnt uns den Weg und beseitigt alle Einwürfe und Schwierigkeiten, welche man gemeiniglich wider den Spiritismus vorbringt. Er ist es, der uns Schritt für Schritt zu der Ueberzeugung führt, dass das, was für einen lebenden Menschen möglich ist, auch für einen Abgeschiedenen möglich sein muss.

Wir haben vorher in der I. Rubrik (S. 571 ff.) gesehen, dass **Frau** *V.* die Gewohnheit hatte, durch ihre Hand Communikationen ihres verstorbenen Gatten zu erhalten; aber siehe da! plötzlich, am 20. Juli 1858, „schrieb der Stift nicht den gewünschten und erwarteten Namen, sondern mit fremder Schrift, welche sie sogleich als die *Sophien*'s erkannte, komische Worte der Unzufriedenheit über die nicht gemachte Aufgabe auf das Papier" u. s. w. Als am folgenden Morgen Frau *V.* sich in das Haus der *Sophie Swoboda* begab und ihr die Communikation zeigte, erkannte *Sophie* sofort ihre Schrift und ihre Ausdrucksweise.

Weiterhin habe ich noch einen Fall von in einer Séance zu Mödling durch die ausserkörperliche Wirkungskraft der *Sophie Swoboda* erzeugter medianimischer Schrift angeführt, während ihr Körper zu Wien schlief; und die Identität der Persönlichkeit *Sophien's* wurde durch die Aehnlichkeit der Schrift und alle Besonderheiten der Communikation festgestellt.

Wir haben auch Fälle gefunden, in denen die Communikationen mit lauter Stimme durch den Mund der Medien im Trance-Zustande erhalten wurden, und gesehen, dass diese Communikationen ohne Zögern lebenden Menschen zugeschrieben wurden, denn sie trugen das Siegel ihrer Persönlichkeiten an sich. So z. B. haben wir (S. 582) gesehen, dass Miss *Mary Brant*, die sich zu Cleveland (in Amerika) befand, bei einer Séance eine Communikation von ihrer Mutter erhielt, die sich in Deutschland befand, und zwar durch den Mund eines weiblichen Mediums, das ihr ganz fremd war und kein Deutsch verstand, und dass diese Thatsache mit dem übereinstimmte, was die Mutter der *Mary Brant* ihrerseits während eines Anfalls von Starrkrampf erlebt hatte, u. s. w.

Wenn wir uns auf diese Thatsache stützen, haben wir da nicht das Recht, die folgende Schlussfolgerung anzustellen: — Wenn wir auf medianimischem Wege eine Communikation erhalten, welche **alle Kennzeichen an sich trägt, die eine lebende, uns bekannte Person charakterisiren**, und wenn wir es logisch und natürlich finden, diese Communikation auf diese lebende Person zu beziehen und zu schliessen, dass eben diese lebende Person die diese Manifestation bewirkende Ursache ist, — würde es nicht ganz ebenso logisch und natürlich sein, in dem Falle einer Communikation, **welche alle charakteristischen Züge einer Person trägt, die wir bei ihren Lebzeiten gekannt hatten, die aber nicht mehr lebt**, diese Communikation ebenfalls auf diese Person zu beziehen und gleichfalls zu schliessen, dass diese Person in der einen oder anderen Weise die diese Manifestation bewirkende Ursache ist?

Es ist in die Augen springend, dass die Analogie vollkommen ist, und dass die Logik diesen Schluss erheischt. Das ist nun, soweit ich die Sache verstehe, der einzige intellektuelle Beweis, der einzige mögliche „Vorstellungsinhalt", welcher die Frage entscheiden kann. Eine solche Thatsache sollte doch eine unermessliche Bedeutung haben; denn in dieser Thatsache hätten wir ja den positiven Beweis von der vollen Unabhängigkeit unseres innerlichen Wesens und folglich auch den Beweis von der selbstständigen Existenz dieses Wesens, — der mit einem Worte den Körper überlebenden Seele. Eine solche Thatsache würde eine spiritistische Thatsache im wahren und eigentlichen Sinne dieses Wortes sein.

Treiben wir die Analogie, welche uns die animistischen Phänomene darbieten, noch etwas weiter. Sobald wir den Doppelgänger einer lebenden Person sehen, so ist es natürlich und logisch, die Ursache dieser „Hallucination" oder „Vision" in derselben Person zu suchen, welche dieser Doppelgänger darstellt. Ob das eine telepathische Wirkung oder eine andere sei, bleibt sich gleich: sobald man von der Erscheinung des lebenden *A*. zum lebenden *B*. spricht, denkt doch Niemand daran, sie dem lebenden *B*. oder einem anderen lebenden *C*. oder *D*. zuzuschreiben, und bei ganz genauer Nachforschung findet man, dass wirklich im Moment der Erscheinung des Doppelgängers oder Phantoms des *A*. vor *B*. sich etwas im Geiste des *A*. erzeugt hatte, was zur Rechtfertigung dafür dienen kann, in *A*. selbst die erste und wirksame Ursache seines Erscheinens vor *B*. zu erblicken. Es ist eine wirklich merkwürdige Sache, dass wir in dem Spezialwerke über diesen Gegenstand („Phantasms of the Living — Die Phantome der Lebenden"), in welchem Hunderte von Fällen ähnlicher Erscheinungen gesammelt sind, beinahe keinen einzigen finden, in welchem die Erscheinung des lebenden *A*. vor *B*. als pure subjective Hallucination ohne eine Spur von Telepathie betrachtet werden könnte. Da nun einmal der nicht rein hallucinatorische Charakter in der Mehrzahl der

Thatsachen von Erscheinungen Lebender festgestellt ist, so frägt man sich naturgemäss: was müssen wir also schliessen, wenn ich, anstatt eines Lebenden, die Erscheinung eines Verstorbenen erblicke? Die Antwort ist klar: die Möglichkeit, sie einer vom verstorbenen $A$. ausgehenden telepathischen Wirkung zuzuschreiben, ist gerechtfertigt. Das ist nur eine Thatsachen-Frage, und die Zeit wird kommen, wo wir darüber eine ganz ebenso beweiskräftige Arbeit erhalten werden, wie die über die „Phantome der Lebenden" ist.

Von hier bis zu den **Materialisationen** ist nur ein Schritt. Wenn der Doppelgänger eines lebenden Menschen nicht allein als eine „wahrhaftige Hallucination" erscheinen, sondern sich auch mit einer plastischen Gestalt bekleiden kann, und wenn wir dann diese Erscheinung gewissen geheimnissvollen Wirkungskräften der organischen und psychischen Vermögen des lebenden und vor unseren Augen befindlichen Subjects zuschreiben, können wir da nicht mit derselben Logik schliessen, dass, wenn eine materialisirte Gestalt unbezweifelbar alle charakteristischen Züge einer verstorbenen Person trägt, die diese zeitweise mit körperlichen Attributen bekleidete Erscheinung bewirkende Ursache ebenfalls dieser Person angehören müsse?

Wie wir sehen, ist die Kette der Analogien eine vollständig geschlossene. Aber das, was verhältnissmässig einfach und in die Augen springend war für die **Thatsachen des Animismus**, wird höchst verwickelt und zweifelhaft für die **Thatsachen des Spiritismus**. Denn für die ersteren haben wir die Mittel leicht, um die Ursache mit der Wirkung zu verknüpfen; die beiden Enden des psychischen Telegraphen-Drahtes sind unserer Prüfung zugänglich; das Subjekt und der Operator sind auffindbar, und wir constatiren, dass ein gewisser Zustand bei $A$. einer gewissen Wirkung bei $B$. entspricht. Und wir acceptiren diese Theorie der Causalität, ohne nach allen Arten von Hypothesen zu greifen, um sie zu widerlegen. Das ist nicht die Sachlage bei Constatirung eines spiritistischen Phänomens. Die Mittel für seine Bewahrheitung fehlen uns. Wir haben eine Wirkung, und die Ursache ist nur eine Wahrscheinlichkeit auf Grund der Logik. Der positive Beweis entgeht uns.

Indem wir an dieses Problem herantreten, erhebt sich vor uns in seiner ganzen unermesslichen Tiefe die geheimnissvolle Frage der Persönlichkeit.

Dank den philosophischen Arbeiten des Baron *Lazar von Hellenbach* und des Freiherrn Dr. *Carl du Prel* hat der Begriff der Persönlichkeit eine ganz neue Entwicklung erhalten, und die Schwierigkeiten, welche uns das spiritische Problem darbietet, sind bereits zum grossen Theil beseitigt. Wir wissen jetzt, dass unser inneres (individuelles) Bewusstsein und unser äusseres (Sinnen-) Bewusstsein nicht ein und dasselbe Ding sind; dass unsere Persönlichkeit, welche das Resultat des äusseren Bewusstseins ist, nicht identificirt werden kann mit dem Ich, welches unserem inneren Bewusstsein angehört; oder, kurz gesagt, dass das, was wir unser Selbstbewusstsein nennen, nicht gleich ist unserem inneren Bewusstsein. Man muss also zwischen der Persönlichkeit und der Individualität unterscheiden. Die Person ist das Resultat des Organismus, und der Organismus ist das zeitliche Resultat des individuellen transscendenten Princips. Das Experiment im Gebiete des Somnambulismus und des Hypnotismus bestätigt diese grosse Wahrheit: — sobald die Persönlichkeit oder das äussere Sinnen-Bewusstsein schlummert, erwacht irgend etwas anderes — Denkendes und Wollendes, welches sich nicht mit der eingeschläferten Persönlichkeit identificirt und sich mit seinen eigenen charakteristischen Zügen offenbart; für uns ist es eine Individualität, die wir nicht kennen; aber sie kennt diejenige, welche schläft, sie erinnert sich an deren Handlungen und Gedanken.

Wenn wir die spiritische Hypothese zugeben wollen, so ist es klar, dass nur dieser innere Kern, nur dieses individuelle Prinzip den Körper überleben kann, und alles, was seiner irdischen Persönlichkeit angehört hat, wird für dieses Prinzip nur eine Sache der Erinnerung sein.

Das ist der Schlüssel für das Verständniss der spiritischen Phänomene. Wenn das transscendentale Subjekt während seiner phänomenalen Manifestation mit dem Körper vereinigt gewesen ist, so ist es nicht unlogisch, anzunehmen, dass nach der Auflösung des Körpers diese Manifestation sich noch einmal auf die eine oder andere Weise in der phänomenalen Welt durch irgend einen anderen, mehr oder weniger für die Eindrücke der transscendentalen Welt offenen, menschlichen Organismus erzeugen könne. Dieses zugegeben, so ist klar, dass eine Manifestation dieser Art, wenn sie zum Zweck hat das Erkennen seiner Erscheinung in der irdischen Persönlichkeit, nur erlangt werden kann durch eine Anstrengung des Gedächtnisses, welches die Züge der irdischen Persönlichkeit wieder aufbaut. Diese Anstrengung muss natürlich mehr und mehr schwierig werden, denn die Erinnerung an die irdische Persönlichkeit muss sich mit der Zeit mehr und mehr verwischen. Kurz: die Individualität bleibt, die Persönlichkeit verschwindet. Deshalb ist die Frage der „Identität der Geister" der Stein des Anstosses im Spiritismus; deshalb sind die sich bewährenden Fälle dieser Art so sehr selten; deshalb sind sie mehr oder weniger mangelhaft, oder enthalten nur einige flüchtige, gewöhnliche, oder dem Gedächtniss gerade gegenwärtige Züge, welche nur allein die Wiedererkennung der Persönlichkeit bezwecken; und deshalb beziehen sich auch die Fälle dieser Art gewöhnlich auf eine mehr oder weniger, aber nicht vom Tode entfernte Zeit. Deshalb auch können uns schliesslich die medianimischen Communicationen keinen vernünftigen Aufschluss über die Geisterwelt und ihre Bewohner geben; die transscendentale Welt ist ein ganz ebenso unmessbarer Begriff für die phänomenale Welt, wie die Idee der vierten Dimension; wir können keine Vorstellung davon haben; man muss sich von dieser Wahrheit wohl durchdringen lassen.

Es erübrigt uns jetzt, durch das Experiment zu ermitteln, ob dergleichen Persönlichkeitsfälle, welche sich aus dem Jenseits ankündigen, existiren. Es liegt uns dann vor Allem ob, genau festzustellen, was wir als ein Kriterium der Persönlichkeit betrachten müssen. Der intellectuelle und moralische Inhalt — das bildet die Persönlichkeit; der intellectuelle Inhalt crystallisirt sich im

Gedächtniss, welches der getreue Aufnahmebehälter der Ereignisse und der Gesammtverhältnisse eines ganzen menschlichen Lebens ist, welche niemals mit denen eines anderen Daseins identisch sind; es ist auch der getreue Abdruck der intellectuellen Aneignungen und Glaubensmeinungen wie Ueberzeugungen, welche das Resultat eines ganzen, von Anderen verschiedenen Lebens sind. Was die moralische Seite betrifft, so ist es der Wille, der Charakter, welcher deren Ausdruck bildet, der ebenfalls seine unterschiedlichen Züge trägt, und zwar so verschieden von anderen, dass sie sogar den äusserlichen Arten der Charakter-Manifestationen einen individuellen Stempel aufprägen, — dass sie sich, so zu sagen, in gewissen Aeusserungen des Organismus crystallisiren; diese Aeusserungen sind: die Sprache, die Schrift, die Orthographie, das körperliche Aussehen.

Wenn wir daher auf mediumistischem Wege eine Communikation erhalten, welche die unbezweifelbaren Charakterzüge der Persönlichkeit, die ich soeben geschildert habe, an sich trägt, haben wir da nicht das Recht, — nachdem wir alle möglichen Irrthums-Quellen beseitigt, nachdem wir den gegebenen Fall der Kritik, welche die drei Erkenntnissquellen im Auge hat, die Herr v. *Hartmann* uns angiebt, und die sieben „Erklärungsprinzipien", die er in seinem „Nachwort zu der Schrift: 'Der Spiritismus'" (s. „Psych. Stud." Novbr.-Heft 1885, S. 505 ff.) auseinander gesetzt hat, unterworfen haben, — nicht das Recht, auf die Möglichkeit zu schliessen, dass diese Communikation auf die Ursache zu beziehen sei, die sich selbst kundgiebt?

Sehen wir demnach zu, ob wir diesen Anforderungen entsprechende Thatsachen vorführen können. Die Identität der sich manifestirenden Persönlichkeit bezeugende Fälle von einer mehr oder weniger befriedigenden Art sind durch die ganze spiritistische Litteratur zerstreut. Jeder Fall dieser Art muss für sich sprechen, — stehen oder fallen je nach dem Werthe der Beweise, die er zur Unterstützung seiner Behauptung darbietet. Die Majorität dieser Thatsachen ist meist nur überzeugend für die dabei interessirte

Person, welche gewöhnlich allein im Stande ist, die Identität der sich ihr mittheilenden Persönlichkeit zu beurtheilen; und darin liegt vom Gesichtspunkte der Kritik aus die schwache Seite dieser Communikationen, denn die anwesende Person kann immer als die unbewusste Quelle der Manifestation vermuthet werden. Damit also eine solche Manifestation einen überzeugenden, objectiven Werth erhalte, ist es nöthig, dass sie sich erzeuge entweder in Abwesenheit der daran interessirten Person, oder dass sie innere und äussere Züge an sich trage, welche die Gegenwart dieser Person nicht zu beeinflussen vermag; der Beweis wird ein absoluter sein, wenn beide Bedingungen mit einander vereinigt sind. Die nationale Sprache und die Handschrift — das sind die unzertrennlichen, wesentlichen und unbezweifelbaren Attribute jeder Persönlichkeit, welche zur selben Zeit einen anschaulichen Maaszstab der persönlichen Gleichung darbieten, — wie Herr *D'Assier* (im I. Kapitel dieses Werkes Seite 34 ff.) sich ausdrückt. Die Sprache und die Schrift, — beide sind die äussere Form, „die materiellen Beweisführungen", um juristisch zu sprechen, durch welche die Persönlichkeit sich in allen sozialen Verhältnissen behauptet, und auch hier (bei den spiritischen Phänomenen) unabhängig von den Einflüssen jeder anwesenden Person. Ich will mit Thatsachen dieser Kategorie beginnen und alsdann zu denjenigen übergehen, welche innere oder ureigene, die Identität der Persönlichkeit bezeugende Charakterzüge an sich tragen. Das III. Kapitel (S. 339—561) hat uns bereits viele Thatsachen geliefert, welche Allem entsprechen, was wir in Bezug auf einen Beweis dieser Art verlangen, und dies wird die Länge dieses letzten Kapitels um Vieles abkürzen.

Zum Zweck eines systematischen Studiums aller Thatsachen, welche sich unter den Bedingungen erzeugen, die ich so eben erwähnt habe, und in Folge dessen zur Rechtfertigung der Behauptungen der spiritischen Hypothese dienen sollen, will ich sie unter einigen allgemeinen Rubriken klassificiren und für eine jede von ihnen einige einschlägige Beispiele liefern.

## 1) Die Identität der Persönlichkeit eines Verstorbenen, festgestellt durch Kundgebungen in seiner nationalen Sprache, welche dem Medium unbekannt ist.

Ich habe schon im § 6 des III. Kapitels (S. 420 ff.), welcher speziell den Phänomenen dieser Art gewidmet war, gesagt, dass ich sie als einen absoluten Beweis einer ausser-mediumistischen Wirkungskraft betrachte, und ich habe dafür die Gründe angegeben. Es ist vollkommen klar, dass diese ausser-mediumistische Wirkungskraft nur eine einem lebenden, oder gestorbenen menschlichen Wesen angehörige Thätigkeit sein kann. In dem Abschnitt über den Animismus habe ich das Beispiel einer in Deutschland sterbenden Mutter gebracht, welche zu ihrer Tochter in Amerika deutsch durch ein amerikanisches, nicht deutsch verstehendes Medium sprach. (S. 582.) Wenn diese Mutter sich ihrer Tochter auf demselben Wege und in einer ganz ebenso überzeugenden Weise nach ihrem Tode manifestirt hätte, indem sie zu ihr wie bei ihren Lebzeiten mit Details und Besonderheiten, die nur ihre Tochter allein wissen konnte, gesprochen hätte, so würden dabei dieselben genügenden Gründe vorhanden gewesen sein, um ihre Persönlichkeit wieder zu erkennen. Es stehen in dem erwähnten § mehrere Fälle erwähnt, welche diese „Gründe" liefern, und unter ihnen gebührt die erste Stelle dem vom Richter *Edmonds* (Seite 425 ff.) berichteten und beobachteten Falle über seine eigene Tochter, welche mit einem Griechen — Mr. *Evangelides* — Griechisch sprach. Der unsichtbare Zwischenredner, welcher durch Miss *Edmonds* sprach, „sagte ihm so viele Dinge, dass er ihn als einen nahen Freund identificirte, welcher vor einigen Jahren in seiner Heimath in Griechenland gestorben war, ein Bruder des griechischen Patrioten *Marco Bozzaris*." — Diese Unterhaltungen wiederholten sich mehrere Male und dauerten ganze Stunden, während denen Herr *Evangelides* seinen Zwischenredner auf's gründlichste über die „häuslichen und politischen Angelegenheiten" prüfte. Aber was diesem Falle einen doppelten Werth verleiht, ist, dass dieser selbige

Zwischenredner dem Herrn *Evangelides* bei ihrer ersten Zusammenkunft „den Tod eines seiner Söhne verkündete, den er lebend und gesund verlassen hatte, als er von Griechenland nach Amerika gereist war." (Man sehe das Nähere im III. Kapitel § 6, Seite 425 und Seite 497 ff.) Hierbei finde ich kein vernünftiges Auskunftsmittel, dieses Phänomen anders zu erklären, als durch die spiritische Hypothese; das Hellsehen wird das Griechisch nicht erklären, und das Griechische wird das Hellsehen nicht erklären; und die animistische Hypothese führt uns hier ad absurdum.

Einen ähnlichen Fall haben wir in dem § 8 (des III. Kapitels Seite 501 ff.), wo Mrs. *X.* aus Paisley in Schottland ihren Tod im schottischen Dialekte durch den Mund der Miss *Scongall* ankündigte, welche diesen Dialekt nicht kannte. Ihr Stiefsohn, an den sie sich wandte, stellte ihr alle Arten von Fragen, um sich ihrer Persönlichkeit zu vergewissern, und die stets in demselben Dialekt ertheilten Antworten lauteten vollkommen befriedigend. Man sehe die Details an der citirten Stelle.

Indem wir uns auf diese Thatsache stützen, haben wir allen Grund, zu schliessen, dass die übrigen Fälle vom Reden in unbekannten Sprachen, welche im 6. Abschnitt des III. Kapitels (s. die vorhergehende S. 420 ff.) erwähnt sind, nicht allein Fälle von aussermediumistischer Wirkungskraft, sondern vielmehr noch spiritistische Fälle sind; denn es giebt keinen wahrscheinlichen Grund, um sie animistischen Ursachen zuzuschreiben; die wesentliche Bedingung, um diese Ursache zu rechtfertigen, — die B e z i e h u n g zwischen dieser Ursache und ihrer Wirkung, der Rapport zwischen den bekannten und unbekannten Lebenden, — fehlt gänzlich. Man kann einwenden, dass dann auch kein Grund vorhanden sei, um diese Beziehung zwischen einem Lebenden und einem unbekannten Verstorbenen zu rechtfertigen. Das ist wahr; aber wenn man die vorhergehenden Thatsachen hat, so ist es vernünftig, anzunehmen, dass ein Verstorbener weit leichter über Mittel verfüge, um diesen Rapport herzustellen, als ihn ein Lebender herstellen könnte, — indem der Zweck dieses Rapportes das Verlangen ist, die Thatsache einer Manifestation von jenseits des Grabes herzustellen, wenn keine anderen speziellen Gründe vorhanden sind.

Unter die Thatsachen dieser Rubrik, welche einen noch bedeutsameren Werth haben, muss man diejenigen rechnen, bei denen das Reden in einer unbekannten Sprache in Abwesenheit der die Sprache verstehenden Person erzeugt wird, und wobei man, um die Thatsache zu constatiren, Personen hat einladen müssen, welche sie verstehen konnten. Ein ganz ausführlicher Fall dieser Art ist von mir in demselben 6. Abschnitte („Psych. Stud." 1888 S. 459 — s. diesen Band S. 435 ff.) erwähnt worden. Und schliesslich bin ich zufällig auf eine andere, aber noch weit merkwürdigere Thatsache derselben Art, gerathen, welche in dem Journal: — „Facts" (Thatsachen) — zu Boston im Februar-Heft 1885 berichtet steht. Mrs. *Eliza L. Turner* aus Montpelier, Vermont, erzählt daselbst ausführlich, wie ihr Gatte, *Curtis M. Turner*, im Jahre 1860 in Krankheit verfiel. Nach zweijähriger Krankheit musste er dauernd das Bett hüten, weil ihn die Aerzte für unheilbar erklärten. Er wie seine Frau waren ein wenig mediumistisch. In letzter Noth versuchten sie es mit einer Séance. Mr. *Turner* fiel in Trance; und die Controlle sagte in gebrochenem Englisch: — „I want a France Frenchman (sic!) to talk with", d. h. „Ich wünsche mit einem französischen Franzmanne (sic!) zu sprechen." — Ich lasse nun Mrs. *Turner* weiter erzählen: - „Dr. *Prevo*, ein Franzose, wurde herbeigerufen, und mein Gatte unterhielt sich mit ihm so gut, als ob er mit der französischen Sprache vertraut wäre und ebenfalls Patienten prüfte. Dieses überraschte Dr. *Prevo*, und er entschloss sich, die Geister zu prüfen. Als er das nächste Mal kam, brachte er eine Karte vom menschlichen System mit; aber der Geist, welcher sich selbst einen Arzt nannte, war der Prüfung gewachsen, denn er zeigte auf und gab die Namen aller der verschiedenen Muskeln und Nerven auf Lateinisch und Französisch ebenso gut, wie es Dr. *Prevo* konnte, welcher ein studirter Arzt ist." — Als Resultat wurde der Kranke binnen zehn Tagen nach dem Versprechen des unsichtbaren Doctors geheilt. Mrs. *Turner* fügt am Ende hinzu: — „Mein Gatte war mit der französischen Sprache nicht bekannt, noch auch konnte er die Violine spielen; doch unter der Controlle des Dr. *Hanibal* (wie er sich nannte) konnte er beides." — Und der Herausgeber des Journals fügt seinerseits hinzu: — „Dr. *Prevo* berichtete auf der Waterbury, Vt.-Convention, welche im Oktober 1884 abgehalten wurde, bei einem unserer Thatsachen-Meetings diese Phänomene im Wesentlichen ebenso, wie sie hier berichtet stehen." —

Ganz unter dieselbe Rubrik müssen sich die Fälle einreihen, wo das Medium sich nicht in einer fremden Sprache, wohl aber durch ein verabredetes Alphabet, das ihm unbekannt ist, ausdrückt; wie z. B. das Alphabet der Taubstummen. Da ist ein Fall, wo die Communikation durch dieses Alphabet stattgefunden hat, denn die Verstorbene war bei ihren Lebzeiten taubstumm. Ich entnehme ihn dem Monatsjournal, welches von Mrs. *Hardinge-Britten* zu Boston, 1872, unter dem Titel: — „The Western Star" (Der Stern des Westens) — erschien, wo sie auf pag. 261 den Bericht des Mr. *H. B. Storer* (welcher in „The Spiritual Age" [Das geiste Zeitalter"] gedruckt stand) folgendermaassen citirt: —

„Am Sonnabend den 2. August 1872 hielt ich Vorlesung zu Syracuse, N.-Y., und zwischen dem Morgen- und Abend-Vortrage wohnte ich einem Cirkel bei, welcher im Hause der Mrs. *Bears* ungefähr zwanzig Personen umfasste. Unter den Anwesenden befanden sich zwei Damen und zwei Herren, welche von einer benachbarten Stadt herbeigekommen waren, um meine Vorlesungen zu besuchen, und waren unerwartet im Cirkel anwesend. Während der Sitzung wurde ein Test-Medium dieser Stadt, Mrs. *Corwin*, von einem Geist in Trance versetzt, und sie streckte ihre Hand einem der erwähnten Herren entgegen. Er erhob sich von der entgegengesetzten Seite des Zimmers, ging hinüber und nahm seinen Sitz an ihrer Seite. Der Geist schien hierauf grosse Anstrengungen zu machen, um zu reden, anscheinend ausser Stande, die Sprach-Organe des Mediums zu kontrolliren, und die Gemüther aller Personen im Zimmer, wenn wir vielleicht die Verwandtschaft des

Geistes davon ausnehmen, sympathisirten stark mit dieser Bemühung. Es wurde jedoch bemerkt, dass die linke Hand des Mediums gelegentlich emporgehoben und die Finger bewegt wurden, und bald darauf erklärte der Herr, dass der Geist „sich ihm" identificirt hätte, und zwar auf richtige Weise. Alle vermutheten, dass dies ein geheimes Zeichen gewesen sei, erwarteten noch weitere Bemerkungen von dem Geiste und pflegten gelegentlich Bedingungen vorzuschlagen, welche den Einfluss fördern könnten. An diesem Punkte ergriff ein anderer Geist Besitz vom Medium und erklärte ruhig, dass, wenn Alle sich still verhalten wollten, die Gattin des bei dem Medium sitzenden Herrn sich abermals mitzutheilen bestrebt sein würde; dass sie taubstumm war, als sie lebte, und sich durch das Taubstummen-Alphabet mittheilen würde. Demzufolge verhielten sich Alle ruhig, und bald manifestirte sich die geistige Gattin von neuem und unterhielt sich etwa zwanzig Minuten lang mit ihrem Gatten, wobei des Mediums Finger controllirt wurden, sowohl Antworten als auch Ratschläge durch die als das ‚Taubstummen-Alphabet' bekannten mechanischen Zeichen hervor zu buchstabiren.

„Es war in der That ein hoch interessanter Anblick, den schweigend vor dem Medium sitzenden Gatten zu erblicken, des Mediums Augen fest geschlossen in tiefem Trance, er mit seinen Fingern Fragen an seine Gattin stellend, und diese Gattin auf seine Gedanken antwortend durch die Gestalt einer anderen Person und deren Finger bewegend, welche niemals zuvor für eine solche Ausdrucksweise eingeübt worden waren. Der weibliche Geist beantwortete auch des Gatten in Gedanken gestellte Fragen, indem er seine Antworten durch des Mediums Hand schrieb und unter beiden Controlformen den vollen Erfolg hatte, richtige Antworten auf jede Frage zu ertheilen. Es ist hier am Orte, zu constatiren, dass das Medium und die besagten Personen einander vollständig fremd waren; und ferner, dass das Medium noch niemals das Taubstummen-Alphabet hatte anwenden sehen."

2) **Die Identität der Persönlichkeit eines Verstorbenen, festgestellt durch Kundgebungen im charakteristischen Style des Verstorbenen, oder durch besondere Sprach-Ausdrücke, welche ihm eigen waren, — erhalten in Abwesenheit der den Verstorbenen kennenden Personen.**

Diese Rubrik dient als Seitenstück zu der vorhergehenden, deren wiewohl recht kostbare Fälle selten und übrigens von einem vorübergehenden Charakter sind, ohne objective und dauernde Beweise zu hinterlassen. Die Masse der Communikationen erhält man natürlich in einer Sprache gleich der des Mediums, was nicht verhindert, dass sie zuweilen Besonderheiten von solch eigenthümlicher Art vorbringen, dass das Gepräge der Persönlichkeit nicht verkannt zu werden vermag. Im 4. Abschnitte des III. Kapitels habe ich (S. 386 ff.) einen aussergewöhnlichen Fall dieser Art in der Thatsache des von *Charles Dickens* unvollendet hinterlassenen Romans mitgetheilt, welcher nach seinem Tode durch die Hand eines jungen unbelesenen Mediums vollendet ward; der vollständige Roman liegt gedruckt vor, und Jedermann ist im Stande zu beurtheilen, ob der zweite Theil des ersten würdig ist. Nicht allein das ganze Drama des Romans ist von einer Meisterhand fortgesetzt und zu Ende geführt, derart „dass selbst der scharfäugigste Kritiker, der vorher nicht wusste, wo das Alte aufhörte und das Neue begann, nicht um seines Lebens willen zu sagen im Stande wäre, wo *Charles Dickens* starb", — sondern auch eine Menge Besonderheiten im Styl und der Orthographie bezeugen die Persönlichkeit des Autors." (Man sehe das Nähere im III. Kapitel dieses Werkes — S. 386—392.)

Hier folge ein Fall von einer ganz privaten Natur, den ich aus erster Quelle kenne. Ich erhalte ihn von meiner Freundin Mademoiselle *Barbara Pribitkow*, die ich schon zu erwähnen Gelegenheit hatte. (S. III. Kapitel dieses Werkes Seite 512 und IV. Kapitel S. 568 ff.). Sie befand sich eines Abends bei der Fürstin *Sophie Schahofskoy*, (der Schwiegermutter meines Freundes und Kameraden am

Lyceum, des Fürsten *Alexander Schahofskoy*), und zwar zu Petersburg im Jahre 1874. Mademoiselle *Barbara* ist ein wenig mediumistisch, und die Fürstin arrangirte mit ihr von Zeit zu Zeit kleine Séancen mit Hilfe der Planchette. Eine Person ihrer Bekanntschaft, Herr *Foustow*, (den ich ebenfalls kenne,) kam während des Abends zu ihr auf Besuch. Er war der Geschäftsträger des Fürsten *Georg Sch.*, welcher aus dem Kaukasus stammte und weder der Fürstin, noch M.lle *Pribitkow* bekannt war. Da er wusste, dass die Damen sich mit Spiritismus beschäftigten, verfiel er auf den Gedanken, sie zu fragen, ob sie ihn nicht in Verbindung setzen könnten mit dem verstorbenen Vater des Fürsten *Georg*, denn er hätte eine wichtige Frage an ihn zu stellen. Der Versuch wurde gemacht; und als der Vater des Fürsten *Georg* sich nannte, fragte ihn Herr *Foustow*, was aus einer grossen Geldsumme geworden wäre, welche nach seinem Tode verschwunden gewesen sei. Die Antwort lautete: — „Was verloren ist, ist verloren; aber ich bekümmere mich darum nicht; es ist nicht gut für *Georg*, einen so grossen Schatz zu haben." — Das dafür angewendete russische Wort war „Kazna", welches „Kronschatz" bedeutet; dieser Ausdruck versetzte die Beisitzenden sehr in Erstaunen, da sie niemals gehört hatten, dass es in einem anderen Sinne angewendet worden wäre.

Als Herr *Foustow* diese Antwort dem Fürsten *Georg* mittheilte, erwiderte dieser, dass das Wort „Kazna" ihn durchaus nicht verwundere, denn sein Vater wäre ein Mann der alten Zeit und höchst originell gewesen; er hätte sein Geld niemals anders als mit diesem Worte\*) bezeichnet.

Schliesslich habe ich Mad.lle *Pribitkow* ersucht, diese Thatsache noch einmal durch das Zeugniss des Herrn *Foustow* bewahrheiten zu lassen, und er hat es mir von Neuem selber schriftlich bestätigt. —

Zuweilen genügt ein Wort, um die Identität einer Person vor Demjenigen zu erweisen, welcher allein die

---

\*) Es ist ein alter russischer Ausdruck, den das Volk noch heutzutage gebraucht. — *A. A.*

Geltung dieses Wortes zu begreifen vermag. Da folge noch ein ebenso einfacher als beredter Fall, welcher sich in Abwesenheit Desjenigen zutrug, für den die Communication gegeben worden war. Der verehrungswürdige Schriftsteller Mr. *S. C. Hall* berichtet uns Folgendes: — „Ich erhielt bei dem Medium *D. Home* eine Botschaft, welche von einer Tochter von *Robert Chambers* zu kommen vorgab, und die eine **Familien-Angelegenheit von grosser Zartheit betraf**; als ich gebeten wurde, sie meinem verehrten Freunde mitzutheilen, lehnte ich dies ab, wenn ich nicht einen Beweis erhielte, welcher ihn überzeugen könnte, dass es wirklich seiner Tochter Geist war, die bei mir gewesen. Der Geist sprach: — 'Sage ihm: pa love'! (soviel wie: ‚Papa liebe!') Ich fragte *R. Chambers*, ob er wisse, was das bedeute? Er sagte, es wären die letzten Worte seines sterbenden Kindes gewesen, die es auf Erden äusserte, als er ihren Kopf über dem Kissen hielt. Ich hielt mich hierauf für berechtigt, ihm die mir an ihn zur Bestellung anvertraute Botschaft mitzutheilen." („Light" 1883, p. 437.) — Durch einen glücklichen Zufall finde ich diesen Fall ganz unabhängig davon durch das Zeugniss einer anderen Person bestätigt, welche ebenfalls bei dieser Séance zugegen gewesen war, nämlich das des Mr. *H. T. Humphreys* in seinem Artikel: — „Experiences in Spiritualism" („Erfahrungen im Spiritualismus") —, welcher im selbigen Bande des „Light" p. 563 veröffentlicht ist.

Ich kann hier nicht unterlassen, wenigstens auf den Titel einer Communikation hinzuweisen, welche vom Richter *Edmonds* von Seiten eines „Zeitungsjungen" aus dem Munde seiner im Trance befindlichen Tochter erhalten wurde, und die den Inhalt des „Spiritual Tract Nr. 3" bildet, welcher den Titel trägt: — „Der Zeitungsjunge" („The Newsboy"). — Diese Communikation wurde vom Richter stenographirt, während sie überliefert wurde, und man muss sie selbst lesen, um zu beurtheilen, wie sehr sie ausnahmsweise charakteristisch ist für einen die Strassen New-Yorks durchrennenden Zeitungsjungen. Der Richter sagte: — „Es lag eine scharfe Verschmitztheit des Denkens, eine rücksichtslose, verteufelt unbekümmerte Manier und eine Vorliebe für Spässe in ihm, welche in voller Vereinigung nur bei diesen Burschen zu finden sind." — (s. *Edmonds*, S. 423 ff., S. 583 u. S. 500 dieses Werkes.)

3) **Die Identität der Persönlichkeit eines dem Medium unbekannten Verstorbenen, constatirt durch Communikationen in einer mit der zu seinen Lebzeiten genau übereinstimmenden Schrift.**

Ich wage zu behaupten, dass dieser Persönlichkeits-Beweis sogar weit über den vorhergehenden hinausragt; als Beweis ist die Schrift ganz ebenso charakteristisch, wie die Sprache; aber für den Zweck, welchen wir verfolgen, muss die Sprache der Communikation dem Medium unbekannt sein; übrigens, wenn sie nicht schriftlich erfolgt, fehlt uns der dokumentarische Beweis; und für gewöhnlich geschehen diese Communikationen mit lauter Stimme, gesprächsweise, — was gerade deren Werth ausmacht. Hier haben wir einen ganz ebenso überzeugenden Persönlichkeits-Beweis, aber mit dem Vortheile, dass er in der dem Medium eigenen Sprache gegeben werden kann und noch dazu ein materielles, dauerndes Dokument liefert, das der Kritik stets zugänglich bleibt; und noch mehr als das, es gewährt den Vortheil, in Gegenwart der daran interessirten Person gegeben werden zu können. Denn ich bestreite, dass die Schrift eines Verstorbenen, welcher dem Medium unbekannt ist, auf eine unbestreitbare Weise durch eine Wirkungskraft des somnambulen Bewusstseins des Mediums in Folge der blossen Anwesenheit einer diesen Verstorbenen gekannt habenden Person hervorgebracht werden könne: — 1) weil wir die Schrift einer Person, welche wir kennen, wohl wieder erkennen, aber sie aus dem Gedächtniss nicht wieder erzeugen könnten, selbst wenn wir das wollten; und 2) weil, wenn die Communikation eine Redewendung brächte, die wir mit der Vorstellung der bekannten Handschrift in Gedanken behalten hätten, (was als Experiment versucht worden sein könnte), man noch würde behaupten können, dass diese Redewendung gleichzeitig mechanisch mit der Schrift erzeugt worden sei; aber es haben, wie man weiss, die erhaltenen Communikationen ihre eigene Verfassung. Ich spreche fürwahr nicht bloss von einigen vereinzelten Worten, oder von Namensunterschriften, welche ein Facsimile der Schrift ihrer Urheber darbieten, was immer zur Bestreitung derselben Veranlassung geben kann, sondern ich spreche von mehr oder minder langen oder häufigen, von derselben verstorbenen Person in ihrer Original-Handschrift erhaltenen Communikationen. Und dieser Beweis muss meiner Ansicht nach als vollkommen zwingend betrachtet werden; denn die Schrift ist immer als ein unwiderlegliches Zeugniss der Persönlichkeit, — als ihr getreuer und beständiger Ausdruck betrachtet worden. Sie ist wirklich ein photographisches Porträt eigener Art. (Man sehe, was ich zuvor, S. 381 ff. dieses Werkes, über die Graphologie und die Variationen der Schrift bei den hypnotischen Personificationen gesagt habe. III. Kapitel, § 3, S. 380 ff.; „Psych. Stud." 1888 S. 270.) — Und was die Möglichkeit des Schreibens mit einer fremden Schrift betrifft, so darf man hierbei dieselbe Argumentation wie die über die Möglichkeit, eine fremde Sprache zu reden, die man nicht versteht, in Anwendung bringen. (S. III. Kapitel, § 6, S. 420 ff.; „Psych. Stud." 1888, S. 402 ff.)

Die in einer den Verstorbenen eigenthümlich gewesenen Schrift erhaltenen Communikationen sind hin und wieder in der mediumistischen Phänomenologie erwähnt. Aber für gewöhnlich sind sie selten, ihre Erwähnungen enthalten keine Details, und man muss sich auf die Versicherung Derjenigen verlassen, an welche sie gerichtet waren; da sie stets von einer privaten Natur sind, so ist es natürlich, dass sie für die Oeffentlichkeit nicht tauglich sind; übrigens hätten sie als dokumentarischer Beweis für die Identität der Schrift nebst den Facsimiles der Handschrift der Person vor und nach ihrem Tode abgedruckt werden sollen; aber man bekümmert sich selten darum, diesen Beweis zu liefern, der übrigens ziemlich kostspielig ist. Zuweilen sind doch solche Beweise oder solche

Details geliefert worden, und von ihnen werde ich handeln.

Die erste Stelle hinsichtlich Communikationen dieser Art gebührt sicher denjenigen, welche von Mr. *Livermore* (vgl. S. 748, 750 d. 1. Aufl.) erhalten wurden, und zwar von Seiten seiner verstorbenen Gattin *Estella* in zahlreichen Séancen, die er mit *Kate Fox* während mehrerer aufeinander folgenden Jahre, von 1861 bis 1866, gehalten hat. Weiterhin unter § 8 wird der Leser noch alle nöthigen Details über diese merkwürdigen Séancen finden, von denen ich hier nur diejenigen anführe, welche sich auf Communikationen beziehen. Sie wurden sämmtlich, wohl hundert in ihrer Zahl, auf Karten erhalten, welche Mr. *Livermore* kennzeichnete und bei sich trug; sie wurden alle nicht durch die Hand des Mediums, (dessen beide Hände Mr. *Livermore* in den seinigen festhielt,) sondern direkt durch die Hand *Estella*'s beschrieben, und sogar einige Mal unter den eigenen Augen des Mr. *Livermore*, bei plötzlich erzeugtem Lichte, das ihm auch vollkommen die Hand und selbst die ganze Gestalt der Schreibenden zu erkennen gestattete. Die Handschrift dieser Communikationen ist ein vollkommenes Facsimile der Handschrift *Estella*'s zu deren Lebzeiten. In einem Briefe des Mr. *Livermore* an Mr. *B. Coleman* zu London (der seine Bekanntschaft in Amerika gemacht hatte) lesen wir: — „Wir sind jetzt bei dem Punkte angelangt, wo die Karten mit vorgeschriebenem Datum beschrieben werden. Die erste dieser Art, die 'Freitag, den 3. Mai 1861' überschriebene, war höchst sorgfältig und richtig geschrieben, und die Identität mit meiner Gattin Handschrift erwies sich bei genauer Vergleichung als eine zwingende; der Styl des Geistes und seine Handschrift sind für meinen Verstand positive Beweise für die Identität der Schreiberin, wenn die übrigen noch weit überzeugenderen Beweise, welche ich erhalten habe, ganz bei Seite gelassen würden." — Ferner sagt Mr. *Livermore* in noch einem anderen Briefe: — „Ihre Identität ist über jeden Schatten von Zweifel festgestellt worden. Erstens durch ihre Erscheinung, zweitens durch ihre Handschrift und drittens durch ihre geistige Individualität, um nichts von den zahlreichen anderen Prüfungsbeweisen zu sagen, welche bei gewöhnlichen Fällen zwingend sind, aber auf deren keinen ich mich anders als nur auf einen mitbestätigenden Beweis verlassen habe." — Mr. *Livermore* hatte, als er einige dieser Original-Communikationen an Mr. *Coleman* einsandte, ihm auch Proben von der Handschrift *Estella's* während ihrer Lebenszeit eingesandt, damit er sie mit einander vergleichen könne, und Mr. *Coleman* fand die ersteren „genau gleich der natürlichen Handschrift." (S. *B. Coleman*: — „Spiritualism in America", London, 1861, pp. 30, 33, 35.) Zwei Facsimiles (genaue Nachbildungen) solcher Communikationen befinden sich in der Broschüre des Mr. *Coleman* und in „The Spiritual Magazine" von 1861, worin die Briefe des Mr. *Coleman* zuerst erschienen sind. Diejenigen, welche Briefe von *Kate Fox* besitzen, können sich überzeugen, dass ihre Handschrift nichts Uebereinstimmendes hat mit derjenigen der Communikationen *Estella's*.

Ausser diesem intellectuellen und materiellen Beweise haben wir noch den, dass mehrere Communikationen von *Estella* französisch geschrieben wurden, eine dem Medium vollständig unbekannte Sprache. Folgendermaassen lautet das Zeugniss des Mr. *Livermore*: — „Eine Karte, mit der ich mich versehen hatte, wurde aus meiner Hand genommen und nach einiger Zeit mir sichtbar wieder zurückgestellt. Auf ihr fand ich eine in reinem, eigenthümlichem Französisch schön geschriebene Communikation, von welcher Miss *Fox* nicht ein Wort verstand; sie hatte gar keine Kenntniss von dieser Sprache." (s. *Owen* „Debatable Land" [deutsch: „Das streitige Land", Leipzig, *O. Mutze*, 1876, S. 270] London, 1871, p. 390.) — Und in einem Briefe des Mr. *Livermore* an Mr. *Coleman* finde ich noch: — „Ich habe neulich auch mehrere Karten französisch geschrieben erhalten. Meine Gattin war eine ausgezeichnete Kennerin des Französischen und schrieb und sprach es gleichzeitig, während Miss *Fox* keins von beiden versteht." (*Coleman*: — „Spirit. in America". — p. 34.)

Sonach haben wir also hier einen doppelten Identitäts-Beweis: er wird nicht allein durch die Handschrift, welche derjenigen der Verstorbenen vollkommen ähnlich ist, sondern auch noch durch diese selbige Handschrift in einer dem Medium unbekannten Sprache geführt. Der Fall gehört zu den kostbarsten und liefert in meinen Augen einen absoluten Identitäts-Beweis.

Die Facsimiles dieser Art, welche veröffentlicht wurden, sind sehr wenig zahlreich. Es existirt mit solchen ein Buch unter dem Titel: — „Twelve messages from the spirit of *John Quincy Adams* to his friend *Josiah Brigham*", through *Joseph D. Stiles*, medium" („Zwölf Botschaften vom Geiste *J. Q. Adams* an seinen Freund *J. Brigham*, durch *J. D. Stiles* als Medium"), gedruckt im Jahre 1859. — Im Vorworte sind die Facsimiles der Schriftzüge von *Adams* und von dessen Mutter vor wie nach ihrem beiderseitigen Tode beigegeben, welche eine frappante Aehnlichkeit verrathen; das Facsimile der normalen Handschrift des Mediums befindet sich auch daselbst. Wir finden in „The Spiritualist", 1881, II, p. 111, eine Notiz über dieses Werk aus der Feder des Mr. *W. Emmette Coleman*, welcher als kein nachsichtiger Kritiker bekannt ist, und welcher zu folgendem Schlusse gelangt: — „Das Buch ist einzig dastehend in der spiritistischen Literatur und enthält nach meinem Verständniss davon zwingende Beweise für die Identität der es erzeugenden Intelligenz, der sowohl die inneren wie die äusseren Beweise in dieser Beziehung gewichtvoll sind." —

In „The Spiritual Record" von 1884, p. 554—5, finde ich das Facsimile einer durch Dr. *T. L. Nichols* von Seiten seiner verstorbenen Tochter „*Willie*" vermittelst direkter Schrift zwischen zwei Schiefertafeln erhaltenen Communikation. Es ist vollkommen identisch mit der beigegebenen Probe der Handschrift „*Willie's*" zu ihren Lebzeiten, und hat keine Aehnlichkeit mit der Handschrift des Mediums *Eglinton*, von der ebenfalls eine Probe beigefügt ist. Ein anderes Facsimile einer Communikation „*Willie's*" befindet sich in demselben Journal vom Jahre 1883, p. 131. Das ist Alles, was ich für den Augenblick in meinem Register finde in Bezug auf dergleichen Handschriften-Abbildungen.

Seitdem das Verfahren der direkten Schrift durch Anwendung von Schiefertafeln vereinfacht und erleichtert worden ist, ist dieses — mit dem Namen Psychographie (Seelenschreibung) getaufte — Phänomen weit häufiger geworden, und auch die Identitäts-Fälle von Handschriften mehren sich, nur die Facsimiles als Beweisstücke fehlen dazu. Als Beispiel will ich hier einen Fall geben, welcher ausser dem äusseren Beweise der Handschrift-Identität noch einen charakteristischen inneren Beweis an sich trägt. Das ist die Thatsache, welche Mr. *J. J. Owen* im „Religio-Philosophical Journal" zu Chicago vom 26. Juli 1884 veröffentlichte, und das ich dem „Light" von 1885, p. 35, entnehme, woselbst es wieder abgedruckt steht. Ich kürze es etwas ab, lasse aber Mr. *Owen* selbst sprechen: —

„Vor zwölf Jahren zählte ich unter meinen intimen Freunden einen ausgezeichneten Senator aus Californien, welcher auch ein blühendes Bankgeschäft in San Jose hatte. Dr. *Knox* war ein tiefer Denker, ein Mann von entschiedenem Urtheil, aber ein harter Materialist. . . . Allmählich fühlte er das Ende seiner Tage herannahen, denn er litt an einer langsam sich entwickelnden Lungenkrankheit. Er sprach oft vertrauensvoll von dem immerwährenden Schlafe, welcher ihn erwarte, mit seinem ewigen Vergessen; auch empfand er keine Furcht vor dem Sterben. Bei einer dieser Gelegenheiten sagte ich zu ihm: — 'Doctor . . . lassen wir uns zu einer gegenseitigen Vereinbarung kommen, dass, wenn Sie sich dort drüben noch lebend finden, Sie mir dieses wenn möglich in folgenden kurzen Worten mittheilen wollen: — ‚Ich lebe dennoch!‘ — Er gab mir in allem Ernst dieses Versprechen. . . . Ich war begierig, etwas von meinem verstorbenen Freunde zu hören, um so mehr, als einst ein Materialisations-Medium aus dem Osten kam, von dem ich wusste, dass es echt war. Dieses Medium sagte mir, dass ihm zuweilen von seinem Kontrollgeiste gestattet würde, Beweise durch die direkte Schiefertafelschrift zu geben, und es dies auch zu meinem Nutzen versuchen wolle. . . . Ich reinigte eine Schiefertafel, legte ein Stückchen Schieferstift darauf und presste sie unter der Tischplatte fest an.*) Das Medium legte die eine seiner Hände über die meinige unter dem Tische und die andere auf die Oberfläche des Tisches. . . . Da hörten wir den Ton des Schreibens, und ich fand auf der Schiefertafel Folgendes: —

„'Freund *Owen!* Die Thatsachen, welche die Natur uns zeigt, sind unwiderstehlich, und der gern weise sein wollende Philosoph streitet oft mit Einem, welcher seine Lieblingstheorien stört, und verlässt ihn dann, um in einem grossen Meere von Zweifel und Ungewissheit umherzupantschen. Dies war zwar nicht ganz mein Fall, denn obgleich meine Ansichten über ein zukünftiges Leben unbarmherzig über den Haufen gestürzt wurden, so muss ich dennoch anerkennen, dass meine Enttäuschung eine angenehme war, und dass ich mich freue, Ihnen sagen zu können: — ‚Mein Freund, ich lebe dennoch!' — Wie dereinst Ihr Freund *Wm. Knox.*' —

„Es muss hier bemerkt werden, dass dieses Medium nach Kalifornien erst drei Jahre nach meines Freundes Tod kam; dass es diesen niemals kennen lernte; dass auch die Handschrift auf der Schiefertafel so vollständig die meines todten Freundes war, dass sie selbst auf der Bank, deren Präsident er war, als die seinige anerkannt wurde." —

Wenn dabei keine Identität der Handschrift vorhanden wäre, so hätten wir diesen Fall als einen von tausend anderen einer Gedankenübertragung zuschreiben können; aber der Charakter der Handschrift verleiht ihr das Gepräge der Persönlichkeit.

Unter den durch dasselbe Verfahren, aber in grosser Menge und während eines langen Zeitraumes, und immer von derselben Persönlichkeit erhaltenen Communikationen kenne ich nur den merkwürdigen Fall der Mrs. *Mary Burchett*, welcher von ihr selbst im „Light" 1884, p. 471 und 1886, p. 322, 425 ff. berichtet steht. Während zwei Jahren erhielt sie beinahe fünfzig Communikationen in der

---

*) Sehr überzeugende Bedingungen, denn für gewöhnlich ist es das Medium selbst, welches diese Manipulation vollführt. — *A. A.*

Handschrift eines Freundes, welcher ihr sehr nahe stand und den sie im Jahre 1883 verloren hatte. Bei seinen Lebzeiten glaubte er ebenso wenig, wie *Wm. Knox,* „an die Möglichkeit eines zukünftigen Lebens nach dem Tode"; das veranlasst ihn, in der zweiten Communikation zu sagen: — „Dies ist ebenso sehr eine Offenbarung für mich, als es eine für euch ist; denn ihr wisst, wie stark ich jedem Glauben an die Möglichkeit des zukünftigen Daseins opponirte." — Vor meinem Besuche in London im Jahre 1886 wandte ich mich an Mrs. *B.* brieflich mit verschiedenen Fragen, und sie hatte die Gefälligkeit, mir die folgenden Antworten zu ertheilen, welche Details enthalten, die sich zum grössten Theil nicht in den gedruckten Artikeln befinden: —

„The Hall, B u s h e y, Herts (England),
den 20. Mai 1886.

„Hochgeehrter Herr! . . . . Es thut mir leid, dass ich Ihre Bitte nicht zu erfüllen vermag, Ihnen eine Probe von der Handschrift meines Geisterfreundes, weder während seinen Lebzeiten noch seither, zu übersenden, da seine Briefe an mich von dem reinsten und geheiligtsten persönlichen Charakter sind, abgesehen davon, dass er mich häufig ersucht hat, sie Niemandem zu zeigen . . . . Ich will jedoch mit Vergnügen Ihre übrigen Fragen beantworten . . . . 1) Mit Bezug auf meines Freundes Handschrift. Ich habe bis jetzt 34 Briefe von ihm durch Mr. *Eglinton*'s Mediumschaft erhalten; die beiden ersten auf Schiefertafeln, alle übrigen auf Blättern von Briefpapier. Eine von ihnen stand auf einem Blatte Post-Brief-Papieres, das ich selbst auf eine Schiefertafel von mir mit ein wenig Gummi an den Ecken befestigt hatte, so dass es leicht wieder abgenommen werden konnte (s. „Light" 1884, p. 472). Bei den ersten zwei oder drei, die ich erhielt, entdeckte ich, wie wohl die Handschrift stark der seinigen glich und die Art und Weise des Ausdrucks und Stils genau die seinige war, gleichfalls eine gewisse Aehnlichkeit mit der Handschrift von '*Ernest*', eines Leiters des Mediums, was mich gar sehr stutzig machte; . . . diese schwache Aehnlichkeit hörte allmählich auf, bis zuletzt nicht mehr die geringste Spur davon übrig blieb und die Handschrift so genau derjenigen meines Freundes im Leben glich, als eine Bleistiftschrift derjenigen einer mit Tinte geschriebenen ähnlich sein kann. Mein Freund war ein Oesterreicher von Geburt, und die Schrift, welche merkwürdig hübsch und klein ist, trägt starke Züge ihres deutschen Ursprungs an sich . . . 2) Alle diese Briefe wurden, mit einer einzigen Ausnahme, Englisch geschrieben, obgleich sie häufig deutsche Citate enthalten. Während seines Erdenlebens schrieb er ebenfalls stets Englisch an mich. Kurz vor Weihnachten 1884 erhielt ich einen Brief zu meinem grossen Erstaunen in deutscher Sprache geschrieben, zierlich in deutschen (gothischen) Buchstaben, deren Ausführung eine vollkommene ist.\*) . . . Da ich einige Schwierigkeit dabei fand, meinen deutschen Brief zu lesen, weil ich zu jener Zeit eine recht armselige Schülerin im Deutschen war, so drückte ich mein Bedauern aus, dass der Brief deutsch verfasst war, und äusserte, wie sehr ich doch wünschte, einige Zeilen in meiner eigenen Sprache zu erhalten. Mr. *Eglinton* bewilligte freundlich einen Versuch, und da der Briefbogen erst auf zwei Seiten beschrieben war, so kehrte er ihn auf der Schiefertafel um, die wir wie gewöhnlich festhielten, und nach kurzem Harren hörte ich es abermals schreiben und erhielt nur einige Worte auf Englisch im gewöhnlichen Stile.\*\*) . . . 3) Es sind hinreichend Beziehungen in seinen Briefen auf Dinge vorhanden, die mit seinem irdischen Leben verknüpft waren, um mich von seiner Identität zu überzeugen, abgesehen von anderen Beweisen, deren ich viele erhalten habe. Haben Sie vielleicht die merkwürdige Materialisation gelesen, welche in dem Werke: — ‚**Twixt two Worlds. A Narrative of the Life and Work of** *W. Eglinton* **by** *J. Farmer*' (Zwischen zwei Welten. Eine Erzählung vom Leben und Wirken des Mr. *W. Eglinton*" von *J. Farmer*),

---

\*) Der Werth dieses deutschen Briefes entspricht hier demjenigen *Estella*'s in französischer Sprache. — *A. A.*

\*\*) Ich erwähne hier dieses Detail, weil es als ein guter **Prüfungsbeweis** für die vorhergehenden Briefe dient. — *A. A.*

London, 1886, p. 167 — erwähnt steht, und deren Bericht ein Beitrag von mir ist?\*) . . . In einem seiner früheren Briefe erhielt ich unter anderen einen schlagenden **Testbeweis**; er erwähnte gelegentlich den Namen eines Ortes in Deutschland, von dem ich mich erinnerte, dass er mir erzählt, er habe ihn einst besucht; es war ein recht sonderbarer Name, und ich habe ihn weder vorher, noch seitdem vernommen. Als ich eines Tages allein sass, um zu schreiben, — da ich seit dem letzten Herbst bei mir, wenn auch nicht sehr stark, die Gabe des automatischen Schreibens entwickelt habe, — so spielte ich auf diesen Umstand an und beauftragte meinen Freund, ob er durch meine Hand den Namen des Landes schreiben könnte, in welchem dieser Ort lag. Ich versuchte meinen Geist so leer als möglich zu halten, damit er die Antwort nicht beeinflussen sollte, aber ich erwartete, dass entweder Oesterreich oder Böhmen geschrieben werden würde. Zu meiner Ueberraschung wurde ganz langsam der Name einer Stadt geschrieben, und erst dabei erinnerte ich mich, dass er in der Unterhaltung, von der ich sprach, als ich eine Bemerkung über die Sonderbarkeit des Namens dieses Ortes machte, erwiderte, er sei nahe bei D . . . gelegen. Ich habe dies stets als einen höchst merkwürdigen **Prüfungsbeweis**\*\*) betrachtet, obgleich der Vorfall an und für sich ein höchst geringfügiger ist . . .

„Ich verharre, hochgeehrter Herr! als

„Ihre

„ergebene

„*Mary Burchett.*" —

---

\*) Bei dieser Séance erkannte Mrs. *Burchett* vollkommen die materialisirte Gestalt ihres Freundes, dessen Kopf unverhüllt war; sie war ganz nahe bei ihm, als sie ihn bei der Hand hielt, und das Licht war ganz besonders verstärkt worden. — *A. A.*

\*\*) Ich erwähne auch dieses Detail des Briefes der Mrs. *Burchett* als **Prüfungsbeweis** (Test) für das Phänomen der direkten Schrift, wie sie von *Eglinton* erhalten wird, weil es durch die „Society of Psychical Research" zu London bis aufs äusserste bestritten worden ist. — *A. A.*

Es bleibt mir noch hinzuzufügen, dass ich bei meinem damaligen Aufenthalt in London im Jahre 1886 die Gelegenheit nicht verabsäumt habe, die Bekanntschaft der Mrs. *Burchett* zu machen; sie hat mir natürlich persönlich bestätigt, was ich soeben niedergeschrieben habe; sie hat mir auch Proben der Handschrift ihres Freundes vor und nach seinem Tode vorgezeigt; aber deren Lektüre ist mir nicht in der Weise gestattet gewesen, dass ich die Möglichkeit gehabt hätte, einen eingehenden und sorgfältigen Vergleich der beiden Handschriften anzustellen; ich habe nichts als nur die Manier, den Artikel „the" zu schreiben, welche übereinstimmend ist, gut vergleichen können: für das Uebrige kann ich nur die allgemeine Aehnlichkeit der beiderlei Handschriften bezeugen; aber die Aehnlichkeit ist noch keine Identität, und überdies unterscheidet sich die Handschrift mit Bleistift immer ein wenig von derjenigen mit der Feder. —

Es folge noch ein anderer Fall, in welchem wir bei mangelnden Facsimiles wenigstens verschiedene genaue Details über die Bildung gewisser Buchstaben haben, was beweist, dass der Vergleich der Handschriften in allen ihren Besonderheiten angestellt worden ist. Man wird alle Details im „Light" 1884, p. 397, finden; hier das Wesentliche daraus: — Mr. *A. J. Smart*, der Verfasser des Artikels, wohnte, als er sich zu Melbourne in Australien befand, bei Mr. *Spriggs*, einem wohlbekannten Medium, und schlief mit ihm zusammen in demselben Zimmer und im selben Bett. Am 27. März genannten Jahres, als die Beiden sich in's Bett gelegt hatten, bemerkte Mr. *Smart*, dass sein Freund sofort in Trance verfallen war. Nach verschiedener Unterhaltung vermittelst der Klopflaute wurde gesagt, dass man „schreibe", und alsdann „solle man das Geschriebene binnen zehn Minuten ansehen." Bald darauf kam das Medium wieder zu sich; man zündete ein Licht an, und Mr. *Smart* fand auf einem Tisch in einiger Entfernung vom Bett eine Communikation von Seiten seiner Mutter, welche so eben erst im Monat Februar gestorben war, und zwar mit der Feder auf einem Papierblatt geschrieben, folgenden Inhalts: —

„Theurer *Alfred*, — *Harriet* — schrieb an Dich und theilte Dir mit, dass ich die Erde verlassen hätte. Ich war erfreut, zu gehen. Ich bin glücklich. Ich werde bald sprechen. Erzähle *Harriet*, ich sei dagewesen. Gott segne Dich. Deine Dich immer Liebende Mutter." —

Mr. *Smart* bemerkt nun Folgendes in Betreff der Handschrift: —

„Ich habe seitdem die Handschrift der auf diese Weise erhaltenen Communikation sorgfältig mit derjenigen der von meiner Mutter während ihres Erdenlebens geschriebenen Briefe Buchstabe für Buchstaben und Wort für Wort verglichen. Das Resultat ist, dass zu der allgemeinen Aehnlichkeit, welche für Jedermann auf den ersten Blick ersichtlich ist, noch in der Bildung und im Stile ähnlicher Buchstaben, Worte und Phrasen bei beiderlei Handschriften vollständige Identität hinzukommt. Es herrscht durch beide derselbe Gebrauch der altgestalteten Form des Buchstabens „r"; derselbe (ungewöhnliche) Gebrauch, das Wort „affectionate" („liebende") mit einem grossen Buchstaben „A" (deutsch „L") zu schreiben; das erste „f" in demselben Worte mit der niedrigeren, zur linken anstatt zur rechten gewendeten Schlinge zu bilden; und was schlagend in die Augen springt, es herrscht dieselbe vertraute Gewohnheit (welche im Erdenleben durch eine Schwäche der rechten Hand, verursacht durch eine Verrenkung ihrer Muskeln, erworben war), fast jeden Buchstaben vom andern getrennt zu schreiben, anstatt in Uebereinstimmung mit unserer gewohnten Praxis Worte und Phrasen, ohne auch nur ein einziges Mal die Feder zu erheben, fortlaufen zu lassen; daneben noch viele andere dem Auge offenbare Aehnlichkeiten, deren wörtliche Beschreibung jedoch ihren Zweck verfehlen würde. Auch in Bezug auf die Abfassung der Communikation zeigt sich dieselbe Gewohnheit, welche sie in ihren Briefen charakterisirte, nämlich sofort zur Sache zu kommen." —

Der Herausgeber des „Harbinger of Light", welches in Melbourne (Australien) erscheint, worin der Artikel des Mr. *Smart* zuerst aufgenommen war, bemerkt seinerseits dazu: — „Wir haben den besprochenen Brief gesehen und ihn sorgfältig mit verschiedenen, von Mrs. *Smart* vor ihrem Abscheiden geschriebenen Briefen verglichen. Die Handschrift ist identisch, und alle Eigenthümlichkeiten des Stiles erscheinen in der nach ihrem Tode erfolgten Communikation." — Die schwache Seite des Falles liegt vom Gesichtspunkte des Betruges aus in der engen Vertrautheit des Mr. *Smart* mit dem Medium, das sich hätte Zugang zu den Briefen der Mutter des Mr. *Smart* verschaffen können, u. s. w. —

Ein absoluter Beweis für eine Communikation in identischer Schrift würde derjenige sein, bei welchem die Mittheilung in Abwesenheit der die Schrift des Verstorbenen kennenden Personen erhalten worden wäre. Ich finde in meinem Register keine Fälle, in denen eine solche Communikation unter derartigen Bedingungen ganz erhalten worden wäre: aber ich kenne deren, wo die Handschrift der Communikation wenigstens bei gewissen Buchstaben die identische Gestalt der Handschrift des Verstorbenen hatte. Ich habe einen derartigen Fall aus meiner eigenen Erfahrung, und ich will ihn mit einigen Details berichten: —

Ich hatte die Gewohnheit, während zwei oder drei Jahren ganz vertrauliche Séancen mit meiner Frau zu halten, denen Niemand beiwohnte, ausgenommen von Zeit zu Zeit Professor **Butlerow**. Ich habe dies bereits früher erwähnt (s. S. 455; „Psych. Stud." 1888, S. 509). Im Anfang, wendeten wir die Planchette an; aber bald gaben wir sie auf, und es genügte mir, meine Hand auf die einen Bleistift haltende rechte Hand meiner Frau zu legen, damit sie nach 10 bis 15 Minuten einschliefe; einige Zeit darauf begann ihre Hand zu schreiben. Niemals stellte ich eine Anforderung oder ein anderes Begehr; ich wartete ab, was sich von selbst erzeugen würde. Je nach dem, was geschrieben ward, stellte ich Fragen mit lauter Stimme, der Bleistift antwortete darauf, und die Unterhaltung dauerte so lange, bis der Bleistift aus ihrer Hand fiel. Der Herbst des Jahres 1872 war sehr peinlich für mich; als ich von Ufa nach St. Petersburg zurückkehrte, wäre ich beinahe auf der Kama bei einem Zusammenstosse der Dampfschiffe ertrunken; es war Nachts; und fünfzehn Minuten nach der Collision war das Schiff, auf welchem ich mich befand, schon unter dem Wasser. Glücklicherweise war ich allein. Kaum nach St. Petersburg zurückgekehrt, erfahre ich, dass mein hochbetagter Vater auf seinem Landgute im Gouvernement Penza mit dem ganzen Mobiliar, dem Familien-Archive, der schönen Bibliothek, welche mein Vater und ich während eines halben Säkulums gesammelt u. s. w. hatten, abgebrannt war. Ich musste in einigen Tagen von Neuem abreisen, um meinen Vater aufzusuchen und ihn in dieser peinlichen Situation zu unterstützen. Vor meiner Abreise versuchte ich eine Séance, wobei es mich zu sehen interessirte, ob irgend etwas auf meine Reise Bezügliches mitgetheilt werden würde. Anstatt dessen wurde (selbstverständlich auf Russisch) mit einer festen und grossen Handschrift, welche nicht die gewöhnliche Schrift meiner Frau war, Folgendes geschrieben: —

„Ich gräme mich über meine Heerde, ich leide für sie mit meinem gottgegebenen Sohn, der die Wege des Herrn sucht.
„Priester *Nicolaus.*" —

Ich begriff nichts davon; meine Frau schlief noch; ich bat um einige Aufklärung; eine noch längere Communikation und von einem sehr intimen Inhalt wurde geschrieben, welche meinen Vater betraf und Andeutungen über den Brand machte. Noch eine Frage, noch eine Antwort und dann nichts weiter. — Als meine Frau wieder zu sich kam, begannen wir die Communikation zu entziffern und zu überlegen, von wem sie ausgehen könnte. Wir kamen zu dem Schlusse, dass Priester *Nicolaus* Niemand anders sein konnte, als der verstorbene Schwiegervater des Geistlichen an der Kirche, welche sich auf dem meinem Vater gehörigen Landgute befindet, auf welchem er beständig wohnte. Es ist Gebrauch in Russland, dass die Priestertöchter wieder Priester heirathen; und da die Frau des gegenwärtig fungirenden Geistlichen unserer Landpfarre sich *Olga Nikolajewna* nannte, und da wir wussten, dass sie die Tochter des vormaligen Geistlichen dieser

Pfarre war, so war es ganz natürlich, zu schliessen, dass wir ihrem Vater *Nicolaus* diese Botschaft zuschreiben mussten; jetzt begreift man, weshalb er seinen Nachfolger — seinen „gottgegebenen Sohn" nannte; er war der Beichtvater meines Vaters gewesen; was die Worte anlangt: „Ich gräme mich" u. s. w. nebst dem ganzen übrigen Theile der Communikation, so haben sie eine ganz vertrauliche Bedeutung, von der ich hier nicht sprechen kann, die aber für uns ganz klar war.

Diese Communikation enthielt zwei Eigenthümlichkeiten: — ihr Stil war ein alter Seminar-Styl, dem man jetzt nicht mehr begegnet; sie enthielt Ausdrücke, welche wir unmöglich benutzen könnten, und von denen ich durch die Uebersetzung leider keine Idee zu geben vermag. Obendrein zeigte sie Eigenthümlichkeiten der Schriftzüge, welche mir auffielen; es war eine Vermischung der Handschrift meiner Frau mit einer fremden Schrift; ich fand darin Buchstabenformen, welche meine Frau niemals anwendete. Es war mir von Interesse, diese Handschrift mit derjenigen des Vaters „*Nicolaus*" zu seinen Lebzeiten vergleichen zu können. Ich hatte ihn, als ich noch ganz jung war, kennen gelernt, wenn ich zu den Ferien auf das Landgut kam. Er starb im Jahre 1862, aber seit 1851, nachdem sich ein Nachfolger in dem Gatten seiner Tochter gefunden, wohnte er nicht mehr auf diesem Landgut. Niemals hatte ich seine Handschrift gesehen, und meine Frau hatte ihn sogar nicht einmal gekannt. Als ich mich an seinen „gottgegebenen Sohn" wandte, um einige Briefe, oder eine Seite Manuscript seines Schwiegervaters zu erhalten, vermochte er nichts weiter aufzufinden, als eine Seite eines alten Almanachs (Kirchenkalenders) mit Notizen von der Hand des verstorbenen *Nicolaus*, die er aus dem Buche herausriss und mir übersendete. Diese Seite lieferte mir bereits schätzenswerthe Beiträge zur Vergleichung der Handschriften. Aber erst viele Jahre später, im Jahre 1881, stellte ich selbst Nachforschungen in dem Kirchen-Archive an, aus welchem ich mir mehrere von der Hand des Vaters *Nicolaus* geschriebene Blätter verschaffte. Als ich diese

Handschriften mit unserer Communikation verglich, konnte ich Folgendes feststellen: —

In der Communikation steht der russische Buchstabe Л (welcher dem lateinischen *l* entspricht) **stets** in der Form des griechischen Buchstabens λ (Lambda) geschrieben.

In den Handschriften des Vaters *Nicolaus* finde ich diesen Buchstaben unter beiden Formen, bald Л, bald λ; auf einem Blatte des Todten-Registers der Pfarrei finde ich 35 Unterschriften des „Priesters *Nicolaus*", von denen 8 mit einem Л und 27 mit einem λ geschrieben sind.

Meine Frau hat diesen Buchstaben **niemals** mit der griechischen Form λ geschrieben.

In der Communikation steht der russische Buchstabe д (welcher ähnlich sieht dem geschriebenen lateinischen *d*) **stets** in einer alten Form geschrieben, mit dem Schweife nach unten wie ein lateinisches *g*.

In den Handschriften finde ich diesen Buchstaben ebenfalls unter zwei Formen; nur die Form д macht eine Ausnahme; beinahe immer ist die Form *g* angewendet. Ich habe eine Folio-Seite des Original-Manuscripts vor mir, auf welcher die Form д sich dreimal und die Form *g* sich 41 mal befindet.

Meine Frau hat für sich diesen Buchstaben **niemals** mit der Form eines *g* geschrieben.

Ich übergehe weniger in die Augen springende Besonderheiten mit Stillschweigen, so z. B. den russischen Buchstaben б, den meine Frau stets mit nach oben gebogenem Häkchen schrieb, und welcher sich in der Communikation stets mit einem nach unten gebogenen Häkchen wie bei dem griechischen Buchstaben δ befindet, — was mit der beständigen Form dieses Buchstabens im Manuscripte übereinstimmt.

Woher stammt nun diese seltsame Uebereinstimmung einiger Buchstaben? Es muss doch dafür einen wahrscheinlichen Grund geben. Es genügt nicht, zu sagen, dass das somnambule Bewusstsein in der Rolle eines alten Priesters eine so alterthümliche Schreibweise anwendete; der Gebrauch der Form λ ist jetzt selbst nicht ungewöhnlich; auch die Form des *g* für д findet sich im Gebrauch, aber sehr selten. Die Frage ist: weshalb stimmen diese Buchstabenformen in der Communikation genau mit denjenigen überein, welche der Priester *Nicolaus* gebrauchte? —

Ich finde im „Light" 1887, p. 107 in dem Artikel: — „Self-proving messages" (sich selbst beweisende Botschaften) — einen Fall, bei dem die Schrift der mediumistischen Communikation sich gleichfalls ähnlich findet der vor dem Tode abgefassten Handschrift derselben Person in der Gestalt nur einiger Buchstaben, deren Beschreibung gegeben ist, — einer Handschrift, welche das Medium niemals gesehen hatte. Man ersieht aus dem Artikel nicht, ob die Schrift in Gegenwart, oder in Abwesenheit der den Verstorbenen kennenden Person erhalten worden ist.

4) **Die Identität der Persönlichkeit eines Verstorbenen, constatirt durch eine, eine Menge Details enthaltende und in Abwesenheit einer jeden den Verstorbenen kennenden Person erhaltene Communikation.**

Im III. Kapitel § 9 (Seite 516 ff. dieses Werkes) habe ich bereits mehrere, dieser Bedingung entsprechende Fälle mitgetheilt, welche durchaus überzeugend sind.

Wir haben dabei den Fall der mündlichen (oder durch Controle erfolgenden) Manifestation des alten *Chamberlain* (S. 518) vor einem Cirkel von 12 Personen, denen er vollständig unbekannt war, und der sich sofort ein zweites Mal manifestirte, um noch die näheren Details über seine Persönlichkeit zu geben, die man bei seiner ersten Manifestation nicht erbeten zu haben bedauerte, um daraus einen vollständigen Identitäts-Beweis herzustellen. Und bei Nachforschung fand sich alles in genauer Uebereinstimmung.

Wir haben den Fall des *Abraham Florentine* (vgl. S. 524 ff.), der in Amerika starb und sich in England durch Klopflaute manifestirte, durch die er über seine Person in einem Cirkel, der niemals eine Idee von seiner Existenz hatte, biographische Details angab, die sich auf in Amerika angestellte Nachforschungen bestätigten.

Ich habe dabei die spezielle Quelle (S. 520 ff.) angegeben, in der man Tausende von ähnlichen Fällen findet, und wo man sofort ein besonderes Studium anstellen könnte, indem man die strengsten und genauesten Untersuchungsmittel anwendete, — ich spreche vom sogenannten „Message Departement", der Abtheilung für Geister-Botschaften, in „The Banner of Light" zu Boston. Die Dokumente, um den Humbug zu entlarven oder die Wahrheit festzustellen, stehen dort gedruckt, sind in die Hände eines Jeden gelegt, welcher sich die Mühe geben will, diese Arbeit zu unternehmen. Es wäre sehr interessant, hundert solche aufeinander folgende Botschaften heraus zu greifen, um die Prozente von falschen, richtigen und zweifelhaften festzustellen, die sich aus einer solchen Untersuchung ergeben würden. Unter diesen Fällen giebt es deren, welche Anspielungen auf die allervertrautesten Familienverhältnisse machen. So z. B. steht in der Nummer vom 15. März 1884 eine Communikation von Seiten eines *Monroe Morill*, worin er Andeutungen giebt über das, was mit ihm „im fernen Westen" geschehen ist. In der Nummer vom 5. April schreibt der Bruder des Verstorbenen, *Hermann Morill*, die Echtheit der Botschaft bestätigend, Folgendes: — „Ich begreife sehr gut seine Anspielung auf 'den fernen Westen'; es ist das ein Umstand, welcher nur ihm, unserem Bruder, Dr. *Morill* zu Sandusky, Ohio, (wo *Monroe* starb,) und mir bekannt ist." — Noch ein anderes Beispiel. In der Nummer vom 9. Februar 1889 steht eine Botschaft von *Emma Romage* aus Sacramento in Kalifornien, worin sie die Vision ihrer Freundin *Jennie* erwähnt, von der sie auf ihrem Sterbebett sprach. — In der Nummer vom 30. März 1889 schreibt Mr. *Elen Owen* aus Sacramento, dass er diese Botschaft der Schwester der *Emma Romage* gezeigt, und dass sie die Thatsache jener Vision bestätigt habe, von welcher *Emma* sterbend zu ihr gesprochen habe.

Ich hätte ausser dieser Quelle noch viele andere Fälle dieser Art vorführen können; aber diejenigen, welche ich citirt habe, sind ausgezeichnet, und ich will mich zum Vortheil dieser Rubrik nur noch auf Mittheilung eines Falles beschränken, den wir mit vollem Vertrauen aufnehmen können, denn er gehört der persönlichen Erfahrung des Sehr Ehrenwerthen *Robert Dale* **Owen** an und ist von ihm mit allen nöthigen Details in seinem Werke: — „The Debatable Land" — deutsch unter dem Titel: — „Das streitige Land" (Leipzig, *Oswald Mutze*, 1876) von mir in 2 Bänden edirt — auf Seite 204—207 des I. Bandes unter der Kapitel-Ueberschrift: — „Beweis der Identität, erhalten von einer 500 englische Meilen entfernten fremden Person", — mitgetheilt worden. Es ist unmöglich, einen blossen Auszug daraus zu geben, und ich citire deshalb den Text wörtlich: —

„Fünf oder sechs Wochen nach der Veröffentlichung eines bereits genannten Werkes ('Wiederhallende Tritte an der Grenze einer anderen Welt' ['Footfalls u. s. w.'], am 1. Januar 1860 publizirt), im Februar 1860, führte mir mein (amerikanischer) Verleger einen Herrn zu, der so eben erst aus Ohio zurückgekehrt war und mich benachrichtigte, dass mein Buch in jenem Staate viel Aufmerksamkeit auf sich gezogen habe; auch fügte er hinzu, dass ich etwas zu seiner Verbreitung beitragen könnte, wenn ich ein Exemplar an Mrs. *B*—, damals in Cleveland wohnhaft, die Besitzerin einer Buchhandlung und Herausgeberin einer der daselbst erscheinenden Zeitungen, senden wollte. 'Sie nimmt ein grosses Interesse an dergleichen Gegenständen', sagte er, 'und ist, wie ich glaube, selbst ein Medium.'

„Ich hatte von der Dame niemals zuvor gehört, aber ich schickte ihr ein Exemplar des Buches mit einem kurzen Schreiben, worin ich sie um Annahme desselben ersuchte, und erhielt bald darauf eine Antwort, d. d. 14. Februar 1860.

„In diesem Briefe drückte mir die Schreiberin nach einigen geschäftlichen Details die grosse Befriedigung aus, mit der sie das in den 'Footfalls' enthaltene Kapitel, betitelt: — 'Die Verwandlung beim Tode' — gelesen habe, und fügte hinzu: — 'Ich bin, was man ein sehendes Medium nennt. Während ich jenes Kapitel las, stand ein weiblicher Geist, den ich niemals zuvor gesehen hatte, bei mir, als ob er zuhörte, und sagte: — ‚Ich leitete ihn, als er dieses schrieb; ich half ihm, sich von einem unsterblichen

Leben zu überzeugen.' — Hierauf fügte sie noch eine persönliche Beschreibung der Erscheinung bei, — einschliesslich der Farbe ihres Haares, ihrer Augen und ihres Gesichtes u. s. w., — welche genau derjenigen *Violetta's\** ) (vgl. S. 688, 732 d. 1. Aufl.) entsprach. Sie setzte hinzu, dass ein Clevelander Kaufmann, welcher zur Zeit gerade hinzukam und ein eindrucksempfängliches Medium ist, (obgleich nicht bekannt, da er als solches nicht bekannt zu sein wünscht,) gesagt habe: — 'Sie haben einen neuen Geist, der Sie heute besucht, — eine Dame. Sie sagt, sie kenne eine Mrs. *D—*, und nennt eine englische, zur Zeit nicht mehr lebende Dame; sie sei mit Mrs. *B—* (nicht mit dem Kaufmann) durch ihren literarischen Ruf bekannt, sei aber keiner von ihnen jemals persönlich bekannt geworden.' —

„Nun war Mrs. *D— Violetta*'s Schwester. Aber in meiner Antwort, welche zum Theil nur geschäftlich war, spielte ich weder auf die persönliche Beschreibung an, welche mir geschickt, noch auf das, was von Mrs. *D—* gesagt worden war. Um die Prüfung so vollständig als möglich zu machen, enthielt ich mich jeden Ausdrucks, der Mrs. *B—* zu der Annahme leiten könnte, dass ich die Person kannte, welche ihr erschienen war. Ich fügte zu dem geschäftlichen Theile meines Briefes bloss einige Worte mit dem Bedeuten hinzu, dass, wenn sie des Geistes Namen, oder irgend welche andere Besonderheiten erhalten könnte, welche ihn zu identificiren vermöchten, sie mich höchlich durch Mittheilung derselben verpflichten würde.

„Als Antwort erhielt ich zwei Briefe, der eine datirt vom 27. Februar, der andere vom 5. April. In diesen wurde festgestellt: erstens, der Taufname; zweitens, dass der Geist behauptete, Mrs. *D –* wäre ihre Schwester; drittens, eine oder zwei weitere Besonderheiten über *Violetta*: alles dieses genau nach den Thatsachen. Mrs. *B—* sagte ferner noch, dass noch einige andere Details hinzugefügt wurden; aber diese schienen sich auf Angelegenheiten von

---

\*) Eine bekannte, innige Freundin des Verfassers, vor 40 Jahren gestorben, von der *Owen* auf den vorhergehenden Seiten seines oben citirten Werkes spricht. *A. A.*

einem so privaten und vertraulichen Charakter zu beziehen, dass sie es für das Beste gehalten haben, dieselben mir persönlich mitzutheilen, wenn ich bei meiner Rückkehr nach dem Westen durch Cleveland kommen könnte. Da ich jedoch genöthigt war, binnen zwei Wochen in Geschäften nach Europa abzureisen, so ersuchte ich sie hierauf in meinem Antwortschreiben, dieselben zu Papier zu bringen, was sie auch in einem vierten, vom 20. April datirten Briefe that. Die Besonderheiten, die sie mir mittheilte, waren zum Theil von ihr selbst, zum Theil durch die Mediumschaft des oben von mir erwähnten Kaufmanns erhalten worden." (pp. 204 206.) . . .

„Diese Dinge können meine Leser würdigen, denn sie liefern wunderbare Beweise für die Identität dieses Geistes; als aber, wie in Mrs. *B - 's* letztem Briefe, verschiedene nähere Umstände, welche mit *Violetta's* früherem Leben und dem meinigen verknüpft waren, — Umstände, welcher jeder lebenden Kreatur auf dieser Seite des grossen Jenseits unbekannt waren, — Umstände, nur angedeutet, so dass die Schreiberin selbst nur sehr theilweise ihre Bedeutung verstehen konnte, — Umstände, längst begraben in der Vergangenheit nicht allein, sondern auch in den Herzen, deren heiligste Erinnerungen sie waren, — als diese Dinge unter den Augen des Ueberlebenden an's Licht kamen, so wurden sie für ihn ein innerer Beweis für das über den Wechsel des Todes hinaus fortdauernde Vorhandensein menschlicher Erinnerungen, Gedanken und Gefühle, — ein solcher Beweis, wie er nicht einer zweiten Person geführt werden kann: ein Beweis, der seiner eigensten Natur nach nur direkt allein erhalten werden kann." (pp. 206 – 207.) —

5) **Die Identität der Persönlichkeit eines Verstorbenen, constatirt durch Kundgebungen von Thatsachen, welche nur allein von dem Verstorbenen selbst gekannt sein oder mitgetheilt werden konnten.**

Im III. Kapitel, § 8 (s. „Psych. Stud." 1889, S. 130; vergl. S. 461 ff. dieses Werkes) haben wir bereits mehrere Fälle erwähnt, welche ebenfalls diesen Bedingungen entsprechen.

So z. B. der von den Mitgliedern der „Dialektischen Gesellschaft zu London" erhaltene Fall, bei dem ein Stiefbruder der Wirthin, in deren Hause die Séance gehalten wurde, welcher vor vierzehn Jahren gestorben war, sich ankündigte, um ihr zu sagen, dass sie nicht sein ganzes Eigenthum geerbt habe, und dass sein Testamentsvollstrecker es für sich behalten hätte, was sich als wahr erwies. (Vgl. S. 507 ff. d. B.)

Dann haben wir auch noch den Fall des Dr. *Davey*, (s. S. 504 ff. dieses Werkes; vgl. „Psych. Stud." Febr.-Heft 1889, S. 76 ff.), dem sein auf dem Meere gestorbener Sohn sich bei einer Séance manifestirte, um ihm zu sagen, dass er nicht an einer Krankheit gestorben wäre, wie der Schiffskapitän ihm berichtet hätte, sondern an Gift; und dass der Kapitän seinem Vater nicht alles Geld zurückerstattet habe, was sich bei ihm gefunden. Dies Alles bestätigte sich ebenso als der Wahrheit gemäss.

Ferner haben wir den („Psych. Stud." 1889 S. 131; vgl. Note S. 495 und S. 508 dieses Werkes) erwähnten Testamentsfall des Baron *von Korf*, welcher mir persönlich bekannt ist. Erst jüngst habe ich Gelegenheit gefunden, darüber genaue Informationen einzuziehen, und nun vermag ich noch Folgendes darüber beizubringen.

Nach der Notiz über diese Thatsache, welche ich am vorher citirten Orte gegeben habe, machte ich die Bekanntschaft des Sohnes des Baron *Paul v. Korf*, welcher ebenfalls *Paul v. Korf* heisst und auf der Poststrasse in Petersburg wohnt; dieser gab mir folgende Aufschlüsse. Sein Vater, der General *Paul v. Korf*, starb zu Warschau am 7. April 1867. Man wusste, dass er ein Testament gemacht hatte, aber nach seinem Tode konnte man es nicht finden. Im Monat Juli 1867 wohnte seine Schwester, die Baronin *Charlotte v. Wrangel* zusammen mit ihrer Schwägerin, Frau *D. v. Obuchow* in der Stadt Plock (spr. Plozk) unweit Warschau. In Abwesenheit ihrer Mutter (der Wittwe des Generals *v. Korf*), welche so eben ins Ausland gereist war, war sie mit Eröffnung der an ihre Mutter gerichteten Correspondenz betraut. So wurde unter diesen Briefen auch erhalten und geöffnet ein Schreiben des Fürsten *Emil von Witgenstein*, (welcher sich damals im Auslande befand,) adressirt an die Wittwe des Generals *von Korf*, worin er ihr Mittheilung macht von einer im Namen ihres verstorbenen Gatten erhaltenen spiritischen Communikation mit Andeutung des Ortes, wo sich sein Testament befände. Die Baronin *von Wrangel*, welche wusste, wie viel Sorge das Fehlen dieses Testaments ihrem älteren Bruder verursachte, der mit Regulirung der Erbschaftsangelegenheiten beschäftigt war und sich zur Zeit in Warschau befand, begab sich sofort mit ihrer Schwägerin nach Warschau, um ihm den seltsamen Inhalt des Briefes des Fürsten *v. Witgenstein* mitzutheilen. Die ersten Worte des Bruders waren, dass er so eben das Testament gefunden hätte, und als der Brief des Fürsten *v. Witgenstein* gelesen wurde, constatirte man mit Erstaunen, dass in der spiritischen Communikation der Ort, an dem sich das Testament befinden sollte, genau derjenige war, an welchem der Baron es endlich gefunden hatte. Der Baron *Paul v. K.* hatte mir versprochen, dieses Schreiben des Fürsten *v. Witgenstein*, welches er noch vor zwei Jahren unter seinen Händen hatte, als er die Familienpapiere ordnete, hervorzusuchen; aber bis dato hat er es noch nicht wiederfinden können, — er fürchtet, es aus Versehen mit unnützer Correspondenz vernichtet zu haben. —

Der in der vorhergehenden Rubrik (s. „Psych. Stud." November-Heft 1889, S. 534; vergl. S. 672 d. W. u. S. 732 d. 1. Aufl.) mitgetheilte Fall von *Violetta* kann sich hinsichtlich gewisser Details ebenfalls hier einreihen lassen.

Die Fälle, in denen die Verstorbenen uns zu Hilfe kommen, um ihre irdischen Angelegenheiten in Ordnung zu bringen, sind nicht selten. Da ist noch ein ganz ebenso einfacher wie zwingender Bericht, den ich ebenfalls *Dale Owen* entnehme, welcher ihn aus der ersten Quelle erhalten, und den er in seinem Werke: — „**Das streitige Land**" (Leipzig, *Oswald Mutze*, 1876) unter der Ueberschrift: — „**Ein Geist ordnet seine weltlichen Angelegenheiten**" (I. Band, p. 154—158) — veröffentlicht hat. Es ist unmöglich, ihn abzukürzen, denn sein ganzer Werth beruht auf den näheren Umständen. Er lautet folgendermaassen: —

„Mrs. *G—*, die Frau eines Kapitäns in der regulären Armee der Vereinigten Staaten, wohnte im Jahre 1861 mit ihrem Gatten in Cincinnati. Vor dieser Zeit hatte sie selbstverständlich oft von spirituellen Erfahrungen gehört; aber sie hatte alle Gelegenheiten gemieden, die Wirklichkeit derselben zu prüfen, da sie das Verlangen nach Mittheilungen aus einer anderen Welt für Sünde hielt. Sie hatte niemals ein sogenanntes Medium von Profession gesehen." . . . (p. 154.)

„Im December 1863 starb ihres Mannes Bruder *Jack* (wie er vertraulich genannt wurde) eines plötzlichen Todes.

„Im März 1864 erhielt Mrs. *G—*, welche sich damals auf einen ruhigen Landsitz in der Nähe von Cincinnati zurückgezogen hatte, den Besuch einer Freundin, Miss *L— B—*. Da diese Dame mediumistische Kraft besass, so hielt Mrs. *G—* mit ihr eines Tages eine Sitzung. Nach einiger Zeit erhob sich die junge Dame, und Mrs. *G—* blieb allein sitzen. Hierauf mit ihren Händen nur leicht den Tisch berührend, bewegte sich dieser quer durch das Zimmer, in dem sie Sitzung hielten, und durch eine offene Thür in ein angrenzendes Zimmer. Später bewegte er sich auch in Mrs. *G—*'s Gegenwart, ohne berührt zu werden. So entdeckte sie zum ersten Mal ihre eigenen Kräfte.

„Als sie wieder mit Miss *B—* Sitzung hielt, wurde der Name '*Jack*' unerwartet hervorbuchstabirt. — Mrs. *G—* fragte: — 'Wünschest Du etwas gethan, Schwager?' — Die Antwort lautete: — 'Gieb *Anna* jenen Ring!' —

„Nun war *Anna M—* der Name einer jungen Dame, mit welcher der Schwager zur Zeit seines Todes verlobt war. Mrs. *G—* wusste nicht, welchen Ring er meinte; aber sie erinnerte sich, dass, als *Jack* starb, ein schlichter Goldreif — der einzige, den er trug, — von ihrem Gatten einem Freunde seines Bruders, einem Mr. *G—* geschenkt worden war. Sie fragte, ob dies jener Ring wäre, und die Antwort fiel bejahend aus.

„Einige Tage nach diesem machte ihnen *Jack*'s Mutter einen Besuch. Es wurde ihr nichts von der obigen Mittheilung gesagt. Im Laufe der Unterhaltung sagte sie ihnen, dass Miss *Anna M—*, sie besucht habe, dieselbe habe (p. 155) behauptet, dass sie *Jack* zur Zeit ihrer Verlobung einen schlichten Goldreif gegeben habe, und dass sie denselben sich wieder zurück wünsche. Mrs. *G—* und ihr Gatte hatten Beide nicht gewusst, dass der fragliche Ring der Miss *M—*'s gewesen war; *Jack* hatte ihnen niemals etwas über diese Angelegenheit gesagt. Es wurden Maassnahmen getroffen, den Ring zurück zu geben. —

„Einige Zeit nach *Jack*'s Tode kamen drei Personen, *G—*, *C—* und *S—*, einzeln zu Kapitän *G—* und sagten ihm, dass sein Bruder gegen sie verschuldet gestorben sei. Er bat sie, ihre Rechnungen schriftlich einzuschicken.

„Da er jedoch nichts von Schulden wusste, welche sein Bruder bei diesen Personen gemacht hätte, ersuchte Kapitän *G—* Mrs. *G—*, eine Sitzung zu halten, in der Hoffnung, eine Nachricht über die Sache zu erhalten. Folgendes war das Resultat.

„*Jack* kündigte sich an, und sein Bruder fragte: — 'Warst Du *G—* zur Zeit Deines Todes Geld schuldig?' — ‚Ja.' — 'Wie viel?' — ‚35 Dollars'. — 'Warst Du *C—* etwas schuldig?' — ‚Ja.' — 'Wie viel?' — ‚50 Dollars.' — 'Und wie viel an *S—*?' — ‚Nichts.' — 'Aber *S—* behauptet, er habe eine Forderung an Dich?' — ‚Das ist nicht richtig. Ich borgte mir von ihm 40 Dollars, und ich gab ihm dafür 50 Dollars zurück. Er bezahlte mir davon nur 7 zurück und schuldet mir noch 3."—

„*G—*'s Schuldforderung, welche später präsentirt wurde, lautete wirklich auf 35 Dollars, und *C—*'s auf 50. *S—* händigte eine Rechnung über 40 Dollars ein. (p. 157.) Als Kapitän *G—* ihm bei ihrer Präsentirung sagte, dass *Jack* ihm 50 zurückbezahlt hätte, wurde *S—* verwirrt und sagte, er habe 'geglaubt, dass diese Summe ein beabsichtigtes Geschenk für seine (*S—*'s) Schwester gewesen sei.' —

„Kapitän *G—* fragte nachmals durch den Tisch: — '*Jack*, schuldest Du sonst noch Jemand Etwas?' — ‚Ja; *John Gr—* für ein Paar Stiefel 10 Dollars.' — (Weder der Kapitän, noch Mrs. *G—* wussten etwas von dieser Schuld.) — 'Ist irgend Jemand Dir etwas schuldig?' — ‚Ja; C— G— schuldet mir 50 Dollars.' — Kapitän G— wandte sich an C— G— und fragte ihn, ob er seinem Bruder *Jack* etwas schuldig geworden sei? — ‚Ja‘, versetzte er; ‚15 Dollars.' — 'Aber er hat Ihnen 50 Dollars geliehen?' — ‚Das ist wahr; aber ich habe sie ihm bis auf 15 Dollars abgezahlt.' — 'Sie haben Quittungen darüber, wie ich voraussetze?' — C - G - versprach mir, dieselben zu suchen; aber später kam er und bezahlte die 50 Dollars.

„Schliesslich besuchte der Kapitän G— Mr. *Gr* —, den Schuhmacher, der ihm noch keine Rechnung eingeschickt hatte. Da er die Prüfung so vollständig als möglich anstellen wollte, sagte er: — 'Schulde ich Ihnen noch eine Rechnung, Mr. *Gr* – ?' — ‚Nein, Herr! Sie haben für Alles bezahlt, was Sie von mir entnommen hatten.' — Kapitän G - wandte sich, als ob er gehen wollte; worauf der Schuhmacher hinzusetzte: — ‚Aber Ihr Bruder, Mr. *Jack*, der gestorben ist, hinterliess mir noch eine kleine Rechnung unbezahlt.' — 'Wofür war sie?' — ‚Für ein Paar Stiefel.' — 'Und Ihre Forderung beträgt dafür?' — ‚10 Dollars.' (p. 157.) — 'Mr. *Gr*—, da haben Sie Ihr Geld.'

„Obiges wurde mir von dem Kapitän und Mrs. G— während eines Besuches erzählt, den ich bei ihnen auf ihrem Landsitze machte." — (p. 155—158.)

Dazu ist am Fusse derselben Seite von Mr. *Dale Owen* folgende Note gesetzt: — „Am 9. April 1865. Ich machte noch denselben Tag Notizen darüber, aus denen ich obige Erzählung ausgeschrieben habe. Ich legte sie später dem Kapitän G— zur Verbesserung und Bestätigung vor. Er hatte ein Protokoll über diese verschiedenen Notizen und die sie begleitenden Umstände zu ihrer Zeit geführt; und so war er im Stande, mir jede Besonderheit mit Genauigkeit anzugeben."

In allen diesen Fällen haben wir nun eine Vereinfachung der Methode für ein Genre von Manifestationen von jenseits des Grabes, welches sich zu allen Zeiten erzeugt hat, und deren Zusammensetzung sich hier unwillkürlich durch die Kraft der Analogie aufzwingt. Ich spreche von **Communikationen durch Beeindruckung** oder

Erscheinungen, im Traume, oder sonstwie, über einzig und allein dem Verstorbenen bekannte Thatsachen; zu beginnen mit den Schulden von 3 Shilling 10 pence (s. *Owen* „Footfalls", p. 294), und zu endigen mit der Offenbarung eines Mörders (vgl. den aussergewöhnlichen Fall des „White-Chapel-Mordes" in „The Spiritualist" 1875, II., p. 307). Als Seitenstück zu dem Fall eines unauffindbaren Testamentes des Baron *von Korf* (S. 674) bietet sich der berühmte Fall der unauffindbaren Quittung des Herrn *von Harteville*, aufgefunden durch die vermittelst *Swedenborg's* von Seiten des Verstorbenen erhaltenen Andeutungen. Der deutsche Philosoph *I. H. von Fichte* betrachtet ihn, indem er von diesem Falle in seinen „Memorabilien" spricht, direkt als einen eminent spiritistischen Fall und giebt seine Gründe dafür an (s. „Psychische Studien" 1879, S. 203—4). —

Ich kehre zu meinem Gegenstande zurück und beendige diese Rubrik mit einem Fall, den ich aus erster Quelle erhalte. Er gehört nicht zur Kategorie der Thatsachen, welche nur dem Verstorbenen bekannt sind, sondern zur Kategorie derjenigen, welche nur von dem Verstorbenen mitgetheilt werden konnten; denn es handelt sich um ein, einen Lebenden betreffendes, politisches Geheimniss, welches von dem intimen Freunde des Lebenden zu dem Zwecke offenbart wurde, um ihn zu retten. Ich werde diesen Fall mit allen möglichen Details vorführen, denn ich betrachte ihn als einen der zwingendsten zu Gunsten der spiritischen Hypothese; ich will mich noch stärker ausdrücken, — als einen so absoluten Identitäts-Beweis, als ein Beweis solcher Art im Allgemeinen möglich ist.

Meine Leser kennen bereits meine Schwägerin, Frau *A. v. Wiesler*, aus der Rolle, welche sie bei meinen vertraulichen Séancen, die von 1880—1883 dauerten, nach dem Hinscheiden meiner Frau, einnahm (vergl. „Psych. Studien" December-Heft 1888 S. 552 ff., oder Seite 467 ff. des vorliegenden Werkes). Sie hat eine einzige Tochter, Fräulein *Sophie*, welche zur Zeit unserer Sitzungen ihren höheren Schulcursus durchmachte; sie hat niemals weder unseren

Séancen beigewohnt, noch anderswo, und sie hatte noch nie etwas über den Spiritismus gelesen. Auch ihre Mutter hatte sich ausser unseren Séancen niemals damit beschäftigt. Während eines Abends im Monat Oktober 1884 verfiel bei einem Besuche eines entfernten Verwandten das Gespräch auf den Spiritismus und, um ihm gefällig zu sein, wurde ein Versuch mit dem Tische angestellt. Aber die Séance ergab nichts Befriedigendes, — sie bewies nur, dass die beiden Damen etwas erhalten konnten. Am 1. Januar 1885, eines Dienstag Abends mit ihrer Tochter allein geblieben, wollte Frau *v. Wiesler* diese von einigen Beängstigungen, welche sie nervös machten, ein wenig zerstreuen und schlug ihr vor, eine kleine Séance zu halten. Man entwirft ein Alphabet auf einem Bogen Papier, eine Untertasse mit einem schwarzen Streifen als Zeiger dient als Planchette, und siehe da! der Name *Andreas* wird angezeigt. Es war dies ganz natürlich, denn *Andreas* war ja der Name von Fräulein *Sophien*'s Vater, des verstorbenen Ehegatten der Frau *v. Wiesler*. Die Mittheilung bot nichts Besonderes, aber nichtsdestoweniger wurde beschlossen, die Séancen einmal wöchentlich, alle Dienstage fortzusetzen. Während drei Wochen änderte sich der Charakter der Communikationen nicht. Man erhielt sie stets im Namen des *Andreas*.

Aber am vierten Dienstag, den 22. Januar, wurde an Stelle des gewöhnlichen Namens *Andreas* der Name „*Schura*" zum grossen Erstaunen der beiden Sitzenden hervorbuchstabirt. Und darauf wurde durch rasche und genaue Bewegungen des Zeigers hinzugefügt: —

„Es ist Dir gegeben, *Nikolaus* zu retten."

— „Was soll das bedeuten?" — fragten die erstaunten Damen.

„Er ist compromittirt wie *Michael* und wird wie er zu Grunde gehen. Eine Bande von Taugenichtsen zieht ihn hinein."

— „Was ist denn dagegen zu machen?"

„Du musst Dich in das Technologische Institut vor drei Uhr begeben, lasse Dir

*Nikolaus* herbeirufen und gieb ihm ein Rendez-vouz bei ihm, in seiner Wohnung."

Da dies alles sich an Fräulein *Sophie* richtete, versetzte sie, dass es ihr schwer sein würde, nach diesen Andeutungen zu handeln infolge der blossen Höflichkeits-Beziehungen, welche zwischen ihr und der Familie des *Nikolaus* walteten.

„Abgeschmackte Anständigkeits-Begriffe!" — lautete die ungehaltene Antwort *„Schura's"*.

— „Aber in welcher Weise würde ich auf ihn ein-wirken können?" — fragte Fräulein *Sophie*.

„Du wirst zu ihm in meinem Namen sprechen!"
— „Also sind Ihre Ueberzeugungen nicht mehr die-selben?"

„Empörende Verirrung!" — lautete die Antwort.

Jetzt muss ich den Sinn dieser mysteriösen Communi-kation erklären. *„Schura"* ist der russische Diminutiv-Name für *Alexandrine; Nikolaus* und *Michael* sind ihre Vettern. *Michael*, ein ganz junger Mensch, hatte das Unglück, sich durch die revolutionären Ideen unserer Anarchisten oder Socialisten fesseln zu lassen; er wurde ergriffen, vor Gericht gestellt und verurtheilt, in einem Gefängniss ferne von Petersburg zuzubringen, woselbst er bei einem Ausbruchs-versuche getödtet ward. *Schura* liebte ihn sehr und theilte vollständig seine politischen Ueberzeugungen und Tendenzen, — wie sie offen erklärte. Nach seiner Tödtung, welche im September 1884 stattfand, fühlte sie sich in ihren revolu-tionären Hoffnungen entmuthigt und setzte ihrem Leben am 15. Januar 1885 im Alter von 17 Jahren durch Gift ein Ende, also eine Woche vor der in Rede stehenden Séance. *Nikolaus*, der Bruder *Michael's*, war damals Student am Technologischen Institut.

Frau *v. Wiesler* und ihre Tochter kannten diese Umstände, denn seit lange waren sie mit den Eltern *Schura's* und denjenigen ihrer Vettern bekannt, welche zur besseren Gesellschaft Petersburg's gehören. Man wird begreifen, dass ich die Namen dieser Familien nicht der Oeffentlichkeit preisgeben kann. Auch diejenigen der jungen Leute habe ich verändert. Aber diese Bekanntschaft war fern davon, intim zu sein; sie sahen sich von Zeit zu Zeit und nichts weiter. Später werde ich mich über andere Details verbreiten. Wir können jetzt zur Fortsetzung unserer Geschichte zurückkehren.

Weder Frau v. *Wiesler*, noch ihre Tochter wussten natürlich etwas über die Ansichten und das geheime Verhalten des *Nikolaus*. Die Communikation war ganz ebenso unerwartet als wichtig. Sie legte eine grosse Verantwortlichkeit auf. Die Lage des Fräuleins *Sophie* war eine sehr schwierige. Die buchstäbliche Ausführung dessen, was „*Schura*" verlangte, war für ein junges Fräulein einfach ganz unmöglich, schon vom Gesichtspunkte weltlicher Wohlanständigkeit aus; welches Recht konnte sie haben, sich unter Berufung auf eine einfache Bekanntschaft in Familien-Angelegenheiten von einem so delikaten Charakter einzumischen? Und ausserdem konnte ja das alles nicht wahr sein, oder auch ganz einfach und höchst wahrscheinlich von *Nikolaus* geleugnet werden; in welcher Lage würde sie sich alsdann befinden! Frau v. *Wiesler* wusste zu gut aus den Séancen, an denen sie bei mir Theil genommen hatte, wie wenig man sich auf spiritistische Communikationen verlassen kann. Auch rieth sie ihrer Tochter, sich vor Allem von der Identität „*Schura's*" zu überzeugen, was ohne Widerspruch als ein Ausweg aus der Schwierigkeit befolgt wurde.

Am nächsten Dienstag offenbarte sich „*Schura*" sogleich, und Fräulein *Sophie* bat sie um einen Beweis über ihre Persönlichkeit, worauf „*Schura*" unverzüglich erwiderte: — „**Lade *Nikolaus* ein, arrangire eine Séance, und ich werde kommen.**" — Man ersieht aus dieser Antwort, dass *Schura*, welche bei ihren Lebzeiten alle Anstandsrücksichten der Gesellschaft verachten gelernt hatte, — wie es Gebrauch unter den Socialisten ist, — ihrem Charakter treu blieb und von Neuem eine unmögliche Sache verlangte. Niemals war *Nikolaus* im Hause der Frau v. *Wiesler* gewesen. — Da bat Fräulein *Sophie* um noch einen andern Beweis für ihre Persönlichkeit ohne die Einmischung von *Nikolaus*, und dass dieser Beweis ein zwingender sei. - „**Ich werde dir erscheinen,**" — lautete die Antwort *Schura*'s. — „**Wie?**" — „**Du wirst es sehen.**" — Einige Tage später, als Fräulein *Sophie* sich zu Bett begab, — es war schon gegen 4 Uhr des Morgens, denn sie kehrte von einer Soirée heim, — und sich an der Thüre befand, welche aus ihrem Schlafkabinet in das Speisezimmer führte, in dem es kein Licht mehr gab, erblickte sie auf der Wand dieses letzteren angesichts der Thüre, an der sie sich befand, ein leuchtendes Rund wie mit Schultern, welches sich 2 - 3 Sekunden lang erhielt und, zur Zimmerdecke aufsteigend, verschwand. Es war nicht der Reflex irgend eines von der Strasse kommenden Lichtes, wie sich Fräulein *Sophie* sogleich vergewisserte.

Bei der Séance am folgenden Dienstag erwiderte „*Schura*" auf die Bitte einer Erklärung dieser Erscheinung: — „Es waren die Umrisse eines Kopfes mit Schultern. Noch deutlicher kann ich nicht erscheinen, ich bin noch schwach." — Obgleich noch manche andere Details, die ich hier übergehe, Fräulein *Sophie* zu der Ueberzeugung von der Echtheit der Persönlichkeit „*Schura*'s" zu bringen trachteten, so konnte sie sich doch nicht zu der Handlung entschliessen, welche „*Schura*" von ihr verlangte, und sie schlug ihr deshalb als ein passenderes Auskunftsmittel vor, von allem diesen den Eltern des *Nikolaus* Mittheilung zu machen. Dieser Vorschlag erregte das lebhafteste Missvergügen „*Schura*'s", das sich durch rauhe Bewegungen der Untertasse und durch den Satz kundgab: — „Das wird zu nichts führen", worauf verächtliche Beinamen folgten, die hier wiederzugeben unmöglich ist, lediglich anwendbar auf Personen von einem schwachen und unentschlossenen Charakter, welche der energische und schneidige Charakter „*Schura*'s" nicht leiden konnte, — Beinamen, welche sich im Wörterbuche nicht befinden, die aber die von „*Schura*" bei ihren Lebzeiten gebrauchten, charakteristischen Ausdrücke waren, wie in der Folge festgestellt ward.

Trotz alledem zögerte Fräulein *Sophie* noch immer, und bei jeder folgenden Séance bestand „*Schura*" immer stärker auf der Forderung, Fräulein *Sophie* möge sofort handeln. Das ist sehr wichtig zu merken, wie wir späterhin sehen werden. Diese Unentschlossenheit von Seiten des Fräuleins *Sophie* wurde von „*Schura*" dem Einflusse der Frau *v. Wiesler* zugeschrieben. Gegen sie benahm sich „*Schura*" von Anfang an offenbar übelwollend; sie hatte von der ersten Séance an erklärt, dass sie sich nur an Fräulein *Sophie* wenden wolle; sie gestattete Frau *v. Wiesler* niemals, eine Frage zu stellen, und sobald sie es versuchte, fuhr sie dieselbe mit einem: — „S c h w e i g e n  S i e, s c h w e i g e n  S i e !" — an; wohingegen sie bei Anreden an Fräulein *Sophie* diese mit Ausdrücken lebhaftester Zärtlichkeit überhäufte.

Wie gross war das Erstaunen und die Bestürzung dieser Damen, als bei der Séance vom 26. Februar die ersten Worte lauteten: — „E s  i s t  z u  s p ä t ;  D u  w i r s t  e s  b i t t e r  b e r e u e n ,  u n d  d i e  G e w i s s e n s b i s s e  w e r d e n  D i c h  v e r f o l g e n ;  g e w ä r t i g e  s e i n e  A r r e-t i r u n g !" — Und das waren auch die letzten Worte von „*Schura*"; denn von dieser Zeit an schwieg sie. Man versuchte noch eine Séance am nächsten Dienstag; aber das Resultat war gleich Null. Und die Séancen der Frau *v. Wiesler* und ihrer Tochter wurden seitdem vollständig aufgegeben.

Während diese Séancen stattfanden, setzte mich Frau *v. Wiesler* ganz natürlich in Kenntniss von dem, was sich ereignete, und besprach sich wegen des zu Thuenden angesichts der sonderbaren Anforderungen „*Schura*'s". Einige Zeit nach dem Aufhören der Séance entschloss sich Frau *v. Wiesler* zur Beschwichtigung ihres Gewissens und zur Beruhigung ihrer Tochter, den Eltern des *Nikolaus* diese ganze Episode mitzutheilen; man gab nichts darauf, weil man seine Führung tadellos fand; die Familie war in dieser Hinsicht vollkommen beruhigt; aber es ist wichtig, zu konstatiren, dass diese spiritischen Mittheilungen den Eltern vor dem Ausgang der Geschichte bekannt gegeben waren. Und da während des Ablaufes des Jahres Alles glücklich verlief, gelangte Fräulein *Sophie* zu der vollen Ueberzeugung, dass alle diese Communikationen nur Lügen gewesen seien, und gab sich das Wort darauf, sich niemals mehr mit spiritistischen Séancen zu beschäftigen.

Noch ein Jahr verfloss ohne etwas Besonderes; aber am 9. März 1887 stellte die Geheimpolizei plötzlich eine Durchsuchung im Logis des *Nikolaus* an; er wurde in seiner Wohnung arretirt und binnen 24 Stunden aus St. Petersburg verwiesen. Wie man später erfuhr, war sein Vergehen gewesen, an anarchistischen Versammlungen theilgenommen zu haben, — Versammlungen, welche in den Monaten Januar und Februar 1885 stattfanden, was genau der Zeit entspricht, in welcher „*Schura*" darauf beharrte, dass man sofort Schritte thun sollte, welche der Antheilnahme des *Nikolaus* an diesen Versammlungen zuvorkommen sollten. Erst jetzt wurden die Communikationen *Schura*'s nach ihrem wahren Werthe geschätzt; die Notizen, welche von Frau *v. Wiesler* gemacht worden waren, wurden von den Familien *Schura*'s und des *Nikolaus* gelesen und wieder gelesen; die Identität ihrer Person wurde in allen diesen Manifestationen als unbestreitbar anerkannt, ebenso durch das Hauptereigniss mit *Nikolaus* und andere vertrauliche Einzelheiten, wie auch durch die ganze Gesammtheit besonderer Züge, welche sie characterisirten. Dieses traurige Ereigniss traf die Familie des *Nikolaus* gleich einem neuen Blitzschlag, und sie konnte nur Gott danken, dass das Hineingezogensein des jungen Mannes keine noch traurigeren Folgen hatte.

Zur kritischen Würdigung dieses Falles ist es von hoher Wichtigkeit, die Beziehungen genau festzustellen, welche zwischen den beiden jungen Fräulein bestanden. Ich habe Frau und Fräulein *v. Wiesler* ersucht, mir darüber schriftlich (ebenso wie über alles Vorhergehende) ein so viel als möglich detaillirtes Memorandum zu geben, und aus ihm erfuhr ich Folgendes: —

Im Jahre 1880 im Monat December gegen Weihnachten machten Frau *v. Wiesler* und ihre Tochter einen Besuch beim Grossvater *Schura*'s, dem Senator *N.*, wobei Fräulein *Sophie* sie zum ersten Mal sah. Fräulein *Sophie* war damals 13 Jahre alt, und *Schura* war noch jünger. Fräulein *Sophie* war sehr erstaunt, *Schura*'s Schreibtisch ganz mit Büchern bedeckt zu sehen; es waren nach Aussage der Letzteren ihre besten Freunde; ihre Leidenschaft war die Lektüre historischer

Bücher, und sie setzte Fräulein *Sophie* in Erstaunen durch ihr Gedächtniss, aus welchem sie ganze Stellen ihrer Lieblings-Autoren citirte. Fräulein *Sophie* kann sich ganz natürlich nicht mehr aller Einzelheiten ihrer Unterhaltung bei dieser Zusammenkunft erinnern, welche, wie ich wohl zu merken bitte, **ihre erste und einzige Begegnung** im wahren Sinne des Wortes war. Fräulein *Sophie* erinnert sich nur des günstigen Eindrucks, den die frühreife Entwickelung und der ernste Geschmack ihrer jungen Freundin auf sie machten; *Schura* ihrerseits, wie man viel später, erst nach der Episode vom 9. März erfuhr, hatte für Fräulein *Sophie* die lebhafteste Sympathie empfunden und bewahrt, wahrscheinlich erweckt durch die liebevolle Theilnahme, welche diese Letztere ihr bezeigt hatte.

Diese beiden Fräulein, welche dieselbe höhere Töchterschule besuchten, sahen sich während des Winters manchmal von fern im Erholungssaale; aber bald wurde *Schura* in ein anderes Institut versetzt, so dass selbst die flüchtigen Begegnungen der beiden jungen Fräulein aufhören mussten. Zwei Jahre später, während des Sommers 1882, begegneten sie sich wieder einmal in einem Landhause, aber ohne ein Wort mit einander zu wechseln.

Und schliesslich sahen sie sich zwei Jahre nachher im Monat October 1884 noch einmal von fern in einer Theaterloge, — dies fand drei Monate vor dem Tode *Schura*'s statt.

Wir sehen also, dass alle Beziehungen zwischen diesen zwei Fräulein sich, in Wahrheit zu sprechen, nur auf eine einzige Zusammenkunft beschränken, von vielleicht einer bis zwei Stunden Dauer, im verhältnissmässigen Alter von 12 bis 13 Jahren und vier Jahre vor dem Tode *Schura*'s. Was Frau *v. Wiesler* betrifft, so hat sie nicht einmal den Vortheil einer solchen Zusammenkunft mit *Schura* gehabt; denn während die jungen Fräulein sich in das Zimmer der Letzteren zurückgezogen hatten, war sie mit deren Eltern zusammen geblieben, und ausser dieser Gelegenheit hat sie dieselbe weder öfter, noch anderweit gesehen, als ihre Tochter. Man ersieht hieraus, dass die Beziehungen dieser Damen mit *Schura* sehr entfernte waren, und dass sie in

Folge dessen nichts von deren politischen Geheimnissen wissen konnten.

Meiner Ansicht nach vereinigt der soeben erzählte Fall alle nothwendigen Bedingungen in sich, um einen Vorgang daraus zu gestalten, bei dem alle Hypothesen, ausser der spiritistischen, versagen. Prüfen wir ihn einmal näher vom Gesichtspunkte der natürlichen Hypothesen und der von Herrn *von Hartmann* angedeuteten Methode. Dieser Fall bietet der Kritik in Folge seiner Einfachheit ausnahmsweise günstige Seiten dar. Wir haben das Spiel unbewusster Kräfte bei nur drei Factoren zu prüfen, deren hauptsächlichster (*Nikolaus*) — das specielle Objekt der Communikation — abwesend ist, nicht ein einziges Mal den Séancen dieser Damen beigewohnt hat, sogar niemals in ihrem Hause gewesen ist, auch ebensowenig wie seine ganze Familie irgend welche Kenntniss von ihren Séancen hatte.

Die erste Erkenntnissquelle ist nach Herrn v. *Hartmann* die **Hyperästhesie** (aussergewöhnliche Erregung) **des Gedächtnisses.** Hier ist sie absolut unzulässig, denn die politischen Geheimnisse halten sich wohl verborgen, und das Stillschweigen revolutionärer Agenten ist bekannt. Nicht allein die beiden Damen, deren Beziehungen mit der Familie des *Nikolaus*, wie ich schon vorher angedeutet habe, nur Höflichkeitsaustausche waren, sondern auch die Familie des *Nikolaus* selbst hatte keine Ahnung von seinem Umgange mit anarchistischen Führern. Und dass man ihn nach dem schmerzlichen Verluste des ersten Sohnes *Michael* gut überwachte, begreift sich von selbst. —

Gehen wir nun zur **Vorstellungsübertragung** des Herrn *v. H.* über. Von den **vier** von ihm erwähnten möglichen Fällen ist es klar, dass die ersten **drei**: —

1) Gewollte Perception bei gewollter Einpflanzung,

2) Gewollte Perception ohne den Willen zur Einpflanzung beim Andern,

3) Nicht gewollte Perception bei gewollter Einpflanzung, —

hier ganz ausser Frage kommen. Weder die Damen hegten einen Willen zu solcher Einpflanzung, noch auch konnte

*Nikolaus* eine solche Einpflanzung wollen. Es bleibt daher nur die logische Möglichkeit für den vierten, den schwierigsten Fall: —

4) Nicht gewollte Perception ohne den Willen zur Einpflanzung beim Anderen. .(„Der Spiritismus" S. 61.)

Es gilt vor Allem zu bemerken, dass alle diese vier Erklärungs-Möglichkeiten, welche Herr *v. H.* gegeben hat, nur auf solche mediumistische Communikationen anwendbar sind, welche in Gegenwart der Personen, auf welche diese Communikationen sich beziehen, erhalten werden, und dass in Folge dessen diese vier Möglichkeiten im Allgemeinen nicht auf den vorliegenden Fall passen; hier hätte diese Vorstellungsübertragung nur in die Ferne stattfinden können. Aber wir wissen durch Herrn *v. H.*, dass 1) „abstrakte Gedanken sich niemals als solche in die Ferne übertragen", und 2) dass „alle Uebertragungen in die Ferne in hallucinatorischen Gesichtsbildern bestehen" (S. 65), was mit dem vorliegenden Falle nichts gemein hat. Also selbst mit dem Zugeständniss der Ferne lässt sich dieser Fall nicht erklären.

Herr *v. H.* hat kein Beispiel einer abstrakten Gedankenübertragung auf grosse Entfernung selbst mit dem Willen, sie zu erhalten, beibringen können, und damit die Sache überhaupt möglich werde, bedarf es nach seiner Behauptung eines sympathetischen Rapports zwischen dem handelnden Subjekt und dem Empfänger, wie zwischen einem Magnetiseur und einem Somnambulen. Er sagt bestimmt: — „Personen, zwischen denen kein gemüthlicher Rapport besteht, werden keine Aussicht auf Gelingen einer Vorstellungsübertragung auf grössere Ferne haben." (S. 63.) Und selbst in dem Fall der „Vorstellungsübertragung auf grössere Ferne", die sich ausserhalb eines bewussten Willens erzeugt, (z. B. „Wenn Schlafende ihre Traumbilder auf entfernte Wache oder Träumende übertragen"), ist es immer „der gemüthliche Rapport", welcher dem Phänomen zu Grunde liegt. „Mit dem Erlöschen der motivirenden Gefühle (Heimweh, Liebessehnsucht) pflegt dann auch der unbewusste Wille zur Vorstellungseinpflanzung zu verschwinden." Aber hier existirt, wie wir wissen, kein gemüthlicher Rapport; es ist vielmehr ganz das Gegentheil: das „motivirende Gefühl" konnte nur im entgegengesetzten Sinne handeln, — in dem, gewisse Handlungen und politische Ueberzeugungen vor aller Welt zu verbergen. Man kann weder begreifen, noch zugeben, dass die mittleren Hirnpartien, in denen das somnambule Bewusstsein wohnt, plötzlich die unbewussten Denunciatoren der Geheimnisse des wachen Bewusstseins werden sollten.

Also selbst wenn wir annehmen, dass die „abstrakten Gedanken", welche den Communikationen *Schura's* als Inhalt dienten, sogar „in die Ferne" hätten eingepflanzt werden können, selbst „ohne den Willen zur Einpflanzung", — so fehlt doch die wesentliche Basis: der gemüthliche Rapport und das dazu motivirende Gefühl, von beiden Seiten vollständig.

Sonach also genügen die Hypothesen der „Vorstellungsübertragung" nicht.

Die Thatsachen des Animismus gehen viel weiter als die Hypothesen des Herrn *v. Hartmann*. Sie beweisen uns, dass die Gedankenübertragung auf grosse Entfernung stattfinden kann, ohne sich überhaupt mit dem hallucinatorischen Charakter zu bekleiden, jedoch unter Bewahrung aller Sprachformen. Aber selbst für die Manifestationen dieser Art sind der Rapport und das Motiv nothwendig; sonach bleibt die Schwierigkeit; übrigens liegt der unterscheidende Charakter der durch Lebende auf Entfernungen hervorgebrachten Communikationen darin, dass sie vollkommen ihrem persönlichen Charakter entsprechen, — sie geben sich immer im Namen des Sprechenden; niemals bekleideten sie einen fremden Namen, oder personificirten eine fremde Person. Deshalb hat der Fall, welcher uns beschäftigt, weder seiner Form, noch weniger seinem Inhalt nach, eine animistische Manifestation sein können. Sich hier bei dieser Hypothese weiter aufzuhalten, würde so viel heissen, wie ins Absurde verfallen.

Nun bleibt die letzte Zuflucht: — das Hellsehen. Der erste Grad des Hellsehens „durch irgend eine sinnliche

Vermittelung", „eine sensitive Gefühlswahrnehmung" (Seite 74, 76) kann sich offenbar auf unseren Fall nicht beziehen. Es bleibt nur „das reine Hellsehen" übrig, unter welchem man nach Herrn *v. Hartmann* „das Vermögen absoluten, d. h. von Zeit und Raum unbeschränkten Wissens" (S. 78) zu verstehen hat; und dieses einmal zugegeben, „bedarf man keiner Beihilfe von Aussen und keiner Zwischenglieder mehr, am wenigsten von den Geistern Verstorbener" (daselbst). Das ist ganz trefflich. Aber dieser tansscendentale Fähigkeit der Seele muss, wie jede Sache in der Natur, ihre Bedingungen und Manifestationsweisen haben. Und Herr *v Hartmann* deutet sie uns an: es sind immer „das intensive Willensinteresse" und „die hallucinatorische Gestalt" (S. 78, 79). Das sind die zwei wesentlichen Attribute des „Hellsehens". Nichts Aehnliches in unserem Falle.

In Wirklichkeit **sieht** der Hellsehende, — das ist der spezielle und charakteristische Zug dieser transscendentalen Fähigkeit, welche übrigens ihre Helligkeitsgrade hat und gemeiniglich von einer mehr oder minder vollständigen Einschläferung der äusseren Sinne bedingt ist. Man kann also, vernünftig zu sprechen, auf diese Erklärungsweise nicht zurückgreifen, wenn das Medium **überhaupt nichts sieht**, keine hallucinatorische Gestalt erblickt, sich in vollkommen normalem Zustande befindet und sich mit Schreiben oder Anzeigen von Buchstaben des Alphabetes beschäftigt; es ist das Medium selbst, das die Unterhaltung führt, und man kann nicht vernünftigerweise behaupten, dass das eine Unterredung mit dem Absoluten oder, was dasselbe ist, mit Gott sei! Was den sich manifestirenden „*André*" betrifft, so war das eine unbewusste Operation des somnambulen Bewusstseins; was die am nächsten Dienstag mit ihren Enthüllungen sich manifestirende „*Schura*" anlangt, so ist das ein Fall des Hellsehens, des „absoluten Wissens"; es ist ein „Telephonanschluss im Absoluten" zwischen Fräulein *Sophie* und *Nikolaus*, damit „der unbewusste geistige Austausch zwischen denselben sich auch ohne sinnliche Vermittelung vollziehen könne" (S. 79), obgleich weder von der einen, noch von der anderen Seite das geringste Verlangen zum „geistigen Austausch" vorhanden war. Und das jeden Dienstag während mehrerer Wochen, und dann vollständiges Aufhören, — sogar gegen den Willen; — warum? Es bedarf eines angemessenen Grundes dafür.

Und schliesslich folgender undenkbarer, innerlicher Widerspruch: — eine absolute Lüge vom absoluten Wissen vorgetragen! Herr v. *Hartmann* hat uns gesagt: — „Vom Gedankenlesen unterscheidet sich das Hellsehen dadurch, dass . . . . nicht mehr fremder Bewusstseinsinhalt, sondern thatsächliche objektive Erscheinungen als solche ohne die normale Vermittelung der Sinneswerkzeuge percipirt werden" (S. 74). Und nun hätte die plötzlich hellsehend gewordene Fräulein *Sophie* die politischen Geheimnisse des *Nikolaus* und die Gefahren, welche ihn bedrohten, percipirt, aber sie hätte dabei nicht wahrgenommen, dass „Schura" selbst nichts weiter als eine Null, und dass ihre Persönlichkeitsbehauptung nur eine Lüge, eine Anmaassung, eine ganz und gar überflüssige Komödie sei. Das „absolute Wissen" hätte nicht nöthig gehabt, zu einer solchen Täuschung behufs Erreichung seines Zweckes zu greifen, — sich mit einer Persönlichkeit zu umkleiden, welche für dasselbe doch nur eine absolute Nichtexistenz war. Diese Verkleidung wäre folglich für dasselbe eine metaphysische Unmöglichkeit. Es ist, wie Herr v. *Hartmann* uns selbst sehr gut gesagt hat: — „Dieses absolute Wissen bedarf keiner Beihilfe von aussen, am wenigsten von den Geistern Verstorbener." — Es ist daher in die Augen springend, dass kein Hellsehen in unserem Falle obwaltet.

So sind also, wie ich behauptet habe, die „natürlichen" Hypothesen ohnmächtig, die im Namen „Schura's" erhaltenen Communikationen zu erklären. Die spiritische Hypothese deckt hingegen alle Schwierigkeiten; sie ist ebenso einfach wie vernünftig. Was wäre natürlicher, als dass „*Schura*", nachdem sie selbst nach ihrem Tode „die Verirrung", deren Opfer sie gewesen war, eingesehen hatte, ebenso wie *Michael* und viele Andere, und nachdem sie wusste, dass *Nikolaus* sich — vielleicht durch ihre eigenen Anregungen — auf denselben Weg verlocken liess, was Niemand in seiner Familie wissen konnte, ausser ihr selbst, (denn sie allein hatte die Pläne und Geheimnisse *Michael's* geerbt,) — sich der ersten besten Gelegenheit bedient hätte, um ihren Freund von einer Verlockung zu erretten, die für ihn nur verhängnissvolle Folgen haben konnte? Hierbei sind das motivirende Gefühl, das intensive Willensinteresse deutlich sichtbar. Die Sympathie, welche sie für Fräulein *Sophie* seit ihrer ersten Zusammenkunft empfunden hatte, sie ist der „gemüthliche Rapport", welcher sie zu ihr gezogen hatte, um aus ihr ein Instrument der Mittheilung zu machen. Alles entspricht in diesem Falle dem Kriterium der Persönlichkeit, welches wir vorher aufgestellt haben, (Mittheilung von allein dem Verstorbenen zugänglichen Thatsachen; deutliche Charakterzüge: — gesellige Gewohnheiten, individuelle Sympathien; besondere Redewendungen u. s. w), und deshalb betrachte ich ihn auch, bis zum Beweise des Gegentheils, als einen echten „spiritischen" Fall, begründet auf der Basis „des Vorstellungsinhaltes der Kundgebungen".

6) **Konstatirung der Identität der Persönlichkeit durch nicht von selbst erfolgende Communikationen, wie die vorhergehenden, sondern hervorgerufen durch direkte Anrufung des Verstorbenen, erhalten in Abwesenheit der den Verstorbenen kennenden Personen.**

Diese Rubrik entspricht einem logischen Bedürfniss, das aus den vorhergehenden Rubriken entspringt; denn wenn von selbst erfolgende (spontane) Communikationen existiren, so ist es nur logisch, zu schliessen, dass die verlangten Communikationen auch möglich sein müssen und folglich noch weit zwingender sein werden. Damit aber die Antwort als Test beweiskräftig sei, muss sie in Abwesenheit der den Verstorbenen kennenden und die Fragen an ihn richtenden Person erhalten werden, auf dass die Erklärung durch Gedankenlesung oder Gedankenübertragung beseitigt werde. Das einzige Mittel, diesen Zweck zu erreichen, besteht darin, dass das Verlangen durch eine dritte Person, welche den Verstorbenen nicht kennt, oder durch eine abwesende, schriftlich unter einer guten Umhüllung, welche die Lesung des Briefes durch gewöhnliche Mittel unmöglich macht, gestellt werde. Das erste Mittel ist nicht so einfach und bequem, als es scheint; denn wir werden später sehen, dass die gewünschte Communikation nicht in **jedem gewollten Augenblicke** erhalten werden kann; und ausserdem gewährt diese dritte Person keinen Rapport zwischen dem Lebenden und dem Todten, während doch irgend ein Rapport nothwendig ist. Es bleibt also nur das Mittel mit dem eingesiegelten Briefe übrig, und diese Methode ist seit langer Zeit wirklich ausgeübt worden; aber die Medien dieser Art sind sehr selten. Ich habe im Vorhergehenden ein Beispiel einer auf einen solchen Brief erhaltenen Antwort, welche an das Medium *Flint* gerichtet war (S. 93 dieses Werkes, vgl. „Psych. Stud." 1887 S. 270), vorgeführt. Aber vorzüglich ist es *Mansfield*, welcher eine grosse Berühmtheit in dieser Spezialität erlangt hat. Alle Arten von Vorsichtsmaassregeln sind getroffen worden, um sich zu vergewissern, dass die an ihn gerichteten Briefe nicht von ihm haben geöffnet und gelesen werden können; und trotz alledem ist Verdacht unvermeidlich. Was giebt es Einfacheres, sagte ich mir, als diesen Verdacht durch eine direkte Beobachtung aufzuheben! Und Niemand hat sich diese Mühe gegeben!! Wenn es auch nur ein einfaches (!) Phänomen des Hellsehens wäre, so gälte es wohl schon der Mühe für werth, näher studirt zu werden; welches einfachere und objektivere Mittel, um diese Frage zu entscheiden, könnte man wünschen?! Glücklicherweise habe ich den gewünschten Beobachter gefunden, und ich kann über diese Art von Communikation sprechen; sonst würde ich diese Rubrik nicht aufgestellt haben.

Als Mr. *N. B. Wolfe*, Dr. med., das Studium spiritualistischer Phänomene begann, beschäftigte er sich unter Anderem besonders mit *Mansfield*. Um festzustellen, was er von dieser aussergewöhnlichen Art seiner Mediumität zu halten habe, wohnte er sich in seinem Hause ein und beobachtete während mehrerer Monate aus der Nähe sein ganzes Verfahren. Folgendes lesen wir in seinem Werke: —
„**Startling Facts in Modern Spiritualism**" („Erstaun-

liche Thatsachen im modernen Spiritualismus"): — „Diese unbekannte Gabe, einen Brief zu beantworten, ohne ein Wort vom Inhalt des Briefes zu kennen, war für mich etwas Neues, das mich sehr interessirte. Mr. *Mansfield* und ich pflegten abwechselnd die Briefe vom Post-Amte abzuholen; er brachte meine Briefe und ich die seinen mit. Ich bin in Folge dieser Anordnung der Erste gewesen, welcher die an den „Geister-Postmeister" eingesendeten Briefe in Händen hatte. Die Briefe, welche ich dem Mr. *Mansfield* zu bringen pflegte, kamen mir sehr selten aus den Augen, ehe sie beantwortet und mit den Antworten an ihre Urheber zurückgesendet wurden. Die Leute, für welche Mr. *Mansfield* diesen Dienst verrichtete, verriethen durch ihre Methode des Versiegelns ihrer Briefe (sie benutzten Leim, überzogen sie mit Farbe oder Lack, bestrichen sie mit Wachs, ja ich sah etliche sogar von einer Nähmaschine durchnäht, u. s. w.) ihren Argwohn gegen Betrug, oder dass ihre Briefe geöffnet oder geschickt gelesen würden. Ich habe niemals eine Entdeckung gemacht, welche im Geringsten derartige Eindrücke bestätigt hätte, und ich habe doch gewiss nicht der günstigen Gelegenheit ermangelt, eine solche Praxis zu entdecken, falls sie ausgeübt worden wäre.

„Es mag von allgemeinem Interesse sein, genau zu erfahren, wie Mr. *Mansfield* die versiegelten Briefe beantwortete. Sobald er an seinem Schreibtische sass, legte ich ihm ein halbes Dutzend Briefe vor, welche Postmarken aus vielleicht ganz ebenso vielen verschiedenen Staaten der Union an sich trugen. Die äusseren Couverts wurden jetzt geöffnet und in den Papierkorb geworfen. Er hatte nun ein halbes Dutzend fest versiegelter Briefe vor sich ohne ein Merkzeichen oder eine Aufschrift, welche ihm den geringsten Aufschluss über deren Verfasser, oder über den Namen des angeredeten Geistes ertheilt hätten. Ueber diese führte er alsdann ganz leichte Striche mit seinen Fingerspitzen, meist mit der linken Hand. Er berührte sie so zart, dass man sich einbilden konnte, er picke Goldstaub auf, jedesmal ein Körnchen davon. Er ging von einem zum andern, bis alle berührt waren. Wenn keine Antwort hervorgelockt ward, so legte er sie in eine Schublade, die er verschloss.

In einer halben Stunde oder später erneuerte er seine Bemühungen, eine Antwort auf die Briefe zu erhalten. Sie liegen wieder vor ihm, und gleich einer Imme, die von Blume zu Blume streicht, gleiten seine Finger von einem zu dem anderen Briefe. Er wendet sie um und befühlt jeden Theil der Umhüllung. Der Leim, die Farbe, oder das Wachs haben meist die magnetische Beschaffenheit des Briefes zerstört; aber schliesslich sammelt er sie doch auf, und seine linke Hand schliesst sich krampfhaft. Dies ist das Signal des Erfolges. Der im Briefe angeredete Geist, welcher diesen seltsamen Einfluss auf seine Hand ausübte, ist gegenwärtig und bereit, Antwort zu geben. Die übrigen Briefe werden jetzt bei Seite geschoben, und nur dieser besondere bleibt vor dem Medium liegen, das ihn mit dem Zeigefinger seiner linken Hand berührt. Er hat an einem passenden Orte lange Streifen weissen Papiers und einen Bleistift für die Mittheilung bereit. Alles ist jetzt zum Schreiben fertig — der Bleistift ruht in seiner rechten Hand. Das Hauptinteresse liegt jetzt im Finger der den Brief berührenden linken Hand. Er beginnt auf dem Briefe zu klopfen gleich der Bewegung eines Telegraphen-Apparates, welcher unregelmässige Ticklaute hervorbringt. Gleichzeitig mit diesem Klopfen beginnt das Schreiben mit seiner rechten Hand und fährt ohne Unterbrechung fort, bis die Communikation zu Ende ist. Es giebt keine Ruhe, nachdem der Einfluss begonnen hat, bis das Werk vollendet ist. Ich habe bis zwölf Streifen Papier bei einer Sitzung eng beschreiben sehen, obgleich drei oder vier vielleicht ein mittlerer Durchschnitt von der Länge einer erhaltenen Communikation sein dürften. Das Schreiben findet sehr rasch statt und variirt im Stil je nach der Gewohnheit der Menschen. Wenn das Schreiben zu Ende ist, öffnet sich die linke Hand, welche die ganze Zeit über krampfhaft geschlossen gewesen ist, und der Einfluss ist vorüber. Dies dauert nur wenige Sekunden; denn er kommt wieder, um die Adresse der Person, an welche der Brief gesendet werden soll, auf das Couvert zu schreiben. Nachdem dieses geschehen, werden Brief und Antwort sofort in das adressirte Couvert gesteckt und zur gehörigen

Zeit auf die Post befördert. Das Alles geschieht geschäftsmässig, der Ordnung gemäss und sofort. Ich habe dieses Verfahren genau beobachtet und es tausendmal wiederholt gesehen." (p. 43 bis p. 45.)

Vom Gesichtspunkte des Herrn *von Hartmann* aus wäre das nur Hellsehen. Der versiegelte Brief würde eben „die sinnliche Vermittelung" sein, welche den Rapport zwischen dem hellsehenden Medium und dem lebenden Verfasser des Briefes herstellen würde. Und es ist schwer, diesem Einwand zu begegnen, solange man die Details des Verfahrens und seiner Resultate nicht kennt. Ein Rapport ist gewiss nöthig, aber funktionirt er, wie es bei den Experimenten des Hellsehens gebräuchlich ist? — das ist die Frage. Wenn dies Hellsehen wäre, so würde Mr. *Mansfield* vorher in diesen Zustand haben eingehen, oder abwarten müssen, bis dieser Zustand über ihn kommt, denn das geschieht nicht auf Commando, und dann erst konnte er dazu übergehen, einen Brief nach dem andern zu beantworten; anstatt dessen sehen wir, dass in dem psychischen Zustande des Mr. *Mansfield* keinerlei sichtbare Veränderung vorgeht, dass seine Hand stets zu schreiben bereit ist wie ein fügsames und gehorchendes Instrument, aber dass er abwarten muss, bis seine Hand durch den einen oder den anderen Brief beeinflusst wird. Wir sehen, dass er nicht immer und auf alle Briefe nach einander antwortet, sondern nur auf denjenigen, welcher das Signal des gewünschten Anwesenden giebt. Da also seine Fähigkeit immer dieselbe bleibt, **so ist nicht er es, welcher im gewünschten Augenblicke darüber verfügt, sondern es wird über sie verfügt,** sie hängt von einem Einflusse ab, welcher gegenwärtig, oder abwesend sein kann, je nach dem Fall.

Es ist unmöglich, gegen diesen **Missbrauch der Fähigkeit des Hellsehens,** dessen sich die antispiritistischen Theorien schuldig machen, nicht zu protestiren, wenn sie sich nicht besser aus der Verlegenheit zu ziehen wissen. Das Hellsehen ist die Quintessenz der psychischen Fähigkeiten des Menschen; es erzeugt sich sehr selten, es hat seine Beweggründe, seine Bedingungen und Manifestationsweisen, deren hauptsächlichste, wie Herr *v. Hartmann* selbst behauptet, der hallucinatorische Charakter, die Vision ist; gewöhnlich während der Einschläferung der äusseren Sinne und durch momentane Anfälle. Hier haben wir ein alle Tage schreibendes Medium bei vollem Wachsein, und wir wollen, dass es ohne einen genügenden psychischen Beweggrund beständig hellsehend sei! Das ist eine philosophische Freiheit, welche nicht entschuldbar ist.

Qualificiren wir einmal näher, wie sich die Sache vom Gesichtspunkte des Herrn *v. Hartmann* aus erklären lassen könnte. Da ist Mr. *Mansfield*, welcher einen versiegelten Brief berührt, der sein sensitives Gefühl erregt. In erster Stelle muss sein „larvirtes somnambules Bewusstsein" hellsehend werden, um den Inhalt des Briefes zu lesen. Wenn die Antwort, welche die Hand des Mr. *Mansfield* schreiben wird, nur die Unterschrift des Verstorbenen und eine Umschreibung des versiegelten Briefes, welcher an ihn gerichtet war, enthalten sollte, — so ist die Sache verhältnissmässig einfach, und man kann noch behaupten, dass das nur Hellsehen sei, — nur die von einem gewissen Briefe und keinem anderen erzeugte Wirkung, — und das wäre der hinreichende Beweggrund. Wenn aber der Brief den Verstorbenen betreffende, genaue Fragen enthält, wie soll *M.* da die Antwort erhalten? Die Sache wird verwickelter. Das Medium muss sich mit dem Verfasser des Briefes in Rapport setzen, um in dessen normalem und larvirtem Bewusstsein die über den Verstorbenen nothwendigen Aufschlüsse zu schöpfen; denn der Verstorbene selbst, wie man nicht vergessen darf, existirt nicht; er existirt nur in der Erinnerung des Lebenden. Sonach gestaltet sich das Problem zu einem Experimente des Hellsehens und Gedankenlesens in der Ferne. Wie macht sich das? Der Brief, welchen Mr. *Mansfield* in seiner Hand hält, wird ihm als „sinnliche Vermittelung" dienen, um einen Rapport mit dem Verfasser des Briefes herzustellen. Aber welches Resultat wird uns dieser Rapport liefern? Nehmen wir an, dass Mr. *Mansfield* sich in vollem Somnambulismus befinde. Nach der Praxis und den Worten des Herrn *von Hartmann* ergiebt sich Folgendes daraus: — „Ein

Somnambuler, welcher mit einer ihm bisher gänzlich unbekannten Person durch direkte Berührung, oder ... durch Berührung eines die persönliche Aura des Betreffenden enthaltenden Objektes in Rapport gesetzt wird, empfängt einen gewissen Gesammteindruck von dieser Person ... ein mehr oder minder unvollständiges, unbestimmtes und ungenaues, aber doch nicht ganz unähnliches Bild dieser Persönlichkeit, ihres Charakters, ihrer **augenblicklichen Gefühle und Stimmungen**, und unter Umständen auch ihrer **augenblicklichen Vorstellungen.**" („Der Spiritismus" S. 66—67.)

Demnach setzt der Brief, welchen Mr. *Mansfield* in seiner Hand hält, nur in Rapport mit den **Gefühlen und Vorstellungen, welche der Verfasser des Briefes in dem Augenblicke besitzt, in welchem Mr. *M*. den Brief in seiner Hand hält**, und welche keine Beziehung zu dem Inhalt des Briefes haben, der schon mehrere Tage vorher geschrieben worden ist. Wie also wird es das somnambule Bewusstsein anstellen, um sich im Labyrinthe des somnambulen Bewusstseins des Briefverfassers zu orientiren, um die nothwendigen Informationen daraus zu gewinnen? Wie wird es in der Masse der Vorstellungen, die es dort findet, und welche sich auf die Lebenden und Verstorbenen beziehen, die der Verfasser des Briefes gekannt hat und noch kennt, diejenigen auswählen, welche sich gerade auf den Verstorbenen beziehen, an den der Brief gerichtet ist? Er hat keinen Leitfaden. Diese Beziehungen existiren ja für ihn nicht.

Wenn wir auch mit Dr. *du Prel* annehmen, dass „das Gedankenlesen sich nicht bloss auf solche Vorstellungen, welche aktuell im somnambulen Bewusstsein gegenwärtig sind, sondern auch auf den latenten Gedächtnissinhalt erstrecke" („Der Spiritismus" S. 73), so antwortet Herr v. *Hartmann* selbst darauf, dass man es mit der Schwierigkeit zu thun habe, — „wie aus dem gleichzeitigen Durcheinander aller wichtigen und unwichtigen Erinnerungen im somnambulen Bewusstsein die wichtigeren in geordneter Reihenfolge herausgelesen werden sollen?" („Der Spiritismus" S. 74.) Und dieses bezieht sich, wie wir sehen, nur auf die Lebenserinnerungen des Lebenden; die Schwierigkeit, unter diesen Erinnerungen diejenigen auszuwählen, welche sich auf den Verstorbenen beziehen, ist dieselbe.....

Gehen wir noch weiter und nehmen wir an, dass alle diese Schwierigkeiten besiegt seien: — dass das Gedankenlesen des Mediums mit Hilfe des Hellsehens endlich im aktiven oder latenten Gedächtnisse des entfernten Lebenden alle nothwendigen Stoffe gefunden habe, um im Namen des Verstorbenen, an den er sich wendet, mit allen erforderlichen Details, die der Lebende genau zutreffend findet, zu antworten. Aber wenn nun in dieser Antwort sich Details befinden, welche der Lebende gar nicht begehrt hat, Thatsachen, welche nicht aus dem Inhalte des Briefes hervorgehen, und über deren Genauigkeit er nicht einmal urtheilen kann, weil er sie nicht kennt, — sie müssen und werden von anderen Personen, welche den Verstorbenen kannten, erst als wahr bestätigt werden, — wie soll man alsdann den psychischen Vorgang der vom Medium erhaltenen Antwort erklären?

Von Neuem ein Appell an den grossen Gott des Psychismus, — an das Hellsehen, welches das Medium mit dem Absoluten, mit der „Allwissenheit des absoluten Geistes" in Rapport setzen kann?! Doch das Hellsehen hat auch seine Gesetze, und dieser Rapport mit dem Absoluten kann nur eintreten auf der Basis exclusiver Beziehungen zwischen zwei lebenden Personen, die sich kennen. Aber hier kennt das Medium weder den Lebenden, noch die Freunde des Lebenden, — und was die Hauptperson betrifft, den Verstorbenen, so ist er ganz todt, er ist gleich einer Null. Also ist das Hellsehen jedes Rapportes mit der Basis beraubt, auf welche es gerichtet werden soll.

Und wenn wir uns an die von Herrn *v. Hartmann* formulirten Gesetze erinnern, dass „sich niemals abstrakte Gedanken als solche in die Ferne übertragen" (S. 65), dass das reine Hellsehen „immer in hallucinatorischer Gestalt auftritt" (S. 78), dass das Motiv alles Hellsehens „das intensive Willensinteresse" ist; und wenn wir ferner in Betracht ziehen, dass die in Rede stehende Operation sich vollzieht, während „das percipirende Bewusstsein des

Mediums durch das wache Bewusstsein larvirt ist" (S. 67), — was so viel heisst wie: unter der schwierigsten Bedingung für die Hervorbringung eines Phänomens des Gedankenlesens und des Hellsehens: — so müssen wir natürlich schliessen, dass diese Hypothesen **nicht alle Fälle** dieser Rubrik erklären werden.

Ich werde mich nicht viel mit weiteren Beispielen beschäftigen; sie befinden sich zahlreich im „**Banner of Light**" zu Boston; ich ziehe vor, den Leser von Neuem auf das vorerwähnte Buch von Dr. med. *Wolfe* zu verweisen, in welchem mit Details die wahrhaft merkwürdigen Fälle von Antworten veröffentlicht sind, die er auf seine eigenen Briefe erhielt; sie werden in gewisser Hinsicht zwar abgeschwächt durch seine persönliche Gegenwart; aber es ist zu beachten, dass seine versiegelten Briefe **trotz seiner Anwesenheit** ebenfalls auf den Moment des Eintrittes des gewünschten Einflusses harren mussten (p. 56—65); andererseits gewinnen sie jedoch durch die Bedingungen ihrer alle Betrugsmöglichkeit ausschliessenden Erzeugung, wie wir bald sehen werden.

Dr. *Wolfe* fährt folgendermaassen in seinen eigenen Experimenten mit Mr. *Mansfield* fort: — „Ich habe zu Zeiten gegen 25 Briefe für Mr. *M*.'s zarte Manipulation zu günstiger Gelegenheit bereit gehalten. Diese pflegte ich bei mir zu tragen, jeden in ein **unüberschriebenes** grösseres Couvert gesteckt. Da die Couverts alle gleich an Grösse, Gestalt und Farbe waren, so hatte ich keine Merkzeichen auf ihnen, um sie von einander zu unterscheiden. Sowie eine günstige Gelegenheit kam, — das heisst, sobald das Medium nicht zu sehr erschöpft von Arbeit und nicht anderweit beschäftigt war, — pflegte ich ihm meinen ganzen Pack von Briefen vorzulegen, um zu ermitteln, ob irgend eine von den 25 in den Briefen angeredeten Personen zugegen wäre und ihn zum Schreiben controlliren könnte. Unter solchen Bedingungen war es sehr selten, dass seine Bemühung eine Antwort von einem oder zwei derselben zu erhalten verfehlte. Er pflegte seine Hand über diese Epistelreihe hinweg zu führen und einen Brief auf Gerathewohl, wie bereits beschrieben, aufzunehmen und an seine Beantwortung zu gehen. Es ist bemerkenswerth, dass ich ihn niemals habe den genauen Namen des angeredeten Theils verfehlen sehen, ebensowenig eine Botschaft vom angeredeten Theile, oder einen bestimmten Grund, warum dieser nicht schreiben konnte. Die Antwort bewies stets eine vollkommene Vertrautheit mit Gegenstand, Umständen, Daten, oder den in meinen Briefen erwähnten Personen, wenn der schreibende Geist der angeredete war. Ihre Antworten waren oft von dem erstaunlichsten Charakter. Sie waren nicht bloss treffend und scharfsinnig, sondern in ihnen lagen oft neue Gedanken, neue Thatsachen, neue Namen, neue Umstände, neue Daten verkörpert; und wenn ich neue sage, so meine ich damit, dass durch keine gezwungene Satzkonstruktion meines Briefes eine solche Belehrung, wie sie häufig stattfand, erhalten werden konnte, selbst wenn mein Brief offen dem Einblicke einer Anzahl zweifelnder, spitzfindiger, kritischer Leser vorgelegt worden wäre." (p. 57—58.) —

Seiner Ehrwürden *Samuel Watson* führt in seinem Werke: — „The Clock struck one" („Die Glocke schlug Eins"), New-York, 1872, — eine Anzahl Communikationen vor, die er auf seine versiegelten Briefe durch die Hand *Mansfield*'s erhielt; zwar wurden sie auch in seiner Anwesenheit geschrieben; aber dieser (vom Gesichtspunkte unserer Kritik aus) sie schwächende Umstand wird wieder durch die Thatsache ausgeglichen, dass einige Male die erhaltenen Antworten biographische Details enthielten, welche ihm unbekannt waren, oder dass andere Male die Briefe nicht von den Personen beantwortet wurden, an die sie gerichtet waren, sondern von anderen, die *Watson* gekannt hatte, und sogar von Personen, die er nicht gekannt hatte, welche aber dem angeredeten Verstorbenen bekannt gewesen waren. (Man sehe die Fortsetzung desselben Werkes: — „The Clock struck three" [„Die Glocke schlug drei"], Chicago, 1874, pp. 79—85). —

Es versteht sich von selbst, dass ich fern davon bin, zu behaupten, dass stets auch alle Antworten, welche *Mansfield* auf versiegelte Briefe ertheilt, spiritistischen Ursprungs seien; alle Erklärungen müssen, selbst ohne Ausnahme derjenigen des Betruges, ihren Platz je nach den Umständen eines gegebenen Falles erhalten; ich sage nur, dass gewisse Fälle hinreichende Anhaltspunkte zu gewähren scheinen, um eine wirkende Ursache ausserhalb des Animismus zu finden.

Als ein Seitenstück zu dieser Rubrik haben wir dasselbe Phänomen von Antworten auf dem Medium unzugängliche Fragen mit der noch hinzutretenden Verwickelung, dass die Antwort in **direkter Schrift** erhalten wird. Wir bemerken dabei dieselbe Eigenthümlichkeit, dass das Medium nicht unterschiedslos auf alle Fragen antwortet, sondern nur auf diejenige, von der es sich beeinflusst fühlt, und **noch folgende wichtige Eigenthümlichkeit, dass das Medium sogar nicht einmal das Papier, welches die Frage enthält, anrührt.** Man lese, welchen Bericht der Herausgeber des „Banner of Light", Mr. *Colby*, in der Nummer vom 9. März 1889 von einer Séance giebt, die er mit *Watkins* abgehalten hat: — „Erst neulich hatten wir eine andere Sitzung mit Mr. *Watkins*, zu der wir unsere eigenen Schiefertafeln mitbrachten, welche durch Scharniere mit einander verbunden waren. Unsere Gesellschaft bestand aus drei Personen. Als wir uns an den Tisch gesetzt hatten, wurden wir ersucht, die Namen verschiedener Geisterfreunde von uns auf Papierstreifen zu schreiben, was wir thaten, und zwar auf einige zwanzig an Zahl, wobei jeder Streifen in einer solchen Weise zusammengerollt ward, dass keine **lebende** Person einen von dem anderen unterscheiden konnte. Auf einen von diesen Papierstreifen hatten wir Folgendes geschrieben: —

„'*G. W. Morill,* wollten Sie eine Botschaft senden an Ihren Freund Kapitän *Wilson* zu Cleveland?' —

„**Während wir auf die verschiedenen Röllchen mit einem Bleistift deuteten, wurden wir angewiesen, eins von ihnen aufzunehmen und es in unserer linken Hand fest zu halten,** da das Medium erklärte, es fühle sich beeindruckt, dass wir so verfahren sollten. Es ersuchte uns hierauf, unsere Schiefertafeln auf den Tisch zu legen. Dies geschah, worauf es ein Stückchen Schieferstift zwischen sie hineinwarf. Jeder von uns wurde hierauf angewiesen, die Schiefertafeln geschlossen zu halten, wobei das Medium seinen Daumen und seine Finger an die entgegengesetzte Rahmenseite legte. Augenblicklich konnten wir den Ton des Schieferstiftchens innerhalb der Schiefertafeln vernehmen, als ob irgend Jemand ihn handhabte. Nachdem der Ton aufgehört hatte, wurden wir ersucht, die Tafeln zu öffnen. Auf der Innenseite der auf dem Tische gelegenen Tafelseite stand folgende Botschaft in einer schönen Geschäftshand geschrieben und richtig unterzeichnet: —

„'Mein lieber Freund Kapitän *Wilson* zu Cleveland, ich wünsche, dass Sie prüfen und für wahr finden, sobald Sie dieses lesen, dass die Kraft, welche diesen Schieferstift lenkt, in der That Ich, Ihr alter Freund, ist; und nebenbei wollen Sie doch so freundlich sein, meinem Schwiegersohn *Wasson* zu sagen, dass seine Gattin eifrig bemüht sei, an ihn zu schreiben, und ebenso, dass die Kleine ganz krank werden wird, und dass er, wenn sie stirbt, sich nicht betrüben solle, da meine Tochter doch weit besser, als er, mit ihr umgehen kann. Nun, mein Freund, ich habe jetzt nicht viel zu Ihnen gesagt, da meine Tochter so eifrig bemüht ist, ihren Gatten ebenso gut zu erreichen, wie *Frank*.

„'*Geo. W. Morrill.*'" —

„Auf des Geistes Ersuchen übergaben wir die vorher mitgetheilte Botschaft der Wittwe *Morrill*'s, welche sogleich erklärte, dass sie nicht den geringsten Zweifel hege, ihr Gatte habe dies geschrieben; dass diese Handschrift ziemlich genau seiner Handschrift gliche; dass er stets seinen Namen „*Geo. W. Morrill*" unterzeichnet habe, und dass das erwähnte Kind in ihrer Wohnung zu Amesburg krank liege und sie befürchte, seine Krankheit möchte einen verhängnissvollen Ausgang nehmen." —

Ich gebe diesen Fall nicht als einen Identitäts-Beweis, denn Mr. *Colby* kannte offenbar Mr. *Morrill* und den Kapitän *Wilson*, und da er zugegen war, könnte die Communikation sich zum Theil durch Hellsehen, zum Theil durch Gedankenlesen erklären lassen, obgleich ich meinerseits mir den ersten Akt dieser psychischen Demonstration nicht zu erklären wüsste: — die Auswahl und die hellsehende Lesung eines der 20 Röllchen ohne jegliche „sinnliche Vermittelung", denn das Medium berührte sie ja nicht. Aber ich habe dieses Beispiel als eine Experimentir-Methode angeführt, welche vielleicht bis zum **absoluten Beweise** getrieben werden kann, wenn man die nöthigen Vorsichtsmaassregeln trifft, indem man jede Spur von Rapport und unbewusster Suggestion fern hält; man müsste dazu die Röllchen schon vorher präparirt haben, nicht durch die Person, welche sie bei der Séance vorlegt, sondern durch eine andere Person, welche der Séance nicht beiwohnt, und die Person, welche sie in die Séance brächte, dürfte von ihrem Inhalt nichts wissen. Ich bezweifle aber, dass das Experiment unter diesen Bedingungen gelingen kann, da jeder Rapport mit dem Verstorbenen vollständig vernichtet ist, — denn irgend ein Rapport muss doch als Basis dienen. Es würde nur die **Anwesenheit des Briefes** übrig bleiben, welchen das Medium nicht anrühren dürfte!

Und doch giebt es eine Thatsache, welche beinahe alle diese Bedingungen erfüllt, — indem der Brief **aus zweiter Hand** erhalten ward, — einen sehr seltenen Fall; in meinem Register ist diese Thatsache die einzige und merkwürdig genug, dass ich sie anführe. Ich entnehme sie dem Journal „**Facts**" („Thatsachen") zu Boston, Vol. V, 1886, p. 207: —

„Bei der in einer vor etlichen Abenden versammelten Privat-Gesellschaft mit Mr. *Powell*, dem Schiefertafel-Schreib-Medium zu Philadelphia, abgehaltenen Séance ereignete sich etwas ganz Seltsames. Die dabei Anwesenden waren wohlbekannte Leute dieser Stadt. Die Art und Weise, wie Dr. *Powell* seine Prüfungsbeweise mit Papier-Knäuelchen ausführt, ist in diesen Spalten beschrieben worden und bedarf keiner Wiederholung. Es genüge zu sagen, dass die mit dem Namen des herbeizurufenden Geistes beschriebenen Papier-Knäuelchen ohne irgend ein

Vorwissen des Mediums zubereitet werden. In diesem Falle
liess einer der anwesenden Herren eine befreundete
Dame, welche nicht anwesend war, einen Namen
auf einen Papierstreifen schreiben, und nachdem sie ihn
zusammengefaltet, übergab sie ihm denselben. Er wusste
nicht, welcher Name darauf geschrieben stand,
und das Papier wurde verstohlen unter die übrigen
Papiere während der Séance gemischt. Dr. *Powell* berührte mit dem zusammengefalteten Papier seine Stirn
Das Resultat war erstaunlich. Ein erschreckend geister-
haftes Aussehen trat auf sein Antlitz, und seine Hände.
empor werfend, fiel er rückwärts kopfüber auf den Fussboden und schlug mit seinem Kopf an einen Stuhl. Dieser
Sturz war der Fall eines von plötzlichem Tode Getroffenen.
Er lag einen Augenblick wie betäubt, und dann, sich langsam erhebend, ergriff er mit offenen, aber wilden und
starrenden Augen eine der anwesenden Damen bei der
Hand und sagte mit langsamer, feiner Stimme, mit an-
scheinender Schwierigkeit sprechend: — 'Sage *Hattie* (der
Dame, welche den Brief schrieb), dass es kein Unfall, und
dass es auch kein Selbstmord war, was meinen Tod verursachte. Es war ein schnöder Mord, und mein Gatte
verübte ihn. Es sind Briefe vorhanden, welche das Ver-
brechen auf ihn wälzen werden, und diese Briefe wird man
finden. Ich bin Mrs. *Sallie Laner.*' — Dies war der auf
dem Papier geschriebene Name, und die erwähnte Person
war die Frau, welche vor wenigen Tagen in Omaha er-
schossen worden war; ob sie sich selbst getödtet hatte,
oder von ihrem Gatten ermordet wurde, war zur Zeit noch
nicht klargestellt. Sie war eine Clevelander Dame, eine
Bekannte der Dame, welche den Papierstreifen beschrieb.
Es giebt eine Fortsetzung zu dieser Geschichte, welche zu
einer anderen Zeit erzählt werden mag; aber die hier sich
erhebende Frage ist: — durch welche Mittel konnte das
Medium in den Besitz des in der gegebenen Antwort ent-
haltenen Wissens gekommen sein? Es öffnete doch das
Papier-Knäuelchen nicht. Es wusste nichts von diesen
Umständen; der Inhalt des Papiers war jedem
menschlichen Wesen im Zimmer unbekannt.

Dennoch erfolgten die oben beschriebenen Phänomene auf die bloss augenblickliche Berührung des zusammengefalteten Papiers mit der Stirn des Mediums. Der Name war richtig; die Antwort, ob richtig oder nicht, war zur Sache gehörig und direkt, und am nächsten Tage wurde der Gatte *Laner* unter der Beschuldigung, sein Weib ermordet zu haben, verhaftet. Es ist kein Vorherwissen, kein heimliches Einverständniss, kein Errathen, und die Theorie des Gedankenlesens lässt sich nicht anwenden. Welche Intelligenz also offenbarte sich? War es der Geist der Frau, die getödtet worden war? Und wenn nicht, was war es?" — (Aus dem „Cleveland-Plaindealer.") —

Man kann in der Praxis des Magnetismus oder spiritistischen Somnambulismus das Seitenstück zu dieser Art von Experimenten finden. Man sehe *Cahagnet*: — „Arcanes de la vie future devoilés" („Entschleierte Geheimnisse des zukünftigen Lebens"), Vol. 2 und 3, und speziell die Experimente des Herbeirufens von den Beisitzenden unbekannten Personen in Vol. 2, p. 98 und 245. Im Vol. 3, p. 166—187, finden wir den Bericht einer interessanten Herbeirufung des Abbé *Almignana* behufs einer Geldangelegenheit mit allen Details und Dokumenten. In der Broschüre, welche er (1858?) unter dem Titel: — „Du Somnambulisme, des Tables tournantes, et des Mediums" („Somnambulismus, wandernde Tische und Medien") veröffentlichte, giebt er einen Umriss dieses Falles und erwähnt dabei noch einer anderen Herbeirufung, welche in seiner Gegenwart vermittelst einer Somnambulen erfolgte, der er nur den Namen eines Verstorbenen angab, den er aus zweiter Hand erhalten, speziell für dieses Experiment, — d. h. den Namen eines Verstorbenen, welcher ihm vollständig unbekannt war. (Man sehe die „Revue Spirite" 1889, Nr. 4 und 5, woselbst die ganze Broschüre des Abbé *Almignana* wieder abgedruckt ist, und speziell für diesen Fall die pag. 135.)

7) **Konstatirung der Identität der Persönlichkeit durch in Abwesenheit von den Verstorbenen kennenden Personen erhaltene Communikationen, welche psychische Zustände verrathen, oder physische, dem Verstorbenen eigenthümliche Sinnes-Eindrücke hervorrufen.**

Diese Rubrik soll als Uebergang dienen zwischen den inneren oder intellectuellen und den äusseren oder physischen Persönlichkeitsbeweisen. Obgleich die Thatsachen, welche ich darin erwähnen will, auch Identitätszüge enthalten, welche ihnen schon in den vorhergehenden Rubriken hätten einen Platz anweisen können, so tragen sie doch auch Besonderheiten von einem ganz verschiedenen Charakter, auf die ich die Aufmerksamkeit lenken möchte, und die ich bereits durch die Ueberschrift dieser Rubrik zum Ausdruck gebracht habe.

Einer der gewöhnlichsten Einwürfe wider die spiritistische Hypothese mediumistischer Communikationen ist, dass sie ja doch nur das Echo der Ideen seien, welche die Menschen sich über den Zustand der Seele nach dem Tode und die Geisterwelt im Allgemeinen gebildet haben. Man wird gern zugeben, dass man vom gewöhnlichen oder legendären Gesichtspunkte aus nicht erwarten konnte, dass die „Geister" nach dem Tode die psychischen Mängel oder physischen Sinnesempfindungen, an denen sie vor ihrem Tode litten, behalten würden. So z. B. konnte Niemand voraussetzen, dass die von Geistesstörungen befallenen und in diesem Zustande psychischer Zerrüttung gestorbenen Personen bei ihrem Erscheinen bald nach dem Tode noch Spuren ihrer Geistesstörung verrathen könnten. Und nichtsdestoweniger ist solches eine Thatsache, welche durch die Praxis des Spiritismus konstatirt wird. Es ist klar, dass diese Thatsache eine ganz unerwartete, eine den landläufigen Vorstellungen ganz entgegengesetzte ist und in Folge dessen nur hat à posteriori gewonnen werden können.

Als Beispiel citire ich folgendes Factum. Ich finde im „Banner of Light" vom 24. November 1883 in dem

"Message Department" (der Abtheilung für Geisterbotschaften, vergl. S 521. 670) folgende Communikation, die ich in Auszügen wiedergebe: — „O! ich fühle mich gar nicht wohl. Ich wusste nicht, dass ich mich so fühlen würde, wenn ich zurückkehrte, aber ich finde, dass ich viel zu erlernen habe. Ich bin hierher gekommen mit der Hoffnung, dass meine Freunde erfahren werden, ich sei jetzt wieder ganz richtig und glücklich. . . . Ich war hier verbrannt. Ich kann es nicht beschreiben, weil ich nicht gern daran denke; aber eine Wolke kam über mich, und ich fühlte mich verwirrt; ich wusste nicht, was ich that, so gerieth ich in die Nähe des Feuers und in dasselbe hinein, und verbrannte schmählich. . . . Meine Lehrer sagen mir, ich würde niemals wieder so verstört werden; dass körperliche Zustände eine Hemmung in meinem Geiste verursachten, dass aber alle diese Dinge der Erde angehörten und für immer hinweggeschwunden seien. . . . Ich war noch nicht alt. . . . Ich lebte in West Grandby, Ct. Mein Vater ist sehr gut in dieser Stadt bekannt, . . . sein Name ist *Eber Rice.* Sowie ich von diesen Dingen spreche, sehe ich nicht recht klar, weshalb ich euch nicht genau erzählen kann, wie lange ich davon gegangen bin; es scheint mir eine geraume Zeit verflossen; aber ich bin erfreut über die Gabe, kommen und hoffen zu dürfen, zu einer anderen Zeit wieder kommen zu können. *Emma Rice.*" —

Zwei Wochen später finde ich im „Banner" vom 15. Dezember unter der Rubrik: — „Bewahrheitungen von Geister-Botschaften" — folgendes Schreiben: — „An den Herausgeber des Banner. — Ich finde in der Nummer vom 24. November eine Communikation von *Emma Rice* aus West Grandby. Es ist eine allen Spiritualisten wohl bekannte Thatsache, dass eine Person, welche während ihres Körperlebens geistesgestört war, beim Sichmanifestiren durch ein Medium gewisse Bedingungen annehmen muss. Es wird mir gesagt, dass dieses Geistes richtiger Name *Emma Ruick* (spr. *Reik*) lautete, dass sie sich aber zur Zeit ihres Deliriums *Emma Rice* (spr. *Reiss*) nannte. Diese Communikation ist eine sehr gute. Sie verbrannte, wie sie sagt, weil sie hinaus ging und in einen brennenden

Reisighaufen sprang. Die Thatsachen sind alle richtig, und diese Botschaft wird von ihren Erdenfreunden dankbar aufgenommen werden.

„Hartford, Connecticut, d. 24. November 1883.
„*Heman F. Merrill*." —

Aus erster Quelle erhalte ich die folgende Thatsache. Frau *Marie v. S.*, die ich sehr gut kenne, und die seit mehreren Jahren vertrauliche Séancen zu Zweien mit ihrer Nichte hält, welche im Trance schreibt, — erhielt eines Tages eine sonderbare Communikation auf Französisch, mit dem Namen *Napoléon* unterzeichnet; sie vermuthete eine Mystifikation und beachtete sie weiter nicht; sogleich darauf erklärte der gewöhnliche controllirende Geist, dass die französische Communikation von einem Geiste gegeben worden sei, welcher zu seinen Lebzeiten närrisch war und sich für *Napoléon* hielt; denn gewöhnlich blieben die Geistesgestörten nach ihrem Tode noch während einer gewissen Zeit dem geistigen Irresein, an dem sie litten, unterworfen. Frau *v. S.* war darüber sehr erstaunt, und als sie mir diesen Fall als etwas Seltsames erwähnte, war sie noch mehr verwundert, als ich ihr erwiderte, dass dieses eine Thatsache wäre, die man durch viele andere Fälle derselben Art bestätigt finde.

Es scheint, dass nicht allein die von gewissen physiologischen Mängeln, an denen der Mensch in der letzten Zeit seines Lebens litt, abhängenden anormalen Seelenzustände, sondern auch die körperlichen Schmerzempfindungen, welche den Moment des Todes begleiteten, sich wieder erzeugten, wenn das Individuum, welches diese Leiden durchgekämpft hat, sich wiederum auf dieser irdischen Ebene offenbart. Ich lasse mehrere Beispiele dieser Art folgen.

Das erste entnehme ich dem „Light" vom Jahre 1882, p. 74, woselbst die körperlichen Empfindungen der letzten Krankheit des Verstorbenen am Medium wieder erzeugt werden: —

„Im Beginn des Sommers 1879 traf ich zufällig einen Herrn in meiner Nachbarschaft, welcher sichtlich in tiefem

Niedergange begriffen war. Als ich eines Tages langsam mit ihm auf sein Heim zuwanderte, wurde der Spiritualismus unser Gesprächsthema. Er schien gar sehr überrascht, als er fand, dass ich an einen so ungereimten Gegenstand glaubte, wurde aber von einigen meiner Behauptungen tief beeindruckt. Als ich ihm das nächste Mal wieder begegnete, kam er lebhaft auf unser früheres Gespräch zurück und fragte mich über den Beweis, den ich persönlich erhalten hätte; aber nach dieser Zeit vermied er den Gegenstand, und da ich wusste, wie unzuträglich jede aufregende Diskussion mit einem Kranken seines Zustandes war, so hielt auch ich meine Lippen verschlossen.

„Im Juli desselben Jahres befand ich mich zu Barmouth in North Wales und wurde eines Abends von einem Geiste controllirt, welcher vorgab, jener Herr zu sein. Er sprach durch mich: — 'Es ist so sonderbar, — so ganz anders, als ich es erwartete; ich wünschte, dass ich die günstige Gelegenheit benutzt hätte, Kenntnisse vom geistigen Leben zu gewinnen, die Sie mir mittheilten.' — **Während dieser Communikation hatte ich eine schmerzliche Empfindung im Munde und im Halse.** Zwei Tage nachher erfuhr ich aus einem Briefe von einem Freunde, dass mein Bekannter bald, nachdem ich die Heimath verlassen hatte, gestorben war.

„Im Mai des vergangenen Jahres wurde ich wieder von demselben Geiste controllirt, und bei dieser Gelegenheit redete er durch mich auf eine recht nachdrückliche Art: — '**Sagen Sie *Marie*, dass ich *Will* gesehen habe.**' — **Und abermals hatte ich dasselbe schmerzhafte Gefühl im Munde und im Halse.** *Marie* war eine Schwester, welche ihm das Hauswesen geführt hatte.

„Mein Eindruck unter der Controlle war, dass eine Beziehung zwischen dem erwähnten '*Will*' und der Schwester vorhanden war. So stark war ich von dem Ernste des Geistes beeindruckt, dass ich meine Frau bat, seine Schwester zu besuchen und ihr die Botschaft zu überbringen. Sie sagte ihr, dass sie nur zwei Personen gekannt habe, welche dem Namen '*Will*' entsprächen; der eine war ein Cousin und der andere ein Herr, bei dem sie vor einigen Jahren in Stellung gewesen wäre, dass aber Beide nach ihrem besten Wissen und Glauben lebten und bei guter Gesundheit sich befänden. Sie erklärte, dass ihr Bruder sehr stark am **Mundschwamm** gelitten hätte, ehe er hingeschieden sei. Dieses erklärte mir die schmerzvolle Empfindung in meinem Munde.

„Kein Aufschluss kam zur Erklärung der Botschaft, und ich schloss daraus, dass sie gleich vielen anderen bei ihrer Uebertragung verändert worden sei, und die Sache entschwand meinem Gedächtniss. Eines Tages in der vergangenen Woche besuchte mich die Schwester und theilte mir mit, sie habe neulich gehört, dass der Herr, bei dem sie früher in Stellung gewesen war, in Australien um die Zeit meiner Botschaft verschieden war.

„Ich brauche nur noch hinzuzufügen, dass die persönliche Geschichte dieser Frau und dieses Herrn mir ganz unbekannt war.

„Lewistam, den 13. Februar 1882.

„*Edmond W. Wade*." —

Noch ein anderer Fall, bei dem das Medium, vom **Geiste einer Person** controllirt, welche sich **ertränkt** hatte, sich fröstelnd und erkältet fühlte. Ich entnehme ihn dem Journal „**Facts**" (Thatsachen) vom Juni 1885, worin Mr. *Eli Pond* aus Woonsocket, Rhode Island, Folgendes mittheilt: —

„Vor etwa Jahresfrist besuchte ich meinen Sohn und seine Frau. Sie hatte Kopfschmerz, und ich sagte zu ihr: — 'Vielleicht kann ich Dich von ihm befreien, indem ich Striche über Deinen Kopf mache.' — Sie willigte ein. Ich hatte erst einige gemacht, als sie **von einem Geiste controllirt wurde, welcher das Taubstummen-Alphabet** (vgl. S. 648 ff.) benutzte; aber weder ihr Gatte, noch ich konnten es verstehen, und der Geist zog sich bald wieder zurück. Hierauf kam ein anderer und gab seinen Namen als *Sarah Makepeace* an. Sie hätte draussen im Westen gelebt und hätte sich ertränkt. Sie sagte: — 'Ich bin so erfreut, dieser alte Herr hat mir Gelegenheit gegeben, zu kommen.' — Das Medium kehrte sofort in seinen normalen Zustand zurück. 'Ei', sagte sie, 'mich friert ja!' — und sie zitterte vor Frost und schien sich so unbehaglich zu fühlen, dass ich *Sarah* ersuchte, sie zu befreien und zu mir durch ein anderes Medium, Mrs. *Annie Wood*, zu einer bestimmten Stunde zu kommen. Sie versprach dies, welches Versprechen sie auch zur bestimmten Zeit hielt.

„Ich kannte Niemanden bei dem Namen, den sie angab, beschloss aber, sie ausfindig zu machen, wenn eine solche Person gelebt hätte und ertrunken sein sollte. Nach mehreren Monaten eines fast vergeblichen Nachforschens fand ich einen Mann mit Namen *Makepeace*, der in Providence, Rhode Island, lebte. Aber in der Zwischenzeit hatte ich noch mehrere Unterredungen mit *Sarah* und fand heraus, dass sie Verwandte in Providence hätte. Ich fragte sie, ob diese Spiritualisten wären. Sie sagte: — 'Nein.' — Sie erklärte, sie sei zwanzig Jahre alt gewesen, als sie verschied, und wäre etwa drei Jahre todt; auch erzählte sie, dass sie unter sehr unangenehmen Umständen ertrunken wäre, und dass ihre Angehörigen sie zu sehr tadelten. Sie schien recht unglücklich.

„Nicht lange nach diesem war ich in Providence und schlug das Adressbuch nach, worin ich den Namen des Verwandten fand, den sie mir angegeben hatte; und da ich Musse hatte, gedachte ich ihn aufzusuchen. Ich fand ihn stark beschäftigt. Er lud mich ein, ihn zu einer bestimmten Stunde zu besuchen, was ich that. Nachdem wir uns gesetzt hatten, fragte ich ihn, ob er jemals ein Mädchen mit dem Namen *Sarah Makepeace* gekannt habe, welches draussen im Westen gelebt hätte und ertrunken wäre. Er versetzte, dass er ein solches gekannt habe, aber nicht näher mit ihr bekannt gewesen sei. Ich fragte ihn, wie lange es her wäre, dass sie ertrunken sei. Er war nicht ganz sicher; als ich ihm aber sagte, dass ich gehört hätte, es wären drei Jahre her, so hielt er dies für richtig. Ich befragte ihn hierauf um ihr Alter. Er sagte, etwa zwanzig Jahre. Ich fragte ihn, ob er so freundlich sein wolle, mir ihres Vaters Adresse anzugeben. Er sprach sehr schnell und wünschte zu wissen, wozu ich sie begehrte. Ich sagte ihm, weshalb. Er wurde in der That ganz zornig. 'Ich wünsche nicht etwas aufgebracht, was meine Familie verunehren würde,' und in einem nicht sehr höflichen Tone verabschiedete er mich. Ich ging, aber ich hatte doch den Beweis gewonnen, dass das, was *Sarah* gesagt hatte, richtig war." —

Ich habe diese beiden Fälle ausführlich gegeben, denn sie liefern an sich selbst, ausser den zu dieser Rubrik gehörigen Besonderheiten, interessante **Identitätsfälle in Abwesenheit von den Verstorbenen kennenden Personen.** —

Der folgende ist noch ein Fall, bei dem der **Verstorbene durch Feuer zu Grunde gegangen war und das Medium sich ersticken fühlte.** Ich entnehme dem „Religio-Philosophical Journal" vom 9. März 1889, p. 2, folgende Stelle, welche sich in einem Artikel des Mr. *L. A. Clement* befindet: —

„Alles, was ich in der Welt besass, verbrannte im Jahre 1856. Meine Schwester verbrannte zu Tode. Ich habe häufig in Cirkeln mit Fremden gesessen, wo Niemand ein Wort von meiner persönlichen Geschichte kannte und das Medium beinahe ersticken wollte, und andere Sensitive, sobald die Schwester sich zu erkennen geben wollte, Rauch wahrzunehmen pflegten und zu husten gezwungen waren, wie Jemand husten würde, der in ein mit Rauch angefülltes Zimmer ging." —

Bei diesem letzteren Falle handelt es sich um in Gegenwart der Person, welche die Todesart des Verstorbenen kannte, erhaltene Communikationen; aber wenn man Mr. *Clement* befragen könnte, so ist es mehr als wahrscheinlich, dass bei der ersten Communikation dieser Art das Gefühl des Erstickens beim Medium auch für Mr. *Clement* ganz unerwartet auftrat.

Es scheint mir, dass die Communikationen, welche diese charakteristischen Persönlichkeitszüge an sich tragen, einen ganz besonderen Werth haben und Licht auf die Philosophie der Communikationen im Allgemeinen werfen können. Es ist in die Augen springend, dass rein körperliche Gefühle, wie das Halsübel, das Frösteln, die Erstickungsanfälle nicht eigentliche Gefühle des menschlichen Zustandes nach dem Tode sein können; es ist auch einleuchtend, dass diese Empfindungen nicht haben auf das Medium als Identitätsbeweis übergetragen werden können; denn in den von Mr. *Wade* und *Pond* mitgetheilten Fällen waren bei dem einen die Art des Todes oder des Leidens, bei dem andern das Individuum selbst, das sich offenbarte, dem Medium unbekannt, und in Folge dessen konnte dieser Beweis weder gefordert, noch erwartet werden. Es ist daher vernünftig anzunehmen, dass die Wiedergabe dieser Empfindungen vielmehr das Resultat eines Gesetzes sein dürfte, das man vielleicht folgendermaassen formuliren könnte: — **das auf dem irdischen Plane sich wieder manifestirende transscendentale Individuum kann dies nur thun, indem es sich für die gegebene Zeit mit den letzten Zuständen seines phänomenalen Daseins wieder bekleidet.** Es würde dabei so zu sagen momentan seine transscendentale Existenzweise vergessen, und seine phänomenale Existenz in dem Augenblicke, wo es dieselbe vollendete, wieder angenommen haben.\*) Deshalb hat der „Taubstumme", von dem Mr. *Pond* spricht, nur sein Alphabet anwenden können und sich nicht begreiflich zu machen vermocht. Deshalb hatte die „Wahnsinnige" *Emma Rice* ihren wirklichen Namen vergessen, u. s. w. Wenn wir dieses Gesetz auf das intellectuelle Gebiet übertragen, erhalten wir die Erklärung dafür, weshalb das Individuum, welches sich mittheilt, nur so zu sagen seine irdische

---

\*) Diese Zeilen erinnern mich an eine Communikation, die ich in meinem vertraulichen Cirkel von einem Freunde erhalten habe, den ich sehr liebte, und welcher sich sehr lebhaft für die philosophische Seite des Spiritismus interessirte. Er begann mit folgenden französischen Worten, da er beinahe selbst Franzose war: —

„Naitre — c'est oublier; mourir — c'est savoir."
(„Geboren werden — das heisst: vergessen; sterben —
das heisst: wissen.")

Ich weiss nicht, ob dies ein geflügeltes Wort, oder ein Original-Gedanke ist. In diesen wenigen Worten liegt eine ganze, ebenso schöne als tiefe Philosophie, so dass ich ein Recht habe, sie als den Gehirnen meiner beiden Medien (vergl. S. 455, 665 ff., 717 ff.) vollkommen fremd zu erachten.

Existenz wieder annimmt, nur das wissen und sagen kann, was dieser Existenz angehört. Selbst in der Photographie oder Materialisation ist es immer die letzte irdische Gestalt, sei sie ganz jung oder ganz alt, welche sogar mit den ihr eigen gewesenen körperlichen Gebrechen erscheint. Und dass das nicht einzig geschieht, um einen Identitäts-Beweis zu geben, dafür haben wir den Beweis z. B. in dem Falle der Transscendental-Photographie, welche *M. A.* (*Oxon.*) erhielt, und die ich später (S. 719 ff.) noch erwähnen werde. Die Photographie stellt ein **ganz kleines Kind dar**, welches diese Erde schon vor 50 Jahren verlassen hatte, und zwar im Alter von sieben Monaten, und welches aussagte, dass es die Schwester des Dr. *Speer* sei. („**Spirit Identity**" von *M. A.* (*Oxon.*), p. 117—121.) Aber da dieses Kind dem Dr. *Speer*, wie dem Medium *M. A.* (*Oxon.*) gleich unbekannt war, so ist ersichtlich, dass die kindliche Gestalt sich durchaus nicht als Identitäts-Beweis gab. Man fragt sich vergeblich, weshalb es doch nicht bloss für die erste Manifestation diese Gestalt angenommen, sondern dieselbe noch während der ganzen Zeit seiner Manifestationen, welche Jahre umfasste, beibehalten hat? Indess haben wir auch andererseits Thatsachen, welche beweisen, dass dieses Gesetz nicht universal ist: — es hätte sich zu modificiren je nach dem Individuum und der Zeit.

### 8) Die Identität der Persönlichkeit eines Verstorbenen, bestätigt durch die Erscheinung der irdischen Gestalt.

Jetzt, wo wir durch Manifestationen von einem **intellectuellen** Charakter den geforderten Beweis erhalten haben, — den Beweis, dass das individuelle Prinzip unabhängig sei vom Körper, dass es etwas Selbständiges bilde, welches die Auflösung des letzteren überlebe, und dass es genug Elemente von seiner Persönlichkeit bewahre, um die grosse Thatsache seiner Existenz nach dieser Auflösung zu erweisen, — können wir (wie ich es auch im III. Kapitel S. 554 ff. gethan habe) zur **Bestätigung** derselben Thatsache durch Manifestationen von einem **äusseren, selbst** physischen Charakter übergehen. Wir können jetzt untersuchen, unter welchen Bedingungen diese Manifestationen als mehr oder weniger zwingend betrachtet werden können, ohne uns durch die à priori-Ueberzeugung beeinträchtigt zu fühlen, dass die spiritistische Annahme eines ähnlichen Phänomens keine Daseinsberechtigung habe. Die am meisten vergeistigte Manifestation dieser Art wird sein: —

a) **die Erscheinung eines Verstorbenen, bestätigt durch die geistige Vision des Mediums, in Abwesenheit von den Verstorbenen kennenden Personen.**

Hier haben wir ein telepathisches Phänomen, welches wahrhaften Hallucinationen Lebender entspricht, aber mit dem Unterschiede, dass der das Phänomen hervorrufende Thäter sich nicht unter den Lebenden mehr befindet. Diese Art von Phänomen bildet eine besondere Abart der Mediumität. Obgleich alle guten Medien mehr oder weniger hellsehend sind, so giebt es doch einige unter ihnen, bei denen die Entwickelung dieser Fähigkeit in der That eine Spezialität ist. Sie beschreiben die Person des Verstorbenen, welche sie bei dem Lebenden sehen, mit einer Menge von Details zum Beweise ihrer Identität; sie beschränken sich nicht auf die Beschreibung des Aeusseren, sondern überbringen Worte und Redensarten von Seiten des Verstorbenen. Die Prüfungsbeweise (Tests), welche durch dieses Verfahren geliefert wurden, sind unzählig. Aber da sie gewöhnlich in Gegenwart der den Verstorbenen kennenden Person gegeben sind und in Folge dessen durch eine unbewusste Uebertragung von Vorstellungen dieser Person erklärt werden können, so muss ich sie bei Seite lassen. Damit sie für unseren Gesichtspunkt gültig seien, wird es nöthig, dass die Erscheinung dem lebenden Freunde unbekannte Details angebe, oder dass die Erscheinung in Abwesenheit dieses Freundes stattfinde.

Einen Fall der ersten Kategorie habe ich bereits im III. Kapitel, § 8, sub b) (s. „Psych. Stud." 1889 S. 75 —

vergl. S. 502 der 2. Ausg. dieses Werkes) vorgeführt, woselbst ein Medium dem General *Drayson* die Erscheinung eines Freundes, den er noch für lebend hielt, mit den näheren Umständen seines aussergewöhnlichen Todes beschrieb.

Einen Fall der zweiten Kategorie finde ich in meinen eigenen Notizen. Am 26. Februar 1873 hielt ich eine Privat-Séance mit meiner Frau (vergl. S. 665, 714) ab. Wir waren zu Zweien allein. Bald schlief sie ein, und ihre Hand schrieb eine Communikation auf Französisch von einem intimen Charakter, worin Anspielung statt fand auf eine vorhergehende Séance, welcher eine Dame unserer Bekanntschaft, die Gräfin *A. Tolstoi*, die Gemahlin des Vice-Präsidenten der Akademie der Schönen Künste, beigewohnt hatte. Die Communikation kam von Seiten der verstorbenen Tochter der Gräfin und wendete sich an diese. Es ist hier unnöthig, vom Inhalte der Communikation zu sprechen, denn der Prüfungsbeweis liegt in dem, was folgt. Als meine Frau wieder zu sich kam, sagte sie: — „Das ist seltsam, — ich habe so eben etwas gesehen!" — „Was denn?" — „Eine Gestalt!" — „Männlich oder weiblich?" — „Eine Frauengestalt; ein sehr niedliches Gesicht, welches durch den Glanz seiner blauen Augen frappirte; sie schienen wie von Innen heraus erhellt. Die Gestalt hielt sich vor mir gleichsam auf einer gewissen Höhe; sie war jung, wohl gestaltet, weiss gekleidet." — „Eine Brünette?" — „Ja!" — „Erkanntest Du sie?" — „Nein. Aber sie machte den angenehmsten Eindruck auf mich; es ist wahr, dass ich schlief; aber das war kein gewöhnlicher Schlaf." —

Dieses Gespräch hatte unmittelbar nach dem Erwachen meiner Frau stattgefunden; sie wusste nicht, ob es dabei irgend etwas Geschriebenes gegeben hatte, noch weniger was, oder von wem. Da erst machte ich ihr Mittheilung von der Communikation. Aber wir wussten nicht, ob die Erscheinung der Gestalt irgend eine Beziehung mit der Communikation hatte. Anderthalb Monate später befand sich meine Frau auf einer Visite bei der Gräfin, die so eben ihren Gatten verloren hatte, und als sie sich in ein inneres Zimmer begab, in welchem sie noch nie gewesen war, stand sie plötzlich Angesichts eines Frauen-Porträts in voller Büste, das sie niemals gesehen hatte, aber in welchem sie sofort die schöne Gestalt wiedererkannte, die ihr bei jener inneren Vision erschienen war. Es war das Porträt der verstorbenen Tochter der Gräfin. —

In der vorhergehenden Rubrik habe ich einen Fall (S. 672, 675) angeführt, welcher von *Robert Dale Owen* über die Erscheinung seiner Freundin *Violetta* berichtet wird bei zwei Medien, welche weder *D. Owen*, noch seine verstorbene Freundin gekannt haben; diese Erscheinung, im Ganzen übereinstimmend mit der irdischen Gestalt *Violetta's*, vervollständigte das Bild der persönlichen und vertraulichen Details, welche denselben Medien gegeben wurden.

b) **Die Erscheinung eines Verstorbenen, bestätigt durch die geistige Vision des Mediums und durch die gleichzeitige Transscendental-Photographie, oder auch durch die Photographie allein, in Abwesenheit der den Verstorbenen kennenden Personen.**

Die vergeistigste Manifestation der physikalischen Reihe ist ganz gewiss die Transscendental-Photographie, welche die Thatsache der objektiven Realität einer Erscheinung, oder einer unsichtbaren Materialisation feststellt. Ich habe im I. Kapitel die historischen Details der Entwickelung dieses Phänomens gegeben. Sein Fundamental-Musterbild haben wir in den merkwürdigen Experimenten des Mr. *Beattie*, bei denen das im Trance befindliche Medium die Beschreibung leuchtender Gestalten gab, welche seinem geistigen Gesicht erschienen, — mit verschiedenen unbestimmten Gestalten beginnend und allmählich sich zu bestimmten menschlichen Formen entwickelnd, — und viele Male den erhaltenen Photographien vollkommen entsprechend. (S. „Psych. Stud." April-Heft 1886 S. 164, oder S. 53 ff. und 58 im I. Bande dieses Werkes.)

Wir erhalten die Bestätigung derselben Thatsache durch ein ganz ebenso zuverlässiges Zeugniss des ehrenwerthen **M. A. (*Oxon.*)**, welcher selbst alle Züge einer aussergewöhnlichen Mediumität in sich vereinigt. Sein erstes Experiment in Transscendental-Photographie beschreibt er folgendermaassen: — „Das erste Bild, das ich jemals mit Mr. *Hudson* (vgl. S. 80 im 1. Bande) erhielt, ist merkwürdig wegen der fast gänzlichen Verdunkelung des Sitzers. Ich hatte mich im Profil aufgestellt und hielt meine Augen auf die Decke des Studirzimmers gerichtet. Ich hatte die bewusste Empfindung von einem leuchtenden Nebel rings um mich und von einem mir zur Seite befindlichen Wesen. Dieses sinnliche Gefühl wurde so stark, dass ich mich, ehe die Exposition vorüber war, in einem theilweisen Trance-Zustande befand. Bei der Entwickelung zeigte die Platte nur die schwächste Umrisslinie meiner Gestalt, während an der Stelle, an der ich die Gegenwart eines Wesens empfand, eine ganz deutlich umrissene Gestalt, nur total verhüllt und im Profil stehend, zu sehen war. Das Gesicht ist deutlich, und ihr Standpunkt entspricht genau dem von mir gefühlten. Der leuchtende Nebel, den ich wahrnahm, hat meine Figur fast ganz verdunkelt. Ausser noch anderen Vorsichtsmaassregeln ersuchte ich Mr. *Hudson*, diese Platte umzukehren, um so eine vermehrte Sicherheit gegen eine präparirte Täuschung zu erhalten." („Human Nature", [London, *James Burns*,] 1. Oktober 1874, p. 426.) —

Dann haben wir zwei Fälle, in denen die unsichtbaren Individualitäten, welche sich an Medien heften und sehr oft ihrem geistigen Blick erscheinen, auch auf der sensitiven Platte hervortreten, wenn diese Medien sich photographiren lassen. Der erste Fall ist bereits von mir vorgeführt worden im I. Kapitel („Psych. Stud." Juli-Heft 1886 S. 311, s. S. 101 dieses Werkes): — es ist derjenige, in welchem das wohlbekannte Medium Mrs. *Conant* einen Augenblick vor der Ausstellung (Belichtung) ihre kleine Freundin *Wash-ti* erscheinen sieht; sie reicht ihr die Hand, und die Photographie giebt die beiden Gestalten Hand in Hand wieder. — Für den zweiten Fall sind wir ebenfalls Mr. *M. A. (Oxon.)* verpflichtet. Im Begriff, sich photographiren zu lassen, sieht er geistig und beschreibt die Erscheinung und die Stellung der kleinen *Pauline*, welche sich gewöhnlich in seinem vertrauten Cirkel manifestirte; sie liess sich die Gelegenheit nicht entschlüpfen, sich mit photographiren zu lassen (s. S. 715). Folgendes ist der kurze Bericht des Mr. *M. A* (*Oxon*): —

„Wir gingen vor ungefähr einem Monat, um eine Photographie mit Mr. *Parkes* (s. S. 63, 228 d. W.) zu versuchen, und *Pauline* erscheint wieder. Ich sass an einem kleinen Tische und kam fast augenblicklich in Trance. In meinem hellsehenden Zustande sah ich das Kind bei mir dicht an meiner linken Schulter stehen oder schweben. Es schien nahe am Tische zu stehen: — und ich versuchte vergeblich, Dr. *Speer's* Aufmerksamkeit auf dasselbe zu lenken. Sobald die Exposition vorüber und ich erwacht war, erklärte ich, was ich gesehen hatte, und als die Platte entwickelt ward, da stand an dem Tische anscheinend eines kleinen Kindes Gestalt. Die Stellung ist genau da, wo ich sie sah und fühlte. Und die Gestalt, welche auch Züge von Familienähnlichkeit trägt, wurde von dem kleinen Geiste sofort als sein Bildniss beansprucht; er drückte eine unermessliche Freude über den Erfolg des Experimentes aus. So deutlich war meine Vision, so gewiss war ich über das, was man auf der Platte finden würde, dass ich mein ganzes Vermögen um das Resultat gewettet haben würde, ehe ich es wirklich sah." („Human Nature", London, 1. September 1874, p. 397.) —

Hieran schliessen sich in einem gewissen Sinne die Fälle der Transscendental-Photographie von Individualitäten, welche auch gewöhnlich bei gewissen Medien erscheinen, aber bereits in sichtbarer Materialisation. (Ich habe ausführlicher darüber gehandelt im I. Kapitel S. 226—231 dieses Werkes: vergl. „Psych. Stud." August-Heft 1887 S. 358. ff.)

Bisher sind die Transscendental-Photographien nur vermuthlich die **Ebenbilder der Verstorbenen**; aber noch hat keine Anerkennung stattgefunden. Die Krönung des Phänomens ist, wie man begreift, die Constatirung der Persönlichkeit aus der Aehnlichkeit. Die Fälle dieser Art sind zahlreich. Ich habe deren auch mehrere in dem I. Kapitel erwähnt. Der des *Moses Dow* (vergl. S. 94 im

I. Bande u. S. 724) muss als vollkommen zwingend erachtet werden, da er durch reichhaltige Beweise intellectueller Art gestützt ist. Wegen einiger zu ergänzender Details hatte ich an Mr. *Moses Dow* im Jahre 1886 geschrieben, aber er war soeben gestorben!

Unter den neueren Fällen kann ich den von Mr. *A. R. Wallace* in seiner zu San Francisco am 5. Juni 1887 gehaltenen Vorlesung erwähnten anführen, woselbst er sagt:

„Einer der interessantesten Beweise persönlicher Identität wurde mir von einem Herrn in Washington, — vielleicht wird er Einigen von Ihnen bekannt sein, — Mr. *Bland*, einem wohlbekannten Freunde der Indianer, geliefert. Er hielt häufige Sitzungen mit einem weiblichen Medium, das nicht professionell, nicht bezahlt, sondern ihm eine persönliche Freundin war. Durch dieses weibliche Medium erhielt er oft Communikationen von seiner eigenen Mutter. Er wusste nichts von Geisterphotographien, aber bei einer Gelegenheit sagte ihm seine Mutter durch dieses Medium, dass, wenn er zu einem Photographen in Cincinnati gehen würde, (ich glaube, er lebte damals in Cincinnati,) so würde sie versuchen, mit ihm auf der Platte zu erscheinen. Keines Photographen Name wird erwähnt, — bloss ein Photograph. Er befragte das Medium, ob es mit ihm gehen wolle. Sie gingen zusammen aus und begaben sich in das erste Photographie-Atelier, zu dem sie kamen, und ersuchten um eine Aufnahme. Sie setzten sich Beide zusammen nieder, und der Photograph nahm das Bildniss der Beiden auf, und als er das Bild entwickelte, sagte er, es wäre etwas Ungehöriges dabei, weil drei Gesichter anstatt deren zwei vorhanden wären. Sie sagten, sie wüssten das, und es wäre ganz richtig damit; aber zu Mr. *Bland's* Erstaunen war das dritte Gesicht nicht dasjenige seiner Mutter. Dies ist sehr wichtig für das, was folgt. Er ging heim und forschte nach, wie es käme, dass das Gesicht jemandes Andern auf der Platte erschienen sei. Der Geist seiner Mutter sagte hierauf zu ihm, dass es eine Freundin wäre, welche mit ihr gegangen sei, und die mehr erfahren in dieser Sache wäre, als sie selbst, und das Experiment zuerst versucht hätte; aber wenn er ein zweites Mal hingehen wolle, so würde sie ihm alsdann selbst erscheinen. Sie thaten so, und bei dieser zweiten Sitzung erschien das Porträt seiner Mutter. Hierauf rieth ihm einer seiner Freunde, um jede Möglichkeit eines Zweifels auszuschliessen, dass der Photograph ein Bildniss seiner Mutter erhalten hätte, er solle sie doch bitten, ihm auf der Platte mit einer leichten Veränderung in ihrer Kleidung zu erscheinen, was ihm als Beweis dienen würde, dass es kein Betrug irgendwelcher Art wäre. Sie gingen ein drittes Mal. Bei dieser Gelegenheit kam ein anderes Bild, recht sehr ähnlich dem ersten, aber mit dem kleinen Unterschiede, dass sie eine andere Brosche trug. Diese drei Bilder zeigte er mir, und ich erhielt den Bericht über sie aus seinem eigenen Munde. Angenommen, dass er die Wahrheit sagte, sehe ich kaum eine andere Möglichkeit, zu einem anderen Schlusse zu gelangen, als dass eine wirkliche Communikation zwischen ihm und seiner verstorbenen Mutter stattfand." („Light", July 9. 1887, p. 308.) — Vergl. S. 723.

Und ganz kürzlich haben wir den Fall der Transscendental-Photographie von *Nellie Power* durch einen honetten Privatmann Mr. *Johnstone* mit einem Privat-Medium Mr. *Rita* erhalten, welcher vollkommen den Anforderungen des Herrn v. *Hartmann* entspricht. (Man sehe wegen des Näheren die vollständige Uebersetzung des Artikels des Mr. *Johnstone* in „Psych. Stud." August-Heft 1889, S. 357 ff. nebst Abbildung der Photographie, S. 362.)

Der einzige verwundbare Punkt der wiedererkannten Transscendental-Photographien vom Gesichtspunkte des Herrn *von Hartmann* aus ist, dass die Person, welche sie erhielt, und die gewöhnlich der Sitzer selbst ist, die in Frage stehende Person kannte, und dass infolge dessen dieser Sitzer als die unbewusste Quelle des Ebenbildes der verstorbenen Person betrachtet werden kann, und dass das Medium durch einen Prozess des Hellsehens und unbewusster Objektivirung so geschickt war, dieses Bild seiner Schöpfung in den nöthigen Fokus zu rücken; oder aber dass der blosse Gedanke des Sitzers all das mit Hilfe der Ausströmungen des Mediums u. s. w. hervorbringe. Das ist schwer, sogar sehr schwer zu begreifen; denn das

Medium und der Sitzer befinden sich während dieser Photographien im vollen Normal-Zustande; die Erklärung ist bei den Haaren herbeigezogen, aber schliesslich ist sie nicht unlogisch vom animistischen Gesichtspunkte aus.

Die mit einem **geistigen Testbeweise** (einer Pose, einer in Gedanken gewünschten Besonderheit,) erhaltenen und **wiedererkannten** Photographieen bilden eine kostbare Abart dieser Art des Phänomens, (man sehe z. B. die im „**Human Nature**" 1874, p. 394, im „**Light**" 1885, p. 240 u. s. w. berichteten Fälle); aber sie fallen offenbar ebenfalls unter denselben Einwand.

Damit also ein Fall einer wiedererkannten Transscendental-Photographie vollkommen zwingend sei, musste er **in Abwesenheit der den Verstorbenen gekannt habenden Personen** erhalten werden. In dem von *Wallace* (S. 721) citirten Falle haben wir schon eine Probe, dass es nicht immer das Ebenbild des Sitzers ist, welches auf der Photographie erzeugt wird, denn Mr. *Bland* erwartete ein ganz anderes Bild. Aber wir haben auch Fälle, welche der so eben von mir aufgestellten Bedingung vollständig entsprechen. Ich habe schon im I. Kapitel ausführlich und mit Wiedergabe der Photographien in Lichtdruck den Fall des Mr. *Bronson Murray* (Seite 91—94 d. I. Bandes d. W.; vergl. „Psych. Stud" Juni-Heft 1886 S. 268 ff.) vorgeführt, welcher bei *Mumler* die Photographie einer Frau erhielt, die weder *Murray*, noch *Mumlers* kannten, und welche in der Folge wiedererkannt wurde durch den Gatten der Frau, Mr. *Bonner*, der später eine identische Photographie mit Veränderung der Pose nach einem ertheilten Versprechen erhielt, und ohne dass *Mumler* wusste, dass es der Gatte dieser Person war. Ihre Erscheinung. sogar mit Andeutung des Namens, wurde von Mrs. *Mumler*, welche das sehende Medium war, einige Minuten vor der photographischen Aufnahme angesagt. —

Dr. *G. Thomson*, welchen wir als Theilnehmer an den Experimenten des Mr. *Beattie* (S. 51 im 1. Bande dieses Werkes; vergl. „Psych. Stud." April-Heft 1886 S. 166 ff.) kennen, bezeugt folgende Thatsache in seinem im „**Spiritual Magazine**" 1873, p. 475 veröffentlichten Briefe: —

„Nr. 4, Worcester Lawn, Clifton, Bristol,
„den 5. August 1873.

„Geehrter Herr! — Wie ich es versprach, schreibe ich, um Sie wissen zu lassen, dass die Geist-Gestalt auf meiner Photographie wiedererkannt worden ist als ein Ebenbild meiner Mutter, welche, es sind 44 Jahre, bei meiner Geburt starb, und da kein Bild irgend welcher Art von ihr vorhanden war, so war ich ausser Stande, eine Aehnlichkeit in der Photographie aufzufinden. Ich sandte die letztere jedoch an ihren Bruder mit der einfachen Bitte, mich wissen lassen zu wollen, ob er in der Gestalt irgend welche Aehnlichkeit mit einem meiner Verwandten entdecke, welche gestorben seien, und er hat mir die Bestätigung geschrieben, dass er in ihr das Ebenbild meiner Mutter erkenne. — Ihr treu ergebener
„*G. Thomson.*

„P. S. — Ich darf vielleicht noch hinzufügen, dass ich nicht glaube, mein Onkel wisse etwas von Spiritualismus oder Geister-Photographien, da er in einem entfernten Theile Schottlands wohnt; ich schliesse dies auch aus seiner Bemerkung: — 'aber ich kann nicht verstehen, wie dies hat gemacht werden können.'" —

Man sehe noch die interessanten Details über diesen Fall im „Human Nature" 1874, p. 426. —

Wir sind Mr. *Moses Dow* (vgl. S. 94 im 1. Bd. und S. 720 ff.) für noch einen anderen, vollständig zwingenden Fall dieser Art zu Dank verpflichtet. Er ist ausführlich dargelegt in einem Artikel des Mr. *Dow*, welcher im „Banner of Light" vom 14. August 1875 veröffentlicht wurde und im Wesentlichen Folgendes enthält: — Mr. *Dow* erhält fortwährend Communikationen von *Mabel Warren*, deren Geschichte wir schon kennen (S. 94 ff. u. S. 99 ff.). Sie spricht zu ihm viel von ihrer Freundin in der Geisterwelt, welche sie *Lizzie Benson* nennt; diese verspricht ihm als Zeichen der Dankbarkeit (wofür die Motive in dem Artikel auseinandergesetzt sind) ihr Porträt in Gesellschaft *Lizzie's*; Mr. *Dow* begiebt sich zu *Mumler* und erhält wirklich sein eigenes Porträt mit den Bildnissen *Mabel's* und *Lizzie's*, die er niemals gekannt hatte; die gemeinsame Erscheinung der beiden Gestalten wird ebenfalls von Mrs. *Mumler* im Moment der photographischen Aufnahme angesagt. Mr. *Dow* sendet dieses Porträt an die Mutter *Lizzie Benson's*; sie bestätigt seine vollkommene Aehnlichkeit, und in ihrem Briefe, welchen Mr. *Dow* veröffentlicht, lesen wir unter Anderem Folgendes: — „Es scheint mir zu viel, um es zu glauben, aber ich muss es glauben, da ich weiss, dass sie (*Lizzie*) niemals ein Bild irgend welcher Art von sich hat anfertigen lassen." — Wie wir sehen, ist der Beweis hier ein absoluter. Ich habe Gelegenheit gehabt, diese Photographie in der Sammlung des Mr. *Wedgwood* in London im Jahre 1886 zu sehen. —

Ein ähnlicher, vielleicht noch weit beweiskräftigerer Fall ist kürzlich im Londoner „Light" vom 15. December 1888, p. 614 erwähnt, das ihn dem „British Journal of Photography" entnimmt. Ich gebe davon nur einen Umriss. Mr. *Fred. H. Evans* erhielt die Thatsache und die Details aus dem Munde der Personen selbst, welche die Sache betrifft. Mr. *H.*, ein Privatmann und Medium, begiebt sich in Gesellschaft seines Freundes, des Dr. *S.*, eines Tages zu Mr. *W.*, keinem Photographen von Profession, sondern einem Amateur, den Dr. *S.* kannte, da er schon Transscendental-Photographien bei ihm erhalten hatte; Mr. *H.* bezweifelte die Sache; Dr. *S.* machte selbst alle Manipulationen dabei, und als die Photographie seines Freundes *H.* aufgenommen wurde, fand man auf dem Negativ eine andere Gestalt, welche vor Mr. *H.* stand. Niemand erkannte die Figur, und da Mr. *H.* nur den Beweis für die Möglichkeit der Thatsache haben wollte, legte er die Photographie in eine Schublade und vergass sie. Dies geschah im Jahre 1874. Das Folgende ereignete sich 8 Jahre später, im Jahre 1882. Lassen wir jetzt die Dame selbst sprechen, welche durch einen seltsamen Zufall in diesem Porträt die unzweifelhaften Züge ihres Gatten wieder erkannte: —

„'Im Jahre 1878 machte ich die Bekanntschaft des Mr. *H.* und hatte auch Freundschaft mit seiner Schwester geschlossen. Ich erhielt von Beiden grosse Freundlichkeiten

erwiesen, als ich in gewaltiger Bedrängniss war, und
ebenso auch meine Kinder. Als er sich entschloss, einige
Monate nach K. überzusiedeln, suchte ich die Wohnung
für ihn und half seiner Schwester auspacken und sich ein-
richten. Als ich eine Kiste mit verschiedenen Sachen
auskramte und sie dafür vorbereitete, um sie in einem
Kabinet unterzubringen, kamen mir einige Photographien
des Mr. *H.* unter die Hände. Als ich sie durchsah, nahm
ich sofort eine auf, welche zwei Gestalten enthielt. ‚Ei,
was für eine sonderbare‘, begann ich, als plötzlich, wie ich
die zweite Gestalt näher besichtigte, jeder Blutstropfen in
meinem Körper in Eis verwandelt schien. ‚Was ist sonderbar?‘ fragte Miss *H*. ‚O‘, fuhr sie, über meine Schulter
blickend, fort, ‚Sie sind auf die gerathen? Ei, ich glaubte,
die wäre längst verloren gegangen. Aber was ist damit?‘
setzte sie hinzu, als sie mein Stillschweigen und mein
weisses Gesicht bemerkte; ‚ist Ihnen unwohl geworden?‘ —
‚Sagen Sie mir‘, versetzte ich, ‚woher bezogen Sie diese
Photographie, und wie wurde sie aufgenommen?‘ — Als ich
wie zaubergebunden auf die Karte in meiner Hand blickend
dastand, erzählte sie mir die ganze oben berichtete Ent-
stehungsgeschichte derselben. ‚Haben Sie niemals gewusst
oder herausgefunden‘, fragte ich sie, ‚wessen Porträt jene
zweite Gestalt ist?‘ — ‚Nein, wir konnten das niemals herausfinden“, war die Antwort. Ich erzählte ihr dann, dass
es mein Gatte wäre, welcher im Jahre 1872 gestorben war.
Ich nahm die Karte mit mir hinweg, und ohne ein Wort
der Vorbereitung zeigte ich sie meiner Schwester, welche
mit meinem Gatten und mir Jahre lang zusammen gelebt
hatte; sie erkannte ihn augenblicklich wieder. Er wurde
ebenso selbstständig und augenblicklich von
meinen drei Kindern, meines Mannes Mutter und Schwester
und von mehreren alten Freunden wiedererkannt; eine, die
uns Beide gekannt hatte, ehe wir uns heiratheten, sagte,
dass das Bild ihn ihr blitzschnell in Erinnerung rief, wie
es kein Porträt jemals gethan hätte. Besonders charakteristische Züge meines Gatten waren: — die weisse Haar-
masse, welche über die breite Stirn niederfiel, die stark
gezeichneten Augenbrauen und das mit Grau gemischte

Haar; obgleich er mit dreiunddreissig Jahren starb, sah er doch älter als vierzig aus. Alle diese Merkmale sind in der Geisterphotographie mit lebenswahrer Genauigkeit wiedergegeben.'"

Und schliesslich haben wir noch Fälle, bei denen wiedererkannte Photographien in Abwesenheit eines jeden Sitzers erhalten wurden, bei denen der Sitzer ganz einfach durch eine photographische Karte ersetzt war. Wir haben zwei interessante Fälle, welche von Mr. *J. E. Snipe* mitgetheilt werden, und die ich hier nach dem „Light" 1884, p. 396 wiedergebe: —

„Nachdem ich mit einem skeptischen Nachbar über einen wohlbekannten Geisterphotographen mich unterhalten hatte, beschloss er, diesem behufs eines Prüfungs-Beweises seine Visiten-Karten-Photographie zu übersenden. Er schickte sie ein und erhielt dafür eine Copie derselben zurück; aber auf dieser erschien mit ihm selbst eine verstorbene Schwester, deren Porträt wir durch Vergleichung mit einem während ihres Erdenlebens aufgenommenen als richtig bestätigten. Ich führte ihn zu einem privat lebenden Trance-Medium. Ohne den geringsten Wink von uns kündigte sich die Schwester durch dieses Medium von selbst an und sprach von dem Porträt, dass es das ihrige sei. Ich schickte hierauf zu demselben Photographen meine eigene Visitenkarten-Photographie, Tag und Stunde für den Prüfungsversuch festsetzend. Zur bestimmten Zeit hegte ich in Gedanken den Wunsch, dass irgend ein Freund meiner Mutter — als Prüfungsbeweis für sie — mit mir zugleich auf der Platte erscheinen möchte. Mit Briefpost erhielt ich eine Copie meiner Photographie, und auf ihr befand sich noch eine andere Gestalt in Weiss. Mein geistiger Vater theilte mir durch ein Medium, welches keinen von uns gekannt hatte, mit, dass die zweite Gestalt die des Bruders meiner Mutter wäre; und sie wurde von ihr als solche wiedererkannt und ebenso mit Thränen der Ueberraschung von seiner Tochter." —

In den „Annalen der Photographie" von *Mumler* stehen mehrere Fälle dieser Art erwähnt. —

Jetzt können wir zur letzten Kategorie übergehen: —

c) **Erscheinung der irdischen Gestalt eines Verstorbenen, vermittelst der Materialisation und durch intellectuelle Beweise bestätigt.**

Wir können drei Arten von Materialisationen aufstellen: — 1) Die Materialisation des Doppelgängers des Mediums mit verschiedenen angenommenen Personennamen. 2) Die künstliche Materialisation von menschlichen Gliedern oder Gestalten, welche nicht dem Medium gleichen, sondern mit mehr oder weniger Geschicklichkeit, grösserer oder geringerer Aehnlichkeit mit den lebenden Gestalten construirt oder gebildet sind. Und 3) die spontane (selbstthätige) oder originale Materialisation, -- die Erscheinung von materialisirten Gestalten mit allen Zügen einer vollständigen Persönlichkeit, verschieden vom Medium und begabt mit einer ebenso stark ausgedrückten als unabhängigen Vitalität, was vermuthen lässt, dass die Materialisation dem eigentlichen Urheber der Erscheinung angehört. — Die Materialisationen der 2. Rubrik sind manchmal angewendet worden als Prüfungsbeweise von Wiedererkennungen; bald ist es eine Hand mit zwei fehlenden Fingern („Spiritual Magazine" 1873, p. 122), bald eine Hand mit zwei auf die Handfläche zurückgebogenen Fingern in Folge einer Verbrennung („Light" 1884, p. 71), oder aber der Zeigefinger ist über den Mittelknöchel gelegt (s. daselbst), u. s. w. Wir haben Handabgüsse, welche an ihren Entstellungen wiedererkannt wurden, und die ich früher gehörigen Ortes (S. 203 dieses Werkes, vergl. „Psych. Stud." Juni-Heft 1887 S. 260 ff.) beschrieben habe; wir haben in dem von Professor *Wagner* in „Psych. Stud." 1879 S. 249 berichteten Falle (auf den ich vorher S. 378 dieses Werkes Bezug genommen habe) den Abdruck einer wiedererkannten Hand zwischen zwei Schiefertafeln: — „sie war für eine weibliche Hand ungewöhnlich gross, lang, der kleine Finger stark ausgebogen." (Die **Albertotypische Copie des Hand-Abdruckes** befindet sich in den „Psych. Stud." 1879.) Dieser Fall enthält auch intellectuelle Eigenthümlichkeiten, welche ihm einen ausnahmsweisen Werth verleihen. Die Materialisationen der 3. Art von vollkommen wiedererkannten Gestalten sind sehr selten, obgleich sich diese Thatsache gegenwärtig viel häufiger constatiren lässt als vor nun zehn Jahren.

Vom Gesichtspunkt kritischer Analyse aus kann man einwenden, dass in allen diesen Materialisationsfällen, bei denen wir nur die Aehnlichkeit der Gestalt constatiren können, — diese Aehnlichkeit noch kein Beweis für die Identität sei. Denn gewöhnlich sei es eine der anwesenden Personen, welche diese Aehnlichkeit constatire; folglich sei diese Person der Träger des Bildes, des Typus, nach welchem die unbewusste Wirkungskraft des Mediums die Gestalt aufbaut, welche sich materialisirt. Vom Gesichtspunkte des Animismus aus ist die Materialisation des Doppelgängers des Mediums eine unbestreitbare Thatsache; wenn das der Fall ist, sind Variationen im Grade der vollkommenen Aehnlichkeit logisch zulässig, und die Erfahrung beweist uns, dass dergleichen auch geschieht; so hat es im Falle von *Katie King*, deren Aehnlichkeit mit dem Medium frappant gewesen ist, nichtsdestoweniger Abweichungen gegeben, was die Gestalt, die Haare, die Ohrgehänge, die Nägel u. s. w. betrifft. Wir wissen auch, dass diese selbe *Katie* in einem Augenblick die Farbe ihrer Hände und ihres Gesichts — von Weiss in Schwarz und umgekehrt verändern konnte (s. „The Spiritualist" 1873 p. 87, 120); zuweilen erschien sie „gleich einem Gliederweibchen mit beweglichen Gelenken", . . . . „gleich einer Gummipuppe" . . . „mit keinen Knochen in ihren Faustgelenken", und einen Augenblick nachher erschien sie wieder mit wohlgebildeten Knochen (s. „The Spiritualist" 1876, II, 257); oder auch „mit einem knöchernen, cadaverartig aussehen-Kopfe, halb so dick wie der Kopf des Mediums, obgleich Aehnlichkeitszüge mit ihm tragend" („The Spiritualist" 1874, I, p. 206), etc., wobei sie oft als ganze Erklärung dafür folgende bezeichnende Antwort gab: — „Ich habe mich selbst so gut gemacht, als ich konnte" („The Spiritualist" 1876, II, 257). Also kann dieselbe wirkende Ursache diese Verschiedenheit bis zu einem solchen Grade treiben, dass die Aehnlichkeit mit dem Medium vollständig verschwindet. Auf diese Weise würde die einem Verstorbenen gleichende materialisirte Gestalt nur das Werk des somnambulen Bewusstseins des Mediums sein, welches über die Ausströmungen seines Körpers verfügt.

Vom **spiritistischen** Gesichtspunkte aus ist die Schwierigkeit noch grösser: — denn wenn wir zugeben, dass der Geist des Mediums die eine Materialisation einer wiedererkannten Gestalt bewirkende unbewusste Ursache sein könne, mit um so viel mehr Recht könnte auch ein seines Körpers entkleideter Geist die eine solche Materialisation bewirkende Ursache sein, und auf diese Weise würde die materialisirte Gestalt keineswegs identisch sein mit dem Geiste, welchen diese Gestalt darstellt. Denn es ist in die Augen springend, dass, wenn der Geist eines Mediums mit der Fähigkeit begabt ist, die inneren Vorstellungen der Beisitzer zu sehen und irgend eine plastische Gestalt darnach zu formen, — mit um so viel grösserem Rechte **ein seines Körpers entkleideter Geist** über dieselben Fähigkeiten bis zu einem Grade verfügen kann, von dem wir uns keine entsprechende Vorstellung zu bilden vermögen, und in Folge dessen durch die Materialisation alle gewollten Gestalten zu personifiziren im Stande ist. Das ist der Grund, weshalb die Aehnlichkeit noch kein Identitätsbeweis ist. Das ist der Sinn meiner Schlussfolgerung, zu der ich im Jahre 1878 gekommen war, und die ich vorher (S. 629 ff. dieses Werkes; vergl. „Psych. Stud." September-Heft 1889, S. 439 ff.) wieder in Erinnerung gebracht habe.

Ich fühle mich befriedigt, hier die folgenden Worte des Mr. *E. A. Brackett* anführen zu können, den man als einen in Materialisations-Phänomenen guten Experten betrachten kann: — „Da ich weiss, dass es Phantome giebt, welche fast jede Gestalt annehmen können, die sie belieben, so hat die äussere Aehnlichkeit dieser Wesen kein Gewicht für mich bei Abwesenheit geistiger Charakterzüge." („**Materialised Apparitions**" [Materialisirte Erscheinungen] Boston, 1886, p. 76), im Jahre 1889 auch deutsch in München erschienen.

Damit also eine materialirte Gestalt als eine Original-

Manifestation betrachtet werden könne, d. h., damit ihre Aehnlichkeit mit einem Verstorbenen nicht als ein Beweis, sondern als eine zur Vervollständigung des Schlusses auf die Identität der Gestalt dienende Zugabe angesehen werde, – ist es nöthig, dass diese Gestalt sich durch einen intellectuellen Inhalt auszeichne, welcher den Erfordernissen entspricht, die wir für die intellectuellen Beweise der Identität der Persönlichkeit formulirt haben, – Beweise, welche überdies weder durch Gedankenübertragung, noch durch Hellsehen erklärt werden können. Die Sache ist sehr schwierig, denn es ist wohl unumgänglich nöthig, dass eine anwesende Person der Beurtheiler dieser Aehnlichkeit und dieses intellectuellen Inhalts sei, — eine von vornherein den Werth der Manifestation schwächende Bedingung. Aber zum Glück giebt es gewisse Persönlichkeits-Attribute, welche selbst diese anwesende Person nicht zu beeinflussen vermag, und welche weder die Gedankenübertragung, noch das Hellsehen einer anderen wirkenden Kraft, als derjenigen Persönlichkeit, zu welchen sie gehören, zur Verfügung stellen können; diese Attribute sind: — die identische Schrift der sich manifestirenden Person; das Sprechen in einer Sprache, welche das Medium nicht kennt, aber welche der Zeuge versteht; Einzelheiten des Lebens, welche den Zeugen unbekannt sind, u. s. w.

Fälle dieser Art existiren. Ich will hier einen ganz seltsamen Fall anführen, welcher Eigenthümlichkeiten darbietet, denen man selten bei Materialisations-Séancen begegnet, und welcher dem Journal „Facts" („Thatsachen") April 1885, von Mr. *James N. Shermann* aus Rumford, Rhode Island, mitgetheilt und wieder abgedruckt wurde im „Light" 1885, p. 235, dem wir ihn zu einem Theil entnehmen: —

„Als ich noch jung war, zwischen 1835 bis 1839, entführte mich mein Geschäftsberuf nach den Inseln des Stillen Weltmeeres. An Bord unseres Schiffes standen einige Eingeborene dieser Inseln in Dienst, und von ihnen erlernte ich ein gut Theil ihrer Sprache. Vierzig Jahre lang bin ich wieder daheim und Mitglied einer Kirche gewesen. Ich bin jetzt 68 Jahre alt. In Folge eines Verlangens, die Wahrheit zu erfahren, habe ich vielen spiritualistischen Séancen beigewohnt und mir die letzten zwei Jahre hindurch Notizen über sie gemacht.

„Den 23. Februar 1883. — Ich war in einer Séance bei Mrs. *Allens* zu Providence, Rhode Island, woselbst der Geist eines Inselbewohners des Stillen Weltmeeres sich materialisirte, und ich erkannte ihn wieder an seiner Beschreibung seines Falls aus dem Takelwerk, wodurch er sein Knie verletzte, was ihm eine dauernde Anschwellung desselben hinterliess; bei dieser Séance legte er meine Hand auf dieses Knie, das in seinem früheren Zustande materialisirt war. Er wurde an Bord *Billy Marr* gerufen.

„Den 6. April: — Bei dieser Gelegenheit brachte ich ein von den Eingeborenen aus der Rinde des Tapper-Baumes verfertigtes Stück Tuch mit, welches ich 45 Jahre aufbewahrt hatte. Er hielt es in seiner Hand und nannte es beim Namen seiner Muttersprache.

„Den 1. September: — Ich wurde mit meiner Frau an das Kabinet gerufen, und während ich vor ihm stand, erschien ein weisser Fleck auf dem Fussboden, welcher allmählich zu einer materialisirten Gestalt entwickelt und von mir als meine Schwester wiedererkannt wurde, welche mir Kussfinger zuwarf. Hierauf kam die Gestalt meiner ersten Frau. Nach diesem theilte sich der Vorhang, und dazwischen stand eine weibliche Gestalt in der Kleidung einer Inselbewohnerin des Stillen Ozeans vor 45 Jahren, deren ich mich noch erinnerte. Sie redete mit mir in ihrer Heimathsprache.

„Den 18. September: — Diese Frau materialisirte sich wieder; sie schüttelte mir die Hände; sie sagte, dass sie aus New Hever stammte, einer Insel der Marques-Gruppe. Sie erinnerte mich daran, wie sie vom Abfeuern der Schiffskanone erschreckt ward, als sie mit ihrer Mutter, der Königin der Insel, an Bord gekommen war.

„Den 29. September: — Sie kam wieder. Dieses Mal materialisirte sich auch *Billy Marr*. Er sagte, er hätte sie angeregt, hierher zu kommen. Er nannte sie *Yeney*.

„Den 17. Oktober: — In Mrs. *Allen*'s Séance kam die Königin, gab ihren Namen *Perfeney* an. Sie ging in der Runde mit mir umher, gestattete mir, ein Stück von ihrem Kleide abzuschneiden, welches genau dem Stücke Inseltuch glich, welches ich vor vierzig Jahren mit heimbrachte.

„Den 5. November: — Bei demselben Medium gestattete mir *Perfeney*, vier Stücke von ihrem Kleide als Beweise abzuschneiden, während sie es hielt. Sie entsprachen genau dem Stücke, das ich schon bei Mrs. *Allen* abgeschnitten hatte. Sie erinnerte mich hierauf an die Nahrung der Eingeborenen — 'powey', setzte sich auf den Fussboden nieder und zeigte mir, wie man dieses ‚powey' aus einer Schüssel mit den Fingern herausnimmt. U. s. w."

Man könnte noch einige Fälle dieser Art finden, aber ich glaube, dass es unmöglich sein wird, einen noch zwingenderen, noch vollkommeneren Fall als Identitäts-Beweis für die Erscheinung einer materialisirten Gestalt zu finden als denjenigen, welchen uns die Erscheinung der im Jahre 1860 gestorbenen *Estella* vor ihrem Gatten Mr. *C. Livermore* (vgl. S. 90 im 1. Bande und S. 655 ff., 733, 735 d. B.) darbietet. Dieser Fall vereinigt Alles in sich, um ihn zu einem klassischen Falle zu stempeln, welcher allen Anforderungen eines „Prüfungsbeweises" entspricht. Man kann das Nähere über ihn finden in dem „Spiritual Magazine" vom Jahre 1861, in den Artikeln des Mr. *B. Coleman*, welcher sie direkt von Mr. *Livermore* erhalten hat, (später als Broschüre unter dem Titel: — „Spiritualism in America" by *Benjamin Coleman*, London, 1861 — veröffentlicht), und nach diesem in dem Werke des Mr. *Robert Dale Owen*: — „The Debatable Land" (in deutscher Uebersetzung unter dem Titel: — „Das streitige Land" Leipzig, *Oswald Mutze*, 1876 erschienen), dessen Verfasser die näheren Umstände aus dem Manuscripte des Mr. *Livermore* selbst entnommen hat.*) Ich will hier nur die hauptsächlichsten Züge davon wieder

---

*) Da alle Details, welche sich auf diesen Fall beziehen, kostbar sind, will ich hier noch andeuten, dass man noch mehr interessante Thatsachen finden wird in folgenden Jahrgängen des „Spiritual

geben. Die Materialisation derselben Gestalt hat durch fünf Jahre hindurch, von 1861 bis 1866, fortgedauert, während denen Mr. *Livermore* 388 Séancen mit dem Medium *Katie Fox* gehalten hat, deren Einzelheiten stets sofort von Mr. *Livermore* in ein Tagebuch eingetragen worden sind. Sie haben bei vollständiger Dunkelheit stattgefunden; Mr. *Livermore* war zum grössten Theil allein mit dem Medium, welches er die ganze Zeit über bei beiden Händen festhielt. Das Medium befand sich stets im normalen Zustande und war bewusster Zeuge alles dessen, was sich zutrug. Die sichtbare Materialisation der Gestalt *Estella*'s war eine stufenweise; erst bei der 43. Séance konnte Mr. *Livermore* sie wiedererkennen vermittelst einer starken Beleuchtung eigener Art, gewöhnlich unter der speziellen Leitung einer anderen Gestalt, welche *Estella* begleitete und bei ihren Manifestationen unterstützte, und die sich den Namen *Franklin* gab. Von da an wurde die Erscheinung *Estella*'s mehr und mehr vollkommen und konnte sogar das Licht einer von Mr. *Livermore* mitgebrachten Laterne vertragen. Zum Glück für die Anerkennung der Thatsache konnte die Gestalt mit Ausnahme einiger Worte nicht sprechen, und **die ganze intellectuelle Seite der Manifestation musste eine Gestalt annehmen, welche dauernde Spuren für immer zurückliess.** Ich spreche von den schriftlichen Communikationen, welche Mr. *Livermore* von *Estella* erhielt, und zwar auf Karten, die er bei sich trug, welche nicht von der Hand des Mediums geschrieben wurden, sondern direkt von der Hand *Estella*'s, und das zuweilen unter den eigenen Augen des Mr. *Livermore* bei einem zu diesem Zwecke erzeugten Lichte. Die Schrift der Communikationen ist ein vollkommenes Fac-simile der Handschrift *Estella*'s zu ihren Lebzeiten. Ich habe die Details dafür im Vorhergehen den (S. 655 ff. dieses Werkes; vergl.

---

Magazine": — 1862 hie und da; 1864, p. 328; 1865, p. 456; 1866, p. 34; 1867, p. 54 und 1869, p. 252; von diesen letzteren werden wir später noch handeln. [Man vergl. damit „*Edward Fowler's* Geistererscheinungen v. J. 1851 in **Edmonds'** „Der Amerikan. Spiritualismus" (Leipzig, *O. Mutze*, 1878) S. 97—109.]

„Psych. Stud." November-Heft 1889, S. 520) gegeben. Der Inhalt, der Stil, die Ausdrücke, — Alles bei diesen Communikationen bezeugte die Identität der Persönlichkeit, welche sich manifestirte; und ausser diesen intellectuellen Beweisstücken waren mehrere dieser Communikationen in französischer Sprache geschrieben, welche *Estella* bis zur Vollkommenheit beherrschte, und die das Medium gar nicht verstand. (Wegen der Details sehe man die citirte Stelle.)

Das Aufhören der Manifestation *Estella's* vermittelst Materialisation zeigt eine merkwürdige Aehnlichkeit mit dem Aufhören der Erscheinung der *Katie King*. Wir lesen bei *Owen*: — „Das letzte Mal, wo die Gestalt *Estella's* erschien, war während der Séance Nr. 388 am 2. April 1866. Von diesem Tage ab hat Mr. *Livermore*, obgleich er bis zur Zeit, wo ich dieses schreibe (1871), häufig Botschaften voll Sympathie und Zuneigung erhalten hat, die wohlbekannte Gestalt nicht mehr gesehen." („The Debatable Land", p. 398.) — Auch *Katie King* konnte sich nach einer gewissen Zeit nicht mehr auf eine materielle Weise manifestiren, — mit der körperlichen Gestalt umkleiden, sondern fuhr fort, ihre Sympathie durch feinere Mittel zu bezeugen. (s. S. 320 ff. dieses Werkes; vgl. „Psych. Stud." Februar-Heft 1888, S. 73 ff.)

So auch manifestirt sich *Estella* (S. 733 ff.), welche nicht mehr in sichtbarer Materialisation zu erscheinen vermochte, noch durch unsichtbare Materialisation, — die einzige ihrer Manifestationen von einer noch feineren Art, welche zur Kenntniss der Oeffentlichkeit gelangt sein dürfte, und die für uns das kostbare Experiment des Mr. *Livermore* vervollständigt. Ich spreche von den Transscendental-Photographien *Estella's*, welche von Mr. *Livermore* im Jahre 1869 erhalten und S. 90 d. 1. Bd. dieses Werkes (vergl. „Psych. Stud." Juni-Heft 1886, S. 268) kurz erwähnt wurden. Zur Zeit seiner Séancen war es noch nicht Gebrauch, zu Abdrücken, Gussformen und Photographien seine Zuflucht zu nehmen, um durch sie die Objectivität einer Materialisation zu bestätigen; als er von den Geister-Photographien *Mumler's* sprechen hörte, glaubte er nicht daran, und traf alle möglichen Maassnahmen, um ihn zu verwirren; wir haben darüber sein eigenes Zeugniss vor dem Gerichtshofe beim damaligen Prozesse *Mumler*'s (s. S. 80 ff.), welches im „Spiritual Magazine" 1869, p. 252—254 abgedruckt steht. Er hatte zwei Versuche mit *Mumler* angestellt; beim ersten erschien eine Gestalt auf dem Negativ zur Seite *Livermore*'s, welche in der Folge von Dr. *Gray* als eines von seinen Eltern wiedererkannt wurde; beim zweiten Male hatte er fünf Expositionen nach einander, bei deren jeder Mr. Livermore eine andere Haltung einnahm; auf den zwei ersten Platten „war nichts als ein schattiger Hintergrund"; auf den drei letzten erschien *Estella* immer deutlicher erkennbar, und zwar in drei verschiedenen Haltungen. „Die Wiedererkennung war eine vollständige", sagte Mr. *Livermore*, „nicht nur durch mich selbst, sondern durch alle meine Freunde." Auf eine Frage des Richters erklärte er, dass er mehrere Porträts von seiner Frau bei sich zu Hause besitze, „aber nicht in dieser Gestalt." —

Ein ergänzendes Zeugniss über diese Thatsache haben wir vor uns in folgenden Worten des Mr. *Coleman* bei einer Spiritisten-Versammlung zu London über den Gegenstand der Geister-Photographien: — „Mr. *Livermore* übersandte mir das Bildniss seiner Ehegattin. Er wünschte, die Thatsache der Geister-Photographien zu widerlegen, und ging aus diesem Grunde zu *Mumler*; er drehte sich, gerade bevor die Kappe von der Camera abgenommen wurde, damit er irgend welche von *Mumler* möglicherweise getroffenen Vorbereitungen unterbrechen könnte, welche einen Geist auf der Platte in einer seiner ersten Haltung entsprechenden Stellung hervorbringen sollte. Mr. *Livermore* war kein Enthusiast, als er diese Dinge bekannt machte, und kam nur vor Gericht, um die Thatsachen im Zeugenverhör zu bestätigen, auf die dringende Bitte des Richters *Edmonds*." („The Spiritualist" 1877, I, p. 77.) —

Es bleibt mir nur noch übrig, das letzte Erforderniss für den thatsächlichen Beweis der Persönlichkeit durch die Materialisation zu formuliren, welches darin besteht, dass dieser Beweis — ebenso wie wir ihn für die intellectuellen

Communikationen und die Transscendental-Photographie erheischt haben — in Abwesenheit jeder die materialisirte Gestalt wiederzuerkennen vermögenden Person geliefert werde. Ich glaube, dass man auch mehrere Fälle dieser Art in den Annalen der Materialisation finden könnte. Aber die wesentliche Frage ist: — angenommen, eine solche Thatsache sei gegeben, könnte sie als absoluter Beweis dienen? Denn zugegeben, dass ein „Geist" sich auf diese Weise manifestiren könne, so vermöchte er doch eo ipso (eben dadurch) sich aller Persönlichkeits-Attribute eines anderen Geistes zu bedienen und ihn zu personificiren in Abwesenheit eines jeden Beliebigen, der ihn wiederzuerkennen im Stande wäre. Eine solche Maskerade würde vollständig albern sein, da sie absolut jedes vernünftigen Grundes entbehrt; aber vom Gesichtspunkte der Kritik aus wäre ihre Möglichkeit nicht unlogisch.

Es ist ersichtlich, dass diese selbige Möglichkeit der Nachahmung, oder der Personifikation (der Stellvertretung der Persönlichkeit) gleicherweise zulässig ist selbst für die Phänomene der intellectuellen Ordnung. Der intellectuelle Inhalt der irdischen Existenz eines Geistes, nennen wir ihn *A.*, muss doch noch weit zugänglicher sein für einen *B.* genannten Geist, als die äusseren Eigenschaften des ersteren; nehmen wir einmal den Fall an vom Reden in einer dem Medium fremden Sprache, welche jedoch die des Verstorbenen war; so ist es doch ganz und gar möglich, dass der mystificirende „Geist" genaue Kenntniss auch von dieser Sprache hätte. Es bliebe also nur der Beweis durch die Identität der Schrift übrig, welche nicht nachgemacht werden könnte; aber dieser Beweis müsste mit einer aussergewöhnlichen Fülle und Vollendung geliefert werden, wie in dem Falle des Mr. *Livermore*; denn sonst wissen wir ja, dass auch die Schrift und besonders die Unterschriften Fälschungen und betrüglichen Nachahmungen unterworfen sind. Auf diese Weise haben wir, nach einer Stellvertretung der Persönlichkeit auf dem irdischen Plane durch die unbewusste Thätigkeit des Mediums, nunmehr zu thun mit einer Stellvertretung der Persönlichkeit auf einem überirdischen Plane durch eine intelligente Thätigkeit ausserhalb des Mediums. Und eine solche Substituirung würde, logisch zu sprechen, keine Grenzen haben. Das qui pro quo würde immerhin möglich und annehmbar sein. Das, was die Logik uns hier im Princip zugeben lässt, das beweist die spiritistische Praxis. Das Element der Mystifikation im Spiritismus ist eine unbestreitbare Thatsache. Es ist von Anbeginn desselben anerkannt worden. Es ist klar, dass es nach gewissen Grenzen nicht mehr auf Rechnung des Unbewussten gesetzt werden kann und ein Argument zu Gunsten des aussermediumistischen, überirdischen Thäters wird. (Als Beispiel einer Mystifikation, ebenso vollkommen in allen Details, wie erbaulich für die Hypothese, will ich hier nur anführen die im „Light" 1882, p. 216 berichtete; man sehe auch die pp. 238, 275 und 333 daselbst.)

Welches ist also der Schluss unserer ganzen Arbeit über die spiritistische (Geister-)Hypothese? Der Schluss lautet: — **dass, — nachdem wir auf einem mühevollen Wege zu der Ueberzeugung gekommen sind, dass das individuelle Princip die Auflösung des Körpers überlebt und unter gewissen Bedingungen sich von neuem durch einen für ähnliche Einflüsse empfänglichen menschlichen Körper manifestiren kann, — der absolute Beweis der Identität für die sich manifestirende Individualität auf eine Unmöglichkeit hinausläuft. Wir müssen uns mit einem nur relativen Beweise, nur mit der Möglichkeit, die Thatsache einzuräumen, zufrieden stellen.** Das ist eine Wahrheit, von der wir uns durchdringen zu lassen haben.

Sonach ist der **unbestreitbare Beweis für die** Identität der Persönlichkeit der „Geister" durch irgend welche Manifestation gerade darum unmöglich, weil wir die Existenz solcher Geister einräumen, was wesentlich ist, **und was zu beweisen war.**

## Schlussbetrachtungen.

Nachdem jetzt die Thatsache der individuellen Existenz des menschlichen Geistes nach dem Tode festgestellt ist, gewinnt die Frage der Identität seiner Persönlichkeit vom subjectiven Gesichtspunkte aus Rechte, welche diesem bis jetzt verweigert worden sind. Der objective Gesichtspunkt ist unerbittlich; seine Anforderungen sind ganz andere als die des subjectiven Gesichtspunktes; er behauptet im Namen der Logik, dass der absolute Beweis unmöglich sei. Der subjective Gesichtspunkt ist ein ganz anderer; seine Anforderungen sind fern von solcher Rigorosität; was der Logik nicht genügend ist, das findet sich hier befriedigt durch einen Urtheilsspruch nach dem Bewusstsein des Gefühls, nach der inneren Ueberzeugung, welche sich auf eine Gesammtheit für das objective Urtheil unbegreifbarer Gegebenheiten stützt, aber mit einer für die subjective Ueberzeugung unwiderstehlichen Gewalt. Das, was für mich ganz und gar zwingend und beweiskräftig ist, wird es deshalb noch nicht für einen Andern. So z. B. habe ich in dem, was mich persönlich betrifft, noch niemals einen Identitätsbeweis erhalten, den ich als solchen vorführen könnte; aber bei einer ganz gewöhnlichen Séance, sogar bei mir wohl bekannten Personen, wurde der Name meiner verstorbenen Schwester genannt, — sie sagte mir nur vier ganz gewöhnliche Worte; aber in diesen vier Worten, in der Art, wie sie gesagt wurden, lag das ganze Drama meines innersten Lebens, und ich hege die tiefe Ueberzeugung, dass kein unbewusstes Spiel der bewussten Theilnehmer an der Séance diese einfachen vier Worte hätte formuliren können; sie waren zu einfach für sie. Es giebt Tausende von bewährten Fällen, welche auf gewöhnliche Weise, durch Schrift oder durch Wort, in Gegenwart von den Verstorbenen kennenden Personen erhalten wurden, für welche Fälle alle subtilen (fein gesponnenen) Erklärungen ausser der spiritistischen Hypothese pure Ausflüchte sind; ich habe sie mit Stillschweigen übergangen, denn mein Zweck war, objective unbestreitbare Beweise zu geben, welche in Abwesenheit von den Verstorbenen kennenden Personen erhalten wurden. Aber diese Beweise sind sehr schwierig und höchst selten, weil sie eben nur zufällige Vorkommnisse sind: sie um jeden Preis zu erzwingen, ist eine Gewaltthat, denn sie sind dem Sinne und dem Wesen der Sache zuwider; es ist offenbar, dass der höchste Wunsch eines Verstorbenen der ist, seine Existenz Demjenigen anzukündigen und zu versichern, den er kennt, für den allein diese Thatsache Werth hat.

Wir dürfen hier nicht zu erwähnen vergessen, dass, geradeso wie im Animismus die Realität der Thatsachen, welche sich auf ihn beziehen, sich ebenfalls durch von selbst auftretende (spontane) Thatsachen ausserhalb der directen Experimentirversuche bestätigt findet, — desgleichen auch im Spiritismus die Realität der Existenz individueller überirdischer oder übersinnlicher Wesenheiten, welche auf der Basis spiritischer Thatsachen begründet ist, durch gleicherweise spontane Thatsachen ausserhalb alles Experimentirens bestätigt wird, und zwar durch Thatsachen, welche zu allen Zeiten existirt haben, die aber durch die Unmöglichkeit, sie dem Experiment zu unterwerfen, in das Bereich des Aberglaubens verwiesen worden sind. Ich spreche von den Erscheinungen verstorbener Personen im Traume, oder auch im Zustande des Wachens. Die Analogie dieser Thatsachen mit denen des Animismus und des Spiritismus ist vollkommen in die Augen springend. Bei den Thatsachen der Telephanie

(Fernerscheinungen) ist es oft schwierig, den genauen Moment zu bestimmen, in welchem die animistische Thatsache zu einer spiritistischen wird. Ist es die Wirkungskraft eines Sterbenden, oder die eines Gestorbenen, die sich kundgiebt? Die „Society of Psychical Research" (Gesellschaft für psychische Forschung) in London, welche sich speziell mit „Phantomen der Lebenden" beschäftigt hat, giebt selbst zu, dass die „Phantasmen", welche zwölf Stunden nach dem Tode erscheinen, noch auf Rechnung der Lebenden gesetzt werden können (Vol. I, p. LXIV, 511). Ueber diesen Zeitpunkt hinaus „ist der Beweis nicht zwingend"; das ist die Meinung der fleissigen Verfasser der „Phantasms of the Living"; aber sie sind weit entfernt davon, die Möglichkeit der Thatsache zu leugnen. „Der Tod" — sagen sie — „mag anerkannt werden als, wie wir sagen können, nicht ein Aufhören, sondern als eine Befreiung der Energie oder Lebenskraft" (daselbst p. 231), und in Folge dessen kann die telepathische (fernfühlende) Wirkung gleich sehr auch einer ausserweltlichen Ursache zugeschrieben werden. „Da unsere telepathische Theorie eine psychische (seelische) ist und keine physischen (körperlichen) Voraussetzungen annimmt, so dürfte sie vollkommen anwendbar sein auf die Zustände entkörperten Daseins" (daselbst p. 512). Ihre Anforderungen sind viel weniger streng als die unsrigen für die Zulassung einer ausserirdischen Ursache. Sie sagen: — „Ganz besondere und eigenthümliche Züge müssen vorhanden sein, um sogar die Vermuthung einer erregenden äusseren Ursache für den Wahrnehmenden festzustellen. Zum Beispiel: — dieselbe Hallucination soll verschiedene Personen unabhängig von einander und zu verschiedenen Zeiten beeinflussen; oder das Phantasma soll eine Nachricht bringen, die sich später als wahr herausstellt, von Etwas, was der Wahrnehmende niemals gekannt hatte, — und diese letztere Bedingung ist wahrscheinlich die einzige, welche eine intelligente äussere Ursache beweisen könnte." — Und wir constatiren mit Vergnügen die diesen Worten folgende Anerkennung: — „Eine gewisse Summe von Beweisen für beide von diesen Typen existirt von einer Qualität, welche es gebieterisch für uns macht, unsere Gemüther für Weiteres offen zu halten". — Hinsichtlich einer Skizze und Kritik des gegenwärtigen Zustandes der Frage sehe man Mrs. *Sidgwick*'s Abhandlung: — 'On the evidence collected by the S. P. R. for Phantasms of the Dead' ("Ueber die von der Gesellschaft für Psychische Forschung gesammelten Beweise für Phantasmen der Gestorbenen') in Vol. VIII der "Proceedings" ("Verhandlungen"), daselbst pag. 512 und soeben in Vol. XIV, 1889. — Es ist also nur eine Frage der Zeit, wenn die Phänomene dieser Art endlich werden gesammelt und studirt werden, da sie nicht mehr von vornherein werden verurtheilt werden durch das verächtliche "Ignorabimus" der Wissenschaft und der öffentlichen Meinung.

Jetzt, wo wir die Phänomene des Animismus und des Spiritismus kennen, stellt sich uns die Frage der sogenannten Geister-Erscheinungen unter einem ganz anderen Anblick dar. Unsere gegenwärtigen Begriffe über die Kraft und den Stoff werden sich einer radikalen Modification unterziehen müssen. An einem Materialisations-Phänomen haben wir eine „demonstratio ad oculos" (eine Voraugenführung) eines — wenn wir so sagen dürfen — Schöpfungsphänomens; eine Darstellung „experimenteller Metaphysik", wie es *Schopenhauer* nennt; es ist uns durch Thatsachen bewiesen, dass die Materie nur ein Ausdruck der Kraft ist, ein Werden des Willens, oder mit anderen Worten, dass die Materie nur die Objectivirung (Vergegenständlichung), die Darstellung des Willens ist. Wir können annehmen, dass eine Geist-Erscheinung nur ein psychisches Phänomen, eine „wahrhaftige Hallucination" sein kann, welche verursacht wird durch eine aus einem Centrum überirdischen Bewusstseins hervorgehende Suggestion oder Eingebung; und wir können ebenfalls annehmen, dass diese Geist-Erscheinung eine physische Wirkung hervorbringen könne, indem sie alsdann eine materielle Objectivirung des Willens ist, welcher zum nämlichen Thätigkeits-Centrum gehört. Diese beiden Manifestationen sind möglich je nach den gegebenen Bedingungen.

Es dürfte nicht unnütz sein, hier am Schlusse meiner Arbeit an das zu erinnern, was ich schon früher (S. 79 ff., vgl. S. 629 ff., 730 ff.) gesagt habe über transscendentale Photographie: dass namentlich die menschlichen Gestalten, welche „Geister" sinnlich darstellen sollen, sei es durch geistige Vision, sei es auf dem Wege der transscendentalen Photographie, sei es durch Materialisation, gar nicht die wirklichen Gestalten dieser Geister sind, welche ihnen in der ihnen eigenthümlichen Existenzweise angehören; dass es nur zeitweilige Formen sind, erzeugt durch eine Anstrengung der Erinnerung und des Willens zum speziellen Zwecke der Wiedererkennung. Es ist das Wort „Geist", welches die Verwirrung hervorbringt, sobald es sich um den Spiritismus handelt. Wir sind gewöhnt, die Worte „Geist", „Seele" mit unseren täglichen Vorstellungen eines menschlichen Wesens zu verbinden, und wir übertragen dieselben Vorstellungen auf das transscendentale Gebiet; während wir in Wahrheit überhaupt gar nichts davon wissen, was ein „Geist" ist: — weder von demjenigen, den wir als den Körper beseelend voraussetzen, noch von demjenigen, den wir als den Körper überlebend annehmen. Diese Confusion in unserem Begriffe von einem „Geist" wird verursacht durch ein anderes verwirrendes Element, sobald es sich um den Spiritismus handelt, — durch unsere Vorstellungen von Zeit und Raum, durch welche wir unwillkürlich unsere Idee eines „Geistes" beschränken. Wir geben es wohl als logisch zu, dass ein „Geist" sich ausserhalb der Zeit und des Raumes befinden müsse, und zu gleicher Zeit verleihen wir ihm doch einen Körper, eine Gestalt, — welche nothwendig beschränkt sein müssen durch Zeit und Raum. Der Widerspruch liegt offen zu Tage. Die kritische Philosophie stützt sich gerade auf diesen Widerspruch, um sich über die Lehre von den „Geistern" und deren Manifestationen lustig zu machen. Sie leugnet die individuelle Existenz nach dem Tode, indem sie sich gerade auf den *Kant*'schen Grundsatz stützt, dass der Raum und die Zeit nur durch unseren irdischen Organismus bedingte Formen unserer Anschauung seien. Sobald dieser Organismus einmal verschwunden sei, existirten diese Anschauungsformen nicht mehr, und infolge dessen verschwände auch die Individualität (Persönlichkeit), welche von den Vorstellungen der Zeit und des Raumes abhängig sei. Wenn aber das Ding an sich (wie diese selbige Philosophie zugiebt) nicht in der Einheit, sondern in der Vielheit existirt, so können wir annehmen, dass der menschliche Geist, das individuelle Prinzip, auch eins von den Dingen an sich ist, und infolge dessen werden seine Beziehungen mit den übrigen „Dingen an sich" ebenfalls Anschauungs- wie Erkenntnissformen bilden, welche ihm eigen sein und nichts Gemeinsames mehr mit den unseren haben werden. Eine Wesenheit, eine Monade, — welche fühlt, denkt und will, — das ist die einzige Definition, die wir wagen können, dem Begriffe eines „Geistes" unterzulegen. Wenn sie sich von Neuem auf dem irdischen Plane manifestiren will, so muss sie nothwendig die irdische menschliche Gestalt wieder annehmen. Sonach würde eine Geistererscheinung, eine Materialisation nur eine zeitweilige Objectivirung einer menschlichen Monade sein, welche einen Persönlichkeits-Charakter in dieser phänomenalen Welt umkleidet.

Nach Allem, was so eben in diesem Kapitel gesagt worden ist, hätte ich wohl nicht nöthig, die Kritik des Kapitels des Herrn Dr. v. *Hartmann* über „Die Geisterhypothese" einer ausführlicheren Erörterung zu unterziehen; aber ich will nur einige der interessantesten Züge daraus hervorheben.

Im ersten Theile dieses Kapitels lässt Herr *v. Hartmann* die fortschreitede Entwickelung der Theorien auf dem Gebiete des Spiritismus Revue passiren. Folgendes ist eine kurze Uebersicht dieser Theorien: —

Die erste ist: — „der sinnlich naive Glaube des Volkes, dass die Verstorbenen in ihrer bisherigen Gestalt ... fortleben", und dass „die Geister wirken durch Anpacken mit den Gliedmaassen ihres unsichtbaren Astralleibes." (S. 106, 107.)

Die **zweite** ist auch plump-sinnlich: — „man erkennt, dass das Medium ja doch auch ein Geist sei, und dass dasselbe alles das wohl auch können müsse, was die Geister Verstorbener können, und auch durch Anpacken mit den Gliedmaassen seines unsichtbaren Astralleibes Erster Stoss des naiven Geisterglaubens." (S. 107, 108.)

In der **dritten** findet statt die Umkehrung des naiven Glaubens durch den „Nachweis der mediumistischen Nervenkraft", irrthümlich aber „psychische Kraft" genannt. Der grössere Theil der Erscheinungen ist auf das Medium selbst als ihre alleinige Ursache zurückgeführt." (S. 108, 109.)

**Vierte Theorie.** Durch die „nähere Beschäftigung mit den Materialisationserscheinungen ist die Geisterhypothese noch weiter untergraben" (S. 109). Die Materialisation ist meistentheils nur eine „Transfiguration" des Mediums selbst. Bei directer Beobachtung der ersteren zeigte es sich, „dass das Phantom ganz und gar aus dem Medium ausströmte und in dasselbe zurückströmte." (S. 110.)

**Fünfte Theorie.** Sodann ist der Körper des Mediums nur das Werkzeug und die materielle Quelle der Erscheinungen, welche durch den „controllirenden Geist" selbst als die transscendentale Ursache producirt werden. Das ist die „Besessenheits-Hypothese" und jedenfalls ein Fortschritt.

**Sechste Theorie.** Die Inspirations-Hypothese. Nicht der Körper, sondern das somnambule Bewusstsein des Mediums selbst bringt diejenigen Sätze und Gestalten zur Erscheinung, „welche der controllirende Geist aus seinem Bewusstsein in das somnambule Bewusstsein des Mediums überträgt" S. 114). ... „Erst mit dieser Wendung tritt die Geisterhypothese in ein Stadium, welches es der Psychologie und Metaphysik anständiger Weise ermöglicht, sich im Ernste mit ihr kritisch zu beschäftigen." (Daselbst.) —

Die historische Auseinandersetzung dieser Theorien ist weit entfernt davon, genau zu sein; aber das ist noch das Geringste dabei. Die Darstellung aller dieser Theorien durch Herrn Dr. *von Hartmann* ist nur zu dem Zweck erfolgt, um den Mangel an „kritischer Besonnenheit" von Seiten der „Spiritualisten" so recht hervorzuheben; und nur die letzte Theorie findet er „anständig" genug, dass sich die Wissenschaft mit ihr beschäftige. Was mich betrifft, so werde ich mir zu sagen erlauben, dass die Darlegung der fortschreitenden Entwickelung dieser Theorien, so unvollständig sie auch immer ist, doch **die beste Lobrede** enthält, welche zu Gunsten der „Spiritualisten" ausgesprochen werden kann. Denn alle diese Theorien sind Zeugnisse für die Anstrengungen, welche von den Spiritisten gemacht worden sind, um zur Wahrheit zu gelangen. Weder die Philosophen, noch die Wissenschafter sind ihnen dabei behülflich gewesen, sie in dieser schwierigen Frage zurecht zu weisen. Die Massen sind sich selbst überlassen geblieben, indem sie nur Verachtung und Verspottung von Seiten der Männer der Wissenschaft und des Publikums gefunden haben. Nur Dank der Beharrlichkeit und dem gesunden Menschenverstande des angelsächsischen Geistes ist die Frage immer auf dem experimentellen Gebiete verfolgt worden, und die Entwickelung der Phänomene hat endlich solche Resultate geliefert, welche die Wissenschaft wohl oder übel eines Tages sich aufgefordert sehen wird anzuerkennen, wie sie bereits nach hundert Jahren diejenigen des thierischen Magnetismus, wenn auch unter einem anderen Namen, hat anerkennen müssen. Die Theorien der **Gedankenübertragung** und des **Hellsehens** sind ebenfalls häufig im Spiritismus debattirt worden, — mehr als anderswo, denn der **Spiritismus** hatte sofort die Beziehungen begriffen, welche sich zwischen ihm und dem **Somnambulismus** befanden, — er war so zu sagen sein nächster Erbe, und diese zwei wundersamen Fähigkeiten des menschlichen Geistes sind sehr oft in Erwägung gezogen worden bei der kritischen Prüfung der Thatsachen des Spiritismus. Und siehe da! Herr *von Hartmann* selber baut das ganze Gebäude seiner Kritik auf diese zwei Theorien, — indem er sie bis auf's äusserste treibt, — sie waren sein einziger Ausweg. Aber diese beiden Theorien sind vom modernen Gesichtspunkte aus ganz und gar **häretisch** oder **verketzert**; die Wissenschaft spottet ihrer ebenso, wie über die des Spiritismus.

Wenn die Wissenschaft mit der Zeit beweisen wird, dass diese beiden Theorien wirklich des Grundes entbehren, so wird die spiritistische Hypothese dadurch nur gewinnen; wenn im Gegentheil die Wissenschaft schliesslich dahin gelangen wird, sie zu sanctioniren, so wird die Zeit beweisen, ob sie zur Erklärung des Ganzen wirklich hinreichend sind.

Inzwischen machen wir beim interessantesten Punkte Halt, und sehen wir ein wenig zu, warum „die Hypothese der Inspiration", welche Herr *von Hartmann* als die vernünftigste, „anständigste" Hypothese anerkennt, — in der „die intellectuelle" Urheberschaft der Geister auf ihren wahren und feineren Sinn zurückgeführt ist" (S. 114), — ebenso verwerflich sein soll. Hier folgt eine Zusammenstellung der Gründe: —

1) Formelle Schwierigkeiten. „Wenn es Geister giebt, so könnte die Vorstellungsübertragung wohl von einem 'Geist' auf einen Menschen als möglich angenommen werden, da sie zwischen zwei Menschen möglich ist. Indess bestehen doch für diese Annahme einige nicht zu unterschätzende Schwierigkeiten. Der Geist eines Verstorbenen besitzt kein Gehirn, dessen Schwingungen in einem in der Nähe befindlichen Menschengehirn ähnliche Schwingungen induciren könnten; die mechanische Vermittelung durch Aetherschwingungen, wie wir sie bei der Vorstellungsübertragung unter Menschen in unmittelbarer Nähe oder Berührung voraussetzen dürfen, fällt also für übertragende Geister weg, und es bleibt nur die andere Art der Vorstellungsübertragung ohne materielle Vermittelung übrig, welche an keine Entfernung gebunden scheint. In der That nehmen auch die neueren Spiritisten auf Grund mediumistischer Kundgebungen an, dass der controllirende Geist sich in beliebiger Ferne von dem ihn offenbarenden Medium befinden könne, ohne dass dadurch die Intimität des Rapports zwischen beiden beeinträchtigt werde. Der Uebelstand dabei ist nur der, dass nach unseren Erfahrungen auf weite Entfernungen gar keine Gedanken oder Worte, sondern nur sinnlich anschauliche und möglichst lebhafte Hallucinationen übertragen werden können." (S. 114 - 115.)

Wir haben hinreichend gesehen, dass solches nicht der Fall ist. Was die Abwesenheit des „Gehirns" betrifft, so ist das keine Schwierigkeit für die Theorie, welche die Existenz des transscendentalen Subjects behauptet, wie wir weiterhin noch sehen werden.

2) **Schwierigkeiten, welche den Inhalt der Kundgebungen betreffen**: — „Dieser Inhalt ist gewöhnlich unter dem geistigen Niveau des Mediums und der Anwesenden und erhebt sich höchstens auf, aber niemals über dasselbe." (S. 116.) — Wir haben ebenfalls zur Genüge gesehen, dass dieses nicht der Fall ist.

Die folgende Stelle, welche sich unmittelbar an die vorhergehend citirte anschliesst, verdient hervorgehoben zu werden: — „Wenn die Geister uns nichts Besseres, als was wir selbst schon wissen, zu offenbaren haben, oder nach Lage der Dinge zu offenbaren im Stande sind, so wird das einzige Motiv hinfällig, welches man für ihre Neigung, sich zu offenbaren, angeben kann: — der Wunsch, uns weiser und besser zu machen, als wir es ohnehin sind." (S. 116.) — Also wäre das „einzige zulässige Motiv" — „der Wunsch, uns weiser und besser zu machen." Dieses Motiv besteht wohl; aber müssen sie denn, um es zu rechtfertigen, absolut etwas Neues sagen, was wir selbst nicht wissen? Das Gebot der Liebe gegen Gott und gegen den Nächsten wird ewig alt und ewig neu bleiben, sofern es sich um den sittlichen Fortschritt des Menschen handeln soll. Und ausserdem: — Herr *v. Hartmann* hat wohl für das Hellsehen die magische Gewalt des Herzensinteresses zugegeben! Weshalb will er es denn nicht auch hier als ein hinreichendes Motiv einräumen? In der That, wenn man zugeben kann, dass Etwas den Tod überlebt, so ist es wohl die Liebe, das Mitleid, das Interesse für Diejenigen, welche uns nahe sind; das Verlangen, ihnen zu sagen, dass wir noch weiter existiren; und das sind gerade die Empfindungen, welche am häufigsten als „Motiv" für eine spirituelle oder geistige Einmischung dienen. Die Sprache des Herzens ist überall dieselbe; aber die Vorstellungen von einer transscendentalen Welt, wie die Vorstellungen von einer vierten Raumdimension werden für uns immer unzugänglich sein. Es ist nicht erstaunlich, dass sie uns nicht übertragen sind, und es ist unnütz und unlogisch, sie zu verlangen.

3) Und endlich, „abgesehen von diesen formellen und inhaltlichen Bedenken, ist die **Geisterhypothese** auf der Stufe der Inspirations-Hypothese vor allen Dingen **überflüssig**, ein blosses fünftes Rad am Wagen." . . . „Auf der Stufe der Inspirations-Hypothese muss aus dem besonderen Inhalt der Kundgebungen erst geschlossen werden, dass das somnambule Bewusstsein des Mediums ausser Stande sei, sie zu produciren. So lange man von somnambuler Gedächtniss-Hyperästhesie, Gedankenlesen und Hellsehen nichts weiss, gelten alle diejenigen Kundgebungen als Offenbarungen inspirirender Geister, welche einen Vorstellungsinhalt produciren, der dem wachen Bewusstsein des Mediums fremd, oder auf dem Wege sinnlicher Wahrnehmung für dasselbe unverkennbar ist. Sobald man aber diese drei Erkenntnissquellen neben der sinnlichen Wahrnehmung einräumt, ist überhaupt kein Vorstellungsinhalt mehr denkbar, welcher seiner Natur nach unfähig wäre, aus ihnen geschöpft zu sein." (S. 116–117.) —

Wir haben in unserem III. Kapitel hinreichend erfahren, dass auch dieses nicht der Fall ist.

Und Herr Dr. v. *Hartmann* zieht daraus den Schluss: — „So hat sich die gesammte Geister-Hypothese in ein reines Nichts aufgelöst, nachdem zuerst die direkten physikalischen Kraftleistungen, dann die Hervorbringung der Materialisationserscheinungen, und endlich auch die Produktion des Vorstellungsinhalts der Kundgebungen sich von den vorausgesetzten Geistern auf das Medium verschoben haben." (S. 117.) —

Wir gestatten uns anzunehmen, dass nach alle dem, was ich in meiner Arbeit gesagt habe, dieser Schluss **vielleicht** von Herrn *von Hartmann* selbst berichtigt werden wird, falls er nur seinem Standpunkte treu bleibt; denn glücklicherweise habe ich ihn nicht von der Realität der Thatsachen, welche ich geliefert habe, zu überzeugen. Ich verliere niemals aus dem Auge, dass der Zweck seiner aufklärenden Kritik nicht ist: — „die Thatsächlichkeit der

Berichte, sondern nur die aus den berichteten Thatsachen gezogenen Schlussfolgerungen" zu widerlegen. (S. „Nachwort" in „Psych. Stud." 1885, S. 510 ff.)

Nun ich am Ende meiner Arbeit stehe, ist es mir eine angenehme Pflicht, constatiren zu können, dass die Ansprucherhebungen der spiritistischen Hypothese gar nicht im Widerspruch stehen mit der Philosophie des Herrn v. *Hartmann*, wie man das ziemlich häufig angenommen hat. Wir haben darüber sein eigenes Zeugniss in folgenden Worten: —

„Es ist ein Irrthum, dass mein philosophisches System mit der Unsterblichkeit unverträglich sei. Die individuelle Psyche oder der Individualgeist ist nach meiner Auffassung eine relativ konstante Gruppe von unbewussten psychischen Functionen des absoluten Geistes, welche an dem Organismus, auf den diese Functionen gerichtet sind, das Band ihrer simultanen und successiven Einheit findet.\*) Könnte man nun beweisen, dass das Wesentliche dieses Individualorganismus, d. h. diejenigen Form-Elemente desselben, welche Träger der Charaktereigenschaften, des Gedächtnisses und des Bewusstseins sind, auch nach dem Zerfalle des materiellen Zellenleibes in functionsfähiger Gestalt fortdauern, so wäre die Konsequenz für mich unvermeidlich, dass alsdann mit ihm auch der Individualgeist fortdauere, weil der absolute Geist fortfahren müsste, die bezüglichen unbewussten psychischen Functionen auf den fortdauernden Organismus zu richten. Umgekehrt, wenn bewiesen werden könnte, dass der Individualgeist nach dem Tode fortdauere, würde ich daraus schliessen, dass dann auch trotz des Zerfalles des Leichnams das Wesentliche des Organismus in unwahrnehmbarer Gestalt fortbestehen müsse, weil nur unter dieser Bedingung die Fortdauer des Individualgeistes für mich denkbar ist. Der Beweis der vorläufigen Fortdauer des Individualgeistes nach

---

\*) Vergl. „Das Unbewusste vom Standpunkte der Physiologie und Descendenztheorie" 2. Aufl. S. 298—304, 356—358; „Philosophie des Unbewussten" 9. Aufl. Bd. II, S. 362 — *v. H.*

dem Tode würde also an meinem Systeme nicht einmal eine Modifikation in den Principien nöthig machen, sondern nur das Gebiet ihrer Anwendung nach einer bestimmten Seite hin erweitern; er würde mit anderen Worten nicht die Metaphysik, sondern die Phänomenologie des Unbewussten berühren." (s. *Ed. v. Hartmann*: — „Nachwort zu der Schrift: 'Der Spiritismus'" — in „Psych. Stud." November-Heft 1885, S. 503 - 504.) —

Der Spiritismus hat von Anfang an diese sine qua non-Bedingung „der Fortdauer des Individualgeistes" verkündet und behauptet. Er hat es niemals anders begriffen und zugestanden, als dass „diejenigen Form-Elemente des Organismus, welche Träger der Charakter-Eigenschaften, des Gedächtnisses und des Bewusstseins sind, auch nach dem Zerfalle des materiellen Zellenleibes in functionsfähiger Gestalt fortdauern." Wenn solches die formelle Bedingung à priori ist, so erhebt der Spiritismus den Anspruch, darauf à posteriori geantwortet zu haben. Das grosse Verdienst des Spiritismus ist es ja gerade, bewiesen zu haben, das die geheimnissvöllsten Fragen in Verbindung mit dem Problem unseres Daseins auf experimentellem Wege studirt werden können. Von Anfang an hat er zugestanden, dass die mystische Seite dieses Problems ebenfalls eine natürliche sei, und dass alle Phänomene, welche sich daran heften, natürliche, einem Gesetze unterworfene Phänomene seien. Es ist daher ganz ungerechtfertigt von Seiten des Herrn *v Hartmann*, den Spiritismus zu beschuldigen, dass „er neben einer natürlichen Art von Ursachen eine zweite, erfahrungsmässig nicht gegebene, übernatürliche Art von Ursachen statuire" („Der Spiritismus" S. 118); dass der „Spiritismus eine jenseits der natürlichen belegene Daseinssphäre, eine hinter der gegebenen lauernde, verborgene Welt übernatürlicher Individuen heranzöge" („Der Spiritismus" S. 82). — Der Spiritismus liefert rohe Materialien, wie es ja auch die Materialien sind, welche wir aus unserer täglichen Erfahrung schöpfen. Es ist Sache der Philosophie, sie zu analysiren, sie zu erklären. Die Beobachtung der Phänomene ist ein leichtes Ding; aber ihr

Verständniss erfordert Zeitalter, – sogar für diejenigen aus dem Gebiete der Physik. Die Thatsache unseres Daseins, unseres Selbstbewusstseins bleibt bis jetzt ein Geheimniss; wir müssen uns bescheiden; dieses Problem wird niemals gelöst werden; demzufolge befinden wir uns sogar hienieden schon im „Uebernatürlichen"; aber wir können seine Grenzen weiter hinausrücken, noch mehr in seine Tiefen eindringen. Die eine Bewusstseinsform ist nicht nothwendig die einzige; die eine Form, welche wir kennen, ist nicht minder wunderbar, als eine jede andere, die wir nicht kennen.

Wenn die spiritistischen Thatsachen erst einmal in ihrer vollen Gesammtheit angenommen und festgestellt sein werden, so wird die Philosophie aus ihnen schliessen dürfen: nicht „auf eine übernatürliche Welt übernatürlicher Individuen"; sondern auf eine Welt transscendenter Wahrnehmungen, welche zu einer Form transscendenten Bewusstseins gehören, und die „spiritistischen" Manifestationen würden alsdann nur eine Manifestation dieser Form des Bewusstseins unter den Bedingungen der Zeit und des Raumes der phänomenalen Welt sein. Vom Gesichtspunkte der monistischen Philosophie aus ist der Spiritismus sowohl in seinen Phänomenen, wie in seiner Theorie leicht annehmbar; ja mehr als das, er bietet sich als eine Nothwendigkeit dar, denn er vervollständigt, er krönt diese sich mehr und mehr bahnbrechende Weltanschauung, der nur eine einzige, die wesentlichste Sache fehlt: — das Begreifen des Zweckes des Daseins der Dinge und der menschlichen Erscheinung insbesondere. Das höchste Resultat der Entwickelung, — ebenso offenbar als vernünftig in unseren Augen, — die Entfaltung des höheren Bewusstseins, sei es eines collectiven, oder eines differenzirten (in der Menschheit, oder im Individuum), hört nicht plötzlich und unsinniger Weise auf gerade in dem Moment, in welchem dieses höchste Ziel erreicht ist oder errungen wird.

www.ingramcontent.com/pod-product-compliance
Lightning Source LLC
Chambersburg PA
CBHW021927290426
44108CB00012B/753